2019 年 12 月 17 日，中国国债协会在京联合举办“地方债市场建设与发展研讨会”。全国政协常委、外事委员会主任、财政部原部长楼继伟出席会议并讲话。

2019 年 12 月 17 日，中国国债协会在京联合举办“地方债市场建设与发展研讨会”。财政部副部长许宏才出席会议并讲话。

2019 年 12 月 17 日，中国国债协会在京联合举办“地方债市场建设与发展研讨会”。国家金融与发展实验室理事长李扬出席会议并讲话。

2019 年 12 月 17 日，中国国债协会在京联合举办“地方债市场建设与发展研讨会”。中国国债协会会长孙晓霞出席并主持会议。

2019 年 12 月 17 日，中国国债协会在京联合举办“地方债市场建设与发展研讨会”。财政部预算司一级巡视员王克冰出席会议并讲话。

2019 年 12 月 17 日，中国国债协会在京联合举办“地方债市场建设与发展研讨会”。财政部国库司（国库支付中心）副主任许京花出席会议并讲话。

2019 年 12 月 17 日，中国国债协会在京联合举办“地方债市场建设与发展研讨会”。广东省财政厅副厅长杨朝峰出席会议并讲话。

2019 年 12 月 17 日，中国国债协会在京联合举办“地方债市场建设与发展研讨会”。中国银行副行长吴富林出席会议并讲话。

2019 年 12 月 17 日，中国国债协会在京联合举办“地方债市场建设与发展研讨会”。中国建设银行副行长纪志宏出席会议并讲话。

2019 年 12 月 17 日，中国国债协会在京联合举办“地方债市场建设与发展研讨会”。交通银行副行长吕家进出席会议并讲话。

2019 年 12 月 17 日，中国国债协会在京联合举办“地方债市场建设与发展研讨会”。交通银行业务总监涂宏出席并主持会议。

2019 年 12 月 17 日，中国国债协会在京联合举办“地方债市场建设与发展研讨会”。国务院参事室特约研究员娄洪出席会议并作专题演讲。

2019 年 12 月 17 日，中国国债协会在京联合举办“地方债市场建设与发展研讨会”。中国建设银行金融市场部总经理生柳荣出席会议并主持专题研讨。

2019 年 12 月 17 日，中国国债协会在京联合举办“地方债市场建设与发展研讨会”。上海财经大学公共绩效研究院副院长刘国永出席会议并作专题演讲。

2019 年 12 月 17 日，中国国债协会在京联合举办“地方债市场建设与发展研讨会”。中国银行司库总经理刘信群出席会议并主持专题研讨。

2019 年 4 月 15 日，中国国债协会在宁波联合举办“地方政府债券柜台发行工作交流会”。

经财政部批准，中国国债协会于2019年10月20日至11月2日，赴澳大利亚组织“2019年地方债二级市场建设培训班”。10月19日，国债协会在京举办行前预培训。

2019年11月15日，中国国债协会在京召开第五届理事会第三次常务理事会议。

2019 年 11 月 21—22 日，中国国债协会与中国金融期货交易所在南宁市共同举办“2019 年度国债期货政策与实务培训班”。

2019 年 8 月 18 日，中国国债协会在京举办第二届“金债杯”羽毛球友谊赛。财政部相关司局、在京副会长单位和常务理事会员单位的 11 支代表队参加比赛。

# 2019

# 中国政府债券市场年报

中国国债协会　编

中国财经出版传媒集团
中国财政经济出版社

图书在版编目（CIP）数据

2019 中国政府债券市场年报 / 中国国债协会编. --北京：中国财政经济出版社，2020.12

ISBN 978-7-5223-0152-5

Ⅰ.①2… Ⅱ.①中… Ⅲ.①债券市场-中国-2019-年报 Ⅳ.①F832.51

中国版本图书馆 CIP 数据核字（2020）第 220248 号

责任编辑：闫 娟　　　　责任校对：徐艳丽

封面设计：孙俪铭

**2019 中国政府债券市场年报**

**2019 ZHONGGUO ZHENGFU ZHAIQUAN SHICHANG NIANBAO**

中国财政经济出版社 出版

**URL**：http：//www.cfeph.cn

E-mail：cfeph@cfeph.cn



社址：北京市海淀区阜成路甲 28 号　邮政编码：100142

营销中心电话：010-88191522

天猫网店：中国财政经济出版社旗舰店

网址：https：//zgczjjcbs.tmall.com

北京财经印刷厂印刷　各地新华书店经销

成品尺寸：210mm×285mm　16 开　20.75 印张　529 000 字

2020 年 12 月第 1 版　2020 年 12 月北京第 1 次印刷

定价：88.00 元

ISBN 978-7-5223-0152-5

（图书出现印装问题，本社负责调换，电话：010-88190548）

本社质量投诉电话：010-88190744

**打击盗版举报热线：010-88191661　QQ：2242791300**

# 编辑委员会

# 编辑说明

《2019中国政府债券市场年报》共分为五篇。

第一篇“综合篇”。本篇重点反映2019年我国中央预算实施情况、政府主管部门在政府债券管理改革方面的工作情况以及政府债券理论研究成果。同时汇编了2019年底由协会联合举办的“地方债市场建设与发展研讨会”上各位领导的讲话稿。

第二篇“政府债券市场分析”。本篇分两个部分，从政府主管部门、市场中介机构等角度，系统回顾了2019年政府债券管理改革和政府债券市场运行情况。

第三篇“政府债券数据统计”。本篇分两个部分，提供2019年政府债券发行、兑付及国债二级市场交易情况等相关数据资料。

第四篇“政府债券法规制度文件”。本篇分三个部分，收集2019年出台的有关国债和地方政府债券方面的文件，涵盖国债管理、地方政府债务管理，以及国债发行、交易等方面的文件。

第五篇“附录”。本篇收录2019年金融债券发行数据，为读者提供更为广泛的债券市场资料。

本年报编辑工作，得到了财政部、中国人民银行、中国证监会等政府主管部门领导高度重视和政策指导；中央国债登记结算有限责任公司、上海证券交易所、深圳证券交易所等单位在有关篇章和数据收集方面给予了大力支持和帮助，在此一并致谢！

尽管我们不断努力改进年报编辑出版工作，但难免有不足、遗漏和错误之处，恳请广大读者给予批评指正，敬请多提宝贵的意见与建议，使年报内容更广泛、更全面、更符合市场需要。

**《中国政府债券市场年报》编辑部**

# 目 录

## 第一篇 综合篇

## 第二篇　政府债券市场分析



## 第三篇　政府债券数据统计

## 第四篇 政府债券法规制度文件

## 第五篇　附　录

# 第一篇

# 综　合　篇

# 2019 年中央经济工作会议主要精神

中央经济工作会议 12 月 10 日至 12 日在北京举行。中共中央总书记、国家主席、中央军委主席习近平，中共中央政治局常委、国务院总理李克强，中共中央政治局常委栗战书、汪洋、王沪宁、赵乐际、韩正出席会议。

习近平在会上发表重要讲话，总结 2019 年经济工作，分析当前经济形势，部署 2020 年经济工作。李克强在讲话中对明年经济工作作出具体部署，并作了总结讲话。

会议认为，今年以来，面对国内外风险挑战明显上升的复杂局面，在以习近平同志为核心的党中央坚强领导下，全党全国贯彻党中央决策部署，坚持稳中求进工作总基调，坚持以供给侧结构性改革为主线，推动高质量发展，扎实做好“六稳”工作，保持经济社会持续健康发展，三大攻坚战取得关键进展，精准脱贫成效显著，金融风险有效防控，生态环境质量总体改善，改革开放迈出重要步伐，供给侧结构性改革继续深化，科技创新取得新突破，人民群众获得感、幸福感、安全感提升，“十三五”规划主要指标进度符合预期，全面建成小康社会取得新的重大进展。

会议指出，成绩来之不易，根本原因在于我们坚持党中央集中统一领导，保持战略定力，坚持稳中求进，深化改革开放，充分发挥中央和地方两个积极性。在工作中，我们形成一些重要认识：必须科学稳健把握宏观政策逆周期调节力度，增强微观主体活力，把供给侧结构性改革主线贯穿于宏观调控全过程；必须从系统论出发优化经济治理方式，加强全局观念，在多重目标中寻求动态平衡；必须善于通过改革破除发展面临的体制机制障碍，激活蛰伏的发展潜能，让各类市场主体在科技创新和国内国际市场竞争的第一线奋勇拼搏；必须强化风险意识，牢牢守住不发生系统性风险的底线。

会议强调，在充分肯定成绩的同时，必须清醒认识到，我国正处在转变发展方式、优化经济结构、转换增长动力的攻关期，结构性、体制性、周期性问题相互交织，“三期叠加”影响持续深化，经济下行压力加大。当前世界经济增长持续放缓，仍处在国际金融危机后的深度调整期，世界大变局加速演变的特征更趋明显，全球动荡源和风险点显著增多。我们要做好工作预案。

会议指出，我国经济稳中向好、长期向好的基本趋势没有改变。我们有党的坚强领导和中国特色社会主义制度的显著优势，有改革开放以来积累的雄厚物质技术基础，有超大规模的市场优势和内需潜力，有庞大的人力资本和人才资源，全党全国坚定信心、同心同德，一定能战胜各种风险挑战。

会议强调，明年是全面建成小康社会和“十三五”规划收官之年，要实现第一个百年奋斗目标，为“十四五”发展和实现第二个百年奋斗目标打好基础，做好经济工作十分重要。要以习近平新时代中国特色社会主义思想为指导，全面贯彻党的十九大和十九届二中、三中、四中全会精神，坚决贯彻党的基本理论、基本路线、基本方略，增强“四个意识”、坚定“四个自信”、做到“两个维护”，紧扣全面建成小康社会目标任务，坚持稳中求进工作总基调，坚持新发展理念，坚持以供给侧结构性改革为主线，坚持以改革开放为动力，推动高质量发展，坚决打赢三大攻坚战，全面做好“六稳”工作，统筹推进稳增长、促改革、调结构、惠民生、防风险、保稳定，保持经济运行在合理区间，确保全面建成小康社会和“十三五”规划圆满收官，得到人民认可、经得起历史检验。

会议指出，实现明年预期目标，要坚持稳字当头，坚持宏观政策要稳、微观政策要活、社会政策要托底的政策框架，提高宏观调控的前瞻性、针对性、有效性。要积极进取，坚持问题导向、目标导向、结果导向，在深化供给侧结构性改革上持续用力，确保经济实现量的合理增长和质的稳步提升。要继续抓重点、补短板、强弱项，确保全面建成小康社会。

会议确定，明年要抓好以下重点工作。

一是坚定不移贯彻新发展理念。理念是行动的先导。新时代抓发展，必须更加突出发展理念，坚定不移贯彻创新、协调、绿色、开放、共享的新发展理念，推动高质量发展。各级党委和政府必须适应我国发展进入新阶段、社会主要矛盾发生变化的必然要求，紧紧扭住新发展理念推动发展，把注意力集中到解决各种不平衡不充分的问题上。要树立全面、整体的观念，遵循经济社会发展规律，重大政策出台和调整要进行综合影响评估，切实抓好政策落实，坚决杜绝形形色色的形式主义、官僚主义。要把坚持贯彻新发展理念作为检验各级领导干部的一个重要尺度。

二是坚决打好三大攻坚战。要确保脱贫攻坚任务如期全面完成，集中兵力打好深度贫困歼灭战，政策、资金重点向“三区三州”等深度贫困地区倾斜，落实产业扶贫、易地搬迁扶贫等措施，严把贫困人口退出关，巩固脱贫成果。要建立机制，及时做好返贫人口和新发生贫困人口的监测和帮扶。要打好污染防治攻坚战，坚持方向不变、力度不减，突出精准治污、科学治污、依法治污，推动生态环境质量持续好转。要重点打好蓝天、碧水、净土保卫战，完善相关治理机制，抓好源头防控。我国金融体系总体健康，具备化解各类风险的能力。要保持宏观杠杆率基本稳定，压实各方责任。

三是确保民生特别是困难群众基本生活得到有效保障和改善。要发挥政府作用保基本，注重普惠性、基础性、兜底性，做好关键时点、困难人群的基本生活保障。要稳定就业总量，改善就业结构，提升就业质量，突出抓好重点群体就业工作，确保零就业家庭动态清零。要加快补齐民生短板，有效解决进城务工人员子女上学难问题。要兜住基本生活底线，确保养老金按时足额发放，加快推进养老保险全国统筹。要发挥市场供给灵活性优势，深化医疗养老等民生服务领域市场化改革和对内对外开放，增强多层次多样化供给能力，更好实现社会效益和经济效益相统一。要加大城市困难群众住房保障工作，加强城市更新和存量住房改造提升，做好城镇老旧小区改造，大力发展租赁住房。要坚持房子是用来住的、不是用来炒的定位，全面落实因城施策，稳地价、稳房价、稳预期的长效管理调控机制，促进房地产市场平稳健康发展。

四是继续实施积极的财政政策和稳健的货币政策。积极的财政政策要大力提质增效，更加注重结构调整，坚决压缩一般性支出，做好重点领域保障，支持基层保工资、保运转、保基本民生。稳健的货币政策要灵活适度，保持流动性合理充裕，货币信贷、社会融资规模增长同经济发展相适应，降低社会融资成本。要深化金融供给侧结构性改革，疏通货币政策传导机制，增加制造业中长期融资，更好缓解民营和中小微企业融资难融资贵问题。财政政策、货币政策要同消费、投资、就业、产业、区域等政策形成合力，引导资金投向供需共同受益、具有乘数效应的先进制造、民生建设、基础设施短板等领域，促进产业和消费“双升级”。要充分挖掘超大规模市场优势，发挥消费的基础作用和投资的关键作用。

五是着力推动高质量发展。要坚持巩固、增强、提升、畅通的方针，以创新驱动和改革开放为两个轮子，全面提高经济整体竞争力，加快现代化经济体系建设。要狠抓农业生产保障供给，加快农业供给侧结构性改革，带动农民增收和乡村振兴。要加快恢复生猪生产，做到保供稳价。要深化科技体制改革，加快科技成果转化应用，加快提升企业技术创新能力，发挥国有企业在技术创新中的积极作用，健全鼓励支持基础研究、原始创新的体制机制，完善科技人才发现、培养、激励机制。要支持战略性产业发展，支持加大设备更新和技改投入，推进传统制造业优化升级。要落实减税降费政策，降低企业用电、用气、物流等成本，有序推进“僵尸企业”处置。要健全体制机制，打造一批有国际竞争力的先进制造业集群，提升产业基础能力和产业链现代化水平。要大力发展数字经济。要更多依靠市场机制和现代科技创新推动服务业发展，推动生产性服务业向专业化和价值链高端延伸，推动生活性服务业向高品质和多样化升级。要重视解决好“一老一小”问题，加快建设养老服务体系，支持社会力量发展普惠托育服务，推动旅游业高质量发展，推进体育健身产业市场化发展。要着眼国家长远发展，加强战略性、网络型基础设施建设，推进川藏铁路等重大项目建设，稳步推进通信网络建设，加快自然灾害防治重大工程实施，加强市政管网、城市停车场、冷链物流等建设，加快农村公路、信息、水利等设施建设。要加快落实区域发展战略，完善区域政策和空间布局，发挥各地比较优势，构建全国高质量发展的新动力源，推进京津冀协同发展、长三角一体化发展、粤港澳大湾区建设，打造世界级创新平台和增长极。要扎实推进雄安新区建设，落实长江经济带共抓大保护措施，推动黄河流域生态保护和高质量发展。要提高中心城市和城市群综合承载能力。

六是深化经济体制改革。要加快建设高标准市场体系。要加快国资国企改革，推动国有资本布局优化调整。要完善产权制度和要素市场化配置，健全支持民营经济发展的法治环境，完善中小企业发展的政策体系。要改革土地计划管理方式，深化财税体制改革。要加快金融体制改革，完善资本市场基础制度，提高上市公司质量，健全退出机制，稳步推进创业板和新三板改革，引导大银行服务重心下沉，推动中小银行聚焦主责主业，深化农村信用社改革，引导保险公司回归保障功能。对外开放要继续往更大范围、更宽领域、更深层次的方向走，加强外商投资促进和保护，继续缩减外商投资负面清单。推动对外贸易稳中提质，引导企业开拓多元化出口市场。要降低关税总水平。发挥好自贸试验区改革开放试验田作用，推动建设海南自由贸易港，健全“一带一路”投资政策和服务体系。要主动参与全球经济治理变革，积极参与世贸组织改革，加快多双边自贸协议谈判。

会议强调，要完善和强化“六稳”举措，健全财政、货币、就业等政策协同和传导落实机制，确保经济运行在合理区间。要巩固和拓展减税降费成效，大力优化财政支出结构，进一步缓解企业融资难融资贵问题，多措并举保持就业形势稳定。要依靠改革优化营商环境，深化简政放权、放管结合、优化服务。要制定实施国企改革三年行动方案，提升国资国企改革综合成效，优化民营经济发展环境。要推动实体经济发展，提升制造业水平，发展新兴产业，促进大众创业万众创新。要强化民生导向，推动消费稳定增长，切实增加有效投资，释放国内市场需求潜力。要确保实现脱贫攻坚目标、巩固脱贫成果，毫不放松抓好农业生产，扎实推进乡村振兴。要推进更高水平对外开放，保持对外贸易稳定增长，稳定和扩大利用外资，扎实推进共建“一带一路”。要加强污染防治和生态建设，加快推动形成绿色发展方式。要扎实做好民生保障工作，持续改善人民生活。

会议指出，实现全面建成小康社会和“十三五”规划目标任务是明年全党工作的重中之重。各地区各部门要全面贯彻党的十九届四中全会精神，在推进国家治理体系和治理能力现代化上多下功夫，切实把党领导经济工作的制度优势转化为治理效能。

会议号召，全党全国要更加紧密地团结在以习近平同志为核心的党中央周围，勠力同心，锐意进取，坚决夺取全面建成小康社会伟大胜利！

中共中央政治局委员、中央书记处书记，全国人大常委会有关领导同志，国务委员，最高人民法院院长，最高人民检察院检察长，全国政协有关领导同志以及中央军委委员等出席会议。

各省、自治区、直辖市和计划单列市、新疆生产建设兵团党政主要负责人，中央和国家机关有关部门主要负责人，中央管理的部分企业和金融机构负责人，军队有关负责人参加会议。

（稿件来源：新华社）

# 关于2019年中央和地方预算执行情况与2020年中央和地方预算草案的报告

——2020年5月22日在第十三届全国人民代表大会第三次会议上

财政部

各位代表：

受国务院委托，现将2019年中央和地方预算执行情况与2020年中央和地方预算草案提请十三届全国人大三次会议审议，并请全国政协各位委员提出意见。

## 一、2019年中央和地方预算执行情况

2019年，面对国内外风险挑战明显上升的复杂局面，在以习近平同志为核心的党中央坚强领导下，各地区各部门以习近平新时代中国特色社会主义思想为指导，全面贯彻党的十九大和十九届二中、三中、四中全会精神，增强“四个意识”、坚定“四个自信”、做到“两个维护”，落实党中央、国务院决策部署，严格执行十三届全国人大二次会议审查批准的预算，坚持稳中求进工作总基调，深入贯彻新发展理念，坚持以供给侧结构性改革为主线，推动高质量发展，扎实做好“六稳”工作，统筹推进稳增长、促改革、调结构、惠民生、防风险、保稳定，保持经济社会持续健康发展，完成全年主要目标任务，为全面建成小康社会打下决定性基础。中央和地方预算执行情况较好。

（一）2019年一般公共预算收支情况

1. 全国一般公共预算。

全国一般公共预算收入190382.23亿元，为预算的98.9%，比2018年增长3.8%。其中，税收收入157992.21亿元，增长1%；非税收入32390.02亿元，增长20.2%，主要是中央财政增加特定国有金融机构和央企上缴利润、地方财政加大盘活国有资源资产力度。加上调入资金及使用结转结余22160.95亿元（包括中央和地方财政从预算稳定调节基金、政府性基金预算、国有资本经营预算调入资金，以及地方财政使用结转结余资金），收入总量为212543.18亿元。全国一般公共预算支出238874.02亿元，完成预算的101.5%，增长8.1%。加上补充中央预算稳定调节基金1269.16亿元，支出总量为240143.18亿元。收支总量相抵，赤字27600亿元，与预算持平。

2. 中央一般公共预算。

中央一般公共预算收入89305.41亿元，为预算的99.4%，增长4.5%。加上从中央预算稳定调节基金调入2800亿元，从中央政府性基金预算、中央国有资本经营预算调入394亿元，收入总量为92499.41亿元。中央一般公共预算支出109530.25亿元，完成预算的98.4%，增长7%，其中，本级支出35115.15亿元，完成预算的99.2%，增长6%；对地方转移支付74415.1亿元，完成预算的98.7%，增长7.5%。加上补充中央预算稳定调节基金1269.16亿元，支出总量为110799.41亿元。收支总量相抵，中央财政赤字18300亿元，与预算持平。

中央一般公共预算主要收入项目具体情况是：国内增值税31161.01亿元，为预算的103.7%。国内消费税12561.52亿元，为预算的108.5%。进口货物增值税、消费税15812.3亿元，为预算的93.1%。关税2889.11亿元，为

预算的 105.1%。企业所得税 23786 亿元，为预算的 97.4%。个人所得税 6234.14 亿元，为预算的 80.5%，主要是提高基本减除费用标准、实施专项附加扣除政策等减税规模超出预期。出口货物退增值税、消费税 16503.2 亿元，为预算的 103.5%。

中央一般公共预算本级主要支出项目具体情况是：一般公共服务支出 1985.16 亿元，完成预算的 99.7%。外交支出 615.39 亿元，完成预算的 98.1%。国防支出 11896.56 亿元，完成预算的 100%。公共安全支出 1839.45 亿元，完成预算的 102.3%。教育支出 1835.88 亿元，完成预算的 100%。科学技术支出 3516.18 亿元，完成预算的 99.2%。粮油物资储备支出 1204.04 亿元，完成预算的 102.3%。债务付息支出 4566.62 亿元，完成预算的 91.4%。

中央对地方转移支付具体情况是：一般性转移支付 66849.4 亿元，完成预算的 98.7%，其中，共同财政事权转移支付 31903.25 亿元，完成预算的 100.2%；专项转移支付 7565.7 亿元，完成预算的 99.1%。

2019 年中央一般公共预算结余 1269.16 亿元（其中，中央预备费当年未支出，形成结余 500 亿元），全部转入中央预算稳定调节基金。通过收回中央财政结转资金补充 3000 亿元。2019 年末，中央预算稳定调节基金余额 5272.49 亿元。

3. 地方一般公共预算。

地方一般公共预算收入 175491.92 亿元，其中，本级收入 101076.82 亿元，增长 3.2%；中央对地方转移支付收入 74415.1 亿元。加上地方财政从地方预算稳定调节基金、政府性基金预算、国有资本经营预算调入资金及使用结转结余 18966.95 亿元，收入总量为 194458.87 亿元。地方一般公共预算支出 203758.87 亿元，增长 8.5%。收支总量相抵，地方财政赤字 9300 亿元，与预算持平。

（二）2019 年政府性基金预算收支情况

按照地方政府债务管理有关规定，地方政府专项债务收支纳入政府性基金预算管理。

全国政府性基金预算收入 84515.75 亿元，增长 12%。加上 2018 年结转收入 360.4 亿元和地方政府发行专项债券筹集收入 21500 亿元，全国政府性基金收入总量为 106376.15 亿元。全国政府性基金预算支出 91364.8 亿元，增长 13.4%。

中央政府性基金预算收入 4039.62 亿元，为预算的 96.3%，增长 0.1%。加上 2018 年结转收入 360.4 亿元，中央政府性基金收入总量为 4400.02 亿元。中央政府性基金预算支出 4178.86 亿元，完成预算的 91.9%，增长 3.9%，其中，本级支出 3113.41 亿元，对地方转移支付 1065.45 亿元。调入一般公共预算 4.23 亿元。中央政府性基金预算收大于支 216.93 亿元，其中，结转下年继续使用 180.04 亿元；单项政府性基金项目结转超过当年收入 30% 的部分合计 36.89 亿元，按规定补充中央预算稳定调节基金。

地方政府性基金预算本级收入 80476.13 亿元，增长 12.6%，其中，国有土地使用权出让收入 72584.42 亿元，增长 11.4%。加上中央政府性基金预算对地方转移支付收入 1065.45 亿元和地方政府发行专项债券筹集收入 21500 亿元，地方政府性基金收入总量为 103041.58 亿元。地方政府性基金预算支出 88251.39 亿元，增长 13.9%。

（三）2019 年国有资本经营预算收支情况

全国国有资本经营预算收入 3960.42 亿元，增长 36.3%。全国国有资本经营预算支出 2287.43 亿元，增长 6.2%。

中央国有资本经营预算收入 1635.93 亿元，为预算的 99.9%，增长 23.3%。加上 2018 年结转收入 6.7 亿元，收入总量为 1642.63 亿元。中央国有资本经营预算支出 1108.8 亿元，完成预算的 88.4%，下降 0.3%，其中，本级支出 986.55 亿元，对地方转移支付 122.25 亿元。调入一般公共预算 389.77 亿元，调入比例提高至 28%。结转下年支出 144.06 亿元。

地方国有资本经营预算本级收入2324.49亿元，增长47.2%。加上中央国有资本经营预算对地方转移支付收入122.25亿元，收入总量为2446.74亿元。地方国有资本经营预算支出1300.88亿元，增长15.3%。调入一般公共预算资金增加至943.19亿元。结转下年支出202.67亿元。

（四）2019年社会保险基金预算收支情况

全国社会保险基金收入80844.09亿元，增长2.3%，其中，保险费收入57849.05亿元，财政补贴收入19392.61亿元。全国社会保险基金支出74989.23亿元，增长11.3%。当年收支结余5854.86亿元，年末滚存结余94026.97亿元。

中央社会保险基金收入688.61亿元，其中，保险费收入354.44亿元，财政补贴收入319.36亿元。加上地方上缴的基本养老保险中央调剂基金收入6280亿元，收入总量为6968.61亿元。中央社会保险基金支出663.2亿元，加上安排给地方的基本养老保险中央调剂基金支出6273.8亿元，支出总量为6937亿元。当年收支结余31.61亿元，年末滚存结余358.75亿元。

地方社会保险基金收入80155.48亿元，其中，保险费收入57494.61亿元，财政补贴收入19073.25亿元。加上基本养老保险中央调剂基金收入6273.8亿元，收入总量为86429.28亿元。地方社会保险基金支出74326.03亿元，加上基本养老保险中央调剂基金支出6280亿元，支出总量为80606.03亿元。当年收支结余5823.25亿元，年末滚存结余93668.22亿元。

2019年末，中央财政国债余额168038.04亿元，控制在全国人大批准的债务余额限额175208.35亿元以内；地方政府债务余额213072.26亿元，包括一般债务余额118694.14亿元、专项债务余额94378.12亿元，控制在全国人大批准的债务余额限额240774.3亿元以内。

以上预算执行的具体情况及相关说明详见《中华人民共和国2019年全国预算执行情况2020年全国预算（草案）》。

（五）2019年主要财税政策落实和重点财政工作情况

2019年，财政部门认真贯彻党中央、国务院决策部署，按照预算法和《关于人大预算审查监督重点向支出预算和政策拓展的指导意见》，严格落实全国人大预算决议和审议意见要求，加力提效实施积极的财政政策，加大重点领域支持力度，加快推进财税体制改革，不断提高财政管理水平。

实施更大规模减税降费。减税降费直接惠企惠民、公平有效，是应对经济下行压力的重大举措。各级财税部门把落实更大规模减税降费作为2019年实施积极财政政策的头等大事切实抓紧抓好。1月1日起实施小微企业普惠性减税、个人所得税专项附加扣除；4月1日起实施深化增值税改革措施，制造业等行业增值税税率从16%降至13%，交通运输业、建筑业等行业从10%降至9%；5月1日起降低社会保险费率。继续清理规范行政事业性收费和政府性基金。

减税降费政策在减轻企业负担、促进居民消费、稳定市场预期和扩大就业等方面发挥了重要作用，有力支持了实体经济稳定发展。2019年全年减税降费2.36万亿元，其中新增减税1.93万亿元。制造业及其相关环节增值税减税5928亿元，减税幅度为24.1%；建筑业和交通运输业增值税分别减税257亿元、44亿元，减税幅度为5.2%、6.7%；现代服务业和生活服务业等其他行业增值税负担也实现不同程度降低。民营企业合计减税1.26万亿元，占全部减税数额的65.5%。小微企业减税2832亿元，享受企业所得税减免的纳税人达到626万户，享受增值税免税的小规模纳税人新增456万户。实施个人所得税专项附加扣除政策，加上2018年10月1日提高个人所得税基本减除费用标准和优化税率结构翘尾因素，合计减税4604亿元，使2.5亿纳税人直接受益，人均减税约1842元。

为支持落实减税降费政策，各级政府大力压减一般性支出，多渠道筹集资金弥补减收，努力实现预算收支平衡。中央财政加大对地方转移支付力度，并在分配均衡性转移支付、县级基本财力保障机制奖补资金时，向基层财政困难地区和受减税降费影响较大的地区倾斜，增强其财政保障能力。建立实施县级财政工资保障监测预警和风险评估机制，统筹财政收支和库款管理，合理安排支出优先次序，切实兜牢县级“三保”（保基本民生、保工资、保运转）底线。

继续支持打好三大攻坚战。大力支持脱贫攻坚。落实和完善精准扶贫举措，围绕补齐“两不愁三保障”突出短板，强化脱贫攻坚投入保障。中央财政补助地方专项扶贫资金1261亿元，增长18.9%，进一步向“三区三州”等深度贫困地区倾斜。利用跨省域补充耕地收入和城乡建设用地增减挂钩节余指标调剂收入安排817亿元，全部用于脱贫攻坚和实施乡村振兴战略。下达易地扶贫搬迁地方政府一般债券1294亿元，支持提前一年基本完成“十三五”规划建设任务。出台对企业扶贫捐赠支出所得税税前据实扣除、扶贫货物捐赠免征增值税、政府采购支持脱贫攻坚等政策，继续深入推进贫困县涉农资金整合试点。推进扶贫项目全过程绩效管理。财政扶贫资金动态监控平台建设取得初步成效。全年减少建档立卡贫困人口1109万人，贫困县摘帽344个。积极支持污染防治。将污染防治攻坚作为重点保障和优先支出领域，支持打好大气、水、土壤等污染防治标志性重大战役。扩大北方地区冬季清洁取暖试点范围。分两批将40个城市纳入黑臭水体治理示范政策范围。继续实施长江经济带生态保护修复奖励政策，加快推动形成长江大保护格局。深入推进山水林田湖草生态保护修复工程试点。实施“蓝色海湾”整治行动和渤海综合治理，支持海洋生态保护修复。对符合条件的从事污染防治的第三方企业减按15%的税率征收企业所得税。积极推动设立国家绿色发展基金。防范化解财政金融风险。按照“开前门、堵后门”的思路，统筹做好地方政府债券发行使用和风险防控工作。推动各地严格落实地方政府债务预算管理相关规定和要求，主动接受人大对地方政府债务借、用、还的全过程监督。按照谁使用、谁负责的原则，严格落实专项债券项目单位偿债责任，严防专项债券风险。完善常态化监控机制，强化地方政府违规举债责任追究。在各方共同努力下，地方政府隐性债务风险得到有效防范。同时，协助稳妥处置化解金融风险，加强金融企业财务监管，推动提升金融企业会计信息质量。

支持深化供给侧结构性改革。深入推进首台（套）重大技术装备保险补偿试点。将适用固定资产加速折旧优惠的行业范围扩大至全部制造业领域。通过市场化手段支持集成电路产业发展。巩固“三去一降一补”成果，及时拨付专项奖补资金20亿元，支持提前完成钢铁、煤炭等重点行业去产能目标。中央一般公共预算本级科学技术支出3516.18亿元，增长12.5%，支持提升科技支撑能力和科技重大专项加快攻坚。推动构建社会主义市场经济条件下关键核心技术攻关新型举国体制。新增支持58个开发区提升各类载体市场化专业化服务水平，打造不同类型双创载体。发挥国家新兴产业创业投资引导基金作用，累计支持超过5100家创业企业。支持中小企业公共服务体系和融资服务体系建设。对上一年度小微企业融资担保费费率不超过2%的地方予以奖补。支持59个市（州、区）开展深化民营和小微企业金融服务综合改革试点。推动解决拖欠民营企业、中小企业账款等突出问题。

促进扩大投资消费需求。全年下达中央预算内投资资金5776亿元，重点支持保障性安居工程、“三农”建设、重大基础设施建设、创新驱动和结构调整、社会事业和社会治理、节能环保与生态建设等方面。新增地方政府专项债券21500亿元，较2018年增加8000亿元。允许将地方政府专项债券所筹资金作为符合条件的重大项目资本金，强化重点在建项目和补短板工程资金保障。加大对养老、托育、家政等社区家庭服务业的税费优惠力度，推动文旅休闲消费提质升级。支持新能源汽车推广应用，对新能源公交车运营给予补贴，对地方建设充电基础设施给予奖励。开展电子商务进农村综合示范，实现国家级贫困县全覆盖。对农产品供应链体系建设给予补助，重点支持农产品产后商品化处理设施建设和农产品冷链物流发展。

促进城乡区域协调发展。支持农业农村优先发展，下达农田建设补助资金671亿元，支持高标准农田和农田水利建设。及时拨付生猪调出大县奖励和非洲猪瘟强制扑杀补助资金，支持生猪稳产保供。进一步完善农机购置补贴政策。加大产粮大县奖励力度。支持现代农业产业园和农业产业强镇创建，促进农村一二三产业深度融合。将农村饮水工程维修养护经费纳入中央财政支持范围，重点对中西部地区给予补助。深入实施农村人居环境整治三年行动。研究出台财税支持政策，推动实施重大区域战略。较大幅度增加中央对地方转移支付规模，并重点向中西部和困难地区倾斜，进一步提升区域间基本公共服务均等化水平。支持革命老区、民族地区、边疆地区、贫困地区加快发展。

稳步提高基本民生保障水平。促进扩大就业。支持实施就业优先政策，中央财政就业补助资金支出539亿元，增长14.9%。从失业保险基金结余中拿出1000亿元支持职业技能提升，加快培养各类技术技能人才。职业技能提升和转岗转业培训超过1500万人次。提高自主就业退役士兵和重点群体创业就业税额扣减额度，扩大享受政策优惠的企业范围。持续加大财政教育投入。巩固城乡统一、重在农村的义务教育经费保障机制，促进学前教育、职业教育、高等教育发展。全国约1.5亿城乡义务教育阶段学生免除学杂费并获得免费教科书，1900万家庭经济困难学生获得生活补助，1400万进城务工农民工随迁子女实现相关教育经费可携带，3700万农村义务教育阶段学生获得营养膳食补助。设立中等职业教育国家奖学金，扩大高职院校奖助学金覆盖面、提高补助标准，支持高职院校扩招100万人目标顺利完成。提高养老保障水平。出台改革和完善基本养老保险制度总体方案，推进养老保险省级统筹。养老保险基金中央调剂比例提高至3.5%，22个中西部地区和老工业基地省份全年受益1512亿元。扎实推进划转部分国有资本充实社保基金工作。提高企业和机关事业单位退休人员基本养老金标准，平均增幅约5%。推进健康中国建设。推动全面建立城乡统一的居民基本医疗保险制度，居民医保人均财政补助标准增加30元。出台罕见病药品等增值税减免政策，支持将高血压和糖尿病门诊用药纳入医保报销、覆盖3亿多患者。强化民生政策兜底。继续提高城乡低保等社会救助水平和优抚对象等人群的补助标准，出台退役士兵社会保险断保接续等解困政策。加大基本住房保障力度。支持棚改开工建设316万套，建档立卡贫困户等四类重点对象农村危房改造135.5万户，27个地区改造老旧小区352万户、3.2亿平方米。开展中央财政支持住房租赁市场发展试点。推动文化体育事业发展。中央补助地方公共文化服务体系建设专项资金支出147亿元，增长14%。支持中华优秀传统文化传承发展，加强文化遗产保护。

深入推进财税体制改革。进一步理顺中央和地方财政关系。积极推进分领域中央与地方财政事权和支出责任划分改革，出台教育、科技、交通运输等领域改革方案。推进中央与地方收入划分改革，保持增值税“五五分享”比例稳定，调整完善增值税留抵退税分担机制，明确后移消费税征收环节并稳步下划地方。完善预算管理制度。加大政府性基金预算与一般公共预算统筹力度，进一步扩大中央国有资本经营预算实施范围。全面实施预算绩效管理，健全绩效指标和标准体系，继续扩大重点绩效评价范围，加强评价结果应用。持续推进国债管理市场化改革，优化国债品种期限结构。扩大政府财务报告编制试点范围至40个中央部门和36个地方。进一步深化政府采购制度改革。全面规范和加强政府购买服务管理。着力推进税制改革。完善增值税制度，初步建立综合与分类相结合的个人所得税制度。资源税法经全国人大常委会审议通过，城市维护建设税法、契税法草案按程序提请全国人大常委会初次审议。研究逐步健全稳定、可持续的地方税体系。积极推动国资国企改革。向全国人大常委会报告全国国有资产管理总体情况。积极推动组建国有资本投资、运营公司，推动完成中国国家铁路集团有限公司、中国邮政集团有限公司改制。进一步理顺国有金融资本管理体制。

不断提高财政管理水平。下大力气抓好预算执行。及时批复年初预算，加快转移支付预算下达，督促地方尽快将资金分解落实到具体项目，尽早发挥资金效益和政策作用。密切跟踪预算执行进展，加强预算执行分析，按照能省则省的原则，将年底前可不再安排的支出节省下来，坚决防止年底“突击花钱”。指导地方根据实际情况，依法做好预算调整工作。强化财政管理基础工作。推进预算管理一体化系统建设，推动形成全国统一的预算管理规范和技术标准体系。强化国库集中支付资金动态监控，初步建成覆盖各级财政的预算执行动态监控体系。依法接受人大预算监督。落实全国人大及其常委会有关预算决议，坚持解决具体问题与建立长效机制同步推进，及时向全国人大常委会报告审计查出突出问题的整改情况。积极配合人大开展预算审查工作。积极向人大代表通报预算编制工作情况，不断改进完善预算编制工作。加强与人大代表沟通联络，充分听取意见建议，及时回应关切。

总的看，2019 年预算执行情况较好，财政改革发展各项工作取得积极进展，为经济持续健康发展与社会和谐稳定提供了有力保障。这是以习近平同志为核心的党中央坚强领导的结果，是习近平新时代中国特色社会主义思想科学指引的结果，是全国人大、全国政协以及代表委员们监督指导的结果，是各地区、各部门以及全国各族人民共同努力的结果。

同时，预算执行和财政工作中还面临一些问题和挑战。主要是：部分地方基层财政收支矛盾加剧，“三保”压力加大。一些领域支出固化僵化现象依然存在，有些资金利用效率不够高。预算绩效目标设定还不够科学，绩效自评还不够准确规范，绩效结果运用还需要强化。有的地方政府债务负担较重，隐性债务风险不容忽视。我们高度重视这些问题，将积极采取措施加以解决。

各位代表：

今年以来，突如其来的新冠肺炎疫情对我国经济社会发展带来前所未有的冲击。党中央将疫情防控作为头等大事来抓，习近平总书记亲自指挥、亲自部署，坚持把人民生命安全和身体健康放在第一位，领导全党全军全国各族人民打好疫情防控的人民战争、总体战、阻击战。经过艰苦卓绝的努力，武汉保卫战、湖北保卫战取得决定性成果，疫情防控阻击战取得重大战略成果，统筹推进疫情防控和经济社会发展工作取得积极成效。

财政部门认真贯彻落实党中央、国务院决策部署，按照坚定信心、同舟共济、科学防治、精准施策的要求，强化疫情防控资金保障，围绕减轻患者救治费用负担、提高疫情防治人员待遇、保障疫情防控物资供应、加快疫苗和药物研发等出台一系列财税支持政策，全力支持打赢疫情防控阻击战。截至 4 月底，各级财政共安排疫情防控资金 1499 亿元，确保人民群众不因担心费用问题而不敢就诊，确保各地不因资金问题而影响医疗救治和疫情防控。

在抓好疫情防控相关工作的同时，实施一批阶段性援企稳岗兜底等财税政策，支持企业纾困和发展，推动有序复工复产，加快恢复正常生产生活秩序。分三批提前下达 2020 年新增债务限额 28480 亿元，包括一般债务限额 5580 亿元和专项债务限额 22900 亿元，对重点项目多、风险水平低、有效投资拉动作用大的地区给予倾斜，加快重大项目和重大民生工程建设，推动尽早形成实物工作量，拉动经济增长。自 3 月 1 日至 6 月底，阶段性提高地方财政资金留用比例 5 个百分点，新增留用约 1100 亿元资金，全部留给县级使用，有力保障基层财政平稳运行。

## 二、2020 年中央和地方预算草案

2020 年是全面建成小康社会和“十三五”规划收官之年，也是脱贫攻坚决战决胜之年，做好预算编制和财政工作意义重大。要按照党中

央、国务院部署要求，统筹推进疫情防控和经济社会发展工作，科学研判财政形势，合理编制财政预算，系统谋划财政工作，确保完成决战决胜脱贫攻坚目标任务，全面建成小康社会。

（一）2020 年财政收支形势分析

当前，受全球疫情冲击，世界经济严重衰退，产业链供应链循环受阻，国际贸易投资萎缩，大宗商品市场动荡。国内消费、投资、出口下滑，就业压力显著加大，企业特别是民营企业、中小微企业困难凸显，财政收支矛盾加剧，财政运行压力增加。

从财政收入看，受疫情冲击、减税降费等因素影响，今年 1－4 月财政收入下降 14.5%，其中 1 月下降 3.9%，2 月下降 21.4%，3 月下降 26.1%，4 月下降 15%，降幅在一季度逐月扩大后出现缩小态势。预计今年后几个月，随着生产生活秩序恢复，财政收入开始企稳回升，但仍有较大不确定性。一般公共预算收入二季度可能维持负增长，下半年可能出现恢复增长并回补部分上半年减收。

从财政支出看，统筹推进疫情防控和经济社会发展工作，全力保障完成决战决胜脱贫攻坚目标任务、全面建成小康社会，财政支出仍要保持一定强度，特别是各级财政为疫情防控投入大量资金，落实“六保”任务、实施减税降费也需要财力支撑，一些地区因阶段性减免社会保险费需对基金予以必要财政补助。

当前和今后一个时期，我国发展面临风险挑战前所未有，但我们有独特政治和制度优势、雄厚经济基础、巨大市场潜力，亿万人民勤劳智慧。只要直面挑战，坚定发展信心，增强发展动力，当前的难关一定能闯过，中国的发展必将充满希望。这是我们做好财政工作、发挥财政职能作用的坚实基础和坚强后盾。

（二）2020 年预算编制和财政工作的指导思想和原则

今年预算编制和财政工作，要在以习近平同志为核心的党中央坚强领导下，以习近平新时代中国特色社会主义思想为指导，全面贯彻党的十九大和十九届二中、三中、四中全会精神，坚决贯彻党的基本理论、基本路线、基本方略，增强“四个意识”、坚定“四个自信”、做到“两个维护”，紧扣全面建成小康社会目标任务，统筹推进疫情防控和经济社会发展工作，在疫情防控常态化前提下，坚持稳中求进工作总基调，坚持新发展理念，坚持以供给侧结构性改革为主线，坚持以改革开放为动力推动高质量发展，坚决打好三大攻坚战，加大“六稳”工作力度，保居民就业、保基本民生、保市场主体、保粮食能源安全、保产业链供应链稳定、保基层运转，坚定实施扩大内需战略，以更大的宏观政策力度对冲疫情影响，积极的财政政策要更加积极有为，提高赤字率，发行抗疫特别国债，增加地方政府专项债券，坚持精打细算、把钱用在刀刃上，提高资金使用效率，真正发挥稳定经济的关键作用，维护经济发展和社会稳定大局，确保完成决战决胜脱贫攻坚目标任务，全面建成小康社会。

贯彻上述指导思想，要着重把握好以下原则：一是艰苦奋斗、勤俭节约。坚决落实政府真正过紧日子要求，开源节流、增收节支、精打细算，执守简朴、力戒浮华，厉行节约办一切事业。二是以收定支、提质增效。实事求是编制收入预算，提高财政收入质量。坚持量入为出、有保有压、可压尽压，打破基数概念和支出固化格局。三是加强管理、严肃纪律。坚持先有预算后有支出，严控预算追加事项。严格遵守财经法律法规和制度规定，对违反财经纪律的，严肃追究责任。四是上下联动、齐心协力。强化全国“一盘棋”思想，加强中央与地方协同配合，在应对疫情冲击、落实财税改革部署、强化财政收支管理、增强财政可持续性和经济社会发展后劲等方面形成强大合力。

（三）2020 年财政政策和财政工作

2020 年积极的财政政策要更加积极有为，围绕做好“六稳”工作、落实“六保”任务，以更大的政策力度对冲疫情影响，真正发挥稳定经济的关键作用。2020 年的财政政策重点包括：

一是加大减税降费力度。强化阶段性政策，

与制度性安排相结合，重点减轻中小微企业、个体工商户和困难行业企业税费负担。前期出台的6月前到期的主要减税降费政策，执行期限延长到今年年底，支持市场主体纾困发展，努力稳企业保就业。预计全年为市场主体新增减负将超过2.5万亿元。

二是多渠道筹集资金。在特殊时期采取特殊举措，将赤字率从2.8%提高至3.6%以上，财政赤字规模比去年增加1万亿元，积极对冲疫情造成的减收增支影响，稳定并提振市场信心。同时发行抗疫特别国债1万亿元。加大各类结转结存资金盘活使用力度，努力增加可用财力，弥补财政减收增支缺口。

三是调整优化支出结构。基本民生支出要只增不减，重点领域支出要切实保障，一般性支出要坚决压减，严禁新建政府性楼堂馆所，严禁铺张浪费。中央政府部门带头过紧日子，中央本级支出下降0.2%，其中非急需非刚性支出压减50%以上。地方财政也要大力压减一般性支出，继续压减“三公”经费，严控会议差旅、咨询培训、论坛展会等经费。各类结余、沉淀资金要应收尽收，重新安排。财政资金要大力提质增效，务必精打细算，把钱用在刀刃上。

四是缓解地方财政困难。新增加的财政赤字和抗疫特别国债全部安排给地方，要不折不扣用在落实“六保”任务和减税降费等方面。建立特殊转移支付机制，资金直达市县基层，直接惠企利民，主要用于保就业、保基本民生、保市场主体，包括支持减税降费、减租降息、扩大消费和投资等，强化公共财政属性，决不允许截留挪用。

五是扩大政府投资规模。抗疫特别国债主要用于地方公共卫生等基础设施建设和抗疫相关支出，并预留部分资金用于地方解决基层特殊困难。安排地方政府新增专项债券3.75万亿元，比去年增加1.6万亿元，有效支持补短板、惠民生、促消费、扩内需。

2020年主要收支政策和下一阶段重点财政工作：

1. 支持打好三大攻坚战。

坚决打赢脱贫攻坚战。继续加大财政扶贫投入力度，中央财政补助地方专项扶贫资金安排1461亿元，连续五年每年增加200亿元，并通过结转资金再一次性增加300亿元，进一步向“三区三州”等深度贫困地区、挂牌督战地区和受疫情影响较重的地区倾斜。加大贫困县涉农资金整合力度，落实产业扶贫、就业扶贫、消费扶贫、教育扶贫等政策，加强易地扶贫搬迁后续扶持。继续优化完善动态监控平台，加强财政扶贫资金监管，强化扶贫项目资金全过程绩效管理。继续执行对摘帽县的主要扶持政策。支持做好防止返贫监测和帮扶工作，抓紧研究巩固脱贫攻坚成果、接续推进解决相对贫困的支持政策，推动脱贫攻坚与乡村振兴有机衔接。

推动实现污染防治攻坚战阶段性目标。坚持方向不变、力度不减，突出依法、科学、精准治污，推动生态环境质量持续好转。重点支持打好蓝天、碧水、净土保卫战，大气、水、土壤等方面污染防治资金分别安排250亿元、317亿元、40亿元。加快推进城市黑臭水体治理、中西部城镇污水处理提质增效、长江和黄河流域保护修复、农业农村污染治理、老旧柴油货车淘汰等重点工作。深入推进山水林田湖草生态保护修复工程试点，继续实施“蓝色海湾”整治行动和渤海综合治理。支持建立以国家公园为主体的自然保护地体系，实施防沙治沙和国土绿化行动，加大林业草原生态保护修复力度。推动国家绿色发展基金挂牌运营。加大对重点生态功能区生态补偿力度。加快推进长江、黄河流域横向生态补偿机制建设。

切实做好防范化解风险工作。健全地方政府债务常态化监测机制，统一口径、统一监管，及时发现和处置潜在风险。综合采取各类措施稳妥化解存量隐性债务，严禁搞虚假化债，绝不为解决短期问题而留下后遗症。强化监督问责，做到终身问责、倒查责任。妥善处置地方高风险金融机构风险，厘清各方责任，依法承担风险损失。着力防范国内风险与外部输入性风险叠加共振。

坚决守住不发生系统性风险的底线。

2. 支持实施扩大内需战略。

促进消费回暖。在科学防控疫情的前提下，支持各类商场、市场全面复商复市、生活服务业常态化运营。鼓励在线消费等新业态发展，扩大绿色、健康消费。将新能源汽车推广应用财政补贴政策实施期限延长至2022年底，平缓补贴退坡力度和节奏，加快城市公共交通等领域汽车电动化，继续支持充电桩、换电站等建设。支持电商、快递进农村，补齐农产品冷链物流设施短板。加快建设养老服务体系，深入推进医养康养结合，稳步推进长期护理保险制度试点。

积极扩大有效投资。中央财政发行10000亿元抗疫特别国债，全部转给地方主要用于公共卫生等基础设施建设和抗疫相关支出。加强抗疫特别国债与其他财政资金的统筹衔接，增强地方资金使用自主权。大幅增加地方政府专项债券，坚持“资金跟着项目走”的原则，统筹考虑地方政府债务风险水平和项目准备情况进行合理分配，主要用于党中央、国务院确定的重点领域、重大战略项目，带动民间投资，有效支持补短板、惠民生、促消费、扩内需。中央预算内投资安排6000亿元，比上年增加224亿元。中央财政向中国国家铁路集团注资500亿元，支持发行500亿元铁路建设债券用作资本金，加大沿海干线高铁、城际铁路和沿江高铁项目建设力度。

3. 支持保居民就业。

千方百计稳定和扩大就业。把保就业作为重中之重，稳定就业总量，改善就业结构，提升就业质量。中央财政安排就业补助资金539亿元，用好从失业保险基金结余中提取的超过1000亿元职业技能提升行动专账资金，以及工业企业结构调整专项奖补资金，促进地方落实各项就业创业政策。突出支持做好高校毕业生、退役军人、农民工等重点人群就业工作，多渠道促进就业创业。继续支持职业技能提升和高职扩招提质，今明两年职业技能培训3500万人次以上、高职院校扩招200万人。将返乡创业农民工按规定纳入一次性创业补贴范围。

保障失业人员基本生活。继续用好失业保险基金，加强失业人员基本生活保障和再就业服务，落实落细今年已出台的延长大龄失业人员领取失业保险金期限、阶段性实施失业补助金、提高价格临时补贴标准等失业人员帮扶措施，扩大失业保险保障覆盖范围。

4. 支持保基本民生。

支持发展公平而有质量的教育。优化教育经费使用结构，加强教育经费绩效管理，重点保障义务教育教师工资待遇落实，继续支持中西部贫困地区改善办学条件，不断缩小城乡、区域、校际差距。加大对地方教育领域转移支付，城乡义务教育补助经费增长8.3%、支持学前教育发展资金增长11.8%、学生资助补助经费增长9.6%、改善普通高中学校办学条件补助资金增长9.2%。加快推进城乡义务教育一体化发展，自2020年春季学期起，统一全国义务教育生均公用经费基准定额。加强乡镇寄宿制学校、乡村小规模学校和县城学校建设。有效解决进城务工人员子女上学难问题。进一步增加普惠性学前教育资源供给，继续向深度贫困地区倾斜。加快推进高中阶段教育普及攻坚，促进职业教育提质培优，支持加快一流大学和一流学科建设，支持中西部高校发展，提升高等教育内涵式发展水平。

推进健康中国战略。坚持把人民群众生命安全和身体健康放在第一位，坚决落实常态化疫情防控要求，加大财政投入力度，突出可持续、保底线，促进人民健康和医疗卫生水平提高。居民医保人均财政补助标准提高30元，达到每人每年550元，同步提高个人缴费标准。基本公共卫生服务经费人均财政补助标准提高5元，达到每人每年74元，新增基本公共卫生服务财政补助经费全部用于城乡社区，强化基层卫生防疫。巩固完善基本医保住院费用异地就医直接结算机制。稳步提高医疗保险基金统筹层次，扎实推进市级统筹。支持深化医疗、医保、医药联动改革。有序扩大国家组织药品集中采购和使用药品品种范围，开展国家组织高值医用耗材集中采购试点。优化医疗卫生资源投入结构，继续支持深化公立医院综合改革。促进中医药振兴发展。加强公共卫生体系建设，推动建设重大疫情防控救治体系和应急物资保障体系，稳步推进区域医疗中心建设。支持做好卫生健康人才培养培训工作。

稳步提高养老保障水平。按5%的幅度上调退休人员基本养老金，同时适度提高城乡居民基础养老金最低标准。全面推进基本养老保险省级统筹，确保2020年底前实现基金省级统收统支。加快推进养老保险全国统筹。将企业职工基本养老保险基金中央调剂比例提高到4%，加大对困难地区的支持力度，确保退休人员基本养老金按时足额发放。加强面向社区的养老服务供给和设施建设，持续推动医养结合，支持养老事业发展。

做好民生兜底工作。把保障困难群众基本生活等基本民生支出放在优先保障的重要位置，中央财政困难群众救助补助资金安排1484亿元，支持各地做好低保、特困人员救助供养、临时救助、流浪乞讨人员救助、孤儿基本生活保障等工作。支持残疾人事业发展。扩大低保保障范围，对城乡困难家庭应保尽保，及时将符合条件的城镇失业和返乡人员纳入低保等救助范围。及时启动社会救助和保障标准与物价上涨挂钩联动机制，阶段性加大价格临时补贴力度，努力降低物价上涨对困难群众基本生活的影响。中央财政医疗救助补助资金安排286亿元，用于减轻困难群众的医疗负担，做好医疗保障托底。

完善基本住房保障体系。中央财政城镇保障性安居工程补助资金安排707亿元，重点支持城镇老旧小区改造和发展租赁住房，加强城市困难群众住房保障，继续支持棚户区改造。中央财政农村危房改造补助资金安排185亿元，继续推进农村危房改造和农房抗震改造。

加强公共文化服务体系建设。中央支持地方公共文化服务体系建设补助资金安排152亿元，支持提高基本公共文化服务的覆盖面和适用性，促进基本公共文化服务均等化。积极帮扶受疫情影响的部分文化产业恢复发展。支持推进中华优秀传统文化传承发展工程。做好北京冬奥会、冬残奥会筹办和国家队备战奥运财力保障工作。

5. 支持保市场主体。

加大减税降费力度。今年继续执行2019年下调增值税税率和企业养老保险费率政策，减税降费翘尾约5000亿元。前期已出台的部分阶段性减税降费政策，包括免征中小微企业养老、失业和工伤保险单位缴费，减免小规模纳税人增值税，免征公共交通运输、餐饮住宿、旅游娱乐、文化体育等服务增值税，减免航空公司民航发展基金、港口建设费，执行期限全部延长到今年年底。小微企业、个体工商户所得税延缓到明年缴纳。要坚决把减税降费政策落到实处，尽力帮助企业特别是中小微企业、个体工商户渡过难关。

推动降低企业生产经营成本。与货币、产业政策协同发力，强化对受疫情影响较大行业企业的支持，支持解决企业融资难、融资贵问题。减免国有房产租金，鼓励各类业主减免或缓收房租。政府性融资担保行业减半收费，将综合融资担保费率降至1%以下。国家融资担保基金2020年新增再担保业务规模不低于4000亿元。允许符合条件的创业担保贷款展期，进一步增加支持群体、降低进入门槛，将受疫情影响的个体工商户、出租车司机等纳入支持范围。

持续激发市场主体活力。深化“放管服”改革，深入推进大众创业万众创新，支持打造全链条、专业化的公共服务平台，发挥好国家级新区、高新区、双创示范基地带动作用。落实鼓励创业投资发展的税收优惠政策。继续实施小微企业融资担保降费奖补政策，鼓励扩大实体经济领域小微企业融资担保业务规模，降低小微企业融资担保费率。继续做好清理拖欠民营企业、中小企业账款工作。

6. 支持保粮食能源安全。

全力保障粮食等重要农产品供应。稳定粮食播种面积和产量，提升国家粮食安全保障能力，把饭碗牢牢端在自己手上。强化耕地保护与农田水利建设，支持新建高标准农田8000万亩，实施东北黑土地保护性耕作4000万亩。深入推进大豆振兴计划，深化粮食收储制度改革，完善稻谷、小麦最低收购价政策和玉米、大豆市场化收购加生产者补贴机制。支持保障国内粮食供应和市场稳定。落实扶持生猪生产恢复政策，稳定和保障国内猪肉市场供应。持续加强非洲猪瘟、高致病性禽流感等重大动物疫病防控，促进畜牧水产养殖业全面发展。

着力保障能源安全。继续支持页岩气、煤层气等非常规天然气开采利用，支持可再生能源健康发展，促进能源结构调整。建立和完善能源安全储备制度。降低企业用电用气成本，继续将除高耗能以外的大工业和一般工商业电价降低5%；实施支持性两部制电价政策，重点减免两部制电力用户容（需）量电费负担，对新建扩建医疗场所免收高可靠性供电费；阶段性降低非居民用气价格，提前实行淡季天然气价格政策，对化肥等涉农生产且受疫情影响大的行业给予更优惠气价。

7. 支持保产业链供应链稳定。

支持制造业高质量发展。推动加快恢复和稳定产业链供应链。鼓励加大设备更新和技改投入，推动传统制造业优化升级，支持战略关键领域工程化攻坚、重点产业升级服务平台建设。支持发展工业互联网，推进智能制造。落实首台（套）重大技术装备保险补偿试点政策，大力促进创新产品推广应用。实施数字经济新业态培育行动，支持建设数字供应链。支持集成电路和软件产业高质量发展。研究建立与支持创新相适应的政府采购交易制度、成本管理和风险分担机制。促进先进制造业与现代服务业深度融合发展，打造中国服务高端品牌。

提高科技创新支撑能力。加大对新冠肺炎疫苗、药物和快速检测技术科研攻关的支持力度，切实保障资金需求。健全鼓励支持基础研究、原始创新的体制机制，加大关键核心技术攻关力度。支持国家实验室建设和国家重点实验室体系重组，强化国家战略科技力量。开展科技重大专项梯次接续有关工作，推动科技创新2030—重大项目加快实施。深化国际科技合作。加强知识产权保护。支持实行重点项目攻关“揭榜挂帅”。推进赋予科研人员职务科技成果所有权或长期使用权试点，释放科研机构和人员创新活力。

稳住外贸外资基本盘。继续支持引导跨境电子商务综合试验区建设，加快培育外贸新增长点。加快海南自由贸易港建设。支持边境经济合作区等重点地区提升公共服务水平，鼓励扩大先进设备和技术、关键零部件等进口。深化服务贸易创新发展试点，鼓励承接国际服务外包业务、技术及技术服务出口等。建立健全外商投资促进公共服务体系，引导有序开展对外投资合作，推动共建“一带一路”。

8. 支持保基层运转。

中央财政统筹新增赤字、以前年度结转资金、压减本级支出腾出的财力等渠道，切实加大对地方财力的支持力度，缓解地方收入增长放缓带来的财政支出压力。中央对地方转移支付增长12.8%，其中一般性转移支付（不含共同财政事权转移支付）增长7.5%，高出中央本级支出7.7个百分点，重点向革命老区、民族地区、边疆地区、贫困地区以及受疫情影响较大的地区倾斜，支持地方尤其是困难地区正常运转。在一般性转移支付中，均衡性转移支付安排17192亿元，增长10%；县级基本财力保障机制奖补资金安排2979亿元，增长10%；老少边穷地区转移支付安排2796.1亿元，增长12.4%。安排特殊转移支付6050亿元，用于支持地方落实“六保”任务，应对执行中的不确定因素。同时，积极创新财政资金分配方式，最大限度下沉财力，确保资金直达市县基层，直接惠企利民。

9. 支持城乡区域协调发展。

加强农村公共服务。以疫情防控为切入点，加强农村人居环境整治和公共卫生体系建设，因地制宜推进农村厕所革命，强化农村生活垃圾和污水处理，推动美丽乡村建设提档升级。积极支持农村饮水工程维修养护并向贫困地区倾斜，启动实施水系连通及农村水系综合整治试点。推动加快“四好农村路”等农村基础设施建设。深入推进农村综合改革试点试验，加强农村基层组织运转经费保障，探索行之有效的乡村治理新模式。

促进农民持续增收。加大对多种形式适度规模经营主体的支持力度，加强对小规模种养户的服务。深入推进农村一二三产业深度融合发展，继续支持现代农业产业园创建和农业产业强镇建设，启动优势特色产业集群建设，提高农业经营效益。支持农民就近创业就业，扩大农民职业技能培训规模，强化对返乡农民工创业担保贷款和补贴支持。

深入推进新型城镇化。大力提升城市基础设施和公共服务水平，加大政府投资力度，积极吸引社会资本投入。完善支持农业转移人口市民化财政政策，中央财政农业转移人口市民化奖励资金安排350亿元，引导地方特别是城市政府积极吸纳农业转移人口落户，切实提高农业转移人口市民化质量。强化财政保障力度，支持地方政府提高农业转移人口就业服务、社会保险、保障性住房、随迁子女教育基本公共服务质量。

推动国家重大区域战略落地。继续推进西部大开发形成新格局、东北全面振兴、中部地区崛起、东部率先发展。加大财税政策支持力度，继续支持推进京津冀协同发展、粤港澳大湾区建设、长三角一体化发展等国家重大区域发展战略，扎实推进雄安新区建设，落实长江经济带共抓大保护措施，推动黄河流域生态保护和高质量发展，推动成渝地区双城经济圈建设。支持资源枯竭城市转型发展。促进革命老区、民族地区、边疆地区、贫困地区加快发展。研究制定“十四五”时期支持西藏、新疆社会经济发展财税政策。

与此同时，实施好支持湖北省经济社会发展的各项财税政策，着力支持做好保就业、保民生、保运转工作，推动加快复工复产、复市复业和产业链供应链稳定运行，促进湖北省经济社会全面恢复、财政平稳运行。

10. 支持国防、外交工作。

围绕更好服务党和国家大局，重点保障国防支出，支持国防和军队现代化建设。加快推进军民融合深度发展，做好资金保障，健全配套政策。完善优抚安置政策，支持退役军人服务保障体系建设，切实保障好退役军人待遇。支持中国特色大国外交，主动参与全球经济治理变革。

（四）2020 年一般公共预算收入预计和支出安排

1. 中央一般公共预算。

中央一般公共预算收入 82770 亿元，比 2019 年执行数下降 7.3%。加上从中央预算稳定调节基金调入 5300 亿元（包括决算整理期内预计新增补充的部分资金），从中央政府性基金预算、中央国有资本经营预算调入 3580 亿元，收入总量为 91650 亿元。中央一般公共预算支出 119450 亿元，增长 9.1%。收支总量相抵，中央财政赤字 27800 亿元，比 2019 年增加 9500 亿元。

2020 年中央一般公共预算支出分中央本级支出、对地方转移支付、中央预备费反映。

（1）中央本级支出 35035 亿元，下降 0.2%。其中，一般公共服务支出 1721.76 亿元，下降 13.3%；外交支出 543.05 亿元，下降 11.8%；国防支出 12680.05 亿元，增长 6.6%；公共安全支出 1832.72 亿元，增长 0.7%；教育支出 1699.09 亿元，下降 7.5%（加上地方支出后，全国教育支出增长 5.4%）；科学技术支出 3196.51 亿元，下降 9.1%（加上地方支出后，全国科学技术支出增长 3.1%）；粮油物资储备支出 1216.18 亿元，增长 1%；债务付息支出 5399.43 亿元，增长 18.2%。

（2）对地方转移支付 83915 亿元，增长 12.8%。一般性转移支付 70107.62 亿元，增长 4.9%，其中，共同财政事权转移支付 32620.01 亿元，增长 2%，主要是支持地方做好教育、养老、医保等领域共同财政事权有关政策落实，促进基本公共服务均等化；其他一般性转移支付 37487.61 亿元，增长 7.5%，高于中央本级支出增幅 7.7 个百分点，体现了中央财政加大对地方财力支持力度、增强困难地区财政保障能力的政策导向。专项转移支付（包含中央预算内投资）7757.38 亿元，增长 2.5%，集中资金引导地方落实党中央、国务院重大决策部署，对基础设施建设、污染治理、乡村振兴等领域给予支持。

此外，中央对地方转移支付中新增设立了特殊转移支付，作为一次性财力安排，用于支持地方落实“六保”任务，重点用于保基本民生、保基层运转、公共卫生体系建设、重大疫情防控救治体系建设、应急物资保障体系建设以及应对下半年不确定因素等。2020 年安排资金 6050 亿元，执行中将根据上述用途予以细化。

（3）中央预备费 500 亿元，与 2019 年预算持平。预备费执行中根据实际用途分别计入中央本级支出和对地方转移支付。

2. 地方一般公共预算。

地方一般公共预算本级收入 97500 亿元，下降 3.5%。加上中央对地方转移支付收入 83915 亿元、地方财政调入资金及使用结转结余 21100 亿元，收入总量为 202515 亿元。地方一般公共预算支出 212315 亿元，增长 4.2%。地方财政赤字 9800 亿元，比 2019 年增加 500 亿元，通过发行地方政府一般债券弥补。

3. 全国一般公共预算。

汇总中央和地方预算，全国一般公共预算收入 180270 亿元，下降 5.3%。加上调入资金及使用结转结余 29980 亿元，收入总量为 210250 亿元。全国一般公共预算支出 247850 亿元（含中央预备费 500 亿元），增长 3.8%。赤字 37600 亿元，比 2019 年增加 10000 亿元。

（五）2020 年政府性基金预算收入预计和支出安排

中央政府性基金预算收入 3611.41 亿元，下降 10.6%。加上上年结转收入 180.04 亿元和抗疫特别国债收入 10000 亿元，收入总量为 13791.45 亿元。中央政府性基金预算支出 10788.95 亿元，其中，本级支出 2781.32 亿元，下降 10.7%；对地方转移支付 8007.63 亿元，主要是抗疫特别国债安排的支出增加。调入一般公共预算 3002.5 亿元。

地方政府性基金预算本级收入 77834.64 亿元，下降 3.3%，其中，国有土地使用权出让收入 70406.89 亿元，下降 3%。加上中央政府性基金预算对地方转移支付收入 8007.63 亿元、地方政府专项债务收入 37500 亿元，地方政府性基金收入总量为 123342.27 亿元。地方政府性基金预算支出 123342.27 亿元，增长 39.8%。

汇总中央和地方预算，全国政府性基金预算收入 81446.05 亿元，下降 3.6%。加上上年结转收入 180.04 亿元、抗疫特别国债收入 10000 亿元和地方政府专项债务收入 37500 亿元，全国政府性基金收入总量为 129126.09 亿元。全国政府性基金预算支出 126123.59 亿元，增长 38%。调入一般公共预算 3002.5 亿元。

（六）2020 年国有资本经营预算收入预计和支出安排

中央国有资本经营预算收入 1691.65 亿元，增长 3.4%。加上上年结转收入 144.06 亿元，收入总量为 1835.71 亿元。中央国有资本经营预算支出 1258.21 亿元，增长 13.5%，其中，本级支出 1197.6 亿元，增长 21.4%；对地方转移支付 60.61 亿元。调入一般公共预算 577.5 亿元，调入比例进一步提高到约 35%，主要是为保障落实减税降费后的一般公共预算平衡，加大了资金统筹力度。

地方国有资本经营预算本级收入 1946.61 亿元，下降 16.3%。加上中央国有资本经营预算对地方转移支付收入 60.61 亿元、上年结转收入 202.67 亿元，收入总量为 2209.89 亿元。地方国有资本经营预算支出 1417.32 亿元，增长 9%。调入一般公共预算 792.57 亿元。

汇总中央和地方预算，全国国有资本经营预算收入 3638.26 亿元，下降 8.1%。加上上年结转收入 346.73 亿元，收入总量为 3984.99 亿元。全国国有资本经营预算支出 2614.92 亿元，增长 14.3%。调入一般公共预算 1370.07 亿元。

（七）2020 年社会保险基金预算收入预计和支出安排

中央社会保险基金收入 1384.44 亿元，增长

101%，主要是中央机关事业单位集中补缴以前年度养老保险费，其中，保险费收入 741.61 亿元，财政补贴收入 630.92 亿元。加上地方上缴的基本养老保险中央调剂基金收入 7379.55 亿元，收入总量为 8763.99 亿元。中央社会保险基金支出 1407.82 亿元，增长 112.3%。加上安排给地方的基本养老保险中央调剂基金支出 7370.05 亿元，支出总量为 8777.87 亿元。本年收支缺口 13.88 亿元，年末滚存结余 344.87 亿元。

地方社会保险基金收入 75902.94 亿元，下降 5.3%，其中，保险费收入 51676.28 亿元，财政补贴收入 20998.04 亿元。加上基本养老保险中央调剂基金收入 7370.05 亿元，收入总量为 83272.99 亿元。地方社会保险基金支出 80876.29 亿元，增长 8.8%。加上基本养老保险中央调剂基金支出 7379.55 亿元，支出总量为 88255.84 亿元。本年收支缺口 4982.85 亿元，年末滚存结余 88685.37 亿元。

汇总中央和地方预算，全国社会保险基金收入 77287.38 亿元，下降 4.4%，其中，保险费收入 52417.89 亿元，财政补贴收入 21628.96 亿元。全国社会保险基金支出 82284.11 亿元，增长 9.7%。本年收支缺口 4996.73 亿元，年末滚存结余 89030.24 亿元。需要说明的是，全国社会保险基金预算按已出台政策编制，暂未包括正在研究细化的延长阶段性免征中小微企业养老、失业和工伤保险单位缴费等政策。

2020 年，中央财政国债余额限额 213008.35 亿元；地方政府一般债务余额限额 142889.22 亿元、专项债务余额限额 145185.08 亿元。

需要说明的是，地方预算由地方各级人民政府编制，报本级人民代表大会批准，目前尚在汇总中，本报告中地方收入预计数和支出安排数均为中央财政初步汇总数。

预算具体安排及相关说明详见《中华人民共和国 2019 年全国预算执行情况 2020 年全国预算（草案）》。

根据预算法规定，预算年度开始后，在全国人民代表大会批准本预算草案前，可安排下列支出：上年度结转支出；参照上年同期的预算支出数额安排必须支付的本年度部门基本支出、项目支出，以及对下级政府的转移性支出；法律规定必须履行支付义务的支出，以及用于自然灾害等突发事件处理的支出。根据上述规定，2020 年 1—4 月，全国一般公共预算支出 73595.89 亿元，同比减少 2071.32 亿元，下降 2.7%。其中，中央一般公共预算本级支出 10314.55 亿元，同比增长 0.1%，剔除国防、债务付息支出后同比下降 9.3%；地方一般公共预算支出 63281.34 亿元，同比下降 3.2%。地方财政支出下降，主要是受疫情影响，除疫情防控和“三保”支出外，部分项目支出进度比上年同期放缓。在全国人民代表大会批准预算后，将按照批准的预算执行。

## 三、扎实做好 2020 年财政改革与预算管理工作

（一）认真贯彻实施预算法

全面落实预算法要求，进一步强化预算约束，规范政府收支行为。深化预算管理制度改革，运用零基预算理念，打破支出固化格局，提高预算编制的科学性和准确性。依法依规组织财政收入，严格执行经本级人大批准的预算，严控预算调剂追加。迅速下达预算资金。强化预算执行动态监控，完善财政扶贫资金、国库集中支付资金、试点单位实有资金等资金监控机制。切实加强预算执行和财政资金安全管理。大力盘活财政存量资金，按规定及时收回长期沉淀资金，用于其他亟需资金支持的领域。严格执行预决算公开规定，推动预决算公开规范化、常态化、制度化，提高财政透明度，主动接受各方面监督。

（二）切实兜牢“三保”底线

为保障基层政府正常履职和各项政策有效实施，中央财政在大幅增加对地方财力支持的同时，加强对地方财政运行跟踪分析，强化统一调度和监管，指导督促地方做实事前审核、事中监

控、事后处置的“三保”预算管理工作机制，强化库款调度，建立完善“中央到省、省到市县”的监控机制。省级财政要切实承担起主体责任，加大对县级“三保”的投入力度，对各县“三保”预算重新梳理审核，确保“三保”预算足额安排，密切跟踪基层“三保”支出执行情况，针对风险地区提早制定应对预案。县级财政要全面落实保障责任，坚持“三保”支出在财政支出中的优先顺序，坚持国家标准的“三保”支出在“三保”支出中的优先顺序，做好预算安排和库款调度，防止“三保”出现问题。

（三）管好用好地方政府债券资金

省级财政部门切实履行好地方政府债券的法定管理责任，强化管理、发挥作用、守住底线。积极发挥专项债券促进经济社会发展的作用，完善管理机制，聚焦重点领域，优化投向结构，适当提高专项债券作为符合条件重大项目资本金的比例，带动社会资本加大投入。加强部门沟通协调配合，加快债券发行使用，推动建设一批重大项目，及早形成实物工作量。严格专项债券项目合规性审核和风险把控，专项债券必须用于有一定收益的重大项目，融资规模要保持与项目收益相平衡。坚持地方政府债券依法只能用于公益性资本支出，不能用于经常性支出，严禁将债券资金用于发放工资、单位运行经费、发放养老金等。严格落实地方政府债券到期偿还责任，确保地方政府债券不出任何风险。

（四）加快财税体制改革

围绕推进国家治理体系和治理能力现代化，继续深化财税体制改革。扎实推进中央与地方财政事权和支出责任划分改革，落实实施更大规模减税降费后调整中央与地方收入划分改革推进方案，推动建立权责清晰、财力协调、区域均衡的政府间财政关系。进一步优化转移支付项目设置，提高转移支付管理的规范性、科学性和有效性。完善标准科学、规范透明、约束有力的预算制度，健全预算支出标准体系，完善支出标准应用机制。全面开展政府财务报告编制工作。稳步推进健全地方税体系改革，理顺税费关系，让地方财政有更多稳定收入来源。落实税收法定原则要求，加快推动增值税、消费税、关税等税种的立法工作。不断完善与我国经济发展水平相适应的关税制度。深化国资国企改革，推动完善以管资本为主的国有资产监管体制。扎实推进国有金融资本集中统一管理，逐步做实金融国有资本经营预算。基本完成划转部分国有资本充实社保基金工作。

（五）全面实施预算绩效管理

加快构建全方位、全过程、全覆盖的预算绩效管理体系，提升预算管理水平和政策实施效果。健全权责对等、激励相容的预算绩效管理机制，完善绩效管理制度、绩效指标和标准体系，研究开展成本效益分析，为优化预算编制提供依据。探索部门整体支出绩效管理，对新出台重大政策、支出项目开展事前绩效评估，加强绩效目标审核，提升绩效目标的约束力，做好绩效运行监控。扎实开展重点绩效评价工作，推动绩效评价提质扩围，提高评价质量和可信度。强化结果应用，建立完善评价结果与预算调整、改进管理、完善政策挂钩机制，做到花钱必问效，无效要问责，低效多压减，有效多安排。大力推动绩效信息公开，积极引导和规范第三方机构参与绩效评价。

（六）自觉接受人大依法开展预算审查监督

深入贯彻落实《关于人大预算审查监督重点向支出预算和政策拓展的指导意见》和全国人大有关要求，自觉接受预算决算审查监督。认真听取吸纳人大代表和社会各界的意见建议，紧紧围绕贯彻落实党中央、国务院重大决策部署，改进预算报告和草案编报工作，提高支出预算和政策的科学性有效性。认真落实人大及其常委会有关预算决议和决算决议。积极配合推进预算联网监督。做好国有资产管理情况综合报告和相关专项报告工作。积极主动回应人大代表关切，做好解释说明工作，更好服务人大代表依法履职。

各位代表：

当前和今后一个时期，我国发展面临的挑战

前所未有，做好2020年财政预算工作任务艰巨繁重。我们要更加紧密地团结在以习近平同志为核心的党中央周围，坚持以习近平新时代中国特色社会主义思想为指导，自觉接受全国人大的监督，认真听取全国政协的意见和建议，只争朝夕、真抓实干，凝心聚力、攻坚克难，在新时代财政改革发展工作中取得新气象新作为，为实现“两个一百年”奋斗目标、实现中华民族伟大复兴的中国梦贡献力量。

（稿件来源：新华社）

# 国务院关于2019年中央决算的报告

## ——2020年6月18日在第十三届全国人民代表大会常务委员会第十九次会议上

财政部部长 刘 昆

全国人民代表大会常务委员会：

我受国务院委托，向全国人大常委会提出2019年中央决算报告和中央决算草案，请审查。

## 一、2019年中央财政收支决算情况

2019年，面对国内外风险挑战明显上升的复杂局面，在以习近平同志为核心的党中央坚强领导下，各地区各部门以习近平新时代中国特色社会主义思想为指导，全面贯彻党的十九大和十九届二中、三中、四中全会精神，增强“四个意识”、坚定“四个自信”、做到“两个维护”，落实党中央、国务院决策部署，严格执行十三届全国人大二次会议审查批准的预算，坚持稳中求进工作总基调，深入贯彻新发展理念，坚持以供给侧结构性改革为主线，推动高质量发展，扎实做好“六稳”工作，统筹推进稳增长、促改革、调结构、惠民生、防风险、保稳定，保持经济社会持续健康发展，完成全年主要目标任务，为全面建成小康社会打下决定性基础。在此基础上，财政改革发展各项工作积极推进，中央决算情况总体较好。根据预算法有关规定，重点报告以下情况：

（一）2019年中央一般公共预算收支决算情况

中央一般公共预算收入89309.47亿元，为预算的99.5%。加上从中央预算稳定调节基金以及中央政府性基金预算、中央国有资本经营预算调入3194亿元，收入总量为92503.47亿元。中央一般公共预算支出109475.01亿元，完成预算的98.4%。加上补充中央预算稳定调节基金1328.46亿元，支出总量为110803.47亿元。收支总量相抵，中央财政赤字18300亿元，与预算持平。

与向十三届全国人大三次会议报告的执行数相比，中央一般公共预算收入增加4.06亿元，主要是在库款报解整理期国内消费税、行政事业性收费收入增加。中央一般公共预算支出减少55.24亿元，主要是可再生能源电价附加增值税返还地方上解数额增加，相应减少中央对地方转移支付。以上增收减支共计59.3亿元，已包含在上述补充中央预算稳定调节基金的1328.46亿元中。

从收入决算具体情况看，在实施更大规模减税降费、经济增速放缓等情况下，中央一般公共预算收入增长4.5%，增幅比上年降低0.8个百分点。其中，税收收入81020.33亿元，为预算的98.2%，增长0.7%；非税收入8289.14亿元，为预算的113.5%，增长65.5%，主要是为支持落实减税降费，增加特定金融机构和央企上缴利润。税收收入中，国内增值税31160.46亿元，为预算的103.7%，主要是实施增值税改革和更大规模减税降费后，税源增长高于预期；国内消费税12564.44亿元，为预算的108.5%，主要是烟、成品油等商品消费税超出预期；进口货物增值税、消费税和关税合计18701.47亿元，为预算的94.8%，主要是外贸进口低于预期；企业所得税23786.02亿元，为预算的97.4%；

个人所得税 6234.19 亿元，为预算的 80.5%，主要是提高基本减除费用标准和实施 6 项专项附加扣除政策等减税规模超出预期；车辆购置税 3498.26 亿元，为预算的 96.4%，主要是汽车销量低于预期且免税的新能源汽车占比提升；出口货物退增值税、消费税 16503.19 亿元，为预算的 103.5%。

从支出决算具体情况看，中央本级支出 35115.15 亿元，完成预算的 99.2%，增长 6%；中央对地方转移支付 74359.86 亿元，完成预算的 98.6%，增长 7.4%。中央本级支出中，教育支出 1835.88 亿元，完成预算的 100%；科学技术支出 3516.18 亿元，完成预算的 99.2%；外交支出 615.39 亿元，完成预算的 98.1%；国防支出 11896.56 亿元，完成预算的 100%；公共安全支出 1839.45 亿元，完成预算的 102.3%，主要是有关部门改革相关支出增加；一般公共服务支出 1985.16 亿元，完成预算的 99.7%；粮油物资储备支出 1204.05 亿元，完成预算的 102.3%，主要是据实结算的粮油储备支出增加；债务付息支出 4566.62 亿元，完成预算的 91.4%，主要是利率变动等因素导致内债付息支出减少。中央对地方转移支付具体情况是：一般性转移支付 66798.16 亿元，完成预算的 98.6%，其中，共同财政事权转移支付 31902.99 亿元，完成预算的 100.2%，均衡性转移支付 15632 亿元，完成预算的 100%，县级基本财力保障机制奖补资金 2709 亿元，完成预算的 100%，老少边穷地区转移支付 2488.4 亿元，完成预算的 100%；专项转移支付 7561.7 亿元，完成预算的 99%。

2019 年，中央一般公共预算支出结余 1328.46 亿元（其中，中央预备费当年未支出，结余 500 亿元），用于补充中央预算稳定调节基金。2019 年初中央预算稳定调节基金余额 966.44 亿元，加上上述补充的 1328.46 亿元、按规定用中央政府性基金结转资金补充的 35.56 亿元、通过中央财政以前年度结转资金补充的 3000 亿元，2019 年末中央预算稳定调节基金余额为 5330.46 亿元，2020 年调入一般公共预算 5300 亿元后余额为 30.46 亿元。

2019 年，中央一般公共预算使用以前年度结转资金安排的支出 1517.65 亿元，其中，中央本级使用 916.98 亿元，中央对地方转移支付使用 600.67 亿元。中央预算周转金规模没有发生变化，2019 年末余额为 354.03 亿元，主要用于调剂预算年度内季节性收支差额。

2019 年，中央本级“三公”经费财政拨款支出合计 48.74 亿元（包括基本支出和项目支出安排的经费），比预算数减少 32.33 亿元，主要是中央部门贯彻落实“厉行节约、反对浪费”和过紧日子要求，从严控制和压缩“三公”经费支出，以及受客观因素影响，部分因公出国（境）、外事接待任务未实施，公务用车支出和公务接待支出减少。其中，因公出国（境）费 16 亿元，减少 2.69 亿元；公务用车购置及运行费 29.92 亿元，减少 25.45 亿元；公务接待费 2.82 亿元，减少 4.19 亿元。

2019 年，中央预算内投资支出 5775.85 亿元，其中，中央本级支出 1439.21 亿元，对地方转移支付 4336.64 亿元。调整优化投资结构，重点用于保障性安居工程、“三农”建设、重大基础设施建设、创新驱动和结构调整、社会事业和社会治理、节能环保与生态建设等方面，投资补短板力度持续加大。

2019 年，中央财政发行国债 42737.18 亿元，其中内债 41834.71 亿元、外债 902.47 亿元，筹措资金除用于到期国债还本外，其余均由中央财政统筹安排使用。国债还本 24329.68 亿元，其中内债 24011.2 亿元、外债 318.48 亿元。年末国债余额为 168038.04 亿元，包括内债余额 166032.13 亿元、外债余额 2005.91 亿元，控制在全国人大批准的国债余额限额 175208.35 亿元以内。

（二）2019 年中央政府性基金预算收支决算情况

中央政府性基金预算收入 4039.78 亿元，为预算的 96.3%。加上 2018 年结转收入 360.4 亿元，收入总量为4400.18亿元。中央政府性基金预算支出4178.84亿元，完成预算的91.9%，主要是铁路建设基金等基金收入减少、支出相应减少，以及民航发展基金具备执行条件的项目储备不足。其中，中央本级支出3113.39亿元，对地方转移支付1065.45亿元。向一般公共预算调出4.23亿元。中央政府性基金收入决算数比执行数增加0.16亿元，支出决算数比执行数减少0.02亿元。

中央政府性基金预算收大于支217.11亿元，其中，结转下年继续使用181.55亿元；单项政府性基金结转超过当年收入30%的部分合计35.56亿元，按规定补充中央预算稳定调节基金。

（三）2019年中央国有资本经营预算收支决算情况

中央国有资本经营预算收入1635.96亿元，为预算的99.9%。加上2018年结转收入6.7亿元，收入总量为1642.66亿元。中央国有资本经营预算支出1108.8亿元，完成预算的88.4%，主要是部分金融企业国有资本经营预算执行低于预期，其中，中央本级支出986.55亿元，对地方转移支付122.25亿元。向一般公共预算调出389.77亿元。结转下年支出144.09亿元。中央国有资本经营收入决算数比执行数增加0.03亿元，支出决算数与执行数持平。

（四）2019年中央社会保险基金预算收支决算情况

中央社会保险基金收入696.94亿元，为预算的98.3%，其中，保险费收入362.58亿元，财政补贴收入319.16亿元。加上地方上缴的基本养老保险中央调剂基金收入6280亿元，收入总量为6976.94亿元。中央社会保险基金支出663.31亿元，完成预算的95.3%。加上安排给地方的基本养老保险中央调剂基金支出6273.8亿元，支出总量为6937.11亿元。当年收支结余39.83亿元，年末滚存结余366.96亿元。中央社会保险基金收入决算数比执行数增加8.33亿元，支出决算数比执行数增加0.11亿元。

按照预算法和国务院有关规定，对2019年中央财政的部分收支事项实行权责发生制核算，包括预算已经安排当年应支未支的工资和社保资金、国库集中支付年终结余以及国务院批准的其他特殊事项等。有关具体情况将向全国人大常委会专门书面报告。对上述资金，财政部将在预算执行中加强管理，及时拨付，尽快发挥资金效益，同时，收回部分可统筹使用的资金，用于支持实现全面小康、克服当前新冠肺炎疫情对经济的影响和“十四五”规划重点任务。

2019年中央一般公共预算、政府性基金预算、国有资本经营预算、社会保险基金预算的预算数、决算数及其对比分析，详见中央决算草案。草案在报党中央、国务院审批和提请全国人大常委会审查之前，已经审计署审计，并根据审计意见作了相应修改。

## 二、加力提效实施积极的财政政策，促进经济社会持续健康发展

2019年，我们坚决贯彻党中央、国务院决策部署，按照全国人大有关决议要求和批准的预算，加力提效实施积极的财政政策，加大重点领域支持力度，加快推进财税体制改革，提高资金配置效率和使用效益，推动经济平稳运行和民生持续改善。

（一）实施更大规模减税降费

减税降费直接惠企惠民、公平有效，是应对经济下行压力的重大举措。各级财税部门把落实更大规模减税降费作为2019年实施积极财政政策的头等大事切实抓紧抓好。1月1日起实施小微企业普惠性减税、个人所得税专项附加扣除；4月1日起实施深化增值税改革措施，制造业等行业增值税税率从16%降至13%，交通运输业、建筑业等行业从10%降至9%；5月1日起降低社会保险费率。继续清理规范行政事业性收费和政府性基金。

减税降费政策在减轻企业负担、促进居民消费、稳定市场预期和扩大就业等方面发挥了重要

作用，有力支持了实体经济稳定发展。2019年全年减税降费2.36万亿元，其中新增减税1.93万亿元。制造业及其相关环节增值税减税5928亿元，减税幅度为24.1%；建筑业和交通运输业增值税分别减税257亿元、44亿元，减税幅度为5.2%、6.7%；现代服务业和生活服务业等其他行业增值税负担也实现不同程度降低。民营企业合计减税1.26万亿元，占全部减税数额的65.5%。小微企业减税2832亿元，享受企业所得税减免的纳税人达到626万户，享受增值税免税的小规模纳税人新增456万户。实施个人所得税专项附加扣除政策，加上2018年10月1日提高个人所得税基本减除费用标准和优化税率结构翘尾因素，合计减税4604亿元，使2.5亿纳税人直接受益，人均减税约1842元。

为支持落实减税降费政策，各级政府大力压减一般性支出，多渠道筹集资金弥补减收，努力实现预算收支平衡。中央财政加大对地方转移支付力度，并在分配均衡性转移支付、县级基本财力保障机制奖补资金时，向基层财政困难地区和受减税降费影响较大的地区倾斜，增强其财政保障能力。建立实施县级财政工资保障监测预警和风险评估机制，统筹财政收支和库款管理，合理安排支出优先次序，切实兜牢县级"三保"（保基本民生、保工资、保运转）底线。

（二）继续支持打好三大攻坚战

大力支持脱贫攻坚。落实和完善精准扶贫举措，围绕补齐"两不愁三保障"突出短板，强化脱贫攻坚投入保障。中央财政补助地方专项扶贫资金1261亿元，增长18.9%，进一步向"三区三州"等深度贫困地区倾斜，其他相关转移支付和地方政府一般债务额度分配继续向贫困地区、特别是深度贫困地区倾斜。下达易地扶贫搬迁地方政府一般债券1294亿元，支持提前一年基本完成"十三五"规划建设任务。利用跨省域补充耕地收入和城乡建设用地增减挂钩节余指标调剂收入安排817亿元，全部用于脱贫攻坚和实施乡村振兴战略。深入推进贫困县涉农资金整合试点，全国832个贫困县已整合2019年各级财政涉农资金超过3200亿元。出台对企业扶贫捐赠支出所得税税前据实扣除、扶贫货物捐赠免征增值税、政府采购支持脱贫攻坚等政策。推进扶贫项目全过程绩效管理。财政扶贫资金动态监控平台建设取得初步成效。全年减少建档立卡贫困人口1109万人，贫困县摘帽344个。积极支持污染防治。将污染防治攻坚作为重点保障和优先支出领域，支持打好大气、水、土壤等污染防治标志性重大战役。扩大北方地区冬季清洁取暖试点范围。分两批将40个城市纳入黑臭水体治理示范政策范围。继续实施长江经济带生态保护修复奖励政策，加快推动形成长江大保护格局。深入推进山水林田湖草生态保护修复工程试点。实施"蓝色海湾"整治行动和渤海综合治理，支持海洋生态保护修复。对符合条件的从事污染防治的第三方企业减按15%的税率征收企业所得税。积极推动设立国家绿色发展基金。防范化解财政金融风险。按照"开前门、堵后门"的思路，统筹做好地方政府债券发行使用和风险防控工作。推动各地严格落实地方政府债务预算管理相关规定和要求，主动接受人大对地方政府债务借、用、还的全过程监督。按照谁使用、谁负责的原则，严格落实专项债券项目单位偿债责任，严防专项债券风险。完善常态化监控机制，强化地方政府违规举债责任追究。在各方共同努力下，地方政府隐性债务风险得到有效防范。2019年地方政府债券共发行43624亿元，到期偿还债券本金13152亿元，支付利息6567亿元，年末地方政府债务余额213098亿元，控制在全国人大批准的余额限额240774亿元以内。同时，协助稳妥处置化解金融风险，加强金融企业财务监管，推动提升金融企业会计信息质量。

（三）支持深化供给侧结构性改革

推动制造业高质量发展。将适用固定资产加速折旧优惠的行业范围扩大至全部制造业领域。巩固"三去一降一补"成果，及时拨付专项奖补资金20亿元，支持提前完成钢铁、煤炭等重点行业去产能目标。推进科技创新能力建设。中央一般公共预算本级科学技术支出3516.18亿元，增长 12.5%，支持提升科技支撑能力和科技重大专项加快攻坚。推动构建社会主义市场经济条件下关键核心技术攻关新型举国体制。推进科研项目经费使用“包干制”改革试点，赋予科研机构和人员更大自主权，促进科技成果转化。完善科研经费后补助制度，鼓励企业牵头承担国家科技计划。激发市场主体活力。新增支持58个开发区提升各类载体市场化专业化服务水平，打造不同类型双创载体。发挥国家新兴产业创业投资引导基金作用，累计支持超过5100家创业企业。支持59个市（州、区）开展深化民营和小微企业金融服务综合改革试点。对上一年度小微企业融资担保费费率不超过2%的地方予以奖补。2019年，全国小微企业融资担保业务增长9.8%，融资担保费率下降0.3%，国家融资担保基金再担保合作业务规模突破2400亿元、担保户数16万户。推动解决拖欠民营企业、中小企业账款等突出问题。

（四）促进扩大投资消费需求

全年下达中央预算内投资资金5776亿元，重点支持保障性安居工程、“三农”建设、重大基础设施建设、创新驱动和结构调整、社会事业和社会治理、节能环保与生态建设等方面。新增地方政府专项债券21500亿元，较2018年增加8000亿元。允许将地方政府专项债券所筹资金作为符合条件的重大项目资本金，强化重点在建项目和补短板工程资金保障。加大对养老、托育、家政等社区家庭服务业的税费优惠力度，推动文旅休闲消费提质升级。支持新能源汽车推广应用，对新能源公交车运营给予补贴，对地方建设充电基础设施给予奖励。开展电子商务进农村综合示范，实现国家级贫困县全覆盖。对农产品供应链体系建设给予补助，重点支持农产品产后商品化处理设施建设和农产品冷链物流发展。

（五）促进城乡区域协调发展

支持实施乡村振兴战略。下达农田建设补助资金671亿元，支持高标准农田和农田水利建设。及时拨付生猪调出大县奖励和非洲猪瘟强制扑杀补助资金，支持生猪稳产保供。进一步完善农机购置补贴政策。加大产粮大县奖励力度。支持现代农业产业园和农业产业强镇创建，促进农村一二三产业深度融合。将农村饮水工程维修养护经费纳入中央财政支持范围，重点对中西部地区给予补助。深入实施农村人居环境整治三年行动，支持农村厕所革命整村推进。推动实施重大区域战略。制定实施有针对性的财税政策，支持粤港澳大湾区建设，深入推进新时代东北振兴，加强长江经济带环境保护。深入研究推进京津冀协同发展、长江三角洲区域一体化发展等国家重大区域发展战略，以及推进雄安新区建设、黄河流域生态保护和高质量发展、中部地区崛起的有关财政支持政策。研究制定海南自由贸易港财税政策制度体系。较大幅度增加中央对地方转移支付规模，并重点向中西部和困难地区倾斜，进一步提升区域间基本公共服务均等化水平。支持革命老区、民族地区、边疆地区、贫困地区加快发展。

（六）稳步提高基本民生保障水平

促进扩大就业。支持实施就业优先政策，中央财政就业补助资金支出539亿元，增长14.9%。从失业保险基金结余中拿出1000亿元支持职业技能提升，加快培养各类技术技能人才。职业技能提升和转岗转业培训超过1500万人次。提高自主就业退役士兵和重点群体创业就业税额扣减额度，扩大享受政策优惠的企业范围。持续加大财政教育投入。巩固城乡统一、重在农村的义务教育经费保障机制，促进学前教育、职业教育、高等教育发展。启动实施义务教育薄弱环节改善与能力提升工作，加快消除城镇“大班额”问题。全国约1.5亿城乡义务教育阶段学生免除学杂费并获得免费教科书，1900万家庭经济困难学生获得生活补助，1400万进城务工农民工随迁子女实现相关教育经费可携带，3700万农村义务教育阶段学生获得营养膳食补助。设立中等职业教育国家奖学金，扩大高职院校奖助学金覆盖面、提高补助标准，支持高职院校扩招100万人目标顺利完成。提高养老保障水平。出台改革和完善基本养老保险制度总体方案，推进养老保险省级统筹。养老保险基金中央调剂比例提高至3.5%，22个中西部地区和老工业基地省份全年受益1512亿元。扎实推进划转部分国有资本充实社保基金工作，中央层面完成划转企业81家，划转国有资本总额13264亿元。提高企业和机关事业单位退休人员基本养老金标准，平均增幅约5%。推进健康中国建设。推动全面建立城乡统一的居民基本医疗保险制度，居民医保人均财政补助标准增加30元。降低并统一大病保险起付线，报销比例由50%提高到60%，进一步减轻大病患者、困难群众医疗负担。将基本公共卫生服务经费人均补助标准提高到69元，支持地方做好预防接种、妇幼卫生等健康服务项目。出台罕见病药品等增值税减免政策，支持将高血压和糖尿病门诊用药纳入医保报销、覆盖3亿多患者。强化民生政策兜底。继续提高城乡低保等社会救助水平和优抚对象等人群的补助标准，出台退役士兵社会保险断保接续等解困政策。加大基本住房保障力度。支持棚改开工建设316万套，建档立卡贫困户等四类重点对象农村危房改造135.5万户，27个地区改造老旧小区352万户、3.2亿平方米。开展中央财政支持住房租赁市场发展试点。推动文化体育事业发展。中央补助地方公共文化服务体系建设专项资金支出147亿元，增长14%。持续推进全国5万余个博物馆、纪念馆、图书馆等公共文化设施向社会免费开放。支持中华优秀传统文化传承发展，加强文化遗产保护。

（七）深入推进财税体制改革

进一步理顺中央和地方财政关系。积极推进分领域中央与地方财政事权和支出责任划分改革，出台教育、科技、交通运输等领域改革方案。推进中央与地方收入划分改革，保持增值税“五五分享”比例稳定，调整完善增值税留抵退税分担机制，明确后移消费税征收环节并稳步下划地方。完善预算管理制度。加大政府性基金预算与一般公共预算统筹力度，进一步扩大中央国有资本经营预算实施范围。全面实施预算绩效管理，健全绩效指标和标准体系，继续扩大重点绩效评价范围，加强评价结果应用。持续推进国债管理市场化改革，优化国债品种期限结构。扩大政府财务报告编制试点范围至40个中央部门和36个地方。进一步深化政府采购制度改革。全面规范和加强政府购买服务管理。着力推进税制改革。完善增值税制度，初步建立综合与分类相结合的个人所得税制度。资源税法经全国人大常委会审议通过，城市维护建设税法、契税法草案按程序提请全国人大常委会初次审议。研究逐步健全稳定、可持续的地方税体系。积极推动国资国企改革。向全国人大常委会报告全国国有资产管理总体情况。积极推动组建国有资本投资、运营公司，推动完成中国国家铁路集团有限公司、中国邮政集团有限公司改制。进一步理顺国有金融资本管理体制。

## 三、健全制度机制，进一步加强财政预算管理

2019年决算情况总体较好，同时也存在一些需要解决的问题。我们高度重视这些问题，认真落实预算法有关规定，结合全国人大有关方面和审计署提出的意见建议，采取有力措施加以解决。同时，坚持整改具体问题与完善管理体系相结合、完善规章制度与健全落实机制相结合、强化监督指导与实施有效激励相结合，举一反三，标本兼治，不断提高财政预算管理科学化水平。

（一）落实政府过紧日子要求

把政府过紧日子作为财政工作长期坚持的方针，贯穿到财政工作的各方面各环节。实事求是编制收入预算，提高财政收入质量。坚持量入为出、有保有压、可压尽压，打破基数概念和支出固化格局。调整优化支出结构，基本民生支出要只增不减，重点领域支出要切实保障。坚决压减一般性支出，严禁新建政府性楼堂馆所，严禁铺张浪费。2019年中央部门非刚性、非重点项目支出平均压减幅度达到10%；各地压减幅度都超过了5%，有的达到10%以上。安排2020年预算时，中央本级支出下降0.2%，其中非急需

非刚性支出压减50%以上。地方财政也大力压减一般性支出，继续压减“三公”经费，严控会议差旅、咨询培训、论坛展会等经费。大力盘活财政存量资金，各类结余、沉淀资金要应收尽收，重新安排。各项支出务必精打细算，把钱用在刀刃上，切实提高资金使用效益。严肃财经纪律，强化财政监督检查，对违反财经纪律的，严肃追究责任；对于违反相关法律法规的，严格依法惩处。

（二）提高预算执行质量和效率

强化预算约束，严格执行人大批准的预算，未列入预算的不得支出。及时批复中央部门预算，加快下达中央对地方转移支付预算，促进财政资金尽快到位。加强预算执行动态监控，把严把紧支出关口，严控预算调剂追加。加大督导力度，定期通报提醒，督促中央部门和地方抓紧组织实施项目，积极推动提高地方政府债券资金使用效率。强化支出监测预警，保持支出均衡性，避免月度间支出增幅大起大落。加强库款管理，科学调度国库资金，切实防范支付风险，有效保障重点支出需要。

（三）进一步加强转移支付管理。优化转移支付体系，2019年设立共同财政事权转移支付，规范中央和地方支出责任分担。按制度规定严格分配、下达中央对地方转移支付。逐年提高一般性转移支付规模，对一般性转移支付中原来具有指定用途的资金，取消专款专用要求，由地方根据实际需要安排使用。进一步规范专项转移支付分配管理，建立健全专项转移支付定期评估和退出机制，绝大多数专项转移支付已在制度中明确实施期限或退出条件。2020年新增设立特殊转移支付，作为一次性财力安排，用于支持地方落实“六保”任务，应对执行中的不确定因素，最大限度下沉财力，确保新增财政资金直达市县基层，直接惠企利民。

（四）深化预算绩效管理改革

加快分行业、分领域核心绩效指标和标准体系建设，2019年初步建成18个大类、95个支出方向、130多条共性绩效指标、4000多条个性绩效指标，并在部分中央部门2020年预算编制中试点应用。指导中央部门加强绩效目标审核，细化量化指标，增强科学性、约束性。巩固绩效自评全覆盖成果，加强对自评结果的抽查复核，提高自评质量。推动绩效评价提质扩围，2020年进一步探索中央部门整体支出绩效管理，并对政府投资基金、政府和社会资本合作项目开展绩效评价。强化评价结果应用，完善评价结果与预算安排、政策调整和改进管理挂钩机制，做到花钱必问效，无效要问责，低效多压减，有效多安排。大力推动绩效信息公开，继续扩大向全国人大报送评价结果的项目范围，并逐步向社会公开。

（五）持续推进部门预算管理改革

进一步理顺部门预算管理权责，在赋予部门更大管理权限的同时，强化部门在预算编制、执行和管理，以及审计查出问题整改中的主体责任。按照标准科学的要求，健全基本支出标准体系，加快构建项目支出标准体系，更好发挥标准在预算管理中的基础性作用。加强部门项目库建设，加大项目预算评审力度，推动解决预算申报不实、项目与支出政策不匹配等问题。督促部门加强项目实施准备，加快预算执行，减少新增结转结余，并将结转结余情况与下年预算安排挂钩。

（六）自觉接受人大审查监督

深入贯彻落实《关于人大预算审查监督重点向支出预算和政策拓展的指导意见》和全国人大有关要求，自觉接受预算决算审查监督。认真落实全国人大及其常委会有关决议，并及时报告落实工作安排和进展情况。坚持解决具体问题与建立长效机制同步推进，及时向全国人大常委会报告审计查出突出问题的整改情况。积极配合推进预算联网监督。做好国有资产管理情况综合报告和相关专项报告工作。积极主动回应人大代表关切，做好解释说明工作，服务人大代表依法履职。

委员长、各位副委员长、秘书长、各位委员，今年以来，突如其来的新冠肺炎疫情对我国经济社会发展带来前所未有的冲击。以习近平同志为核心的党中央将疫情防控作为头等大事来抓，习近平总书记亲自指挥、亲自部署，坚持把人民生命安全和身体健康放在第一位，领导全党全军全国各族人民打好疫情防控的人民战争、总体战、阻击战。经过艰苦卓绝的努力，武汉保卫战、湖北保卫战取得决定性成果，疫情防控阻击战取得重大战略成果，统筹推进疫情防控和经济社会发展工作取得积极成效。

财政部门认真贯彻落实党中央、国务院决策部署，按照坚定信心、同舟共济、科学防治、精准施策的要求，强化疫情防控资金保障，围绕减轻患者救治费用负担、提高疫情防治人员待遇、保障疫情防控物资供应、加快疫苗和药物研发等出台一系列财税支持政策，全力支持打赢疫情防控阻击战。截至5月底，各级财政共安排疫情防控资金1624亿元，确保人民群众不因担心费用问题而不敢就诊，确保各地不因资金问题而影响医疗救治和疫情防控。在抓好疫情防控相关工作的同时，实施一批阶段性援企稳岗兜底等财税政策，支持企业纾困和发展，推动有序复工复产，加快恢复正常生产生活秩序。分批提前下达2020年新增债券额度28480亿元，包括一般债务额度5580亿元和专项债务额度22900亿元，对重点项目多、风险水平低、有效投资拉动作用大的地区给予倾斜，加快重大项目和重大民生工程建设，推动尽早形成实物工作量，拉动经济增长。自3月1日至6月底，阶段性提高地方财政资金留用比例5个百分点，新增留用约1100亿元资金，全部留给县级使用，有力保障基层财政平稳运行。

当前，受全球疫情冲击，世界经济严重衰退，产业链供应链循环受阻，国际贸易投资萎缩，大宗商品市场动荡。国内消费、投资、出口下滑，就业压力显著加大，企业特别是民营企业、中小微企业困难凸显，财政收支矛盾加剧，财政运行压力增加。今年1—5月，全国一般公共预算收入77672亿元，下降13.6%，其中税收收入66810亿元，下降14.9%，税收中的国内增值税、国内消费税、进口环节税收、企业所得税分别下降22%、11.3%、20.5%、13%。全国一般公共预算支出90281亿元，下降2.9%，主要是受疫情影响，除疫情防控和“三保”支出外，部分项目支出进度比去年同期放缓。从1—5月情况看，1月全国一般公共预算收入下降3.9%，2月下降21.4%，3月下降26.1%，4月下降15%，5月下降10%，4月份开始收入降幅明显收窄，预计今年后几个月，随着生产生活秩序恢复，财政收入开始企稳回升，但仍有较大不确定性。从全年看，中央和地方财政收支平衡压力十分突出，特别是疫情较重地区和基层地方政府“三保”难度增大，需积极采取措施，缓解地方财政困难，努力实现预算收支平衡。

下一步，我们将坚决贯彻党中央、国务院决策部署，严格执行全国人大批准的预算，紧扣全面建成小康社会目标任务，统筹推进疫情防控和经济社会发展工作，在疫情防控常态化前提下，坚持稳中求进工作总基调，坚持新发展理念，坚持以供给侧结构性改革为主线，坚持以改革开放为动力推动高质量发展，坚决打好三大攻坚战，加大“六稳”工作力度，保居民就业、保基本民生、保市场主体、保粮食能源安全、保产业链供应链稳定、保基层运转，坚定实施扩大内需战略，维护经济发展和社会稳定大局，确保完成决战决胜脱贫攻坚目标任务，全面建成小康社会。重点做好以下工作：

一是支持打好三大攻坚战。继续加大财政扶贫投入力度，强化扶贫举措落实，确保剩余贫困人口全部脱贫，支持做好防止返贫监测和帮扶工作，推动脱贫攻坚与乡村振兴有机衔接。突出依法、科学、精准治污，重点支持打好蓝天、碧水、净土保卫战，推动实现污染防治攻坚战阶段性目标。健全地方政府债务常态化监测机制，及时发现和处置潜在风险。综合采取各类措施稳妥化解存量隐性债务，严禁搞虚假化债，绝不为解决短期问题而留下后遗症。

二是支持稳定和扩大就业。把保就业作为重

中之重，全面强化就业优先政策，突出支持做好高校毕业生、退役军人、农民工等重点人群就业工作。用好从失业保险基金结余中提取的超过1000亿元职业技能提升行动专账资金，以及工业企业结构调整专项奖补资金，促进地方落实各项就业创业政策。加强失业人员基本生活保障和再就业服务，扩大失业保险保障覆盖范围，保障好失业人员基本生活。

三是着力保障和改善民生。坚持以人民为中心的发展思想，切实发挥政府作用保基本民生，做好普惠性、基础性、兜底性民生建设。加强基本民生保障，扶贫、义务教育、基本养老、基本医疗、城乡低保等民生支出只增不减。进一步明确各项民生保障政策功能定位，注重政策之间的统筹协调，加大困难群体托底保障力度，确保工作不留死角，对象全面覆盖。

四是支持市场主体纾困发展。加大减税降费力度，强化阶段性政策，与制度性安排相结合，重点减轻中小微企业、个体工商户和困难行业企业税费负担。继续执行2019年下调增值税税率和企业养老保险费率政策。前期出台的部分阶段性减税降费政策，执行期限延长到今年年底。小微企业、个体工商户所得税延缓到明年缴纳。引导政府性融资担保、再担保机构大幅拓展业务覆盖面并明显降低费率，支持解决企业融资难、融资贵问题。推动降低企业生产经营成本，继续做好清理拖欠民营企业、中小企业账款工作，尽力帮助企业渡过难关。

五是兜牢基层“三保”底线。统筹新增财政赤字、以前年度结转资金、压减中央本级支出腾出的财力等渠道，用好抗疫特别国债等资金，切实加大对地方财力的支持力度，缓解地方收入增长放缓带来的财政支出压力。加强对地方财政运行跟踪分析，强化统一调度和监管，指导督促地方做实事前审核、事中监控、事后处置的“三保”预算管理工作机制，强化库款调度，建立完善“中央到省、省到市县”的监控机制。

委员长、各位副委员长、秘书长、各位委员，我们将更加紧密地团结在以习近平同志为核心的党中央周围，以习近平新时代中国特色社会主义思想为指导，增强“四个意识”、坚定“四个自信”、做到“两个维护”，自觉接受全国人大常委会的监督，认真落实本次会议审议意见，积极主动作为，在应对危机中掌握工作主动权、打好发展主动仗，更好发挥财政职能作用，为实现“两个一百年”奋斗目标、实现中华民族伟大复兴的中国梦贡献力量。

（稿件来源：中国人大网）

# 政府债券的发展历程和相关思考

全国政协外事委员会主任　楼继伟

## 一、国债和地方债的早期探索

“既无内债也无外债”是计划经济时期对财政经济健康状况判定的一条重要标准，实际上是不符合现代经济总需求管理的标准。当然其另一方面的含义，即国家负债必须谨慎，不能造成后代人的负担不可持续，也是合理的。改革开放之后，开始了适度负债，及实施逆周期总需求管理的探索，发行的是少量国债，未有地方债，依据的是国务院条例，还没有上升到法律。

1995 年开始生效的《预算法》，是我国第一部预算法，对预算编制的原则、程序及批准，预算的执行和适度公开都做出了规定。其中对政府债务的赤字也做出了明确规定：

“第二十七条 中央政府公共预算不列赤字

中央预算中必需的建设投资的部分资金，可以通过举借国内和国外债务等方式筹措，但是借债应当有合理的规模和结构。

中央预算中对已经举借的债务还本付息所需的资金，依照前款规定办理。

第二十八条 地方各级预算按照量入为出、收支平衡的原则编制，不列赤字。

除法律和国务院另有规定外，地方政府不得发行地方政府债券。”

这一版《预算法》对赤字和债务关系的规定上有些不合逻辑。规定中央预算部分建设资金可以举债，但又规定不得列赤字。但如果没有赤字何必举债呢？国债是中央预算赤字的融资弥补，两者的关系应是如此。实际上此法生效后，中央预算每年都有赤字，也都报全国人大审议批准了。

对地方预算也规定不列赤字。同时又规定法律和国务院另有规定可以发债。也存在与中央预算赤字和债务关系的类似问题。

真正发生地方政府债务的时间是 1998 年。这一年亚洲金融危机影响波及我国，境外需求不足，大面积影响经济增长和就业，物价指数也在低位。财政部 5 月份提出，年中调整预算，增加 1000 亿建设国债，其中 500 亿由中央支出，增列赤字 500 亿，另 500 亿转借地方，实际上是中央代地方发债。此建议由国务院采纳，做出调整预算案，报全国人大批准后正式实施。在 1999 年政府工作报告中指出，“去年（1998 年）就明确提出，利用财政债券搞建设，一定要确保资金的合理投向，集中力量搞好农林水利、交通通信、城市公用设施和环境保护、城乡电网改造、粮食仓库等基础设施建设，并且优先安排在建项目。要注意向中西部地区倾斜，推动中西部地区经济发展。……基础设施是我国的薄弱环节，总体上不存在重复建设问题。加强基础设施建设，不仅可以拉动当前经济增长，还可以增强经济发展的后劲。”据测算，此次积极财政政策，拉动 1998 年经济增长 1.5 个百分点，并为后来加入世贸组织后的快速发展打下良好基础。

但预算法规定，地方各级财政不列赤字。如何处理？当时是在地方预算资产负债平衡表的“线下”，本应作为误差项的位置，来表达赤字，和对应相关债务。这次积极财政政策有划时代意义，是真正实施逆周期财政总需求管理，为应对外部冲击、稳定经济，作出了重大贡献。此后积极财政政策转向稳健，又因外部冲击，再转为积极的过程，就不必向大家介绍了。值得思考的是，在此之后，国务院上报全国人大的预算案，除列出中央赤字外，还列出地方赤字及全国赤字，都获得批准。这也说明，1995 年版《预算法》已落后于实践。

在此期间，还创设了特别国债，1998 年发行 2700 亿特别国债向四大行注资，主要是为了满足《巴塞尔协议》对资本充足率的要求和应对高不良贷款率。发行方式为财政部向四大行定向发行，央行降准对冲流动性紧缩。在考虑到四大行的风险资产规模、资本净额、贷款呆账等因素后，计算得出四大行资本充足率达到 8% 的要求需要 2700 亿资金。1997 年 3 月 1 日，全国人大常委会通过决议，决定由财政部发行 2700 亿特别国债补充国有独资商业银行的资本金。财政部发行特别国债筹集到资金后，以每家商业银行购买国债额同等金额的资金向其注资，中农工建都分配了资金，这一过程中，商业银行负债端实收资本金和资产方储备资金等额增加。

## 二、2015 年版《预算法》对赤字和债务关系的处理

第一，正确把握了只有一般公共预算才可以列赤字，通过债务融资的原则。

新版《预算法》规定，各级预算由四本单独预算组成，即一般公共预算、政府性基金预算，社会保障基金预算和国有资本经营预算。四本预算之间有调入调出，其中保底性的是一般公共预算，只有这部分可列赤字，加强了纪律性和透明性。

第二，对中央预算赤字和地方预算赤字把握的原则是正确的。

地方赤字，只能弥补公益性资本支出部分资金的不足，这是“黄金法则”。就是不能用于经常性开支，因为不能让后代人受益。公益性资本支出如使用得当，提高了有效基础设施能力，推动了经济发展，后续税收会增加，从而增加了还债能力，符合代际补偿原则。

中央赤字没有这一限制，除了因中央财政在日常情况下，要负责各地之间财力的协调和对基本公共服务均等化做出引导外，还要负责突发性事件的支出，如系统性风险的发生，或者出现战争。但在日常情况下，赤字的规模也必须慎重。

第三，中央债务余额化管理，地方债务实行限额管理的办法是正确的。

中央赤字的产生是多元的，债务并不一定指向公益性基本支出的组合。实行余额管理，可以在不突破余额上限内，借新还旧，可以根据国债收益率曲线的变化，确定发债久期组合，使成本最小化，并考虑市场需要，对收益率曲线各时点调节国债供给。地方赤字是指向公益性资本支出组合的，可以预测这些资本性支出对经济增长、税收增加的贡献和产生的时间，从而限定发债久期。同时，如果实行余额管理，不利于选择适宜的资本支出标的，会失去纪律性。当然可能在利率高点发行长债，使成本增加。正常情况下，扩大地方资本性支出，应当是经济低迷时期，也会是利率低点。

第四，全国人大和国务院经特别动议和批准程序创设的债种。

一是特别国债。除了 1998 年发行的 2700 亿元特别国债外，比较典型的是 2007 年中央财政发行 1.5 万亿元的特别国债，购买外汇储备，用于境外投资。实际上是 900 多亿美元购买了外汇注资的汇金公司，近 1100 亿美元购买现汇，注入中投。特别国债要有稳定现金流资产与之对应，可不列入财政赤字，只需全国人大批准，列入国债余额。中投 2007 年 2000 亿美元资本，到 2018 年底达 8588 亿美元资本，每年都有分红收益，完全覆盖了发债成本，也解决了 1998 年特别国债对应稳定现金流资产不足的问题。

二是地方专项债。根据《预算法》的授权，国务院发布《国务院关于加强地方政府性债务管理的意见》（国发〔2014〕43 号），建立“借、用、还”相统一的地方政府性债务管理机

制，赋予地方政府依法适度举债权限。规定有一定收益的公益性事业发展确需政府举借专项债务的，由地方政府通过发行专项债券融资，项目收益不足的，以对应的政府性基金或专项收入偿还。今年，经全国人大审议批准，地方政府专项债券限额为 2.15 万亿元。

第五，对地方债的分配方式。

根据《预算法》规定，国务院编制中央预算、决算草案，将省、自治区、直辖市政府报送备案的预算汇总后报全国人大批准。一般债由财政部根据各地公益性资本支出的需要和未来偿债能力提出各省级发债限额和期限。特别是有反向挂钩机制，某地方债务率高，新分配的债务限额就少，方案经国务院批准后分配到各省，并要求各省按同样原则向市、县分配。

专项债限额和期限分配到省，由各省再分配到市、县。对应的是准公益性资本性支出项目，需要有可预期收益，如棚户区改造、收费公路等。还需要确定性的财政收入对应，一般是政府性基金，如土地出让金或政府性收费，以防止预期收益不足时，专项债还本付息有保障。按照这样的原则，要求各省向下分配，同时也提出了反向挂钩原则。

## 三、对国债包括地方债体系建设的评价及进一步改进的思考

从预算管理的角度看有如下几点：

第一，两次《预算法》的修订是有划时代意义的。

两版《预算法》对预算编制、审议、执行做出了明确规定，极大地增强了预算的科学性、稳定性和透明度。这涉及的面太广，就不阐述了。新的《预算法》对中央和地方债务，及对应赤字列示的规定是原则正确的，遵循的原则考虑了国际规范和我国特殊国情，可操作性强。

第二，以《预算法》明确的原则为基础，在党中央领导下，国务院创设、全国人大批准，推出的新的债务种类是符合国情，又是国际规范的。

特别国债就是同美国金融危机时推出的 TARP 计划（不良资产处置计划）所使用的7000亿美元国债工具完全相似。要注意到，TARP 计划不是国内所称的“救市”。该计划不去理会股市的下跌，而是救主要金融机构，因为他们连锁性破产会对经济造成灾难性影响。当时金融机构持有大量不良资产，其价值在螺旋式下滑，会拖垮机构。TARP 的救助办法是，财政部以略高于当时过低的市价购买不良资产，稳定住预期，同时以可转优先股的形式，向系统重要性金融机构注资，充实其资本。与之相配套，这些机构都进入美联储监管和流动性支持。该计划成功地救助了金融机构，最终，不良资产部分破灭，大部分价值回升，还推动股市止跌回升。现 TARP 已经退出，并实现了盈利。

我国的特别国债要求的是有对应现金流的资产，可覆盖发债成本。而 TARP 推出时，由于市场的高度不确定性，当时美国财政部发行的特别国债虽未计入当期财政赤字，是准备在计划结束时出现亏损，进入赤字的。大家比较一下，他也是特别债，进余额不进当年赤字。

专项债，借鉴了欧美国家的市政债。前面已有解释，就不赘述了。

第三，地方债的推出极大地改善了当地基础设施状况，还通过置换大幅度降低了地方不规矩变相发债的高成本，并为进一步规范地方债务提供了支撑。

原《预算法》对地方发债未做出规定，地方政府一方面有实际需求，另一方面政绩观不对，不顾可能，通过各种渠道大量变相举债。在调查的基础上，核定地方已发生债务共 16 万亿元，经第十二届全国人大常务委员会第十六次会议审议通过，批准了相应的置换债限额，分配到各地，2014 年开始，全部用于既有债务的置换，不得用于资本性支出。同时要求各地，要遵守契约，不得强制解约，原借款合同到期后，可以置换新债。置换债分期下达限额，从 2015 年到 2018 年持续三年仍未结束。这项政策三年为各

地节约了1.7万亿利息支出。同时，也为下一步制止乱集资做了铺垫。乱集资不是一年发生的，置换也不能一年完成，带来的问题是无法将债务对应到某一年的赤字，但整个过程是公开、透明的。要说明这不是一个新债种，是一次性解决历史遗留问题。

第四，债务预算管理上的不足。

地方预算在各级人大通过后公开，发债收入对应部分资本性支出，但资本性项目支出的具体内容公开性不足，我们可以看到不少地方公共部门办公场所大而无当。一些公共工程过度超前，一些专项债不对应有适当收益的公共性项目。对改善基础设施并无多少好处，为后代纳税人造成了不合理负担。这个问题可以通过加强事前的预算项目公开，部分解决，根本的是各级党委、政府要按习近平总书记要求，树立正确的政绩观，严控债务，合理使用债务限额。

地方债限额反向挂钩机制，没有得到很好执行，这是地方预算管理上的另一个不足。向省级分配的限额反向挂钩，省向下分配常常是哪个市、县偿债压力大，分配的债务限额多，有违用于建设投资的法律要求，而是用于偿还历史债务。这使得控制债务好的市、县反而吃亏。可以参照中央财政解决县级财政困难的做法，参照PPP项目库的管理办法，把限额直接下达到市县，真正做到反向挂钩，也可以更准确地做到期限匹配。

赤字和债务的关系不清晰，隐含式表达，以及各部门增加建设资金的冲动，不断提出“增发国债开展基础设施建设”的提议。我在任期间多次解释，表示“可以，但要增列赤字”，并说明1998年是如何列示赤字的，新版《预算法》又做了哪些改进和约束。但根本的解决办法是进一步修订《预算法》，先明确赤字定义，再说清债务是用于弥补赤字的。

从债务发行和流转的角度看有如下几点：

第一，国债发行无须价值评估，按照招投标办法组织发行，是公开透明的。但国债收益率曲线各点位覆盖不够均匀，特别是短端和长端发行规模不足，为金融市场提供各久期、高流动性、无风险利率产品的考虑较少，需要改进。

第二，问题较多的是地方债发行。首先是地方债的发行定价机制不完善。地方政府总体债务情况，债务对应项目的收益情况公开不足，或者信息不准确，评估机构评估难。政府选择评估机构采用招标的办法，谁评的有利就用谁。以致于有的地方债评级虚高，发行利率低于国债利率。可以由自律组织根据各评级机构的信用记录，排出机构名次的办法替代，并由财政部会同监管机构对不良记录的评级公司作出处罚。地方政府另一种干预办法，就是地方债认购额和利率同有关项目捆绑。有实力的大型机构，如银行，以较低利率买下足够的额度，同时拿到好的贷款项目。这需要同监管机构合力加强监管解决。

第三，这样的发行机制使得政府债务流动性很差。国债发行机制无利率扭曲，流动性好一些。流动性不足的原因主要是大多为银行按持有到期资产持有，用于抵押融资。真正被买方机构阶段性持有，做高流动性、低风险配置的比例不多。

解决的办法是大规模增加特别国债发行。例如发行特别国债，购买外汇储备的一半，大约可以向市场释放出10万亿国债，所购外汇仍委托外汇局经营，这也是一般国家的通常做法。足够规模和流动性的国债也为人民银行提供了货币政策操作工具，改变货币政策大多用央票操作，需要对冲自身到期，成本高昂，市场还需要判断具体实现了多少流动性净回收或净投放，透明性不足。以及央票久期愈拉愈长，其中定向中期借贷便利（TMLF）最长可达三年，降低货币政策操作灵活性等问题。用自身结构性工具做货币政策操作，是借鉴欧央行的做法。需要指出，欧盟只有共同的货币政策，没有统一的财政，也就没有对应的国债，欧盟央行也是没有办法的办法。

第四，地方债发行利率的下压扭曲，加大限制了地方债的流动性。流通市值远低于发行价，流动难，又使得发行更难，再扭曲性发行，恶性循环。最终受害的是地方政府和投资人。财政部门要推出各级政府资产负债表，这是十八届三中全会的任务，加大预算项目公开，要同其他监管部门合作，同自律组织合作，尊重市场，各市场主体要树立诚信意识、专业操作，共同建立起市场定价、有效流通的机制。

政府债务管理和市场建设，涉及的面广，需解决的问题多，需要相关政府部门和自律组织、市场机构通力合作。希望也相信国债协会能够在其中发挥积极的作用。

# 加强地方政府债务管理　促进经济社会持续健康发展

财政部副部长　许宏才

## 一、地方政府债务管理制度建设取得重要进展

党的十八大以来，在党中央、国务院的坚强领导下，财政部坚持“开前门、堵后门”的工作思路，加快建立规范合理的地方政府举债融资机制，积极发挥规范举债对经济社会发展的促进作用，并严控债务风险，取得显著成效。

一是加强顶层设计，健全地方政府债务管理制度体系。配合全国人大常委会2014年修订预算法，明确发行地方政府债券是地方政府唯一举债方式，严禁地方政府为任何单位和个人的债务以任何方式提供担保，确立了地方政府举债的法律基础；提请国务院印发《关于加强地方政府性债务管理的意见》（国发〔2014〕43号），建立了“借、用、管、还”相统一的地方政府债务管理机制。在此基础上，财政部健全地方政府债务管理制度体系，主要包括：实施限额管理，依法设置地方政府举债规模的“天花板”；实行预算管理，要求地方政府举债依法报本级人大审批，纳入预算管理；开展风险评估和预警，督促指导高风险地区切实化解风险；建立风险应急处置机制，提请国办印发《地方政府性债务风险应急处置预案》，扎实做好风险事件应急政策储备；推进信息公开，推进全国统一的地方政府债务信息公开平台建设，提高透明度，促进形成市场化融资自律机制。

二是积极开好前门，支持经济社会健康平稳发展。主要做三件事。置换存量政府债务，将清理甄别认定的截至2014年末的存量政府债务，用三年左右时间有序置换成地方政府债券，共计12.2万亿元，化解地方政府集中偿还风险，减少金融系统呆坏账损失。发行新增地方政府债券，2015—2019年新增限额由6000亿元逐步增加至3.08万亿元，有效支持基础设施领域重大公益性项目建设。完善专项债券管理，以中办、国办名义印发《关于做好地方政府专项债券发行及项目配套融资工作的通知》，发挥专项债券带动作用和金融机构市场化融资优势，允许专项债券用作符合条件重大项目的资本金，加大对重点领域和薄弱环节的支持力度，增加有效投资。

三是严堵后门，坚决制止地方违法违规或变相举债。完善监管政策，财政部会同发展改革、人民银行、银保监、证监等部门陆续制发文件，依法设定正面清单和负面清单，严禁借政府和社会资本合作（PPP）、政府投资基金、政府购买服务等名义变相举债，配合有关部门强化融资平台公司风险管控，规范金融机构提供融资业务模式，初步实现了对地方政府主要融资方式的监管政策全覆盖。构建常态化监督机制，会同审计署等部门始终将防控化解债务风险作为财政监督和审计工作的重点。建立终身追责、倒查责任机制，依法处理部分地方政府、金融机构违法违规融资担保行为，通报典型案例，发挥警示教育作用，引导地方政府依法行政、金融机构回归服务实体经济本源。

## 二、防控地方政府债务风险取得明显成效

截至2018年末，我国地方政府债务余额

18.46 万亿元，债务率为 77%，低于国际通行的警戒标准。截至 2019 年 10 月末，我国地方政府债务余额 21.38 万亿元，控制在今年全国人大批准的限额 24 万亿元之内。

一是有效化解了存量地方政府债务风险。今年 10 月末，地方政府债券余额 21.16 万亿元，占地方政府债务余额的 99%，比新预算法实施前的 2014 年末增加 90 个百分点，已成为地方政府债务的主体。从成本看，今年 10 月末地方政府债务平均利率 3.5%，比存量政府债务利率水平大幅降低，累计节约利息支出约 1.7 万亿元。从期限看，今年 10 月末地方政府债券平均举借年限 5.1 年；特别是今年以来中长期债券发行规模不断增加，1—10 月平均发行期限 10.1 年，与 2014 年末清理甄别结果相比，约增加 6 年，地方政府短期偿债压力大幅缓解。

二是有力促进了稳投资、补短板、扩内需。在当前经济形势下，地方政府专项债券已成为宏观调控政策的有效工具，发挥了重要的逆周期调节作用。一方面，有效支持地方“补短板”，2015—2019 年地方累计发行 8.56 万亿元新增债券，用于交通基础设施、市政建设、生态环保、扶贫和农林水利等重点领域项目建设；2019 年上述稳投资领域新增债券资金投入超过 60%，积极带动有效投资扩大。另一方面，促进了居民扩大消费和企业提高投资能力，2015 年以来通过发行地方政府置换债券，实现向个人和企业大规模偿还欠款，维护了政府信用，化解了社会矛盾。

三是加快推进了地方政府债券市场建设。目前，地方政府债券已发展成为债券市场第一大券种。通过几年的建设和发展，地方政府债券发行渠道逐渐拓宽，2019 年银行间市场、证券交易所分别发行地方政府债券 1.5 万亿元、2.8 万亿元，各占 35%、65%。金融机构投资意愿明显提升，截至 2019 年 10 月末，商业银行持有地方政府债券占比约为 88%，部分政策性银行、股份制银行、保险公司、基金公司、信用社也加大投资力度。二级市场流动性进一步提高。1—10 月，地方政府债券现券交易量 8.32 万亿元，同比增加 5.56 亿元；换手率（现券交易量/托管总量）0.42 倍，同比增加 0.26 倍。

## 三、扎实做好防范和化解地方政府债务风险工作

党的十九大报告明确提出，要坚决打好防范化解重大风险等攻坚战。刚刚闭幕的中央经济工作会议强调，要保持宏观杠杆率总体稳定。财政部将切实落实党中央、国务院精神，进一步依法健全地方政府举债融资机制，疏堵结合，坚决打好防范化解重大风险攻坚战。一是开好合法合规举债“前门”。合理确定分地区地方政府债务限额，支持有一定收益的公益性项目建设。二是完善专项债券管理。做好专项债券发行使用及配套融资工作，支持地方发挥专项债券资金效益，引导地方精准聚集党中央、国务院明确的使用方向和重点领域，督促地方尽早形成实物工作量，形成对经济的有效拉动。同时，也要进一步健全专项债券偿还和风险防控机制，强调专项债券项目收益和融资必须平衡，确保法定债券不出任何风险。三是坚决堵住违法违规举债“后门”。完善监管政策，严禁地方政府以各种名义违法违规举债和担保，严禁金融机构向地方政府及其部门、国有企业违法违规提供融资，坚决遏制隐性债务增量，采取综合性措施，支持地方稳妥化解隐性债务存量。四是强化监督问责。从严整治举债乱象，对地方政府、金融机构违法违规融资行为，发现一起、查处一起、问责一起，终身问责，倒查责任。五是持续推进信息公开。督促地方稳步推进地方政府债务“阳光化”，更好发挥社会公众监督作用。六是推进地方政府债券市场建设。进一步促进地方政府债券投资主体多元化，坚决制止地方政府以国库存款等手段干预债券发行定价，规范地方政府债券信用评级，切实提高地方政府债券市场化水平，确保地方政府债务管理始终沿着法治化、市场化轨道前行。

# 管理地方政府隐性债务中的金融风险

## ——在地方债市场建设与发展研讨会上的讲话

国家金融与发展实验室理事长 李 扬

地方债市场建设与发展研讨，这个会开得非常及时、非常重要，有以下三点原因。

第一，对于中国地方债的问题，大家有一个共识，即中国经济增长的奇迹，地方政府起了非常大的作用，但对于发挥重大作用的地方政府，现有正规的融资渠道并不能满足其融资需求，所以借债是不可避免的事情。

第二，当前经济下行压力没有缓解，我们预测未来五年甚至更长时期，经济还要下行。现在消费其实是相对减少的，出口由于国际环境非常恶劣，形势也不乐观。所以要稳经济，就要靠投资，而企业投资意愿不强，需要靠地方政府投资，拉动经济增长。于是地方政府筹资的问题再次摆在我们面前。地方政府资金本来就不足，所以筹资是必须正视的问题。

第三，当前大家都是从财政角度来讨论地方债问题。人民银行应当充分地重视政府债的作用，应当加强和财政部门的协调配合。

作为研究机构，今天我就和大家分享一下关于地方隐性债务金融风险问题的研究成果。

### 一、地方隐性债务规模有多大

关于地方债务规模，因为现在不可能得到非常权威的数据，于是得估。估算有三种思路。

一是从融资主体角度估算。根据地方政府公布的数表、经济活动等，估算地方债务的总额。地方债务按融资主体分，主要有融资平台债务、地方债、政府性基金等，估算结果约为 50 万亿元。这里需要说明的是，所有估算都是以最大口径进行，中间肯定有重复计算，如融资平台并未区分地方政府公共建设类的平台和商业性平台。以最大口径，即以最大的风险来估算债务，是风险管理的原则。

二是从融资工具角度估算。根据地方政府所有融资工具的规模估算。按融资工具分，地方债务有八类，分别为城投债、平台贷款、信托、政府性基金、委托贷款、券商资管、基金子公司产品、融资租赁，估算结果约为 50 万亿元。

三是从资金缺口角度估算。先看地方基建规模有多少，然后再看有多少是预算内资金，其他不在这个范围内的资金，都可以算成广义的地方隐性债务。这样算的话，2018 年地方隐性债务约为 10 万亿元，几年累积下来也有挺大的规模。

我们很高兴地发现，三种方法的估算结果很接近，与 GDP 之比相差最多的年份也没有超过 10 个百分点，说明通过这三个口径，我们能够对地方政府隐性债务的规模、结构和变化趋势，做出大致判断。但是最近几年突然出现了一个“剪刀差”，也就是说最近几年隐性债务在增加。中央经济工作会议曾提到四类隐性债务来源，包括 PPP、政府购买服务等，之后相关举债行为有所收敛。但是最近由于地方政府承担的任务过重，所以有回头之势。

关于隐性债务的估算问题我想说明两点：第一，数字挺大挺惊人，它最大口径中间有重复，另外有很多自偿性的，或者融资平台有很多的企业没有扣除；第二，不要仅看负债这么大，地方政府的资产更大。国家金融发展实验室做了很多的事，其中一件事就是编制《国家资产负债表》。现在我们有连续 23 年的中国国家资产负债表，这在中国是独一份。我们觉得地方债务问题仅仅就债务本身讲没有意义，有支出就一定会形成资产，会有现金流等。按照这样一个思路，所有债的问题适合在资产负债表这个总框架下去加以分析，放到这个架构里面去看，中国债的问题就没有那么严重了。据估算，全口径地方债务小于最小口径下地方政府资产。也就是说，地方政府借了很多债，同时也做了很多的事，累积下很大规模的资产。所以，从资产负债表的角度看，中国经济增长的奇迹原因之一在于地方政府的积极作为。在这个架构下，我觉得对以后地方政府的赤字问题、债务问题应当有一个更加理性的解决办法。

## 二、地方债务风险主要在哪里

第一，中国政府的显性杠杆率比较低。很多人喜欢拿中国政府的杠杆率来说事，从我们编的国家资产负债表来看，我国政府显性杠杆不高，而且出台了许多文件管理这类风险。

第二，显性债务的金融风险问题。显性债务主要为金融机构持有，如果显性债务出了问题，立刻会传染到金融系统，财政风险就会变成金融风险。目前，地方政府债券约 88% 由商业银行持有，而且很多是地方商业银行持有。今年只是包商银行、锦州银行暴露出信用风险问题，其他中小金融机构也有类似的问题。如果再因为地方债出现问题，情况会更严重。另外，地方债缺乏流动性，金融机构持有到期，存在流动性风险问题。

第三，隐性债务是个“两难”的问题。财政与金融的两难，财政、金融都不认它。财政认为体系里、架构里没有它。金融这边，其实大家都在找比较安全的金融资产，而且大家仍有“城投信仰”，觉得隐性债务后面有政府的背书甚至直接支持，总比买企业的好，所以出现了两难。地方财政风险如果不充分考虑隐性债务，就没有非常系统的解决办法。

金融部门开始觉得，下一步如果地方政府债务出了一些问题，就会传染到金融部门，所以防范风险的关键在于有一个有效的市场。当前定价、交易、评估、估值都存在一定问题，需要有效改进。

关于隐性债务，财政部在加紧开前门、堵后门，这个工作并不容易，有很多问题需要解决。

## 三、政府债务货币化不可避免

经过 2008 年金融危机，大家明白一个道理，财政和金融就是一家。黄达教授说过，在宏观层面，财政、金融就是国家的两个钱口袋，而且是相通的两个钱口袋。MMT（现代货币理论）最新讨论债务问题的著作，认为债务和货币是一回事，货币和税收是一回事。这一理论在国外争论非常大，但我认为它说了大家不敢说的话。其实货币和债本质上是一样的，所以必须统一处理。

我们认为央行释放基础货币有以下途径：买外汇、再贷款、再贴现、买国债等。我们希望央行逐渐转到买国债。因此，国债市场就需要进一步完善。现在央行买的都是中长期国债，人民银行的操作是短期、高频率交易，需要合适交易的债券。地方债是第一大债种，央行能买吗？这需要一个有效的债券市场，所以我们这个会非常重要，从自己工作角度把市场做好。

事实上，我国央行资产负债表中，国债占比非常低，外汇非常高，尽管现在下降了，但替代的是对商业银行的债权。说实话，用对商业银行的债权替代外汇是回归旧体制了，这个问题是需要认真讨论的。

从中国和日本的比较可以看出，日本债券市场大部分都是国债，投放基础货币主要是靠央行在国债市场上操作。如果用国债替代地方政府隐性债务，就是赤字货币化。政府发的债、发的货币，其实都是它的负债，只是流动性不同而已。所以，债和货币没有多少不可逾越的鸿沟。关于债务赤字化的问题，我们认为如果国债成为中央银行操作对象，那就迅速赤字化了。大家一定要清楚，国债是一个金融问题，而不是一个财政问题。财政作为主体去发债，和企业发债、个人发债没有区别。当然有信用的区别，但是作为债是没有区别的。

## 四、日本地方债管理经验及其借鉴

成立为地方政府融资的政策性金融机构。日本地方债以前问题也很大，21 世纪初才通过了一个法，将它关到制度的笼子里。二三十年前的日本有可能就是今天的中国，反过来说，今天的中国有可能就是当时的日本。当时，日本经济下行、企业不愿意投资、国际环境很恶劣，先后有日美摩擦、《广场协议》等。现在，中国经济下行、企业投资意愿不强、出现中美摩擦。当时，日本采取的办法是中央政府、地方政府发债、筹资、投资基础设施。由于考虑不周，也由于规模很大，风险一下子暴露了，出现了类似美国地方政府破产的问题。当然日本是单一制政府，地方政府不允许破产，但是财务出问题了，于是地方政府债务管理问题被提上议事日程，通过了一个法。根据这个法，地方政府共同出资成立了一个专门为地方政府融资的政策性金融机构——地方公共团体金融机构（JFM），归内务省管。以前，地方政府单独面向市场发债，而现在可以通过地方公共团体金融机构来发。地方公共团体金融机构对地方政府进行统一评估和管理，符合东方国家的政治特点。它专门为地方政府提供了长期廉价融资，金融属性与银行类似。其向市场发债融资，然后去买地方政府本来要发债的一些项目，以做到统一管理。

截至 2018 年底，日本地方政府融资中，近 40% 由这一机构提供，目的就是通过向地方政府提供长期廉价资金来改善地方政府融资环境，并提高人民的福利。作为由地方政府全资拥有的金融机构，JMF 向地方政府贷款由总务省和地方政府共同负责，总务省是一个专门管地方政府的机构。

中国经济发展到今天又到了再次认真学习日本的时候了。我们说日本失去了十年、二十年、三十年，但人家这几十年没白费，在艰难调整，有经验、有教训。我们应当学习他的经验，克服他的教训，使得我们能够比较顺畅地渡过目前的难关。

中日两国政体相近。日本地方政府与中国的一样，要听命于中央政府。中日两国金融体制相近。它的金融体制以银行而不是以资本市场为主。这两条决定我们可以学日本。

学的好处包括以下四点：第一，有利于提升融资来源多样化和稳定性。1/3 左右的融资是由一个专门为地方政府融资的机构提供的，保障了融资的稳定。第二，代替商业银行为地方政府提供长期稳定廉价贷款，并且面向市场发行长期债券获得融资，避免了期限错配问题。第三，由地方政府共同出资拥有，相对单个地方政府而言，具有更强的信用保证，极大地降低了这类债券的风险溢价，提升了大家的购买持有意愿。第四，对债券市场来说，它发行的债券是对地方政府债券的补充，丰富了债券市场的种类。由于有政府背书，所以市场也是很好的，避免了流动性不足的问题。

## 五、政策建议

一是强化债务管理，这是防控融资平台违约风险的根本前提。

二是将融资平台与地方政府的债务进行隔离。桥归桥，路归路。我们认为如果融资平台是自偿性的，就划为企业。虽然，企业的杠杆上来了，但地方政府的杠杆下来了。关于债务和赤字的问题，从研究的角度来说，非赤字的债务是可以存在的。我们现在很多债务是非赤字的，也不列预算。尽管不列预算，也可以不计赤字，但是需要有一套专门的机制来加强管理。因为如果严格按照发债要求，比如投资于一些有收益的项目，它是自偿的，这种债和财政上的收入、支出性质完全不同，怎么可以放在同一预算上讨论？所以非赤字的债务其实是可以成立的，而且其他国家也有这种做法。

三是强化地方政府预算约束，减少中央政府隐性担保。

四是慎重对待“财政赤字货币化”。这是不可避免的，但要慎重。

近年预算的增长率已经很低，收入负增长，但同时迫切需要政府做事情，发债是不可避免的。我们必须面对事实，想到解决这个问题的办法。因为我们要渡过目前的难关，确实有很多的问题融资问题、赤字问题将会是我们面对的最大问题，一定要想办法去解决它。

# 在中国债券市场国际论坛上的讲话

财政部国库司司长 王小龙

改革开放40年，中国取得了举世瞩目的成就。政府债券市场伴随改革开放一路走来，取得了长足发展，已经成为政府筹集财政资金、中央银行实施公开市场操作、金融机构开展资产配置和流动性管理的重要场所，为国家宏观调控的有效实施和金融市场的发展完善作出了重要贡献，突出表现在以下三方面：

第一，政府债券市场从无到有，从小到大，探索出了一条适合中国国情的市场化发展道路。

1981年中国恢复发行国债，当时年度发行规模不到50亿元，主要通过行政分配方式发行，发行非常困难。1991年尝试采用承购包销方式发行，1993年建立了国债一级自营商制度，1995年引入招投标方式，每两年有个大进展。2000年开始组建国债承销团，面向承销团成员采取市场化、电子化招标方式发行，发行效率大幅提升，市场化水平不断提高。2018年共计发行国债3.68万亿元，年末国债余额接近15万亿元。国债规模大幅增长的同时，国债品种持续优化，取消发行实物券，统一规范为主要面向机构发行的记账式国债和面向个人发行的储蓄国债两种；期限结构不断丰富，形成了从3个月到50年的短、中、长期完备的期限结构；发行透明度大幅提高，年初公布下一年度记账式附息国债、储蓄国债全年发行计划，每个季度公布下一季度全部国债发行计划，包括发行期限、招标日期、付息方式、新发或续发等相关信息，增强了市场的稳定性和预见性，促进了国债市场持续健康发展。

中国地方政府债券市场起步于2009年，为应对国际金融危机，国务院批准财政部代理发行了2000亿元地方政府债券，2015年新预算法修订实施后，地方政府债券全面实行自发自还，发行规模大幅增加。2015—2018年累计发行地方政府债券超过18万亿元，2018年末地方政府债券余额约18万亿元，成为中国债券市场规模最大的品种。发行机制不断完善，市场化水平持续提升，建立了招标发行、定向承销、信用评级、信息披露等市场化机制，债券种类不断丰富，推出了收费公路、土地储备、棚户区改造等专项债券，政策功能进一步发挥。回顾改革开放40年，中国政府债券发行成功探索出了一条适合中国国情的市场化发展道路，得到了国际货币基金组织、世界银行、亚洲开发银行等国际组织的认可，并将其作为成功经验向其他国家推广。

第二，政府债券功能不断丰富，从最初单一弥补财政赤字发展成为财政宏观调控的重要工具。

筹集资金、弥补赤字是国债的最初功能，1981年中国恢复发行国债，主要是为了解决1979年、1980年连续两年出现的较大幅度的财政赤字，以实现年度财政收支平衡。1994年实施分税制改革，颁布实施了预算法和人民银行法，财政部不得向人民银行透支和借款，发行国债成为弥补财政赤字的主要方式。1997年亚洲金融危机爆发，中国实施了积极的财政政策，大幅增加发行国债，实施逆周期调节，国债成为国家宏观调控的重要工具。1998—2008年共发行长期建设国债11300亿元，促进了基础设施的加速改善和国民经济的平稳较快发展。2008年底为应对国际金融危机，再次启动积极财政政策，推出 4 万亿投资计划，2009 年国债发行规模达到 1.6 万亿元，比 2008 年增长 90%，并首次安排发行了 2000 亿元地方政府债券，为建立规范合理的地方政府举债融资机制奠定了基础，增强了地方安排配套资金和扩大政府投资的能力，促进了积极财政政策顺利实施，为有效扩大内需、促进中国经济率先企稳回升发挥了重要作用。

第三，政府债券金融功能不断完善，有力地促进了债券市场乃至金融市场快速发展。

财政部一直坚持政府债券一、二级市场发展并重，统筹政府债券的财政、金融功能，遵循市场化原则，努力做到长期以合理成本、较小风险筹资，并推动政府债券市场发展。特别是党的十八届三中全会提出“健全反映市场供求关系的国债收益率曲线”后，财政部与有关部门一道认真贯彻落实。制定国债发行计划时，充分考虑财政筹资需求、金融市场状况等多方面因素，优化发行品种和期限结构，按周发行 3 个月国债，3 个月国债收益率成为国际货币基金组织计算 SDR 货币篮子中人民币的代表性利率。按月发行 6 个月和 1 年、3 年、5 年、7 年和 10 年期关键期限国债，同时加大了 2 年期、30 年期和 50 年期国债发行力度，为国债收益率曲线的完善奠定了基础。坚持提前公布发行计划，提高国债管理政策透明度；遵循市场化原则，坚持招标发行，减少行政干预；开展国债预发行和续发行，充分发挥一级市场价格发现功能，带动二级市场交易定价的准确性。建立新发关键期限国债做市商制度和做市支持机制，通过随买、随卖支持做市商对国债做市，提高国债二级市场流动性，改善国债收益率曲线数据质量，更好地发挥国债收益率曲线在金融市场上的定价基准作用。积极推动国债期货市场发展，配合有关部门先后推出 5 年、10 年和 2 年期国债期货品种，丰富债券市场利率风险管理工具。在央行公开市场操作中，虽然央行尚未将买卖国债作为调控货币吞吐的工具，但在回购逆回购交易、常备借贷便利（SLF）和中期借贷便利（MLF）等操作工具中，国债一直充当主要担保品，促进了央行货币政策操作的顺利开展。

近 40 年发展过程中，我们坚持市场化方向不动摇，根据中国国情不断深化改革，推动建立具有足够广度和深度的政府债券市场；坚持对外开放不动摇，通过“请进来”和“走出去”，开创中国政府债券市场开放新格局，让世界共享中国改革开放的成果。

一是吸引外资银行进入国债承销团，直接参与境内国债一级市场发行。2004 年，汇丰银行上海分行作为第一家外资行进入中国国债承销团，目前，汇丰银行（中国）、摩根大通银行（中国）、渣打银行（中国）和花旗银行（中国）都是 2018—2020 年国债承销团成员。2018 年 4 月，银保监会进一步放宽了外资银行市场准入有关事项，允许外国银行分行、外商独资银行、中外合资银行依法开展代理发行、代理兑付、承销政府债券业务，我们真诚欢迎外资银行按照国债承销团组建办法申请加入中国国债承销团，共同推动中国政府债券市场发展。

二是不断完善境外主权债券发行机制，积极参与国际债券市场。自 2009 年起已连续十年在香港发行人民币国债，2017 年重启境外美元债券发行，境外主权债券每年发行规模由最初的 60 亿元逐步扩大至 300 亿元。同时，期限品种不断丰富，由最初的 2 年、3 年和 5 年期品种，逐步增加至 7 年、10 年、15 年和 30 年期品种，为国内机构境外融资提供了定价基准，也受到了全球投资者的欢迎。

三是不断放松市场准入，推动境外机构投资中国债券市场。近年来，中国在放松市场准入，消除规模限制，简化管理流程，便利资金跨境汇入汇出等方面采取了一系列措施，特别是 2017 年“债券通”推出后，极大地便利了境外机构投资中国债券市场。国债作为“金边债券”，是境外机构投资人民币债券的主力市场。截至 2018 年末，境外机构持有境内债券 1.73 万亿元，其中国债 1.1 万亿元，占 63.6%。如果加上境内外资银行持有的国债，2018 年末外资机构合计持有国债1.34万亿元，同比增加5069亿元，增长61%；占中国记账式国债余额的9.8%，同比上升3个百分点。

关于境外机构比较关注的国债二级市场流动性问题，客观地讲，中国与美国、英国等成熟市场经济国家相比确实还有一定差距，但近年来我们一直积极采取措施，包括建立国债做市商制度和做市支持机制，通过随买、随卖支持国债做市商做市；建立国债续发行机制，通过定期续发增加单只国债可交易规模，提高二级市场流动性。2018年中国国债现券交易额接近19万亿元，国债换手率为1.4倍，与2013年的0.7倍相比已有显著提高。而且，积极回应市场关切，近期公布的2019年国债发行计划中，权衡国库库款波动和市场需求，根据国债期限长短大幅增加续发行次数，1年、2年期国债新发1次续发3次，3年期国债新发1次续发4次，5年、7年、10年和30年期国债新发1次续发5次，50年期国债由全部新发改为新发1次续发2次。

# 在 2019 年第四季度国债会议上的讲话

财政部国库司司长　王小龙

2019 年政府债券发行工作即将结束，当前，全国上下正积极开展学习贯彻党的十九届四中全会精神活动。在这个时点，我们召开这次会议，就是要以十九届四中全会和中央经济工作会议精神为指引，不忘初心，立足当下，放眼长远，全面总结 2019 年政府债券发行工作经验，分析当前形势，共同研究 2020 年乃至今后一段时间政府债券管理工作思路。

## 一、今年政府债券发行情况

今年是新中国成立 70 周年，是全面建成小康社会、实现第一个百年奋斗目标的关键之年。今年以来，国内外形势复杂严峻，从国际看，外部经济环境总体趋紧，世界经济和国际贸易形势堪忧，输入性风险有增无减，特别是美国政府宣布加征关税导致中美经贸摩擦反复，给我国经济发展带来了更大的不确定性；从国内看，经济存在下行压力，发展不平衡不充分问题仍然突出，经济持续健康发展的基础仍需巩固。特别是 10 月下旬以来，通胀压力加剧，第三季度 GDP 增速创 1991 年以来最低，给债券市场走势带来更多不确定性。面对复杂多变的经济金融形势，在党中央的坚强领导下，在各方共同努力下，政府债券发行平稳有序，各项改革任务圆满完成。

（一）国债发行情况

今年以来，财政部按照预算安排和国债余额管理的有关制度，结合国库现金流量预测和国债市场情况，科学拟订国债发行计划，保持国债供给平稳有序增长。债券市场资金面合理充裕，国债需求较好，国债发行利率总体下行，国债发行工作顺利开展。今年国债发行主要呈现以下几个特点：

一是记账式国债需求旺盛，发行利率总体下行。财政部在总结以往实践经验的基础上，充分吸收了记账式国债承销团的意见建议，进一步完善记账式国债招标发行规则，取消对续发行国债招标当日暂停交易的限制，满足金融机构持续交易需求；放宽甲类承销团成员追加承销额上限，激励甲类成员积极承销国债；增加单一标位最高投标限额，满足成员的投标需要。今年以来，记账式国债投标需求较为旺盛，1—11 月平均投标倍数为 2.82 倍，同比增加 0.37 倍；平均发行利率 3.04%，同比下降 32 个基点。

二是外资机构持有量持续增加。受益于近年国债市场长足进步和我国加大金融市场对外开放力度，外资机构对于中国国债市场的信心持续增长。在财政部和相关部门的大力推动下，今年 4 月起，中国债券已正式纳入彭博巴克莱债券指数，9 月初，美国摩根大通宣布，将从 2020 年 2 月 28 日开始将中国政府债券纳入旗下多项指数。此举进一步引发外资机构对于中国国债的热切关注。11 月末，外资机构持有我国国债 1.52 万亿元，同比增长 16.52%；其中，境外机构持有 1.29 万亿元，同比增长 19.27%，已成为除商业银行外第二大国债持有机构。

三是记账式国债流动性明显提升。今年以来，财政部适当增加大部分关键期限国债每次发行额，根据期限长短增加续发行次数 16 次，已开展 11 次共 148.7 亿元国债做市支持操作。这些措施有效增大了单只国债可交易规模，带动了国债市场交易氛围，有利于提高国债二级市场流动性。1—11 月，记账式国债现券交易 29.15 万亿元，同比增加超过七成，换手率第一次突破 2 倍达到 2.04 倍。国债期货成交 12.99 万亿元，同比增加 3.02 万亿元。

四是储蓄国债发行期次有所增加。今年 4 月份，财政部会同人民银行开展了储蓄国债（电子式）“随到随买”试点。在全年储蓄国债发行计划额度内，根据市场需求灵活安排发行额度，并将储蓄国债发行时间由原来的 10 天延长至全月。在各方共同努力下，4 月共发行 6 期储蓄国债（电子式）共 1226.71 亿元，百姓购买需求得到充分满足，群众获得感明显提升。全年储蓄国债发行 22 期共计 3998.24 亿元，较去年增加 4 期共 700 亿元，全年计划完成率接近 100%。

（二）地方债券发行情况

党中央、国务院领导高度重视加快地方债券发行使用工作。习近平总书记多次主持召开会议，听取加快发行使用专项债券、更好发挥有效投资拉动作用的汇报，并作出重要指示；李克强总理主持召开国务院常务会议，确定加快专项债券发行使用的措施，带动有效投资支持补短板扩内需；韩正副总理三次主持召开会议，部署加快发行使用专项债券、更好发挥有效投资拉动作用相关工作。为贯彻落实党中央国务院决策部署，财政部提前下达债务限额，积极指导各地提前做好发行准备，科学制订发行计划，统筹地方债券和国债、不同地区地方债券发行工作。

截至 12 月 13 日（上周五），今年地方债券累计发行 43417.61 亿元，其中新增债券、再融资债券、置换债券分别发行 30354.09 亿元、11484.29 亿元、1579.23 亿元。新增债券中，一般债券、专项债券分别发行 9056.79 亿元、21297.3 亿元。今年地方债券发行主要呈现以下特点：

一是发行进度显著加快。财政部积极与全国人大等有关方面沟通，于 2018 年末提前下达 2019 年地方政府新增债务限额 1.39 万亿元，并于 3 月正式下达全年地方政府新增债务限额 3.08 万亿元。各地积极贯彻党中央、国务院决策部署，切实加快地方债券发行进度，一季度完成全年新增债券发行任务的 38.5%，二季度完成 70.7%，9 月底前完成全年新增债券发行任务，序时进度较往年大幅提前。

二是发行利率降低。今年以来，财政部致力提升地方债券发行定价市场化水平，继续综合考虑地方债券风险资本占用、流动性溢价，以及承销机构对各地债券发行利率预期等因素，合理设定投标利率下限，并严禁各地以财政存款、国库现金管理等对承销机构施加影响人为压价；引导承销机构结合自身对不同省份实际情况的分析判断，合理确定投标利率。截至 12 月 13 日，地方债券平均发行利率 3.47%，同比降低 43 个基点；较国债收益率平均上浮 27 个基点，同比降低 16 个基点。不同地区地方债券与国债的利差有所分化，东部地区与国债的利差多为 25 个基点，东北和中西部地区与国债的利差较大，有的省份超过 60 个基点。

三是平均发行期限延长。财政部放开地方债券期限比例结构限制，允许各地根据投资者期限偏好、项目实际情况等合理确定债券发行期限。各地在保持 3—10 年中长期债券为主要品种的基础上，逐步提高 15 年、20 年、30 年期等超长期限品种占比，更好匹配项目资金需求。截至 12 月 13 日，地方债券平均发行期限 10.19 年，同比增加 4.13 年。其中，10 年期以上债券发行 7925.51 亿元，较去年同期增加 7399.82 亿元。

四是二级市场流动性得到改善。财政部积极推动地方开展一般债券续发行工作，有效提高单只债券可流通规模，广东、湖北对同一只债券续发行两次，单只债券余额接近 300 亿元，大幅超出平均水平。鼓励地方将同期限、同类型专项债券集合发行，减少债券发行碎片化。会同证监会继续推进地方债券交易型开放式指数基金（ETF），基金首募规模超过 100 亿元，提高地方债券在交易所交易的便利性。1—11 月，地方债券现券交易 9.07 万亿元，同比增加 5.58 万亿元；换手率0.47倍，同比增加0.25倍。

五是成功推出地方债券商业银行柜台发行。从去年起，经发行人认可的存量地方债券可以开展柜台交易。为拓宽发行渠道，今年财政部正式启动地方债券柜台发行工作，宁波、浙江、广东等12省区（市）先后通过商业银行柜台发行地方债券111.3亿元，个人和中小机构认购踊跃，个人投资者占比约37%，投资者多元化程度进一步提高。

## 二、明年政府债券发行管理重点工作

10月28日至31日，中国共产党召开了十九届四中全会，这是我们党站在“两个一百年”奋斗目标历史交汇点上召开的一次十分重要的会议，是在新中国成立70周年之际、中华民族伟大复兴处于关键时期召开的一次具有开创性、里程碑意义的会议。党的十九届四中全会审议通过了《中共中央关于坚持和完善中国特色社会主义制度、推进国家治理体系和治理能力现代化若干重大问题的决定》（以下简称《决定》），描绘了未来三十年国家制度和治理体系建设的新蓝图。财政是国家治理的基础和重要支柱。财政部将认真总结1981年恢复政府债券发行以来正反两方面的经验，用好政府债券管理这个财政筹资和实施宏观调控的重要工具，加快现代政府债券管理制度建设，满足现代财政在市场经济体系中以合理成本和可控风险实现可持续筹资的需要。

2020年是全面建成小康社会和“十三五”规划的收官之年，要实现第一个百年奋斗目标，为“十四五”发展和实现第二个百年奋斗目标打好基础。为实现这一目标，中央经济工作会议指出，积极的财政政策要大力提质增效，财政、货币、就业等政策要做好协调配合。在大规模减税降费、财政收入增幅趋缓的背景下，财政收支缺口将更多地依赖政府债券筹资，明年国债、地方债券发行将仍然维持较大规模。财政部将按照党的十九届四中全会总体部署和中央经济工作会体提出的相关任务，进一步做好现政府债券发行管理制度建设和相关工作。

（一）《决定》提出，要“加强资本市场基础制度建设，健全具有高适度性、竞争力、普惠性的现代金融体系，有效防范化解金融风险”

1. 继续深化国债发行管理市场化改革。

由于国债具有主权信用和利率基准作用，国债市场在金融市场中居于核心地位，是一国金融体系的稳定器和压舱石。近年我部积极推进国债市场发展，我国国债一级市场步入世界先进行列，二级市场建设取得重要进展，对金融市场健康发展和稳健运行发挥了重要作用。下一步，一是要继续完善国债发行制度。优化国债品种期限结构，推进银行间市场记账式国债预发行，提高国债发行定价市场水平；完善储蓄国债定价机制，拓宽储蓄国债（电子式）销售渠道，开展手机银行销售试点；加强国债管理与库款管理、国库现金管理之间的协调配合，适度压降国债筹资成本，不断提升国债一级市场运行质量。二是推动国债二级市场健康发展和稳健运行。健全国债做市支持机制，稳步提高国债市场流动性，完善国债市场监测机制，更好发挥国债收益率的利率基准作用和宏观经济运行预测作用，为防范化解金融风险发挥应有作用。

2. 深入推进地方债券发行机制改革。

地方政府债券已经成为债券市场第一大品种，地方债券市场已成为多层次资本市场的重要组成部分。下一步，一是夯实地方政府债券市场发展基础。完善地方政府债券管理制度，提升发行市场化程度，加强专项债券信息披露和信用评级管理，落实《信用评级业管理暂行办法》，指导国债协会研究发布《地方政府债券信用评级业务自律规范指引》，尽快印发《地方政府新增专项债券项目信息披露模板》。二是改善二级市场流动性。进一步指导各地继续加大一般债券续发行和专项债券集合发行力度，降低“碎片化”程度。会同人民银行、证监会等部门，研究拓宽地方债券质押用途和质押范围，优化地方债券市场做市安排，继续推进地方债券ETF等衍生品，活跃地方债券交易。三是推动地方债券投资主体多元化。完善储蓄式地方债产品设计，适时开展试点；建立激励机制，促进承销机构向非金融机构和个人分销地方债券；研究在港澳发行离岸人民币地方债券，吸引境外机构参与地方债券投资。

（二）《决定》提出，要“完善基础货币投放机制，健全基准利率和市场化利率体系”

要加强财政政策和货币政策协调配合。国债是财政筹资工具，也是核心金融产品，国债管理在完善宏观调控、加强财政政策和货币政策协调配合中发挥重要作用。近年我部与人民银行紧密协作，建立健全国债收益率曲线，协调政府债券发行和货币政策操作，取得了良好成效。下一步，一是进一步完善国债管理制度，实现长期以合理成本和风险完成财政筹资，保障积极财政政策有效实施。二是进一步发挥国债金融功能，优化国债存量结构，活跃市场交易，加强国债发行管理和人民银行货币政策操作的沟通协调，更好发挥国债收益率曲线定价基准作用。

（三）《决定》提出，要“建设更高水平开放型经济新体制。实施更大范围、更宽领域、更深层次的全面开放”

国债市场对外开放是金融对外开放的重要组成部分，进一步推动我国国债市场对外开放，有利于改善国债投资者结构，保障财政可持续筹资；有利于进一步推动人民币国际化，落实国家金融战略；有利于提升我国主权信用地位，以开放促改革；有利于发展大国国债市场，充分发挥国债市场在国家治理中的作用。下一步，一是培育国债市场多元化、国际化投资者群体。继续向外资机构推广中国国债市场和国债收益率曲线；注重吸引养老金、保险基金等偏好中长期国债的境外投资者；继续密切跟踪境外机构持有国债情况。二是密切与境外投资者的沟通，加强国债对外宣传力度。组织召开境外机构参加的以国债市场对外开放为主题的国际研讨会；通过纸质、网站、视频等多种形式制作多种语言的国债宣传材料，吸引更多潜在投资者了解我国国债市场。三是进一步加强国债市场统一互联，提升国债市场基础设施服务水平，更好发挥国债市场对外开放在全面开放中的作用。

# 在地方债市场建设与发展研讨会上的讲话

财政部预算司一级巡视员　王克冰

地方政府债券历经 10 余年发展，已经成为我国财政政策的重要工具，地方政府债券市场也成为资本市场的重要组成部分。立足过往、放眼未来，下面我就完善地方政府债券管理、促进地方政府债券市场持续健康发展谈一谈自己的看法。

第一，依法规范举债，发挥好地方政府债券逆周期调节作用。党的十九届四中全会明确将财政政策和货币政策作为宏观调控制度体系的主要手段。2009 年中央财政首次代理发行地方政府债券，主要是作为应对国际金融危机的一项临时性措施和建立地方政府规范举债融资机制的初步探索；2014 年修订的新预算法确立了地方政府债券作为地方政府举债融资的唯一合法方式，此后地方政府债券进入了快速发展的历史阶段，目前已经成为财政政策的重要工具，特别是当前经济形势下发挥了逆周期调节的重要作用。近年来，党中央、国务院高度重视地方政府专项债券发行使用工作，2019 年，中央办公厅、国务院办公厅专门印发文件，加大专项债券对重点领域和薄弱环节的支持力度，带动有效投资支持补短板扩内需。目前，财政部正在会同有关部门认真贯彻落实党中央、国务院工作部署，做好专项债券发行使用相关工作。

为更好地发挥地方政府债券对“六稳”的支持作用，需要把握好两个原则。一个原则是依法合规。严格落实预算法规定和党中央、国务院要求，坚持地方政府债券必须用于公益性事业发展，不得用于产业项目；坚持地方政府债券必须用于公益性资本支出，不得用于经常性支出；坚持专项债券必须用于有一定收益的公益性项目，不得用于没有收益的公益性项目。另一个原则是突出重点。精准聚焦，加大对党中央、国务院确定重点领域和重大项目的支持力度，不撒“胡椒面”；将地方政府债券资金用在“刀刃”上，解决人民群众急需的基本公共服务需求；将地方政府债券资金用于基础设施建设领域的，应当重点用于“补短板”，不得用于重复建设项目，决不能用于形象工程、面子工程。

第二，严格防范风险，健全地方政府债券偿债机制。地方政府举债融资，符合代际公平原则，有利于加快推进城市化、工业化进程；但举债要与偿债能力相匹配，这是一条经济铁律，必须落实偿债资金来源、严控风险。2014 年修订的预算法专门规定，政府举债必须有偿还计划和稳定的偿还资金来源。近年来，财政部在“开前门”的同时，始终严守风险防控底线，采取了限额管理、预算管理、风险评估和预警等一系列措施加强管理；同时，结合专项债券特点，先后试点在土地储备、政府收费公路、棚户区改造等领域按项目发行专项债券，并启动土地储备项目预算管理试点，探索建立专项债券风险项目控制机制，逐步完善专项债券偿债保障机制。目前，法定限额内地方政府债务风险总体可控，债务率为 77%，低于国际通行的风险警戒线水平，但专项债券偿债风险不容忽视：从总体规模看，2018 年专项债券余额已经超过地方政府性基金收入规模；从偿债来源看，目前专项债券偿还来源单一，高度依赖土地出让收入。

为进一步防控专项债券风险，确保法定政府

债券不出任何风险，需要进一步健全专项债券偿债保障机制。首先，拓宽偿债资金来源。按照“谁受益、谁付费”的原则，完善公益性事业收费机制，通过拓宽专项债券项目收益来源，进一步健全专项债券偿债保障机制，改变专项债券偿债来源单一化的现状。条件成熟时，可以研究将非税收入中部分具有法定专项用途、专门用于特定公益性事业发展的收入归入政府性基金预算管理，进一步拓展专项债券偿债资金来源。其次，健全项目风险控制机制。专项债券是按项目自求平衡的地方政府债券品种，必须坚持专项债券项目收益与融资平衡，这是一项基本的风险控制规则。要健全专项债券项目全生命周期风险管理机制，通过锁定每一个专项债券对应项目风险，实现整体专项债风险可控；地方政府要科学编制专项债券项目收益与融资平衡方案，合理评估项目预期收益和资产价值，必要时可以引入独立第三方机构开展评估工作，增强准确度和可靠性。

第三，提高市场化水平，大力发展地方政府债券市场。地方政府债券作为资本市场债务融资工具之一，遵循资本市场运作的基本规则和基本规律。公开透明是地方政府在资本市场公开发债的基本要求，有利于建立对地方政府举债融资的市场约束机制。近年来，财政部坚持法治化、市场化导向，大力推进地方政府债务市场发展，取得了积极成效，目前是我国债券市场第一大债券品种。但地方政府债券发展仍然存在一些突出问题，比如信息披露不充分、债券定价市场化程度有待提高、投资者群体较为单一、二级市场流动性不足、期限结构不够合理等，制约了市场约束作用的发挥。

要进一步提高地方政府债券市场化水平，还需要付出大量的努力。一是加快推进地方政府债券信息公开。目前，财政部已经发布了地方政府债务信息公开办法和样表，对地方政府债券发行、存续期、重大事项公开等做出规定。下一步将结合推进全国统一的地方政府债务信息公开平台建设，督促和指导各地规范做好地方政府债券信息公开相关工作，为投资者决策提供充足的信息参考。二是提高发行定价市场化水平。坚持地方政府债券市场化发行，要求各地不得通过财政存款和国库现金管理操作等手段变相干预债券发行定价，促进债券发行利率合理反映地区差异和项目差异。三是合理确定专项债券期限结构。坚持专项债券期限与项目期限相匹配，并统筹考虑投资者需求、到期债务分布等因素，降低期限错配风险。鼓励各地结合项目建设和实施周期发行10年期以上的长期专项债券，更好地匹配项目资金需求和期限。鼓励各地发行专项债券时采取本金分期偿还方式，平滑存续期内偿债压力。四是促进投资主体多元化。继续推动地方政府债券柜台销售，鼓励和引导保险公司、基金公司、社会保险基金等机构投资者和个人投资者参与投资地方政府债券；积极利用证券交易所提高非金融机构和个人投资地方政府债券的便利性。

一直以来，财政部党组高度重视地方政府债务管理工作，主要负责同志和分管部领导亲力亲为、把关定向，确保了地方政府债务管理沿着法治化、市场化轨道行稳致远。为贯彻落实党中央、国务院关于加强政府债务管理队伍建设和人员配备的要求，部党组决定成立政府债务研究和评估中心，协助部内相关司局开展地方政府债券管理和风险防控等各项工作。中心将与国债协会等兄弟单位协同配合，共同支持做好地方政府债务（券）管理各项工作。

# 供给侧改革引领地方政府债券市场高质量发展

中国国债协会会长　孙晓霞

政府债券是金融市场的基石，是财政和金融的重要结合点，对金融体系和经济的高质量发展具有重要意义。自 2009 年重启发行以来，我国地方政府债券发展取得显著成效，目前规模已超越国债和政策性金融债，成为债券市场第一大品种。地方政府债券依靠其直接融资主渠道的特有地位和优势，对供给侧结构性改革形成有效支持和重要支撑，促进经济保持平稳健康发展。当前，随着供给侧结构性改革的不断深化，地方政府债券市场自身发展也面临着改革要求，必须适应经济高质量发展的需要，从供需两端推动结构性改革，不仅要在稳增长、扩内需方面提供应有的财力保障，也要从供给侧结构性改革的视角，为调结构、补短板发挥应有作用。因此，如何以供给侧结构性改革推动地方政府债券市场高质量发展，成为值得我们深入思考的时代命题。

## 一、地方政府债券在供给侧结构性改革中发挥重要作用

我国地方政府债券是满足地方政府融资需求、支持地方经济建设的重要券种，其发展历程与我国不同阶段的改革发展需要相适应。2009 年，为应对国际金融危机，破解地方政府融资难题，规范地方政府融资途径，增强地方安排配套资金和扩大政府投资的能力，我国重启地方政府债券发行，先后经历了“代发代还”“自发代还”和“自发自还”三种模式演变。2015 年，新《预算法》正式实施，地方政府债券自发自还全面推开，与中央首次提出供给侧结构性改革命题的历史时机相契合。随着自发自还平稳有序推进，地方政府债券进入创新发展阶段，继 2017 年推出项目收益专项债后，2019 年又试点通过商业银行柜台市场发行地方政府债券。近期，为加大逆周期调节力度，更好发挥地方政府专项债券的重要作用，集中资金支持重大在建工程建设和补短板，增强投资对经济的托底能力，中办、国办发布通知，要求做好地方政府专项债券发行及项目配套融资工作，通知的发布将促进地方政府举债融资机制更加完善，推动地方政府债券沿着市场化改革方向发展。

地方政府债券是积极财政政策的重要手段，在供给侧结构性改革中发挥了稳增长、降成本、补短板的重要作用。地方政府债券是法定的地方政府举债融资工具，迄今已累计发行近 20 万亿元，成为地方政府筹集建设资金的重要渠道（见图 1）。近期，国家出台政策，允许将专项债券作为重大公益性项目资本金，积极鼓励金融机构提供配套融资支持，明确了“专项债 + 市场化融资”的组合融资方式，此举不仅可以保障基础设施、公共服务领域的基建补短板项目的融资需求，还将有效撬动更大规模新增基建投资，最终拉动整体基建投资和 GDP 增速。地方政府债券是稳增长的直接力量。2015 年以来，新增地方政府债券发行增速持续维持高位，复合年均增长率达 48.1%，在保持较高财政投入力度和支出强度、保障地方经济增长方面发挥了重要作用，成为“扩内需，稳增长”的有效手段。地方政府债券是降成本的重要举措。地方政府债券的发行大幅降低了地方政府融资成本，节约了债

务利息支出。截至2018年底，地方政府债务平均利率约为3.5%，比2014年末降低约6.5个百分点，通过债务置换，累计节约利息约1.7万亿元。地方政府债券是补短板的有效途径。地方政府债券通过债务资金支持重大战略和重点领域项目建设，推动在建基础设施项目建设，扩大有效供给，补齐发展短板。近年来，我国新增地方政府债券发行规模逐年上升，2019年预算安排新增债务额度达到3.08万亿元，新增地方政府债券资金主要投向土地储备、棚户区改造、基础设施建设、医疗、教育、环保等重要公益性项目，补短板作用不断强化（见图2、图3）。

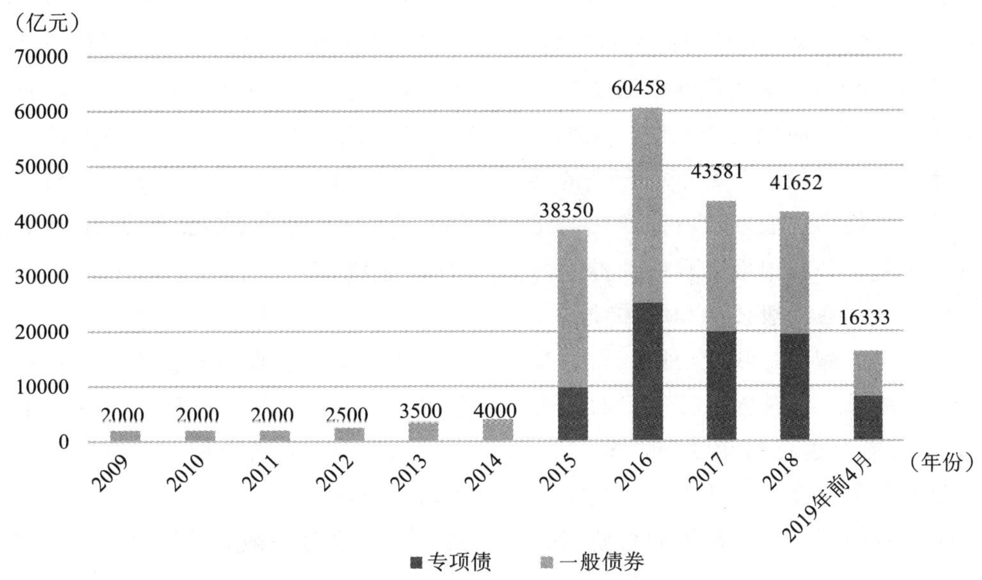


图1 2009年以来地方债发行情况

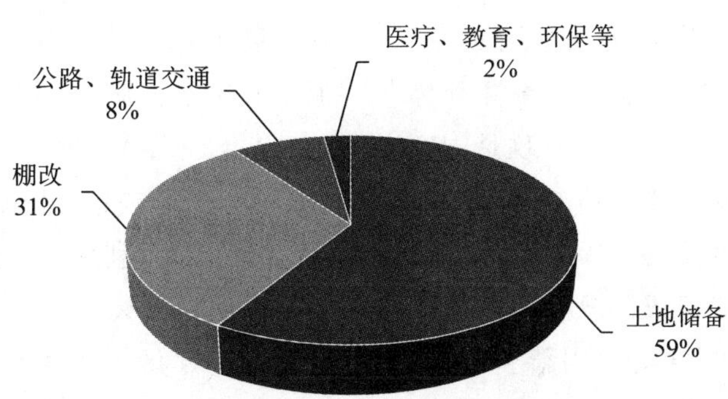


图2 2018年项目收益专项债投向

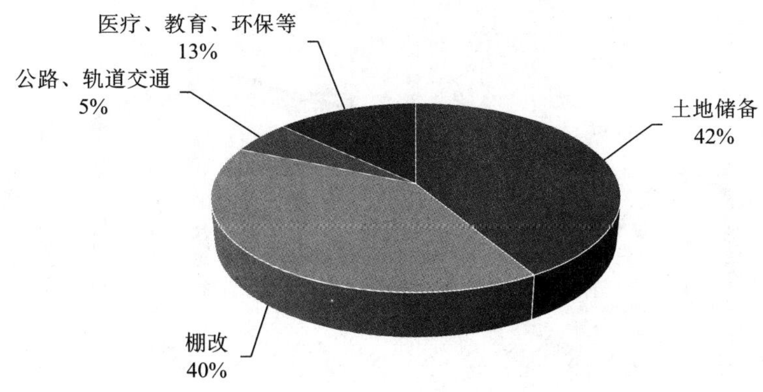


图3 2019年前4个月项目收益专项债投向

地方政府债券为债券市场提供优质金融产品，在供给侧结构性改革中发挥了防风险、调结构的重要作用。地方政府债券属于政府债券范畴，同国债一样，在满足政府融资需求的同时，还兼具金融功能。地方政府债券是防风险的必要手段。地方政府债券作为“银边债券”，具有安全性高、收益稳定的特点，随着其规模不断增大，可为债券市场提供越来越多低风险、高信用的优质产品，有助于完善债券市场结构，提升债券市场整体质量，使债券市场能在危机时成为避风港，减少大规模跨境资本流动可能对国内金融市场产生的不利冲击，增强抗风险能力。地方政府债券是调结构的有效方式。近年来，我国地方政府债券品种和期限结构不断丰富，在一般债券和专项债券基础上，创新推出土储、棚改、收费公路、轨道交通、教育、医疗、环保、乡村振兴等项目收益专项债券，在期限结构上也已覆盖 1 年、3 年、5 年、7 年、10 年所有关键期限，并进一步增加了 2 年、15 年、20 年期债券，在满足不同投资者投资偏好和项目资金需求的同时，促进了债券市场结构的优化和多层次的债券市场体系的健全。

地方政府债券是提升国家治理的重要抓手，在供给侧结构性改革中发挥了完善债务管理体系、增强宏观调控能力的重要作用。财政是国家治理的基础和重要支柱，地方政府债券作为创新产物，其本身的出现、发展就是我国财政体制改革和金融供给侧改革的重要组成部分。地方政府债券促进了债务管理制度的供给和创新。目前，我国地方政府债券市场发展进入法治化建设的新阶段，地方政府债务管理基本形成了从限额管理、债券管理、预算管理，到风险预警及应急处置机制、常态化监督机制，覆盖地方政府债务管理和监督各个环节的“闭环”管理体系，债务管理体系的健全和完善，有利于推进国家治理体系建设。地方政府债券促进了宏观调控能力的提升。地方政府债券作为财政政策和货币政策的结合点，兼具财政和金融功能，其发展和完善有利于丰富我国宏观政策调控工具，增强宏观调控能力，进而推进国家治理能力的提升。

## 二、当前我国地方政府债券市场发展仍面临挑战

历经十年，我国地方政府债券市场取得了长足发展，但仍面临一些挑战，主要体现在：

从财政视角看，地方政府债券期限品种有待丰富，市场化发行机制有待完善。2017 年以前，我国地方政府一般债券和专项债券只有单一品种，2017 年财政部试点推出项目收益专项债，但目前无论在发行规模占比，还是在期限品种丰富程度上都与美国存在较大差距。在期限结构上，我国地方政府债券发行主要分布于 3 年、5 年、7 年、10 年期，1 年期和 10 年期以上发行量偏少，平均占比不足 2%。从发行定价来看，一级市场发行利率与二级市场收益率经常出现较大背离，且常低于二级市场收益率，同时，各地区发行利率区别不大（见图 4），未能很好地反映出各地区经济、债务情况差异。

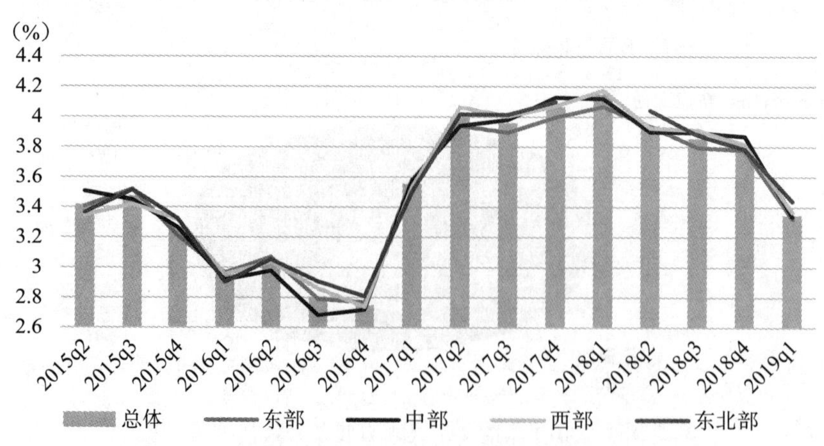


图 4　地方债加权平均发行利率

从金融视角看，市场流动性有待提升，投资者主体有待拓展。目前，我国地方政府债券市场流动性较低，与国债、政策性金融债相比，地方政府债券成交量占比和换手率明显偏低，2018年，地方政府债券存量占全市场的比重已达31.9%，但交易量仅占全市场总交易量的5.6%，相应地，其换手率也仅为24.07%（见图5）。投资者主体较为单一是影响地方政府债券流动性的一个主要制约因素，当前，商业银行仍然是地方政府债券的绝对持有主力，持有规模超过80%，而保险、基金、证券、个人、境外等投资者持有占比非常小（见图6）。商业银行大量持有地方政府债券且多数持有到期，不仅限制了二级市场流动性，而且投资者同质化也不利于市场风险分散。

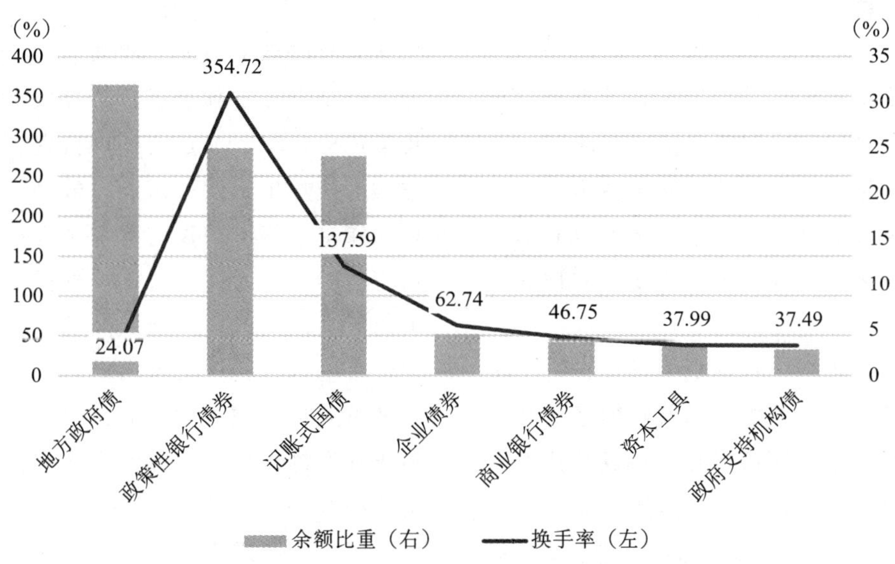


图5 2018年各券种余额和换手率情况比较

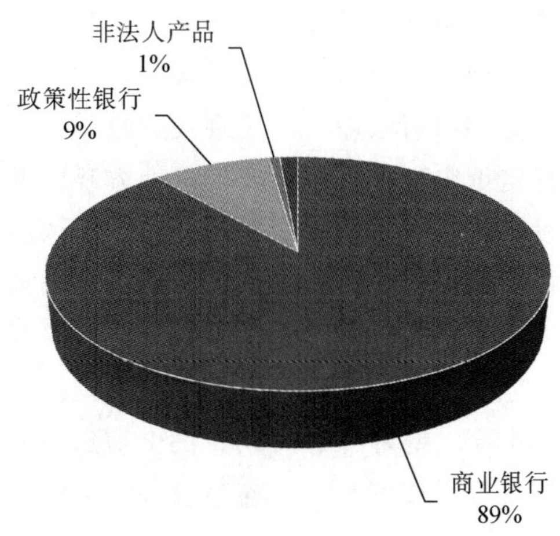


图6 2019年4月末中国地方债持有者结构

从国家治理视角看，地方政府运行透明度有待提高，政府债务立法有待健全。近年来，地方政府对信息披露工作逐步加大重视，但仍存在发行信息透明度不高、部分地区财政数据滞后和缺失、部分专项债券项目信息披露不充分，以及信息披露口径、格式、内容不统一，信息披露质量不佳等问题，影响市场参与者的投资交易意愿。在信用评级方面，评级结果趋于同质化，尚未充分反映区域信用差异，地方政府债券评级体系还需进一步规范，评级机构独立性和公信力也有待提高。在立法方面，当前我国政府债务法律法规明显滞后，缺乏政府债务基本法，现行只有一部1992年颁布的《国库券条例》，其中很多规定已不适应当前管理需要；地方政府债务立法更是存在空白，虽然相关制度文件很多，但法律位阶较低，且缺乏系统性和协调性。

## 三、未来我国地方政府债券市场高质量发展任重道远

地方政府债券市场高质量发展是提升债券市场乃至金融市场和经济发展质量的必由之路，而供给侧结构性改革是推动地方政府债券市场高质量发展的根本保障和动力，未来，地方政府债券市场必须以供给侧结构性改革为主线，实现高质量发展。

以稳增长、扩内需、补短板为己任，进一步强化地方政府债券融资功能。随着我国经济转向高质量发展阶段，基于城镇化和人口老龄化的发展，地方政府基本设施建设和公共服务方面的支出将进一步加大，其融资需求仍会保持强劲势头。为更好发挥地方政府债券在稳增长、扩内需、补短板方面的重要作用，需要进一步强化其融资功能，一是不断丰富债券期限品种，增加短期和长期债券发行，合理创新推出更多项目收益专项债券品种。二是继续提升发行定价市场化程度，进一步减少对地方政府债券发行的行政干预和窗口指导，不断完善发行定价机制，促进定价进一步科学合理化。三是建立地方政府债券预算绩效管理体系，对地方政府债券“借、用、管、还”全过程加以规范，防范债务风险，更好保障其发挥融资功能，提供地方经济发展需要的长期、稳定资金来源。

以防风险、调结构为使命，进一步培育地方政府债券市场健康发展。政府债券是金融市场的基石，在现代金融体系中具有重要地位。目前，地方政府债券已成为我国债券市场第一大品种，加强地方政府债券市场建设，建立功能完备、运行高效、安全稳健的地方政府债券市场，对于充分发挥地方政府债券防风险、调结构的作用具有重要意义。一是要建立健全地方政府债券收益率曲线，发挥其“定价锚”和“风向标”作用，为地方政府债券发行、交易定价提供参考基准，为政府制定和实施货币政策提供参考依据，提高政策传导效率。二是要拓展投资者群体，扩大地方政府债券柜台发行试点，鼓励保险、基金公司和社保基金等机构投资者和个人投资者投资地方政府债券，扩大引入合格境外投资者，以此促进市场流动性的改善和防风险功能的深化。三是要完善市场机制，推出做市商机制，对关键期限开展做市业务，完善发行兑付机制，丰富发行方式和招标安排，扩大地方政府债券作为质押品的使用范围并提高质押率。

以国家治理现代化为目标，进一步健全相关制度，推进全面改革。财政是国家治理的基础和重要支柱，政府债务管理作为现代财政制度的重要组成部分和国家宏观调控的重要手段，必须适应现代财政制度和现代化经济体系的要求。一是要实现地方政府债务管理的法治化，加快地方政府债务立法，依法规范地方政府举债行为，增强债务约束力和财政可持续性。二是要健全财政、货币政策协调机制，更好发挥地方政府债券的金融功能和宏观调控功能。三是要完善相关配套机制，健全信息披露和信用评级制度，提高地方政府财政和债务信息的透明度，强化金融市场的约束力。

# 方兴未艾 未来可期

## ——我国超长期地方政府债券市场发展

中国国债协会会长 孙晓霞

自2009年重启发行以来，我国地方政府债券市场走过了10年峥嵘岁月，其间经历了代发代还、代发自还、自发自还三个阶段。地方政府债券作为我国财政体制改革和金融供给侧改革的重要组成部分，是地方政府“开前门”融资的主要途径，对创新和完善地方政府举债融资机制、强化市场约束、防范和化解地方债务风险等具有重要意义。目前，地方政府债券已经成为我国债券市场第一大券种，期限品种也在不断丰富和创新。2018年8月，超长期地方政府债券首次发行，2019年，市场逐渐扩容，可以说超长期地方政府债券市场正处于方兴未艾之时，未来发展可期。

### 一、发行超长期地方政府债券具有重要意义

一是有利于地方政府支持经济发展。在当前大力做好“六稳”工作的背景下，超长期地方政府债券作为市场上较为稀缺的长期资金，能够更好地配套地方政府长期投资项目，集中资金投向交通基础设施建设、城镇基础设施建设、农业农村建设、重大水利设施建设等“稳投资”领域，保障这些长期重大公益性建设项目资金运作的稳定性，具有稳投资的重要作用。超长期地方政府债券作为地方政府直接融资的重要渠道，既可以有效降低融资成本；又可以使地方政府基础设施建设项目的建设和投资回收期与债券的偿还周期相匹配，避免再融资风险；还可以使地方政府债务负担在代际之间合理分摊，有效后移地方财政还本付息压力。这些都有助于地方政府调整债务结构，保障地方财政的稳定性和可持续性，防止出现区域性、系统性财政金融风险，具有防风险的重要作用。在当前我国经济下行风险加剧的宏观形势下，发行超长期地方政府债券，可以充分利用其长久期属性，更好地发挥财政资金逆周期调控功能，着重“补短板”，集中资金支持重大在建工程建设，并可以通过债券资金作为重大公益性项目资本金等创新途径，撬动更大规模的基建投资，拉动经济增长，具有稳增长的重要作用。

二是有利于满足投资者资产配置需求。超长期地方政府债券由于跨越多个经济周期，价格波动比较平稳，能够为投资者提供兼具收益性和安全性的长期资产配置选择。一般来说，养老金、保险机构的资金来源相对稳定，负债结构更加长期化，按照资产负债相匹配的原则，这类机构需要配置长期限的债券。发行超长期地方政府债券，可以满足这些机构资产配置、负债管理的需求，提高这些机构自身的资产负债匹配度。尤其是在当前金融业“回归本源”的大背景下，一味追求短期投机和高收益的投资策略不再是主流，超长期地方政府债券作为能有效降低金融机构期限错配风险和再投资风险的金融产品，自然会受到机构投资者的青睐。

三是有利于地方政府债券市场平稳健康发展。长期来看，超长期地方政府债券将建立长效发行机制，形成稳定的发行预期。从市场供给角度看，这将填补市场上长期债券产品的空白，丰富地方政府债券市场的期限品种，为机构投资者

提供回报稳定的长期资产；从需求角度看，超长期地方政府债券有助于在一级市场发行认购和二级市场交易投资环节，吸引更多元化的投资者，进一步提高市场整体影响力和流动性，促进地方政府债券市场整体扩容，并推动供需两侧形成动态平衡，进而推动地方政府债券市场的市场化改革和可持续发展。

## 二、从国际比较来看，我国超长期地方政府债券市场仍有较大发展空间

在国际上，地方政府债券的历史非常悠久。早在 1812 年，美国就发行了首只市政债券，这是由纽约州政府发行的，用来筹集建设伊利运河的资金。56 年后，即 1868 年，美国还曾发行过期限长达 279 年的固定利率地方政府一般债券，用于修建杰罗姆大道。经过 200 多年的发展，地方政府债券已经发展成为美国债券市场的重要组成部分，且以 15—20 年的长期债券为主，相比之下，我国的超长期地方政府债券市场刚刚起步，尚存在较大的提升空间。

一是投资者结构有待进一步优化。美国地方政府债券的持有者结构中，个人投资者占比最高，达 45%，共同基金持有 25%，银行和保险各占 14% 和 13%，投资者结构相对分散。反观我国地方政府债券市场，80% 以上的持有者都是商业银行，持有者集中度很高，且大量地方政府债券被持有至到期，二级市场流动性也因此受限。超长期地方政府债券的发行，将吸引偏好长期债券的投资者入市，地方政府债券的持有者结构有望进一步多元化，投资风格和风险偏好也将呈现差异化，有助于提高投资者抵御风险的能力，避免“羊群效应”，从而保障市场稳健运行。

二是发行机制有待进一步长效化。美国地方政府债券市场主要由长期债券构成，市场整体的剩余期限为 18 年左右。而我国地方政府债券市场的剩余期限不足 5 年，久期明显偏短，中长期债券供应较少，其中，15 年期及以上的超长期地方政府债券仅占市场总体的 3% 左右，更是呈现较为稀缺的状态。建立超长期地方政府债券的长效发行机制，不仅有助于优化地方政府债券市场期限结构，稳定市场预期，拉长市场整体久期，减轻由于债券集中到期而形成的市场配置压力和再融资压力，还可以维护二级市场流动性。从发行超长期国债的国际经验来看，要维持二级市场流动性，避免政府筹资成本受到影响，就必须要保证发行的可持续。例如，20 世纪 90 年代末，英国、美国由于预算盈余，减少或暂停了 30 年期国债的发行，一度导致长期国债缺乏流动性，因此，英国在 2005 年重启超长期国债发行后，采取了续发行的方式来保持持续供给，以此来维护市场的流动性。美国于 2006 年重启 30 年期国债发行，停发前年度发行规模在 200 亿美元左右，重启发行后，年度发行规模迅速增长，2009 年已突破 1370 亿美元，近年来则稳定在 1800 亿—2000 亿美元之间。

三是二级市场交易有待进一步活跃。美国地方政府债券市场 60% 以上的交易量都来自 10 年期以上的长期债券，其中 20 年期以上的超长期债券更是贡献了超过 30% 的交易占比。主要可以归结为两方面的原因：一方面是因为美国长期地方政府债券的发行量大，为二级市场交易提供了大量交易标的；另一方面是由于美国地方政府债券市场较为成熟、流通性好，降低了投资者对于流动性的担忧，更愿意去持有和交易长期债券。相比之下，我国的超长期地方政府债券总量还很少，虽然从 2019 年 7 月的数据来看，30 年期的月度换手率已超过全市场平均值的 2 倍，体现了市场对这一期限品种的热情，但由于发行量和交易总量都很少，超长期地方政府债券对整体市场交易活跃度的贡献还很有限。目前，我国超长期地方政府债券的市场交易总额占比仅为 3.1%，相比美国的 67%，未来还有较大提升空间。

## 三、我国超长期地方债券发展未来可期

一是政策上有引导支持。2019 年 4 月，财

政部在《关于做好地方政府债券发行工作的意见》中提出，要“科学确定发行期限，逐步提高长期债券发行占比，更好地匹配项目资金需求和期限”。地方政府债券作为稳投资和稳增长的重要支撑，是现阶段拉动经济增长的着力点，超长期地方政府债券在2019年的涌现，也体现了政策对其的支持。为了促进超长期债券更好发展，充分发挥其在支持地方建设和服务实体经济方面的重要作用，财政部也做了政策上的引导。其中，对于一般债券，为避免过于集中发行，从而对其他期限债券造成挤出效应，提出要注重发行规模的均衡；同时，为避免出现集中还本付息高峰期，从预算管理角度出发，提出要注意期限搭配。对于专项债券，则提出要更注重资金和项目期限相匹配，保证专项债券资金的公平和效率，发挥专项债券在促进经济发展、防范地方债务风险、推动市场健康可持续发展方面的重要作用。

二是规模上有需求推动。从近些年情况来看，我国地方政府债券特别是专项债券的发行规模逐年快速增长，2015—2018年，用于新增投资的专项债券分别发行了959亿元、4037亿元、7937亿元和1.35万亿元，2019年全年计划发行2.15万亿元，增长速度非常明显。未来，一方面，从我国发展阶段来看，随着城镇化进程不断加快和基础设施升级，地方政府还将面临巨大的融资需求缺口；另一方面，在中央对地方债务管理日趋规范和严格的背景下，地方政府将更大程度上依靠发行债券这一法定融资渠道，来满足重大公益性项目建设的资金需求。由于专项债券与项目相对应，不列入赤字，发行规模可以与项目融资需求规模更紧密结合，因此，按项目融资需求较大幅度增加专项债券还有较大空间，这将为超长期地方政府债券的扩容提供必要条件。

三是发行上有能力保证。超长期地方政府债券的顺利发行，从发行人角度来看，是地方政府在当前复杂的经济形势下对自身经济发展能力和偿债能力自信的体现，表明了发行人对地方经济稳定、长期健康发展的预期；从投资者角度来看，是投资者支持地方政府建设，对地方政府债券市场的远期发展持乐观态度的体现；从市场角度来看，是向整个市场传递积极的讯息，有助于增强市场信心，平滑地方政府债务支出，形成“地方政府直接融资—资金支持地方建设—经济发展反哺地方财政”的良性循环，促进地方经济长期可持续的运行和发展。

目前，我国超长期地方政府债券在发行规模和二级市场换手率上实现了突破，但也应该看到，超长期地方政府债券发展还任重道远。国债协会作为我国政府债券市场的行业自律组织，实施行业自律管理、维护市场秩序、促进市场健康稳定发展是我们应尽的重要职责。近年来，协会本着服务会员、服务市场的初心，在加强地方政府债券市场化建设方面，积极开展了一些工作，推动制定了《地方政府债券信用评级业务自律规范指引》（以下简称《指引》），希望能够以此来引导评级机构规范发展，进一步促进地方政府债券发行定价的市场化。另外，协会还联合中诚信国际完成了《地方政府债券信用评级关键量化指标》的课题研究，为未来制定《指引》配套实施细则提供参考。这两项工作是从市场自律角度出发，通过提高市场信息透明度和评级结果的质量及可比度，让“看不见的手”在地方政府债券发行中发挥决定性作用，助力地方政府债券市场化改革，也利于超长期地方政府债券市场的长远发展。

九层之台，起于垒土；千里之行，始于足下。我国超长期地方政府债券市场刚刚起步，未来的发展建设离不开各方的共同努力，让我们凝心聚力，共同打造一个健康、稳定、可持续的超长期地方政府债券市场。

# 在 2019 年债券市场投资策略论坛上的讲话

财政部国库司副主任 郭方明

过去的一年，是全面贯彻党的十九大的开局年，也是改革开放 40 周年。40 年来，我国经济社会发展取得巨大成就，政府债券市场也是从无到有，在改革中不断发展壮大。党的十九大开启了全面建设社会主义现代化国家新征程，要求创新和完善宏观调控，加快建立现代财政制度，促进多层次资本市场健康发展，守住不发生系统性金融风险的底线，为新时代深化政府债券管理改革提供了根本遵循。

2018 年，财政部全力落实十九大精神，以深化改革引领政府债券市场发展。2018 年末，我国国债余额约 15 万亿元，地方债券余额约 18 万亿元，国债、地方债券成为债券市场中规模最大的两个品种。同时，政府债券管理取得积极成效，突出表现在以下四个方面：

政府债券发行保持较大力度，聚力增效积极财政政策。贯彻落实党中央、国务院有关积极财政政策要更加积极和适度扩大地方政府专项债券发行规模的要求，2018 年，在保持财政赤字基本稳定的基础上，财政部发行国债约 3.68 万亿元，比 2017 年增长约 8%；指导地方政府发行地方债券约 4.16 万亿元，其中，新增专项债券 1.35 万亿元，比 2017 年增长约 69%。8 月以来，按照党中央、国务院关于加快地方政府专项债券发行和使用的有关要求，专项债券发行进一步提速。8—12 月，共发行专项债券约 1.2 万亿元，较前 7 个月增加约 1 万亿元，其中，8 月、9 月共发行专项债券约 1.1 万亿元，超额完成 9000 亿元的国务院既定目标，充分发挥了政府债券稳投资、扩内需、补短板等政策功能。

国债收益率曲线进一步健全，更好地满足市场化利率传导机制建设需要。国债收益率曲线是各类金融产品定价的基础，在市场化利率由短向长，由无风险产品向有风险产品传导过程中具有特殊重要的地位。党的十八届三中全会提出“健全反映市场供求关系的国债收益率曲线”以来，财政部大力推进夯实国债收益率曲线基础的机制建设，以人民币加入国际货币基金组织 SDR 货币篮子为契机，建立了短期国债滚动发行机制，3 个月国债收益率成为国际货币基金组织 SDR 货币篮子中人民币的代表性利率，获得了国际社会认可。对除 50 年期国债外的所有 1 年期以上国债均建立了续发行机制，减少了债券碎片，提高了中长期国债定价有效性。通过开展国债做市支持操作，提高国债流动性，改善了国债收益率曲线数据质量。目前，已形成涵盖 3 个月到 30 年短、中、长期较为完整的国债收益率曲线，成为投资者判断利率走势的重要指标。

国债市场运行效率进一步提高，推动人民币国际化进程不断加快。国债市场是多层次资本市场的核心基础，为各类金融产品提供定价基础，是各类金融机构开展资产负债管理和风险管理的主要场所，也是外资机构参与人民币投资的主战场。在 2013 年、2015 年先后上市 5 年、10 年国债期货基础上，2018 年财政部支持中国金融期货交易所进一步丰富国债期货交易品种，成功上市 2 年期国债期货，丰富了投资者利率风险管理工具。积极推进银行间市场国债预发行，建立国债预发行履约担保制度，促进一、二级市场价格衔接。协调中央结算公司、中国证券登记公司，上市前公布国债的国际证券识别码，便利国际投资者投资我国国债。境外机构持有我国国债比例显著增长，2018 年末，外资机构持有我国国债余额 1.34 万亿元，比 2017 年末增长约 60.8%，其中境外央行持有我国国债约 1 万亿元，比 2017 年末增长约 88.5%，推动人民币国际化进程不断加快。

地方债券发行机制改革取得新突破，全力打赢防范化解地方政府债务风险攻坚战。在严堵后门的同时，2018 年财政部着力完善地方债券发行管理机制，为地方政府规范举债开好前门。督促地方财政部门、承销团成员等主体强化市场化意识，地方债券发行利率逐步趋于合理，与国债收益率的利差进一步扩大，2018 年，公开发行的地方债券利率为 3.87%，比同期限国债平均高 41 个基点，得到投资者广泛认可。专项债券种类不断丰富，在收费公路、土地储备专项债券基础上，推出棚户区改造专项债券，14 个省份还创新发行了医疗卫生、教育、扶贫开发等品种的专项债券。促进投资主体多元化，参与地方债券承销的非银行金融机构数量增加，2018 年，共有 55 家非银行金融机构加入 34 个省份的地方债券承销团。2018 年底，商业银行持有地方债券比例为 84.84%，较去年下降 1.69 个百分点，证券公司、基金、保险公司等其他类型机构的持有比例均有上升。

当前，我国政府债券市场建设取得的成绩有目共睹，但是，与其承担的历史重任相比，还有较大的提升空间。2019 年是新中国成立 70 周年，是决胜全面建成小康社会第一个百年奋斗目标的关键之年。财政部将按照党的十九大和中央经济工作会议精神，进一步深化政府债券管理改革，主动适应新时代创新和完善宏观调控、打好防控化解重大风险攻坚战等新要求，进一步拓展政府债券宏观调控功能，在加快建立功能健全、运行顺畅的现代大国政府债券市场、防范化解财政金融风险上实现新突破。

拓展政府债券功能。在满足财政筹资需要的基础上，不断拓展国债在宏观经济调控、金融市场定价、储备货币资产、利率风险管理等方面的功能。加强财政部国债管理和人民银行货币政策操作的沟通协调。健全国债收益率曲线和利率传导机制，强化国债基准性金融资产作用。

加强国债市场建设。优化记账式国债招标发行规则，允许续发行国债当日持续交易。不断完善国债续发行机制，扩大续发行券种范围，增大单期国债市场交易规模。有序开展国债做市支持操作，研究完善国债做市支持机制。完善国债期现货价格联动机制，建立高流动性的国债二级市场。促进国债市场基础设施统一互联，强化对政府债券基础设施的统筹监管。稳步推动政府债券市场对外开放，助力人民币国际化进程。

推进地方债券发行机制改革。按照党中央、国务院要求，较大幅度增加专项债券规模，指导各地抓紧启动已经全国人大授权提前下达的 1.39 万亿元地方债券发行工作，切实加快发债进度，力争 9 月底前基本发行完毕全年专项债券。进一步提升发行定价市场化水平，严禁地方财政部门通过行政手段干扰发行定价，引导承销机构合理投标。通过柜台市场发行地方债券，吸引个人及中小机构购买，推动地方债券投资主体多元化。加强与人民银行等有关部门的沟通协调，维持流动性合理充裕，为地方债券发行创造有利环境。

# 深化地方债券发行管理改革　推动债券市场高质量发展

## ——在地方债市场建设与发展研讨会上的讲话

财政部国库支付中心副主任　许京花

党的十九届四中全会强调，我国国家治理体系和治理能力是中国特色社会主义制度及其执行能力的集中体现，推进国家治理体系和治理能力现代化，是全党的一项重大战略任务。建立规范合理的地方政府举债融资机制，是现代财政制度的重要组成部分，有利于形成一级政府、一级财权、一级举债权的财政体制，对于完善中央和地方财政关系、推进国家治理体系和治理能力现代化具有重要意义。自 2009 年财政部首次代理发行地方债券以来，经过 10 年不断探索和改革，初步建立起较为规范的地方政府举债融资机制，为保障积极财政政策有效实施，促进经济平稳运行，打赢防范化解地方政府债务风险攻坚战作出了重要贡献。

一是圆满完成地方债券发行任务。2015 年至 2019 年 11 月，共发行新增债券 8.56 万亿元，置换债券 12.34 万亿元，截至目前，全国地方政府债务余额 21.38 万亿元，其中，地方债券 21.16 万亿元，占比 99%，地方债券已成为地方政府债务的主体，债务形式和结构大为优化。二是基本建立涵盖发行方式、信息披露、信用评级等方面的较为完善的地方债券发行管理机制，发行市场化水平不断提升。三是进一步丰富债券期限品种。在以 10 年以下期限品种为主体的基础上，较大幅度增加了 15 年、20 年、30 年等长期限品种。1—11 月，地方债券平均发行期限达到 10.2 年，10 年期及以上期限发行超过 2 万亿元，占比 47%，有效支持了交通、水利等期限较长的重大公益性项目实施，为经济高质量发展提供了稳定的融资来源。四是积极推动投资主体多元化。推出地方债券商业银行柜台发行，进一步拓宽发行渠道，满足个人和中小机构投资需求；推动在交易所发行地方债券工作，发挥交易所市场对证券公司等非银行金融机构的动员作用和对个人投资者的辐射作用。五是加强地方债券流动性管理。开展地方债券续发行试点，加大专项债券集合发行力度，扩大单只债券规模，减少债券只数，改善地方债券流动性。2019 年 1—11 月，地方债券现券交易量 9.01 万亿元，同比增加 5.52 万亿元；换手率 0.46 倍，同比增加 0.25 倍；质押式回购规模 17.45 万亿元，同比增加 3.09 万亿元，流动性明显改善。

以上成绩的取得，离不开党中央、国务院的坚强领导，离不开财政部党组的决策部署，也离不开国债协会、各地财政部门和广大市场机构的努力和付出。

在取得上述成绩的同时，我们也清醒地认识到，地方债券市场经过 10 年发展，在债券发行市场化方面还需要进一步完善。市场化是债券可持续发行的内在要求，是影响承销团承销意愿和投资者认购需求的重要因素。经过近 40 年的发展，我国记账式国债已实现市场化发行，发行定价能够较好地反映市场供求关系。与国债相比，地方债券仍然存在发行定价市场化程度不高、信息披露和信用评级不够规范、流动性不佳等问题。下一步，地方债券管理改革工作，将以坚决打好防范化解重大风险攻坚战、开好地方政府规范举债的“前门”、确保财政可持续发展为目标，在圆满完成债券发行任务的前提下，着力提升管理的透明度和效率。

第一，进一步完善信息披露，提高债券发行透明度。

真实、准确的债券信息披露，能够消除债券供需双方信息不对称，帮助投资者有效识别债券风险，进行投资决策。当前，我国地方债券发行管理中，信息披露是薄弱环节，部分地区信息披露不充分、不及时的现象较为突出。下一步，一是要加快编制权责发生制政府综合财务报告，准确计量各项政府活动的成本和效益，如实反映政府的“家底”，夯实地方债券信息披露的基础。二是要加强财政核心业务一体化系统建设，提高信息披露的完整性、准确性，打通财政信息孤岛，促进财政信息充分共享，为向市场提供全面、准确的财政信息奠定基础。三是要加强地方债券资金监控，对地方债券资金的“借、用、管、还”进行全额、全过程监控，并及时向市场披露相关信息。

第二，进一步完善信用评级，强化市场约束和差别定价。

地方债券信用评级能够帮助投资者科学判断投资风险，同时通过引入市场监督机制，有利于防范地方政府债务风险。目前，我国地方债券信用评级结果趋同，所有省份所有债券评级都是AAA级，形同虚设，投资者难以进行风险判断，市场约束失效。下一步，要以前不久印发的《信用评级业管理暂行办法》为契机，加强地方债券信用评级行业监管和自律管理，建立地方债券信用评级业务规范，督促信用评级机构不断完善评级方法，对地方经济财政状况和债券对应项目情况进行准确分析，实现评级结果合理反映地区差异和项目差异，有效揭示风险，促进发挥信用评级的市场约束和差别定价作用。

第三，建设功能完备、运行高效、安全可靠的地方债券市场，保障筹资顺畅。

完善的债券市场，是保障债券顺利发行的重要基石。从国际上看，美国等债券市场发达的国家，债券定价市场化程度高，能真实反映市场供求关系；交易活跃，流动性好；投资者多元化程度高，既有国内、又有国外，既有各类型机构、又有个人投资者，为政府高效顺畅融资提供了坚实保障。下一步，要不断健全地方债券市场运行机制，建设高效完善的地方债券市场，保障地方政府长期可持续筹资。一是加强政府债券收益率曲线建设，不断健全反映市场供求关系的国债收益率曲线，研究编制符合我国国情的地方债券收益率曲线，实现地方债券发行、交易合理定价。二是增强财政政策与货币政策的协调配合，加强与人民银行等部门的沟通协调，促进流动性合理充裕，研究拓宽地方债券质押用途和质押范围，推动人民银行在公开市场操作中采用地方债券作为质押品，改善地方债券二级市场流动性。三是不断丰富地方债券投资者群体，进一步完善地方债券柜台业务，适时研究储蓄式地方债券，推动地方债券 ETF 等创新产品发展，吸引个人和保险公司、证券公司、基金公司、社保基金、资管产品等机构积极投资地方债券，进一步扩大地方债券市场对外开放，吸引境外投资者。

党的十九届四中全会总结了新中国成立 70 年，特别是改革开放 40 年国家治理的成功经验，为国家制度和国家治理体系“坚持和巩固什么、完善和发展什么”指明了方向。财政作为国家治理的基础和重要支柱，对推进国家治理体系和治理能力现代化具有重要意义。我们将按照建立现代财政制度有关要求，以更大的力度、更实的举措，深化地方债券发行管理改革，推动地方债券市场高质量发展，为创新和完善宏观调控方式，统筹推进稳增长、促改革、调结构、惠民生、防风险、保稳定作出新的更大贡献。

# 切实加强政府债务管理 积极打造“广东债”品牌 推动广东经济社会高质量发展

广东省财政厅副厅长 杨朝峰

近年，在财政部等部委的关心支持下，在广东省委、省政府高度重视和正确领导下，广东省财政厅以习近平新时代中国特色社会主义思想为指导，坚决贯彻落实党中央、国务院的决策部署，坚决打好防范化解重大风险攻坚战，加强政府债务管理，有力防控地方政府作为风险，规范地方政府举债融资，积极稳妥推进地方债发行管理改革，推动地方债市场健康可持续发展，支持重大在建项目建设和补短板，拉动形成有效投资，有力推进粤港澳大湾区建设和深圳建设中国特色社会主义先行示范区，积极推动广东经济社会高质量发展。下面我向各位汇报一下我省债务管理和债券发行等有关情况。

## 一、积极落实国家决策部署，有力有效防控政府债务风险

我省积极构建多层次多维度的政府债务管理制度体系，严堵违法违规后门，规范政府举债融资，政府债务和隐性债务规模较低，债务总体安全、风险可控。

（一）积极构建政府债务管理体系

2015 年 4 月，我省制定出台《广东省人民政府关于加强政府性债务管理的实施意见》，明确举债主体、限额管理、预算管理、风险预警、清理甄别、政绩考核等方面规范管理的要求。2016 年年初，我省在全国率先出台了《广东省政府性债务风险应急预案（试行）》，建立省、市、县三级政府债务风险防控体系。2017 年 7 月，省政府设立债务管理领导小组，由省长担任组长，常务副省长担任副组长，省财政厅等有关部门为成员单位，积极落实债务风险应急处置机制。

（二）积极开展存量政府债务置换

对甄别后纳入预算管理的地方政府存量债务，我省按照“协调一致一批，置换一批”“应换尽换”的原则，2015—2018 年共计发行 6136.8 亿元置换债券，非政府债券形式存量债务基本全部置换完毕，有力减缓到期债务偿付压力，有效化解了地方财政和金融机构的流动性风险。

（三）进一步规范地方政府举债融资行为

认真贯彻落实财政部关于进一步规范地方政府举债融资行为的要求，组织全省开展政府举债融资行为和政府购买服务融资行为的清理整改，明确举债融资行为的政策边界和负面清单，正面引导地方政府履职尽责，坚决制止违法违规举债担保行为。同时，按照“严控增量，清理存量，化解风险，确保平稳”的原则，从规范整体管理和防范局部风险的角度，提出明确、可操作的政策措施，研究制定进一步加强地方政府性债务和隐性债务管理的意见。

（四）不断巩固债务风险防控成效

按照年初财政部通报，2018 年我省省市县政府债务风险实现“零预警”。地方政府债务余额严格控制在法定政府债务限额以内。存量隐性债务化解进度较快，新增隐性债务有效遏制。全国人大财经委来粤调研，对广东经济高增长不以高负债为代价的做法表示充分肯定，认为我省保

持较低的债务率，对平衡全国债务率水平起到了积极作用。

## 二、积极稳妥推进发行创新，“广东债”品牌效应不断提升

为建立规范的地方政府举债融资机制，2011年，经国务院批准，广东省成为首批试点地方债“自发代还”的4个省市之一。2014年，广东省成为首批试点地方债“自发自还”的10个省市之一，并按规定开展政府债券信用评级，协调评级公司出具了中国地方债历史上首份信用评级报告。2015年以来，广东严格遵循财政部地方发行有关规定，积极探索、稳步推进各项发行试点改革工作，努力为全国地方债创新改革工作提供新鲜经验，积极打造“广东债”品牌，财政部对我省地方债发行工作给予充分肯定。

（一）创新集合发行粤港澳大湾区专项债券

2018年，我省集合粤港澳大湾区相关地市优质土储项目，创新发行首支跨地市专项债券，财政部正式发文批复债券命名为“粤港澳大湾区土地储备专项债券”。2018年8月16日，粤港澳大湾区土地储备专项债券成功发行引起社会热议，财政部给予充分肯定，并将该事项专文报送中办、国办。2019年，我省集合发行粤港澳大湾区相关地市基础设施互联互通建设、生态环保建设、科创平台建设、城市综合发展等领域专项债券500.9亿元。

（二）推动澳门金融机构首次分销地方债

2018年，澳门表达了积极投资广东省政府债券的意愿。在财政部大力支持和悉心指导下，我省与澳门方面研究确立“由易到难，分步推进”的思路，确定澳门金融机构在内地银行间债券市场通过结算代理方式参与广东省政府债券分销的可行路径。2018年8月17日，澳门金融机构成功分销认购50亿元广东债，实现了粤澳金融合作创新，在粤澳两地引起热烈反响，为粤港澳深化金融合作奠定坚实基础、提供成功经验。

（三）试点柜台发行生态环保专项债券

为服务粤港澳大湾区建设国家战略，丰富地方政府债券投资群体，增强投资者对广东经济社会发展的参与度和获得感，我省精心选取广州、佛山等粤港澳大湾区地市优质项目，设计粤港澳生态环保建设专项债券，并根据前期多轮摸底调查，确定首次柜台发行量为22.5亿元，居地方债柜台试点省市第一位。经精心组织，所有柜台销售任务提前于分销次日圆满完成，期间广东本地居民热情参与，最终结果显示，个人投资者认购金额高达13.96亿元，认购比例达62%，个人投资者认购金额位居全国各试点省市第一位。

（四）创新发行首单含权地方债

为切实解决债券项目对应地块出让时间不确定的问题，我们认真研究借鉴企业债、公司债等做法。2019年2月，我省在地方债期限设计中引入含权这一概念及模式，成功发行首单含权地方债——“3+2年”土储专项债券20亿元，有效增强了偿还债券本金自由度和灵活性，实现了债务余额的有效管理。

## 三、用好用足债券资金，积极支持广东高质量发展

广东坚持把管好用好专项债券，作为贯彻落实党中央、国务院“六稳”工作部署的一项重要举措，把新增债券作为最重要的财政工作来抓实抓细，发行使用工作呈现出“发行早、储备足、见效快”等特点。今年5月国务院领导、财政部领导对广东地方政府专项债券发行使用工作予以充分肯定，刘昆部长作出重要批示；11月，国务院办公厅专刊刊发《广东加快专项债券发行使用 推动重大项目落地 积极扩大有效投资》。

（一）发行启动早、完成快

财政部2019年新增债券额度下达后，我省抓紧完成法定审批程序，1月即启动债券发行工作，并结合项目进度、金融市场等因素合理把握发行节奏和发行规模，积极有序推进，6月17

日在全国率先完成 2019 年新增债券发行任务。

（二）项目储备扎实充分，使用投向精准聚焦

我省把做实做细项目储备库作为加快专项债券发行使用的重要抓手，始终坚持“项目制”分配思路，按照“钱跟项目走，兼顾各地负债情况”的总体要求，2019 年在举债空间内聚焦重点领域、重大项目，全力支持粤港澳大湾区建设等重大战略，实现全省省定重点项目资金需求、土地储备资金需求、棚户区改造项目资金需求“三个有求必应”，加快形成储备一批、安排一批、建设一批、竣工一批的良性循环。

（三）支出使用快、见效早

我省建立健全考核通报、挂钩分配和调度库款机制，加快债券资金拨付进度，严格要求地市在债券发行后 3 个工作日内办结转贷工作，同时实行“一周一报、月度通报”制度加快项目建设进度，有效形成实物工作量，避免债券资金“沉淀”“趴账”。截至 10 月底，全年专项债券已 100% 支出拨付到项目，推动全省前三季度固定资产投资增长 11.3%，同比提高 1.1 个百分点，增速居全国第 2 位，为稳投资、促进形成强大国内市场提供有力支撑。

广东在加强地方债管理上所做的一些工作离不开财政部的关心和大力支持，离不开广东省委省政府的正确领导，也离不开各方面对广东的关心支持。愿各位继续关注广东发展、粤港澳大湾区建设、深圳建设中国特色社会主义先行示范区、广东债发行改革创新！我们将继续强化政府债务管理，不断推进发行使用创新改革，力争将“广东债”打造成地方债市场标杆，并为构建市场化程度高、投资者多元、健康发展的政府债券市场持续注入动力能量。

# 让市场起作用

## ——在地方债市场建设与发展研讨会上的发言

中国银行副行长　吴富林

十年来，我国地方债市场不断发展壮大。地方政府债务管理机制日益完善，债券发行规模呈跨越式增长，发行制度不断优化，定价市场化水平进一步提高，市场持续创新，参与主体更加多元化，流动性显著提升。发行和投资地方债已成为实施宏观逆周期调节政策，防范和化解重大风险，支持服务实体经济，深化财政与金融协调配合，推动我国宏观经济高质量发展的重要手段。

近年来，中国银行认真贯彻落实党中央、国务院各项工作部署，围绕“六稳”工作要求，主动作为，坚持服务实体经济本源，全力助推“一带一路”、京津冀协同发展、长三角一体化、粤港澳大湾区等国家重大战略和重点领域建设，同时着力改善自身资产负债结构。

一是积极投资地方债，切实保障地方政府建设融资需求。我们高度重视地方债相关业务，发挥协同力量，调动全集团资源，通过贷、债、投、租、保等多元化方式，加大对地方政府的支持力度，创新发行银行永续债、二级资本债券等资本补充工具，充实资本实力，加大债券投资配套资金，积极投资地方债，投资份额市场排名靠前。中国银行是一个全牌照的金融航空母舰，我们投资方式是多元化的组合，股、债、贷、投、租、保六箭齐发，债在这里面起了很重要的作用，特别是地方债，今年我们加大了投资力度。

二是加强市场营销和推广，多渠道助力地方债销售。加强与市场机构和个人投资者沟通交流，利用银行销售优势进行政策宣传，拓宽发售渠道，通过柜台发售、与理财子公司和资管产品对接、同业机构销售、代理境外投资者等多种方式，促进市场大众对于地方债的认同。

三是加大地方债创新产品参与力度，支持市场发展建设。去年我行成功托管并投资了“海富通上证 10 年期地方债 ETF 基金”，这是地方债市场发展中的一项重大创新，首募规模 60.65 亿元，我行认购 25%，有效盘活中长期地方债存量，提高市场流动性。今年我行又率先认购了鹏华基金、海富通基金公司推出的 5 年期地方债 ETF，进一步支持市场建设。

我们认为，2020 年是非常重要的一年，内外部政治经济环境的变化复杂严峻。在这个情况下，加大财政政策力度非常重要。实行积极的财政政策，包括大规模地减税降费，包括增加地方政府专项债券的发行。当前，加快发行使用地方政府专项债券，是规范地方政府举债融资的重要举措；对于应对当前经济下行压力、促进扩大有效投资等具有重要意义，在保持我国经济平稳健康发展中发挥着重要作用。

在当前形势下，常规性的财政货币政策边际效用递减，地方债承载着十分重要的宏观经济功能，也是我国金融市场发展中越来越重要的产品要素，其自身发展，必须遵循市场化方向，让市场发挥着更大作用。

我建议，我们要加强市场化的一些基础性工作。地方债要可持续地、长期地成熟起来，一定要在政府的引导下让市场发挥作用，而让市场发挥作用，一定要进行基础性建设。

1. 加快地方政府债券信用评级体系建设。目前，所有地方债的外部评级均为 AAA 级，没有反映出不同区域的信用差异，但从市场来看，投资者对地方债信用评级结果认可度低，不同地区一级市场需求和二级市场价格差异与同质化的评级结果不相符，信用评级作用有限。一是建议监管机构和中介机构研究制定地方债信用评级指导意见，鼓励评级公司细化地方债评级指标和标准，使结果能够反映各省的风险差异，加强评级的独立性与公信力。二是建议考虑引入国际评级公司对我国地方债开展评级，增强国际公信度。评级是一项基础性工作，非常重要，评级既要是市场化的，又要是具有中国特色的。评级体系扭曲，必然导致价格扭曲。

2. 完善地方政府债券信息披露制度。透明和充分的信息披露是建立市场化定价机制的关键。当前，我国对地方政府债券的发行、存续期信息披露等较为简略，透明度低。现在公开度是有的，但透明度不够。在大数据时代，瞬间万物互联，没透明度不行。一是建议加快明确地方政府债券的披露内容。二是建议搭建统一的地方政府债券信息披露平台，为债券发行人及投资者提供披露指南，规范信息披露的流程，指导地方政府按照规定时间、类型和标准提交相应的披露文件。

3. 持续提升发行市场化定价水平。我国地方债一级市场发行价格与二级市场交易价格之间长期存在价差。一是建议根据各省的具体财政状况、地域差异、偿债能力、评级差异等进一步优化定价管理机制，提升一级市场发行市场化水平。二是建议考虑参考地方债曲线收益率作为一级市场发行定价基准，降低一、二级市场价差，提高对一级市场投资者的吸引力。定价是最关键的问题，没有谈不成的交易，只有谈不拢的价格。定价如果扭曲了，市场的深化和成熟就成问题了。

4. 进一步提高我国地方政府债券市场对外开放程度。在我国金融市场加大对外开放的背景下，越来越多的境外投资者参与到中国债券市场。近年来，我国尝试在自贸区发债等创新举措，但真正的境外机构投资者较少。建议鼓励加大对境外投资者的营销和推介力度，进一步创新地方债品种，试点发行非人民币计价的国际主流交易币种地方债，以吸引更多境外央行、主权财富基金等投资者参与中国地方债市场，推动我国地方债走出国门，走向世界。在这个方面，中国银行愿意发挥我们全球化和中国化的优势，协助财政部和国债协会，做我们应有的努力。

5. 建议国债协会牵头，主要会员单位对地方债进行全生命周期的专业管理，落实国家和财政部门的有关法规、政策要求。全生命周期的管理，是对债券发行之后的资金运转、流向、项目质量的闭环管理。建议国债协会和市场机构，把中国的制度优势与市场化、专业化的要求结合起来，把部长们政策性的要求与专家们理论上的指导细化、具体化，将生命周期管理变成一套专业的、可操作的方法。

未来，中国银行将在我国地方债市场的实践与探索中贡献力量，也希望财政部、国债协会多指导帮助我们，期待同业之间多多合作。

# 紧抓机遇　迎接挑战　推动地方债市场高质量发展

交通银行副行长　吕家进

近年来，受全球主要经济体增长乏力、贸易紧张局势加剧、地缘政治风险加大等因素影响，全球经济正面临金融危机以来的最慢增速。我国经济在以习近平总书记为核心的党中央坚强领导下，坚持以供给侧结构性改革为主线，推动高质量发展，展现了较强的韧性和后劲。2019 年 12 月召开的中央经济工作会议指出，必须科学稳健把握宏观政策逆周期调节力度，增强微观主体活力，把供给侧结构性改革主线贯穿于宏观调控全过程。在此背景下，就财政、货币、产业三类宏观政策效果而言，财政政策由于具有显著的结构性特点和相对充裕的政策空间，可以说是大有作为、大有可为，将在我国宏观政策组合中发挥更加积极和关键的作用，为全面建成小康社会、实现“两个一百年”奋斗目标保驾护航。

我国地方债市场起步于 2009 年，当时是为了应对国际金融危机，国务院批准财政部代理发行了 2000 亿元的地方政府债券。回顾过去十年，在财政部的引领和各方参与主体的共同努力下，地方债从最初单一弥补财政赤字发展成为财政政策调控的重要手段，在推进国家治理现代化、完善地方政府信用体系和融资机制、健全多层次债券和资本市场、维护经济金融稳定等方面发挥了重要作用。地方债市场从无到有、从小到大，建立了招标发行、定向承销、信息披露等各项市场化机制，推出了土地储备、棚户区改造、公路修复等多种类别，投资价值保持合理稳定，基本符合金融市场实际供求关系。截至 2019 年 10 月末，地方债余额超过 21 万亿元，已经超越国债和政策性金融债，成为债券市场存量规模最大的券种。

总结来看，地方债已成为发挥财政政策逆周期调节功能的重要引擎；成为推进宏观和微观政策“稳”“活”结合的重要着力点；成为化解地方政府隐性债务风险的重要工具；成为商业银行大类资产配置的重要标的。大力发展地方债市场对于落实积极财政政策、全面做好“六稳”工作，保持经济社会持续健康发展具有重大意义。

作为地方债的首批机构投资者，交通银行始终认真贯彻落实党和国家经济金融政策，践行国有企业的责任担当，把支持地方债发行作为服务实体经济的重要方式，切实参与和推动地方债市场发展。具体来看，在发行承销方面，充分做好总分行联动，积极协助当地政府提前部署做好承销工作，优化行内投资流程，提升发行效率。2019 年 5 月，广东省政府首次发行粤港澳大湾区专项债券，交行第一时间积极介入，助力债券成功发行。在债券投资方面，提高自有资金配置比例，积极对接区域发展战略，使地方债投资成为推进京津冀协同发展、长三角一体化发展、粤港澳大湾区建设等国家重大区域战略的重要手段。在二级市场交易方面，充分发挥做市商报价功能，积极引入境外投资者，丰富二级市场投资者结构。近期，财政部提前下达 2020 年 1 万亿元新增专项债额度，交通银行已做好承接准备工作，确保专项债券早发行、早使用，尽早形成对经济的有效拉动。总之，交通银行通过对地方债市场的资源倾斜和深度参与，积极提供有效金融供给，助力地方经济建设，并获得信用风险较低、收益相对较高的投资回报，满足自身大类资产配置需求，实现了自身与地方经济共同发展、共生共荣。

下一步，交通银行将持续加大对地方债市场的政策倾斜和资源投入力度，重点做好以下三方面工作：

一是发挥区位优势，丰富地方债投资主体。2020 年，上海将要基本建成与我国经济实力和国际地位相适应的国际金融中心。作为总部在沪的唯一一家国有大型银行，交通银行将发挥与各类金融机构合作优势，借助交易所平台与商业银行柜台市场，拓展地方债发行渠道，提高个人和中小机构投资者进入地方债市场的便利性。发挥全牌照经营优势，引导旗下各类资管子公司管理的产品积极参与地方债投资和发行。发挥要素市场合作和国际化经营优势，协助登记结算机构等债券市场做好基础设施互联互通，通过“债券通”等机制吸引更多境外投资者。

二是发挥专业优势，助力地方债市场化发行和管理。在发行端，承担财务顾问角色，为地方政府和发行项目主体提供全流程综合服务方案，协助地方政府和专项债项目主体优化负债结构，做好利率风险、流动性风险管理。在销售端，履行主承销商职责，加强债券分销和推介工作，做好专项债券信息公开和持续监管，促进债券发行利率合理反映地区差异和项目差异，提升地方债定价市场化程度。在做市交易端，持续发挥国有大行做市商优势，依托超万亿地方债券持有资源，不断优化报价机制、扩大交易对手范围、提升报价频率，为地方债二级市场注入更多流动性。

三是发挥联动优势，做好地方债配套融资支持。精准聚焦“一带一路”建设，京津冀协同发展、长三角区域一体化发展、粤港澳大湾区建设等重点领域和重大项目，优化授信政策和审批流程，贯彻落实专项债券资本金用途，加大项目贷款等配套融资支持。加强全产业链条融资，做好与项目方及上下游合作，切实提高资金运行效率，推动项目落地。利用监管账户配合地方政府或项目方做好资金监控，保障市场化融资到期偿付。

“明者因时而变，知者随事而制”。随着地方债发行规模的逐年增大和专项债占比的逐步提升，下一阶段地方债市场将从外延式发展阶段，迈入结构性调整优化、高质量发展阶段。结合交通银行参与地方债市场的经验，我提出以下几点建议：

第一，完善一级市场建设，提升市场化发行水平。一是科学合理制订发行计划。对于一般政府债券，可适度集中同类、同期限债券，避免碎片化发行；对于专项政府债券，应综合考虑市场需求、自身资金情况及项目规划，提前公布发行计划。同时，均衡各期限债券品种，适当增加 1—3 年短端债券发行比例，形成完善的市场利率曲线。二是提升发行定价市场化程度。坚持地方政府债券市场化发行原则，进一步减少行政干预和窗口指导，使债券发行利率更加合理地反映地区和项目差异。三是完善地方政府债券信息公开披露体系。进一步完善地方债、特别是专项债的信息披露标准，搭建地方政府信用评级体系，合理形成市场化的信用利差。

第二，活跃二级市场交易、增强市场流动性。一是适当增加交易所发行规模。推进不同发行场所之间互联互通、协同发展，建立统一、完备、高效的二级市场。二是适当降低地方债资本占用系数，更好地发挥做市商的价格发现功能，把握市场行情促进成交，提升地方债在市场交易中的接受程度。三是大力发展和推广运用地方债券指数，为投资者提供了权威的业绩跟踪基准。积极运作公募地方债 ETF 产品，为投资者提供更加便利的投资渠道和更加高效的投资工具。

第三，加大市场创新力度，增强市场活力。当前，地方债投资以商业银行为主导的格局未变，商业银行持有比例超过 88%，政策性银行持有接近 10%，其他投资者边际贡献有限。为构建更加健康成熟的地方债市场，一是大力加强柜台债市场建设。除做好政策宣传和销售推广工作外，还可适时推出储蓄式地方债，增强地方债对个人及企业投资者的吸引力，也可借鉴美国等发达资本市场的经验，对不同类型的投资者，设置不同的收益或优先级别。二是引入长期机构投资者。积极引入企业年金、保险资管等长期机构投资者，有效对接长期限政府债券，分散地方债发行风险。三是扩大债市开放，加快地方债市场国际化进程。加大地方债海外路演及推介力度，积极推动优质地方债纳入国际主流债券指数体系，将更多境外投资者“引进来”。研究加快地方债“走出去”步伐，通过推动优质地方债在境外离岸发行，推动国内进一步提高地方债市场的开放度和透明度。

雄关漫道，携手共越。交通银行将继续在财政部和国债协会的指导下，与金融同业机构和各方参与主体凝心聚力、务实笃行，共建繁荣有序的地方债市场，为经济社会持续健康发展贡献新力量。

# 提高地方政府专项债券项目效益

国务院参事室特约研究员 娄 洪

当前，专项债券规模已经很大，近两年发行规模也都很大，2018年为1.35万亿元，今年达2.15万亿元，总共3万多亿元。所以，项目的效益是很关键的环节。

## 一、专项债券筹资规模与项目数量大幅增加

专项债券的规模已经提过，不再赘述。今年专项债券发行工作非常顺利，截至9月底已基本完成。2018年，发行工作曾遇到困难，全年约1.3万亿元的发行额度，截至7月仅用了2000亿元。当时我在司里，采取各种市场能接受的办法，来保障发行工作的顺利进行。所以，今年发行工作的成果也来之不易，得益于各部门紧密合作和管理办法的持续出台。

随着专项债券规模不断扩大，对应项目的数量和种类也大幅增加，今年项目总数将近2万个，涉及十余个方面。有这么多项目，就有相应规模的债券，而且这些债券今后都要在债券市场上流通。微观机制是决定宏观经济的重要基础因素，这不仅是新经济增长理论的重要结论，也在实践中得到了普遍认可。因此，微观项目的效益十分重要。

## 二、提高专项债券项目效益是关键——相关经济学原理仍然值得遵循

讲原理就是讲问题，在考虑问题的时候，这些经济学原理还是值得遵循的。

（一）项目需求乘数拉动短期经济增长

投资有乘数效应，但我们在分析过程中往往忽略了乘数是怎样产生的。按照投资乘数的计算方法，乘数的产生是有前提的，需要经济中存在结构性的过剩要素。投资的结构性需求能够得到及时、足量的满足，才能产生有效的乘数。而且为了维持投资乘数，需要永久性地投入，比如基建支出，去年是300亿元，今年突然增加到500亿元，必须明年、后年还保持500亿元，才会维持一定的乘数，因为这个乘数是衰减的。现在各个国家算出来的乘数各不相同，就是因为具体的经济环境不同。需要指出，专项债券项目所在的区域和行业，对我们来说特别重要，直接决定了专项债券额度分配往哪些区域，拉动哪些领域的投资，这都与专项债券项目效益密切相关。所以，专项债券投资的区域和领域是要考虑的。

（二）项目建设和融资规模聚集性强

我们调研时发现，很多项目的建设资金跟不上，今年地方债资金投了3万亿元，明年投资规模也不会小，对应项目的后续建设情况会影响地方政府债券的政策效果。发展经济学有个最基本的原理，基础设施项目的资本形态具有整体性，一个机场建到一半是没法用的。资本的整体性，导致了融资的集合性，使得银行无法单独完成对大型项目的融资。因此，专项债券项目融资问题会直接影响项目效益，进而影响专项债政策的效果。因为，我们用几万亿元专项债资金投资时，预计它会拉动相应的投资，但是忽略了项目发挥效益的环境。所以，需要我们对项目的融资平衡，以及后续融资做出科学合理的安排。但现实

中，这些方面还有不尽如人意之处。

（三）项目运营的边际成本趋零

项目运营的边际成本趋零是基础设施项目的重要特征。但要达到这一效果，需要把项目本身建设好。以高速公路管理公司为例，如果路的质量好，不论多少车，路的维护成本是不变的，高速公路管理公司的效益就会比较好。成本不提高，高速公路管理公司就不会把成本转嫁给使用者，公共服务的价格就不会上去。如果项目质量不好，车多时的维护成本就要高不少，它的边际成本就不为零了，而且到了拥挤阶段，边际成本会随着使用者的增加而上涨。所以，项目的质量很关键。

（四）项目形成的基础设施资本存量是对社会生产的长期稳定投入

现在大家都关注投资流量对经济的拉动，但好的项目也能形成优质的资本，提高全要素生产率。高质量项目形成的优质基础设施资本存量，将提高企业的生产要素产出效率，促进经济长期增长。现在的投资，如果过几年能够发挥效益，形成优良资产，就能提高长期增长率或者全要素生产率。反之，会拉低长期增长。

另外，如果基础设施收益太高，从社会生产来看，是将成本转嫁到生产资本里。现在地方项目的收益率普遍报的很高，实际根本达不到，也不可能达到。而且这部分超额收益率并没有相应的来源，必然导致公共基础设施收费的情况。当前，我们仍面临公共服务定价过高的问题。比如一旦节假日高速公路不收费，人们便早早排在那，等到午夜12点，这就是因为公共服务定价过高。如果收费再便宜一点，大家可能不会这样，消费还可能提高，对整个经济未必不好。所以，对于专项债券项目，地方政府不要指望它有高收益。发债的时候，地方政府为了调动市场积极性，提高利息覆盖率，在主导思想上就是错的。

（五）项目形成的基础设施资本存量能够提高长期增长率

专项债券项目建设的好，确实能够支撑长期经济增长。如果基础设施质量好存量高，而且假设不收费，生产资本的积累不会出现边际递减效应，即长期增长率变成了一个常数。能让长期增长率变成常数的有基础设施资本存量、高科技、人力资本等。另外，假设基础设施建设资金来源于税收，那么存在最优税率问题，税率超过了一个极值，经济增长率便会下降。专项债券投资资金虽然不是来自税收，但也来自经济总产出，这个原理仍然存在。所以，基础设施的关键是完善质量。

## 三、提高项目效益可完善的主要方面

前面，我们以回顾经济理论的形式来讲问题，认为提高专项债券项目效益非常关键。下一步有这样几方面需要完善：

（一）完善质量保障机制

专项债券认证很多流于形式。当前，专项债券项目的信息是不全的，它们的质量可靠吗？所以，下一步：

1. 专项债券额度分配要与需求紧密结合。

项目分不同地区，不同行业，经济拉动效果也不一样，但要与地区需求相匹配。

2. 着力建立多部门联合评审制度。

银行等金融机构还是比较理性的，但来不及对项目进行评审。多部门联合评审，会给金融机构、投资者带来很大的便利。

3. 一些项目可以采取负面清单机制。

（二）完善项目评级机制

1. 根据项目技术经济特点分类建立评级指标体系。

现在我们没有把项目融资，即以项目为边界，进行债务有限追索的融资方式所需要的评级指标引入专项债券评级系统。今后，我们的评级系统、评级体系一定要将其引入。虽然现在专项债券是作为利率债，而不是信用债在发，但不能一个政府信誉包打天下。长远来看，当前所用的评级体系对专项债券不太适用。所以，评级也要跟上。

2. 分地区、分类型计算典型项目内部收益率区间。

对于专项债券项目收益过高的问题，监管部门应该下功夫，分地区、分行业计算出项目的收益率区间，这不难算，国际上也有参考。所有项目的收益率都应该参考这个收益率区间，而且监管部门还应该进行必要的审核。

今年地方债占整个债券市场比重为22%左右，预计将继续扩大。与其将专项债券项目问题拖到产生系统性风险，不如现在就让项目信息透明度高一点。

（三）完善债券信息披露

美国政府开始也不愿意进行信息披露，但市场投资者比较厉害，你不披露信息我就不买你的债。所以，现在美国各州、地方都编政府资产负债表。我们也在推，但面临许多困难，有两方面：一是负债方太敏感，有很多负债不敢披露；二是资产方工作太辛苦，资产核不清楚，还叫它披露？现在的信息披露并非是严谨的资产负债表形式，严谨是指有会计准则，我们现在还没有这些准则。但信息披露的准确性应该大大地加强。我认为：

1. 监管部门应该进行一定形式的审核把关。

原来国库司是审核的，去年为了发债快，不审了。今后可以指导信息平台，比如国债公司进行初审。

2. 可以设立若干必要的审核要素。

3. 兼顾发行效率和监督。

（四）重点加强县级项目管理能力

项目存在“剪刀差”的特点，越到县一级，人力资本越差，但项目也往往在基层。像PPP项目大部分在县里，专项债项目现在也有将近一半在县一级。这些项目在管理上存在问题，需要做到以下两点：

1. 有关部门和金融机构都应加强对县级单位的培训指导。

相关部门像财政部、发改委、人民银行等，都应该加强基层培训。这么多项目在县里，县级项目管理直接关系到项目的效益。

2. 还款机制也需要研究。

专项债券项目中多少是能靠项目本身的收益还的，又有多少是民生，是公共服务必需的？现在，地方债规模与其偿还来源之间的“剪刀差”不断扩大。一方面，政府基金收入以5%—6%的速度增长，这不考虑项目收益本身。另一方面，2015—2018年，债券规模年增长率接近60%。所以，今后要加强对还款机制的研究。

# 实施地方专项债预算绩效管理以防范风险

上海财经大学教授 刘国永

## 一、新形势下的地方债风险防控要求

（一）逆周期财政政策下的地方债风险防控

近年来，随着我国政府治理体系、宏观经济政策和资金市场环境的发展，与地方债管理相关的法律法规和制度框架在近年来进行了较大的变革。首先，从预算制度的改革要求来看，党的十九大提出“建立全面规范透明、标准科学、约束有力的预算制度，全面实施绩效管理”的指导思想。2018 年党中央、国务院《关于全面实施预算绩效管理的意见》（中发〔2018〕34 号）明确提出要针对政府债务进行绩效管理。其次，从近年来地方债管理工作的持续深化来看，随着 2015 年新《预算法》的颁布，地方债开始进入全面自发自还时期，先后经过纳入预算管理、限额管理等方式，逐步进入法治化、市场化导向的运行轨道。最后，从发挥财政政策的逆周期调控作用来看，最近两年地方专项债券限额均提前下达，同时今年允许将专项债用作重大项目资本金，并进一步拓宽了专项债在基建和民生方面的适用领域范围。

在上述背景下，从风险防控的底线要求出发，优化地方债的治理一方面要从静态视角对债务规模风险进行管理，另一方面还要从动态视角对专项债券“借、用、还”全过程进行风险评估、监控、评价与应对。

（二）意义和价值：绩效管理是地方专项债风险管控的有效路径

绩效管理是专项债风险管控的有效路径，通过绩效管理防控债务风险的意义和价值体现在三个方面：第一，在促进政府信用体系建设方面，专项债发行以省级政府信用为背书，高效的债务资源配置（限额分配）效率是防范债务风险的基础。第二，在保障财政可持续性方面，提升公共服务质量、为经济社会的持续发展提供税源、实现与债务偿还相匹配的现金流量来保证跨期预算平衡等是控制债务风险的关键。第三，在完善债券市场建设方面，合规的债券发行、透明的信息披露、及时足额的偿本付息等是应对债务风险的重点。

（三）理论基础：绩效 4E 原则与专项债全过程风险的对应

从绩效的 4E 原则出发，有利于更好地防范专项债务风险的绩效管理体制机制应注重体现公平、经济、效率和效果等四个层次的理念内容。

第一，公平性原则回应了债务的配置风险：一是政府举债在不同代际间的公平；二是政府和市场的界限公平；三是省与市县政府的事权和财权的匹配公平；四是省内不同区域的均衡发展公平，体现为债务额度在省内不同地区间的横向分配；五是债务资金投入的具体项目的服务领域公平，也就要体现中央强调的公共服务补短板强弱项。第二，经济性回应了债务的投入风险，即通过政府举债方式建设项目，是否符合成本效益原则，包括债务融资的经济性和投资的经济性。第三，效率性回应了专项债的管理风险，包括专项债“借、用、还”全过程的债务管理、项目管理和资产管理等方面。第四，效果性回应了债务资金用在具体项目的建设和运营风险，即能否有效提高基础公共设施水平、公共服务质量、城市化进程等。

（四）现状与问题：专项债预算绩效管理面临的挑战

在管理机制不断完善，风险控制水平不断提高的过程中，我国专项债管理水平不断优化提高，但在绩效管理层面依然还面临一些问题和挑战：

一是专项债预算绩效管理顶层设计有待完善。具体而言，体现在债务预算绩效管理体系不够健全和债务预算绩效管理责任主体不够明晰。二是专项债预算管理效率有待提升。主要体现为事前阶段项目储备不足，评估论证不充分，债务配置效率不高；事中阶段债券发行机制不完善，项目运营绩效监督不足，债务资金使用效率偏低；事后阶段偿债机制不完善，整体性评价机制不完备，缺失有效的结果应用机制等。三是专项债绩效管理配套机制保障不足。主要包括债务预算绩效管理信息化程度不高、债务信息公开不完善、考核机制不健全等。

## 二、专项债预算绩效管理体系

（一）聚焦“三全”，分类实施

根据全面实施预算绩效管理的要求，地方专项债的预算绩效管理体系可以通过聚焦“三全”、分类实施的原则构建。一是全方位涵盖政府债务管理和债务项目。二是覆盖所有专项债资金。三是对全方位管理对象和全覆盖债务资金建立全过程绩效管理链条。

（二）覆盖“借、用、还”全过程

全过程是预算绩效管理实施的抓手和重点。基于债务管理、预算管理和绩效管理一体化的视角，专项债绩效管理需贯穿专项债“借、用、还”全过程。从债务项目申报、债券发行、项目建设、项目运营到债券偿还等全生命周期，按照参与主体的职责分工和绩效管理要点不同，将绩效理念和方法深度融入预算编制、执行、监督、决算全过程，形成事前识别风险、事中监控风险和事后应对风险的闭环。

## 三、专项债绩效管理的实施路径

（一）事前：专项债绩效目标管理体系

绩效目标是绩效管理的灵魂，专项债绩效目标管理体系的构建需要根据债务管理主体职责、债务项目生命周期、债务偿还渠道和债务资金投向等特征，构建由宏观及微观、覆盖从债务配置、债务管理和债务项目的多维债务绩效目标体系。其中，债务配置绩效目标关注省本级与市县政府间、省内不同区域间以及债券资金到不同领域的资金配置目标；债务管理绩效目标主要关注专项债“借、用、还”全过程中基于财政管理诉求的合规性、风险防控等目标；债务项目绩效目标重点关注债务项目全生命周期中的资金管理使用和运营目标。

（二）事前：专项债绩效评估体系

由于专项债的还本付息主要来源于项目运营过程中产生的政府性基金收入和专项收入，收入实现的足额性和保障度等是支撑债务偿还的前提。当前政府性基金收入以土地出让收入为主导，2018年占比高达91%左右，在当前去杠杆和房地产调控等政策背景下，土地出让收入对专项债务的支撑能力将逐步弱化。因此，专项债务事前绩效评估应侧重于对项目所在行业领域和政府性基金政策收入进行前景分析基础上，针对项目自身的偿债能力进行评估。

（三）事中：专项债绩效运行监控体系

债务预算绩效的运行监控管理，一方面需要从专项债管理和债务项目两个层次，分别跟踪目标实现程度、预算执行进度、目标实现保障要求等；另一方面需要突出专项债运行特点，对债务风险预警、债务投资进度、债务偿还实现趋势等进行重点跟踪，并结合地区宏观经济形势、项目建设运营突发状况等内外部环境变化，形成常态监控和重点监控相结合的绩效跟踪机制，及时采取分类措施予以纠偏。

（四）事后：专项债绩效评价体系

地方专项债的绩效评价，一方面需要以绩效目标管理的内容为基础，判断实际产出结果和绩效目标的差异，分析绩效目标的实现情况；另一方面，以债务项目实际产出的绩效结果为依据，对事前绩效评估中有关项目立项、绩效目标制定及预算编制等方面的内容进行再评价，回应债务决策在社会需求、法律依据等方面的必要性，在资源配置、环境、实现可能等方面的可行性，以及在绩效目标等方面的充分性，以绩效评价验证事前绩效评估和绩效目标管理内容的有效性。

此外，绩效评价还需要回应债务限额分配效率的问题，一方面要从地区的财权、事权划分的治理架构和地区整体的公共服务绩效出发，结合不同政府层级项目的事前绩效评估内容，评价债务额度在不同层级间的纵向分配效率；另一方面，要以风险防控为底线，考虑地区间的均衡发展状况，评价债务额度在不同地区间的横向分配效率。

绩效评价的形式一般可以分为自评价和外部评价，自评价由管理主体自行实施，因其对债务管理或资金使用方面的信息优势，故对评价对象情况了解程度较高，但由于其对评价结果的直接利益相关性，可能会存在评价形式化、结果主观性较强或真实性存疑问题；而由其他监管主体引入第三方开展的外部评价，理论上可以弥补自评价在规范性和有效性方面的缺陷，发挥第三方的专业性和客观性，更好地提高绩效评价的深度。

（五）绩效评价的结果应用

绩效评价结果应用的核心在于两个方面：一是正向激励为主导。第一，将评价结果应用于对重大公共项目投资规划等的决策和相应主管部门预算安排中；第二，把评价结果和项目竣工验收费用结算和运营费用支付等挂钩；第三，把评价结果和地区下年度新增债券分配、均衡性转移支付分配及其他专项资金分配挂钩。二是反向约束为基础。将评价结果应用于政府综合考核、干部政绩考核、领导干部经济责任审计、结果反馈、信息公开等。

## 四、专项债预算绩效管理工作推进建议

基于债务预算绩效管理的工作推进角度，可以从强化顶层设计、完善市场参与、夯实保障措施等三个方面进行完善。

第一，强化顶层设计，健全专项债预算绩效管理制度体系。一是健全专项债预算绩效管理立法和制度体系；二是明确专项债预算绩效管理各方参与权责。第二，发挥专业作用，完善债务预算第三方参与绩效管理机制。一是构建第三方参与绩效管理机制；二是强化专项债项目市场化运营管理和第三方评估机制；三是完善第三方信用评级机制。第三，夯实保障措施，推进专项债预算绩效管理相关配套改革。一是加快推进专项债预算绩效管理信息化建设；二是推进政府债务预算和会计制度改革；三是进一步加大信息公开，在当前基础上进一步拓展债务相关信息的公开对象、规范公开形式、增加公开时点。

# 深化地方债券管理改革　助力财政可持续发展

财政部国库司

## 一、确保财政可持续是财政工作的生命线

财政工作的基本要求和生命线是确保可持续。可持续不是财政与生俱来的本性和特点，古今中外，由于财政不可持续导致国家陷入危机甚至灭亡的例子比比皆是。第一次世界大战后的德国魏玛共和国，由于财政危机引发恶性通货膨胀，导致纳粹崛起引发第二次世界大战；国民党政府垮台，一个很重要的原因，就是财政危机导致经济崩溃，1949 年 5 月国民党政府发行的 100 元法币只能买到 1 粒米的千分之 2.45，经济秩序混乱，社会动荡不安；最近的例子就是委内瑞拉，今年 4 月其通货膨胀率达到 130 万，不到一年内被迫施行了两次货币改革，人民生活受到严重影响，国家竞争力急剧下降，其根本原因都是政府巨额亏空、赤字持续高企，财政不可持续直接导致了国家治理体系的崩溃和治理能力的丧失。

财政是国家治理的基础和重要支柱，确保财政可持续发展是国家生死存亡的根本，是人民基本生存权、发展权的重要保障，是对人民负责的底线。党的十九大指出，“我国经济已由高速增长阶段转向高质量发展阶段，正处在转变发展方式、优化经济结构、转换增长动力的攻关期”。当前，中美经贸摩擦升级，经济下行压力增加，加上积极的财政政策加力提效，减税降费力度加大，财政收入增速放缓，收支矛盾突出，个别地区脱离实际、超出发展阶段和财政承受能力搞建设，在保障“三保”支出等方面出现了困难。如果财政难以持续，积极的财政政策只能是短期刺激，“寅吃卯粮”，既不利于经济平稳持续发展，也会严重影响财政健康运行。新形势下，必须坚持以习近平新时代中国特色社会主义思想为指导，加快建立现代财政制度，坚持底线思维，严守财政可持续的生命线，为推动高质量发展奠定坚实基础。

## 二、地方债务风险是当前影响财政可持续的核心风险

影响财政可持续的风险主要有收入不及预期、支出固化且刚性增长、赤字增长过快等，最终都可能形成政府债务风险，导致政府债务危机。美国经济学家莱茵哈特统计，1800—2009 年全世界共发生了 300 多次政府债务危机，从这些危机中认真总结，突出的风险是规模风险，如果政府债务规模超出财政经济承受能力，必然导致债务不可持续，希腊等部分欧洲国家发生债务危机就是典型的例子。从我国情况看，2018 年末我国地方政府债务 18.39 万亿元，地方政府债务率（债务余额/综合财力）为 76.6%。加上中央政府债务 14.96 万亿元，我国政府债务 33.35 万亿元，政府负债率（债务余额/GDP）为 37%，低于主要市场经济国家和新兴市场国家水平，风险总体可控。但考虑到隐性债务，我国政府债务规模风险不容忽视。

其次是结构风险，即便政府债务规模整体水平不高，但如果分布不平衡、结构不合理，部分

地区债务水平超出财政经济承受能力，也可能引发区域性系统性风险。目前，我国个别地区政府债务高企，债务率超过了国际警戒线，结构风险突出，风险防范化解形势严峻。

第三是筹资风险，如果金融市场不发达，财政政策和货币政策不协调，导致无法以合理成本满足财政筹资需要，也将引发债务危机。当前，我国金融市场直接融资占比较低，债券市场容量有限；地方政府债券（以下简称地方债券）投资者结构较为单一，商业银行、政策性银行持有比例超过 90%，投资偏好趋同，地方债券发行受银行体系流动性变化影响较大；加上财政政策、货币政策的协调配合有待进一步加强，当货币政策收紧、市场需求下降时，容易导致政府筹资不畅，引发筹资风险。

上述三个风险，折射出的深层次原因是地方政府债务管理机制不健全，以政府债券为主体的规范的举债融资机制还不够完善，地方政府违法违规无序举债一定程度上仍然存在，而且地方债券发行管理中存在发行定价市场化程度不高、信息披露和信用评级不够规范、流动性不佳等问题，直接影响了政府债务可持续发展。

## 三、完善地方债券管理，更好发挥对稳增长、防风险的支撑作用

党的十九大报告指出，要坚决打好防范化解重大风险攻坚战。近年国库司积极指导各地做好地方债券发行工作，圆满完成新增债券发行任务，顺利开展地方政府存量债务置换，化解了可能出现的资金链断裂风险，有效减轻了地方政府的债务付息负担，并初步建立起了地方债券管理机制。近期，中共中央办公厅、国务院办公厅印发了《关于做好地方政府专项债券发行及项目配套融资工作的通知》，从开大前门、严堵后门、加强管理、促进发行等方面，对新形势下加强地方债券管理、防控地方政府债务风险提出了新要求。地方债券管理改革工作，将以坚决打好防范化解重大风险攻坚战、开好地方政府规范举债的“前门”、确保财政可持续发展为目标，在圆满完成债券发行任务的前提下，着力提升管理的透明度和效率。

### （一）进一步完善信息披露和信用评级，强化市场约束

信息披露、信用评级是债券管理的重要制度安排。真实、准确的债券信息披露和信用评级，能够消除债券供需双方信息不对称，帮助投资者有效识别债券风险，进行投资决策，进而督促发行人加强债券规范化管理，提高债务管理透明度和债券项目绩效，防范债务风险。从国际经验看，美国等债券市场发达的国家建立了以信息披露和信用评级为重要抓手的地方债券市场监管制度，较好发挥了对地方政府举债融资的市场化约束作用。以美国为例，其地方债券信息披露制度完备且监管严格，信用评级区分度高，穆迪 1970—2016 年对美国地方债券的信用评级中，AAA 级、AA 级、A 级分别约占 6%、51%、36%，有 7% 的地方债券在 A 级以下。当前，我国地方债券发行管理中，信息披露、信用评级是最薄弱的环节，信息披露不充分，信用评级结果趋同，所有省份所有债券评级都是 AAA 级，形同虚设，投资者难以进行风险判断，市场约束失效。下一步，要进一步完善相关制度机制，切实发挥信息披露和信用评级管理的市场化约束作用。一是加快编制权责发生制政府综合财务报告。权责发生制政府综合财务报告是反映政府财政财务信息最全面、最可靠的载体，是投资者了解地方政府财务状况的重要依据。要推动全面开展报告编制工作，准确计量各项政府活动的成本和效益，如实反映政府的“家底”，夯实地方债券信息披露和信用评级的基础。二是加强财政核心业务一体化系统建设。财政核心业务一体化系统建设有助于促进财政信息的统一性、联通性，提高信息披露的完整性、准确性。要打通财政信息孤岛，促进财政信息充分共享，实现中央对全国财政信息的集中统一管理，为向市场提供全面、准确的财政信息奠定基础。三是健全地方债券信用评级业务体系。完善的地方债券信用评级

业务体系，是提高地方债券信用评级业务水平的主要保障。要建立地方债券信用评级业务规范，督促信用评级机构不断完善评级方法，对地方经济财政状况和债券对应项目情况进行准确分析，实现信用结果合理反映地区差异和项目差异，有效揭示风险。

（二）建设功能完备、运行高效、安全可靠的地方债券市场，保障筹资顺畅

完善的债券市场，是保障债券顺利发行的重要基石。从国际上看，美国等债券市场发达的国家，债券定价市场化程度高，能真实反映市场供求关系；交易活跃，流动性好；投资者多元化程度高，既有国内、又有国外，既有各类型机构、又有个人投资者，为政府高效顺畅融资提供了坚实保障。相比之下，当前我国债券规模虽已是全球第二位，但市场发展程度与债券大国地位尚不匹配，尤其是地方债券市场，建设尚处于起步阶段，在发行定价市场化水平、流动性管理、投资主体多元化程度等方面，与发达国家还存在不小差距。下一步，要不断健全地方债券市场运行机制，建设高效完善的地方债券市场，保障地方政府长期可持续筹资。一是加强政府债券收益率曲线建设。收益率曲线对于反映债券供求关系、促进债券合理定价具有重要作用。要不断健全反映市场供求关系的国债收益率曲线，研究编制符合我国国情的地方债券收益率曲线，实现地方债券发行、交易合理定价。二是增强财政政策与货币政策的协调配合。良好的货币政策环境有助于维持债券市场流动性，促进地方债券顺利发行。要加强与人民银行等部门的沟通协调，促进流动性合理充裕，研究拓宽地方债券质押用途和质押范围，推动人民银行在公开市场操作中采用地方债券作为质押品，改善地方债券二级市场流动性。三是不断丰富地方债券投资者群体。多元化的投资者结构，有利于增加应债需求，防范地方债券发行风险。要加大地方债券流动性管理创新力度，进一步完善地方债券柜台业务，推动地方债券 ETF 等创新产品发展，吸引个人和保险公司、证券公司、基金公司、社保基金、资管产品等机构积极投资地方债券，研究推动地方债券市场对外开放，吸引境外投资者。

# 政府债券市场运行专题调研报告

财政部国库司

为落实党中央、国务院决策部署和部领导有关要求，进一步做好政府债券管理工作，2019年9月，财政部国库司司领导带队，赴上海开展政府债券市场运行专题调研，围绕当前国债、地方债券管理（以下简称地方债券）中的重点工作，通过召开座谈会、实地调研方式，听取部分省市财政部门、金融机构及金融基础设施对于政府债券管理、政府债券市场发展等方面的意见建议。

## 一、调研基本情况与相关意见建议

（一）基本情况

本次调研主要包括专题座谈会和实地调研两部分。专题座谈会分为两场：一场组织在沪的交通银行、浦发银行等6家主要国债承销团成员及中央国债登记结算公司（以下简称国债公司）、外汇交易中心、上海证券交易所（以下简称上交所）、中国金融期货交易所（以下简称中金所）等4家金融基础设施召开政府债券市场发展座谈会；另一场组织上海、江苏等华东地区10个省市财政部门相关负责同志召开地方债券发行管理座谈会。实地调研方面，赴国债公司上海总部、外汇交易中心、上交所、中金所等单位，实地调研金融基础设施服务政府债券市场有关情况。

（二）相关机构提出的意见建议

参会代表和调研单位普遍对财政部多年来在政府债券管理、政府债券市场建设方面所做工作给予了高度评价和充分肯定，也从投资者、服务者、发行人的不同角度，为下一步政府债券管理和政府债券市场发展提出了许多宝贵的意见建议，主要可归纳为以下五个方面。

1. 国债发行计划科学性方面。

参与调研的多数金融机构认为目前国债发行期限较为丰富完整，可满足各类投资者需求。但也存在短期国债和超长期国债发行量总体偏少、一季度国债发行进度偏慢、地方债券集中发行对国债发行产生“挤出效应”等问题，相应提出以下建议：一是进一步优化国债期限结构，适当增加短期单次发行量及超长期国债发行频次，并借鉴国际经验，将2年期国债列入关键期限国债。二是提高一季度国债发行量，均衡季度间发行，满足一季度较为旺盛的市场配置需求。三是进一步协调国债发行时间和地方债券发行时间。

2. 国债流动性方面。

金融机构普遍反映，虽然近年我国国债流动性有所提高，但与换手率近10倍的美国等发达国家国债市场仍差距较大。为此，提出以下建议：一是进一步完善国债做市支持机制，建议扩大参与机构范围、提高操作频次、增加操作券种等。二是进一步增加单只国债续发行频次，并将贴现国债纳入续发行范围。三是考虑换券操作，将市场上流动性较差的老券置换成新券，提升老券流动性。

3. 国债投资者国际化方面。

金融机构反映，当前全球经济下行趋势明显，美国等发达国家重启宽松货币政策，各国基准利率持续走低，中美国债利差逐步拉大，我国国债投资价值凸现。在此背景下，提出以下建议：一是继续推动增加我国国债在国际债券指数中的权重，加速推动纳入其他全球债券指数。二是向尝试做市商或债券通做市商提供国债做市支持操作。此外，还建议通过在境外组织推介会等形式对境外投资者进行培训和推介、推动向境外投资者开放回购、国债期货等风险对冲品种等。

4. 国债市场互联互通方面。

参与调研的金融基础设施反映，近年来债券市场基础设施快速发展，中央托管模式逐步建立，国债期现货交易平稳运行，电子化和服务水平不断提升。但仍存在互联互通程度有待加强、国债主力投资者缺乏风险对冲手段、结算效率和跨市场转托管效率有待进一步提升等问题。因此，提出以下建议：一是尽快推动商业银行参与国债期货交易，缓解其做市压力。二是推出国债券款对付（DVP）机制，推进债券借贷的跨托管质押业务实现电子化，优化业务流程，提升业务效率。此外，还建议考虑放开国债二级市场转托管、推进进一步开放银行参与交易所市场等。

5. 地方债券发行管理方面。

参与调研的地方财政和金融机构均表示，近年地方债券发行进度加快，市场规模迅速扩容，市场化程度逐步深化，发行渠道进一步扩展。但仍存在地方债券发行定价市场化水平有待提升、信息披露制度有待完善、柜台债发行利率对个人投资者吸引力不足、专项债碎片化现象普遍、一二级市场利率经常出现倒挂等问题。为此，建议如下：一是进一步提高发行定价市场化水平。完善地方债券期限结构，合理设置地方债券利率最低上浮限制。二是完善专项债券信息披露机制，统一信息披露要求。三是结合近年工作进展，进一步完善地方债券管理制度。四是推动柜台发行工作长期可持续开展，把新发柜台债和存量地方债券上柜台的投资对象区分开，并适当提高利率上浮下限。五是提升地方债券流动性，通过续发行、合并发行同类项目地方债券等方式增加单只债券发行量，拓宽地方债券质押范围。

## 二、调研主要收获

本次调研内容丰富，取得良好成效。通过调研，我们较为深入全面地了解了近年政府债券市场运行情况，为做好下一步工作打下了较好的基础。

一是更加深刻领会到发展政府债券市场的重要性。当前债券市场规模已跃居全球第二位，政府债券已成为我国债市第一大品种，伴随着我国人民币国际化、金融对外开放步伐加快，国债备受境外投资者青睐。打造具有国际影响力的大国政府债券市场对于打赢防范化解重大风险攻坚战、建立多层次资本市场体系、构建现代金融体系意义深远。

二是更加深切意识到加快推进相关改革工作的紧迫性。2017 年，为落实健全反映市场供求关系的国债收益率曲线改革任务，我部创新推出国债做市支持机制，支持国债做市商做市，参与机构反映热烈，其他市场机构和境外机构表达了加入国债做市支持范围的迫切愿望。2019 年，我部指导 10 家试点省市先后推出地方债券通过商业银行柜台发行业务，个人和中小企业认购踊跃，拓宽地方债券发行渠道的同时，增强了人民群众对地方经济发展的参与感，调研中许多未开展的省市对启动地方债券柜台业务表现出很高的热情。

三是更加明确感受到坚持市场化改革方向、加强市场预期管理的必要性。培育成熟的政府债券市场基本遵循是坚持市场化方向。当前我国国债一级市场达到国际先进水平，规律性强、透明度高的政府债务管理制度维护了良好的政府信誉，但二级市场发展相对滞后，调研中相关机构对发展二级市场提出了许多有针对性的意见建议，下一步应继续加强二级市场建设，促进国债一级、二级市场协同发展。同时与市场机构建立密切顺畅的沟通机制，加强市场预期引导，保障国债市场平稳运行。

## 三、下一步工作安排

党的十八届三中全会提出“建立规范合理的中央和地方政府债务管理及风险预警机制”“健全反映市场供求关系的国债收益率曲线”，十三五规划提出“深化政府债务管理制度改革”“更好发挥国债收益率曲线定价基准作用”。近几年，部领导也对政府债务管理及市场发展工作提出压降国债付息成本、提升国债市场流动性、加快国债市场对外开放、加强地方政府债券发行管理等要求。为贯彻落实党中央、国务院决策部署，结合本次调研实际，我们研究提出下一步推动政府债券市场发展、加强地方债券管理的工作安排。

（一）提高国债发行计划设计科学性，合理压降国债付息成本

一是进一步优化国债期限结构，从风险可控范围内尽量节省付息成本角度出发，利用国债成本风险计量分析系统，结合市场需求、库款预测等因素，在保持国债期限结构大体稳定的前提下，适当调整短、中、长期国债占比，既保证一级市场以较小风险和合理成本顺利发行，又能够维持国债收益率曲线各个期限点的有效性。二是借鉴国际通行做法，研究 2 年期国债纳入关键期限国债可行性，实现国债收益率曲线的更优布局。

（二）进一步改善国债流动性，更好发挥国债金融功能

一是近期将与人民银行一起研究完善国债做市支持机制，包括单次双向操作、增加操作券种等，更好满足做市商库存调节需求。二是总结续发行机制近年实施效果，研究借鉴国际经验和国内政策性金融债相关做法，提出进一步优化方案。三是研究换券等创新操作可行性，必要时成立课题组，激活老券流动性。

（三）加快国债市场对外开放进程，促进国债投资者国际化和多元化

一是与有关部门一起继续推动我国国债纳入富士罗素等全球债券领先指数，主动跟踪指数和舆情。二是继续做好境内外国债市场监测，以国债收益率曲线为抓手，加强前瞻性研究，防范发生系统性风险。三是按照“引进来、走出去”思路，加强国际交流，适时推动境外机构增持我国国债，提升我国国债国际影响力。

（四）加强基础设施互联互通，提升市场整体效率

一是继续推进国债券款对付（DVP）机制，降低市场参与各方的结算风险。二是与相关部门一道，按照国务院批准的允许商业银行、保险资金参与国债期货交易方案，落实相关细则制定和实施，稳妥推进商业银行等国债投资主力进入国债期货市场，带动国债现货交易活跃度。三是指导银行间和交易所市场基础设施加强合作，推动解决债券借贷转托管问题，提升市场效率。四是与相关监管部门一起，适时研究国债二级市场转托管效率及开放银行机构参与交易所市场等问题。

（五）加强地方债券发行管理，积极发展地方债券市场

一是加快推进地方债券市场化发行进程。指导地方财政部门优化债券发行期限结构，统筹考虑项目周期匹配、市场需求等因素；按照市场化原则，研究优化地方债券发行利率最低上浮要求。二是推动地方债券柜台业务进一步推开，拓宽地方债券发行渠道。研究完善地方债券柜台发售定价机制，扩大对个人投资者发售量，促进地方债券柜台发行工作长期稳定发展。三是指导地方做好信息披露等管理工作。统一地方债券信息披露有关政策要求，进一步做好地方信息披露工作的政策解读和培训指导；完善地方债券相关制度办法。四是提升地方债券流动性。鼓励地方研究地方债券续发行、合并同类发行等方式，并会同相关部门，研究拓宽地方债券质押用途和质押范围，增强地方债券吸引力。

# 2019 年中国货币政策大事记

中国人民银行

## 1 月

1 月 4 日，中国人民银行宣布下调金融机构存款准备金率 1 个百分点，其中，1 月 15 日和 1 月 25 日分别下调 0.5 个百分点。同时，第一季度到期的中期借贷便利（MLF）不再续做。

1 月 17 日，在中国人民银行指导下，中国银行间市场交易商协会组织市场成员制定了《境外非金融企业债务融资工具业务指引（试行）》，促进了境外非金融企业债务融资工具规范发展，进一步提升银行间债券市场对外开放水平。

1 月 23 日，中国人民银行向全国人大财经委员会汇报 2018 年货币政策执行情况。

1 月 23 日，中国人民银行开展了 2019 年第一季度定向中期借贷便利（TMLF）操作，操作金额为 2575 亿元，以优惠利率为金融机构支持民营企业、小微企业提供长期稳定资金来源。

1 月 24 日，中国人民银行宣布创设央行票据互换工具（CBS），为银行发行无固定期限资本债即永续债提供流动性支持，并将合格的银行永续债纳入央行担保品范围。1 月 25 日，中国银行成功发行 400 亿元国内首单银行永续债，实现 2 倍以上认购，发行利率位于区间下限。2 月 20 日，中国人民银行面向公开市场业务一级交易商开展了首次 CBS 操作，费率为 0.25%，操作量为 15 亿元，期限 1 年。

1 月 29 日，为切实提升金融服务乡村振兴效率和水平，中国人民银行、银保监会、证监会、财政部、农业农村部联合印发《关于金融服务乡村振兴的指导意见》（银发〔2019〕11 号）。

## 2 月

2 月 11 日，中国人民银行与苏里南中央银行续签规模为 10 亿元人民币/11 亿苏里南元的双边本币互换协议。

2 月 13 日，中国人民银行在香港成功发行 200 亿元人民币央行票据，其中 3 个月期和 1 年期央行票据各 100 亿元，中标利率分别为 2.45% 和 2.80%。

2 月 21 日，发布《2018 年第四季度中国货币政策执行报告》。

## 4 月

4 月 12 日，中国人民银行货币政策委员会召开 2019 年第一季度例会。

4 月 17 日，中国人民银行向全国人大财经委员会汇报 2019 年一季度货币政策执行情况。

4 月 24 日，中国人民银行开展了定向中期借贷便利（TMLF）操作，操作金额为 2674 亿元。

## 5 月

5 月 6 日，中国人民银行宣布下调服务县域的农村商业银行存款准备金率至农村信用社档次，于 5 月 15 日、6 月 17 日、7 月 15 日分三次实施，我国存款准备金“三档两优”的新框架基本形成。

5 月 10 日，中国人民银行与新加坡金融管理局续签规模为3000亿元人民币/610亿新加坡元的双边本币互换协议。

5月13日，哈萨克中国银行参与人民币对坚戈银行间市场区域挂牌交易。

5月15日，中国人民银行在香港成功发行200亿元人民币央行票据，其中3个月期和1年期央行票据各100亿元，中标利率分别为3.00%和3.10%。

5月15日，中国人民银行、中国证券监督管理委员会联合发布《关于做好开放式债券指数证券投资基金创新试点工作的通知》（银发〔2019〕128号），推动债券指数公募基金在银行间市场和交易所市场发展。

5月17日，发布《2019年第一季度中国货币政策执行报告》。

5月27日，中国人民银行、国家外汇管理局联合发布《存托凭证跨境资金管理办法（试行）》（中国人民银行 国家外汇管理局公告〔2019〕第8号）。

5月30日，中国人民银行与土耳其中央银行续签规模为120亿元人民币/109亿土耳其里拉的双边本币互换协议。

## 6月

6月5日，人民币合格境外机构投资者（RQFII）试点地区扩大至荷兰，投资额度为500亿元人民币。

6月14日，下发《中国人民银行关于向中小银行提供流动性支持的通知》（银发〔2019〕159号），增加再贴现额度2000亿元、常备借贷便利额度1000亿元，加强对中小银行流动性支持，构建防范化解中小银行流动性风险的“四道防线”，保持中小银行流动性充足。

6月24日，中国人民银行、中国银行保险监督管埋委员会联合发布《中国小微企业金融服务报告（2018）》，是我国政府相关部门首次公开发布的小微企业金融服务白皮书。

6月25日，中国人民银行货币政策委员会召开2019年第二季度例会。

6月26日，中国人民银行在香港成功发行300亿元人民币央行票据，其中1个月期央行票据200亿元，6个月期央行票据100亿元，中标利率分别为2.80%和2.82%。这是中国人民银行首次在香港发行1个月期和6个月期人民币央行票据。

6月27日，中国人民银行面向公开市场业务一级交易商开展了2019年第二期央行票据互换（CBS）操作，费率为0.25%，操作量为25亿元，期限1年。

## 7月

7月15日，中国人民银行向全国人大财经委员会汇报2019年上半年货币政策执行情况。

7月15日，中国人民银行开展了中期借贷便利（MLF）操作，操作金额为2000亿元，期限为1年，利率为3.3%。

7月19日，发布《中国区域金融运行报告（2019）》。

7月23日，中国人民银行开展了中期借贷便利（MLF）操作，操作金额为2000亿元，期限为1年，利率为3.3%。

7月23日，中国人民银行开展了定向中期借贷便利（TMLF）操作，操作金额为2977亿元。

7月24日，中国人民银行全面实施优化运用扶贫再贷款发放贷款定价机制工作，引导金融机构合理确定运用扶贫再贷款资金发放贷款的利率，切实降低贫困地区融资成本。

7月26日，中国人民银行发布《金融控股公司监督管理试行办法（征求意见稿）》，向社会公开征求意见。

## 8月

8月9日，中国人民银行面向公开市场业务一级交易商开展了2019年第三期央行票据互换（CBS）操作，费率为0.10%，操作量为50亿元，期限3个月。这是中国人民银行首次开展3个月期央行票据互换（CBS）操作。

8 月 9 日，发布《2019 年第二季度中国货币政策执行报告》。

8 月 14 日，中国人民银行在香港成功发行 300 亿元人民币央行票据，其中 3 个月期央行票据 200 亿元，1 年期央行票据 100 亿元，中标利率分别为 2.90% 和 2.95%。

8 月 15 日，中国人民银行开展了中期借贷便利（MLF）操作，操作金额为 4000 亿元，期限为 1 年，利率为 3.3%。

8 月 17 日，印发中国人民银行公告〔2019〕第 15 号，改革完善贷款市场报价利率（LPR）形成机制，促进贷款利率进一步市场化，提高利率传导效率，推动降低贷款实际利率水平。

8 月 20 日，中国人民银行授权全国银行间同业拆借中心首次公布新机制下的贷款市场报价利率（LPR），1 年期 LPR 为 4.25%，5 年期以上 LPR 为 4.85%。

8 月 25 日，为推动贷款市场报价利率（LPR）改革，中国人民银行发布公告〔2019〕第 16 号，要求自 2019 年 10 月 8 日起，新发放商业性个人住房贷款利率以最近一个月相应期限的贷款市场报价利率为定价基准加点形成。

8 月 26 日，中国人民银行开展了中期借贷便利（MLF）操作，操作金额为 1500 亿元，期限为 1 年，利率为 3.3%。

8 月 27 日，中国人民银行设立专项扶贫再贷款，支持扩大“三区三州”信贷投放，降低“三区三州”融资成本，促进实现精准扶贫、精准脱贫目标。

8 月 27 日，印发《中国人民银行办公厅 中国银行保险监督管理委员会办公厅关于支持商业银行发行创新创业金融债券的意见》（银办发〔2019〕161 号），鼓励商业银行发行双创金融债券增加双创领域信贷投放，发挥各类创新主体的创造潜能，支持经济结构调整和产业升级。

## 9 月

9 月 6 日，中国人民银行宣布于 9 月 16 日全面下调金融机构存款准备金率 0.5 个百分点（不含财务公司、金融租赁公司和汽车金融公司）；同时，再额外对仅在省级行政区域内经营的城市商业银行定向下调存款准备金率 1 个百分点，于 10 月 15 日和 11 月 15 日分两次实施到位，每次下调 0.5 个百分点。

9 月 10 日，国家外汇管理局公告取消合格境外机构投资者（QFII）和人民币合格境外机构投资者（RQFII）投资额度限制。

9 月 11 日，中国人民银行面向公开市场业务一级交易商开展了 2019 年第四期央行票据互换（CBS）操作，费率为 0.10%，操作量为 50 亿元，期限 3 个月。

9 月 17 日，中国人民银行开展了中期借贷便利（MLF）操作，操作金额为 2000 亿元，期限为 1 年，利率为 3.3%。

9 月 20 日，中国人民银行授权全国银行间同业拆借中心公布贷款市场报价利率（LPR），1 年期 LPR 为 4.2%，5 年期以上 LPR 为 4.85%。

9 月 25 日，中国人民银行货币政策委员会召开 2019 年第三季度例会。

9 月 25 日，中国人民银行完善再贷款和常备借贷便利质押品管理，按信用等级和流动性对质押品进行分类，根据货币政策操作需要设置差异化质押品要求，切实维护央行资金安全。

9 月 26 日，中国人民银行在香港成功发行 100 亿元人民币央行票据，期限为 6 个月，中标利率为 2.89%。

## 10 月

10 月 8 日，中国人民银行与欧洲中央银行续签规模为 3500 亿元人民币/450 亿欧元的双边本币互换协议。

10 月 15 日，中国人民银行与国家外汇管理局联合发布《关于进一步便利境外机构投资者投资银行间债券市场有关事项的通知》。

10 月 17 日，中国人民银行向全国人大财经委员会汇报 2019 年前三季度货币政策执行情况。

10 月 17 日，中国人民银行面向公开市场业务一级交易商开展了 2019 年第五期央行票据互换（CBS）操作，费率为0.10%，操作量为60亿元，期限3个月。

10月21日，中国人民银行授权全国银行间同业拆借中心公布贷款市场报价利率（LPR），1年期LPR为4.2%，5年期以上LPR为4.85%。

**11 月**

11月5日，中国人民银行开展了中期借贷便利（MLF）操作，操作金额为4000亿元，利率为3.25%，较上次操作下调5BP。

11月7日，中国人民银行在香港成功发行300亿元人民币央行票据，其中3个月期央行票据200亿元，1年期央行票据100亿元，中标利率均为2.90%。

11月15日，中国人民银行开展了中期借贷便利（MLF）操作，操作金额为2000亿元，利率为3.25%。

11月16日，发布《2019年第三季度中国货币政策执行报告》。

11月20日，中国人民银行授权全国银行间同业拆借中心公布贷款市场报价利率（LPR），1年期LPR为4.15%，5年期以上LPR为4.8%。

11月26日，中国人民银行、中国银行保险监督管理委员会联合就《系统重要性银行评估办法（征求意见稿）》向社会公开征求意见。

11月27日，中国人民银行面向公开市场业务一级交易商开展了2019年第六期央行票据互换（CBS）操作，费率为0.10%，操作量为60亿元，期限3个月。

**12 月**

12月5日，中国人民银行与澳门金融管理局签署规模为300亿元人民币/350亿澳门元的双边本币互换协议。

12月6日，中国人民银行开展了中期借贷便利（MLF）操作，操作金额为3000亿元，利率为3.25%。

12月10日，中国人民银行与匈牙利中央银行续签规模为200亿元人民币/8640亿匈牙利福林的双边本币互换协议。

12月16日，中国人民银行开展了中期借贷便利（MLF）操作，操作金额为3000亿元，利率为3.25%。

12月20日，中国人民银行会同发展改革委、证监会起草的《公司信用类债券信息披露管理办法（征求意见稿）》向社会公开征求意见。

12月20日，中国人民银行在香港成功发行100亿元人民币央行票据，期限为6个月，中标利率为2.90%。

12月20日，中国人民银行授权全国银行间同业拆借中心公布贷款市场报价利率（LPR），1年期LPR为4.15%，5年期以上LPR为4.8%。

12月24日，中国人民银行面向公开市场业务一级交易商开展了2019年第七期央行票据互换（CBS）操作，费率为0.10%，操作量为60亿元，期限3个月。

12月27日，中国人民银行会同发展改革委、证监会起草的《关于公司信用类债券违约处置有关事宜的通知（征求意见稿）》向社会公开征求意见。

12月27日，中国人民银行货币政策委员会召开2019年第四季度例会。

12月28日，为深化利率市场化改革，进一步推动贷款市场报价利率（LPR）运用，中国人民银行发布《关于存量浮动利率贷款定价基准转换的公告》（中国人民银行公告〔2019〕30号），要求金融机构遵循市场化、法治化原则，推动存量浮动利率贷款定价基准转换为LPR或固定利率。

12月30日，中国人民银行下调常备借贷便利（SLF）各期限利率5BP。下调后，常备借贷便利隔夜、7天、1个月利率分别为3.35%、3.50%、3.85%。

（稿件来源：中国人民银行网站）

# 2019 年中国政府债券市场概述

中国国债协会

为贯彻落实党中央、国务院决策部署，加强政府债务管理，发挥政府债券市场的财政和金融功能，财政部、人民银行等部门积极出台相关制度文件，规范、优化政府债券发行和交易，2019年共出台政府债券管理制度文件5份，其中国债管理制度文件1份，地方债管理制度文件4份，有力地保障了政府债券市场平稳、有序运行。

2019年政府债券（包括国债和地方政府债券）市场运行良好。全年共发行政府债券8.54万亿元，占整个债券市场发行量[①]的55.17%。其中国债发行4.18万亿元，占27%；地方政府债券发行4.36万亿元，占28.17%。年末，政府债券余额为37.72万亿元，约占整个债券市场余额[②]的57.61%。其中，国债16.6万亿元（包括记账式国债和储蓄国债），占比25.35%；地方政府债券21.12万亿元，占比32.25%。2019年政府债券现券交易43.88万亿元，占整个债券市场现券交易量[③]的31.15%。其中，国债现券交易34.23万亿元，占比24.3%；地方政府债券现券交易达9.65万亿元，占比6.85%。国债期货成交15.02万亿元。

## 一、国债市场情况概述

（一）从管理角度看，国债发行管理机制进一步完善

2019年财政部关于印发《2019年记账式国债招标发行规则》的通知，规范了对记账式国债发行的管理。具体而言，2019年国债管理主要工作如下：

一是推动国债市场对外开放。财政部和相关部门积极推动中国国债纳入国际主流债券指数，促进国债市场对外开放。2019年4月起，中国国债已正式纳入彭博—巴克莱指数。从2020年2月28日起，摩根大通逐步将中国政府债券纳入摩根大通旗舰全球新兴市场政府债券指数。

二是完善记账式国债招标发行规则。财政部在总结以往发行经验的基础上，吸收记账式国债承销团成员意见和建议，取消了对续发行国债招标当日暂停交易的限制，满足金融机构持续交易的需求；放宽了甲类承销团成员追加承销额的上限，激励甲类承销团成员积极承销国债；增加单一标位最高投标限额，满足成员的投标需求。

三是提升记账式国债市场流动性。2019年，财政部适当增加了大部分关键期限国债单期发行规模，增加16次续发行次数，开展11次共148.7亿元国债的做市操作，有效增加了单只国债的可交易规模，带动了国债市场交易的氛围，有利于提高国债二级市场流动性。

四是深化储蓄国债改革。为提高个人投资者购买储蓄国债的便利性，4月，财政部开展了储蓄国债（电子式）“随到随买”试点，将发行时间由原来每月10天延长到全月。4月，储蓄国债共发行6期，销售额0.12万亿元。同时，进

---

① 债券市场发行量为中债信息网公布发行量加上储蓄国债（凭证式）发行量。

② 债券市场余额为中债信息网公布的托管数据加上储蓄国债（凭证式）余额。

③ 债券市场现货交易量为wind公布的按中债债券分类口径统计的现券交易量。

一步扩大储蓄国债（电子式）网银销售范围，全年新增1家开办银行。

（二）从财政角度看，国债发行总体平稳

2019年共发行记账式国债153期、面值3.78万亿元，平均发行期限7.62年，平均加权发行利率为2.92%；储蓄国债22期、面值3998.25亿元，其中储蓄国债（凭证式）8期、1471.55亿元，储蓄国债（电子式）14期、2526.70亿元，平均发行期限为3.97年，3年、5年期发行利率分别为4%和4.27%。国债发行主要有以下特点：

一是记账式国债发行量上升，投标倍数提升。2019年，财政部发行记账式国债3.78万亿元，较上年上升13.01%。平均投标倍数2.82倍，较上年提高0.4倍；发行储蓄国债3998.25亿元，较上年上涨21.52%。

二是平均发行期限上升，短期品种发行占比下降。2019年记账式国债平均发行期限7.62年，比上年延长1.08年。其中，1年期以下（含1年）国债发行占比为27.13%，较上年下降4.77个百分点。1年期以上国债中，除了5—7年（含7年）期国债发行占比较上年小幅回落外，其他期限国债发行占比均有上涨，10年期以上国债占比涨幅较为显著（见图1）。

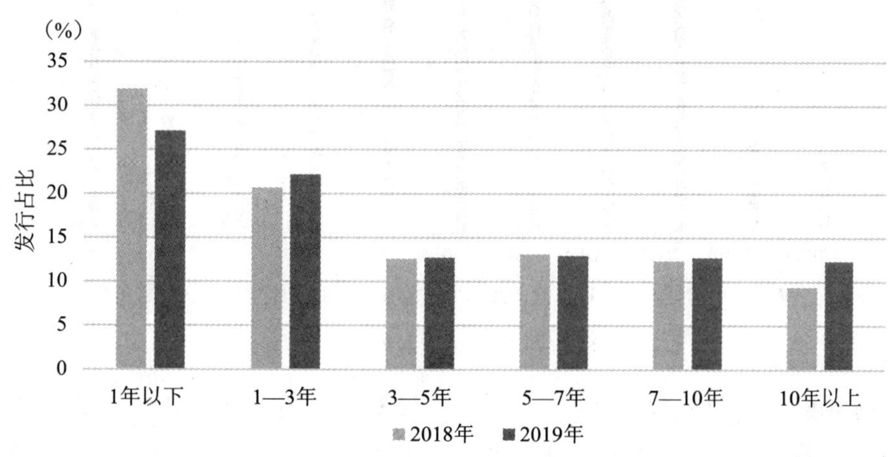


图1 记账式国债发行期限结构比较

三是发行利率较去年整体下行，年内呈震荡走强。2019年，记账式国债加权平均发行利率为2.99%，较上年下降32个基点（见图2）。全年发行利率震荡走高，1年期国债发行利率涨幅较大，3年期国债发行利率涨幅较弱。年末，1年期、3年期国债发行利率分别为2.53%、2.75%，分别比年初上行22个、1个基点。

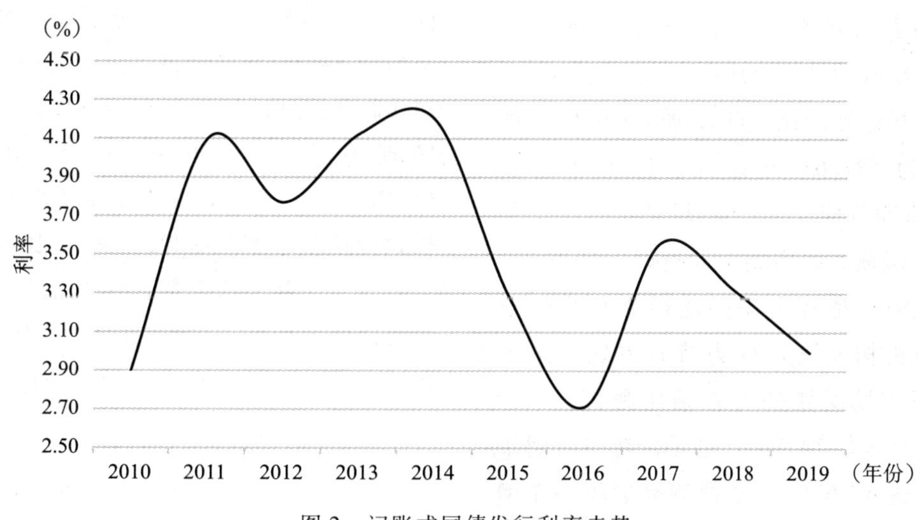


图2 记账式国债发行利率走势

四是财政部首次在澳门发行人民币国债，在巴黎发行欧元主权债券，国债境外发行总量较往年大幅提升。2019年7月4日，财政部在澳门特别行政区成功发行20亿元人民币国债。这是财政部首次在澳门发行国债，也是首笔在澳门本地簿记发行、登记托管并上市交易的主权债券。2019年共在境外发行人民币国债170亿元，其中香港150亿元、澳门20亿元。在香港发行60亿美元主权债券的同时，财政部于2019年在巴黎发行40欧元主权债券。这是中国政府15年以来第一次发行欧元主权债券，也是第一笔在法国定价发行并上市的中国主权债券。境外国债发行总量较往年280亿元左右的平均量有较大的提升（见图3）。

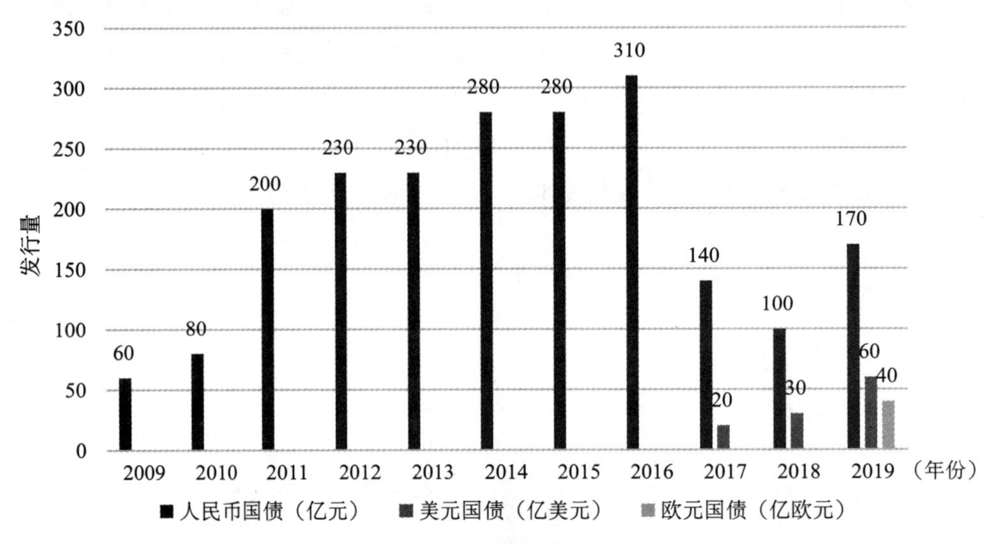


图3　我国国债境外发行情况

（三）从市场角度看，国债交易活跃

从二级市场看，我国国债市场目前以银行间市场为主、以交易所市场和柜台市场为辅。2019年，银行间债券市场国债交易额为312.51万亿元，较上年增长29.01%。交易所市场国债交易额约为223.35万亿元，较上年增长3.20%。柜台市场国债交易额为467.73亿元，较上年增加147.5%。从交易方式看，国债现券交易增长最快，回购交易规模最大。2019年，国债现券交易额为34.18万亿元，比上年增加80.94%。回购交易额约为511.68万亿元，比上年增长16.22%。国债期货成交15.02万亿元，比上年增长44.7%。国债二级市场主要有以下特点：

一是商业银行持有国债占比最高且小幅下滑，非银金融机构及境外机构持有占比普遍上升。以银行间市场国债持有者结构为例，2019年商业银行持有国债14.70万亿元，在银行间市场余额中占比达67.67%，尽管持有量较去年增加1.09万亿元，但占比下滑0.13个百分点。这主要是由于部分非银金融机构及境外机构国债持有量增长较快。其中，证券公司持有量增长最快，增速为157.17%。就非银金融机构持有占比看，除了保险公司以外，其他非银金融机构持有量占比均有所提高（见图4）。

二是银行间国债现券交易量上涨，3年期国债流动性最好，7年期最差。2019年，国债现券交易量34.18万亿元，其中银行间市场现券交易34.02万亿元，比上年增长81.27%，交易所市场现券交易1606.98亿元，比上年上升31.18%。从国债市场整体流动性看，2019年记账式国债换手率①为222.29%，比上年提高约83个百分点。从关键期限国债看，三年期以内国债交易活跃。1年、3年、5年、7年和10年期记账式国债换手率依次为353.51%、448.83%、

① 换手率为现货交易量占年末记账式国债余额的比率。

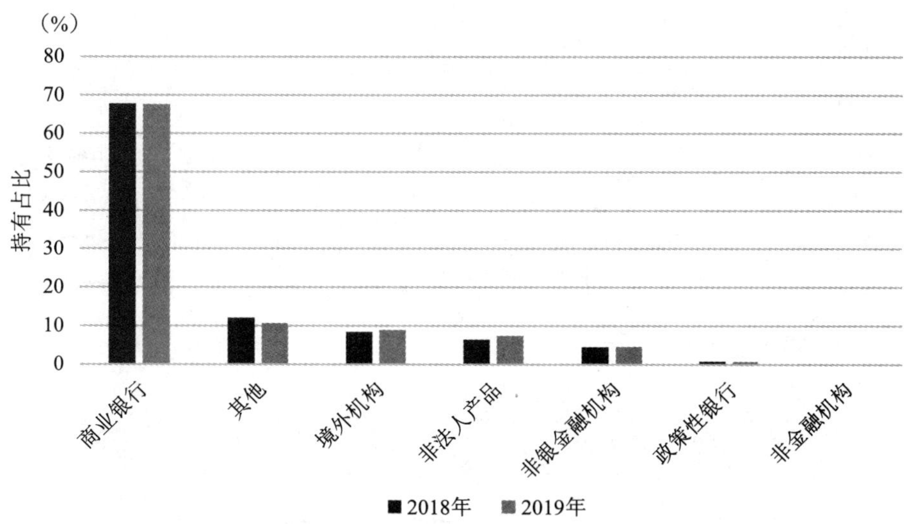


图 4 记账式国债投资者持有结构

168.14%、153.02%和202.62%（见图5）。

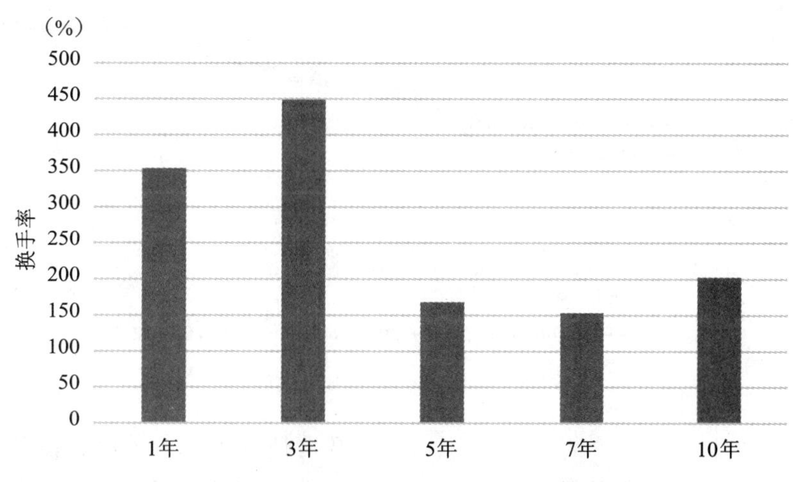


图 5 2019 年关键期限国债流动性比较

三是到期收益率全年呈震荡走势，收益率曲线整体下移，且短端到期收益率降幅较大。2019年，国债二级市场收益率震荡下移。以10年期国债到期收益率为例，其由年初的3.17%到年末的3.13%，微降4个基点。整个下行过程大致可以分为三个阶段：第一阶段为2019年初到3月底，收益率围绕3.1%上下窄幅波动；第二阶段为4月初到8月中旬，收益率波动大幅增加，先升后降，由4月初的3.13%，最高升至3.43%，后将至8月13日的3%；第三阶段为8月中旬到12月底，收益率又经历了一轮先升后降，最高升至3.31%，后降至12月末的3.13%（见图6）。

从收益率曲线看，2019年末，收益率曲线较年初小幅下移，短期国债收益率降幅较大。以关键期限国债为例，年末，1年、3年、5年、7年和10年期记账式国债到期收益率分别为2.36%、2.73%、2.89%、3.06%和3.14%，较年初分别下降13.83个、5.38个、5.69个、5.23个和3.69个基点（见图7）。

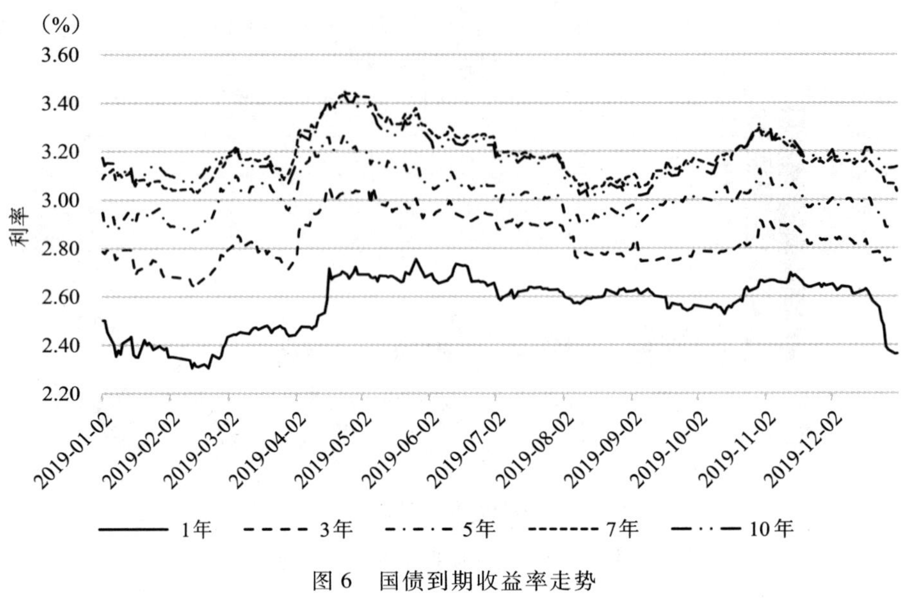


图 6　国债到期收益率走势

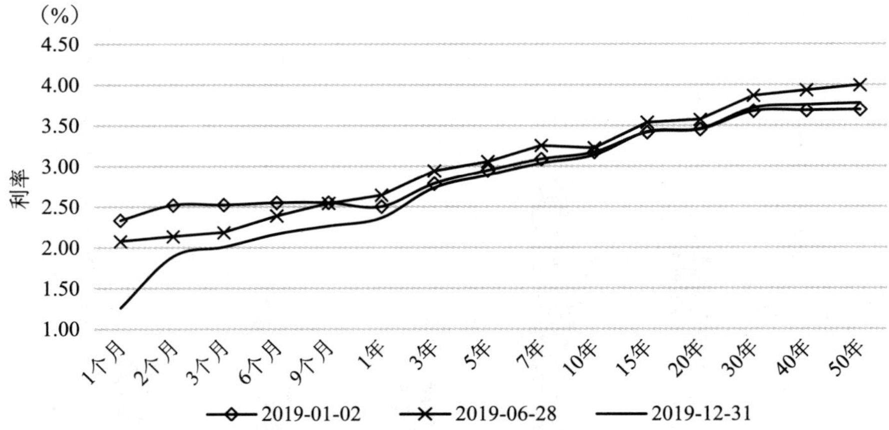

图 7　国债利率期限结构比较

## 二、地方政府债券市场情况概述

（一）从管理角度看，地方政府债券发行管理机制进一步完善

2019 年，财政部发布《关于开展通过商业银行柜台市场发行地方政府债券工作的通知》《关于做好地方政府债券发行工作的意见》《关于印发〈土地储备项目预算管理办法（试行）〉的通知》，中国人民银行、国家发展和改革委员会、财政部、中国证券监督管理委员会联合发布《信用评级业管理暂行办法》，中共中央办公厅　国务院办公厅印发《关于做好地方政府专项债券发行及项目配套融资工作的通知》，对地方政府债券招标、承销、信息披露、使用等多个环节进行规范。具体而言，2019 年地方政府债券管理主要工作如下：

一是加快地方政府债券发行进度。财政部积极与全国人大等有关方面沟通，于 2018 年末提前下达 2019 年地方政府新增债务限额 1.39 万亿元，并于 3 月正式下达全年地方政府新增债务限额 3.08 万亿元，9 月底前完成全年新增债券发行任务，序时进度较往年大幅提高。11 月，财政部又提前下达了 2020 年部分新增专项债务限额 1 万亿元，同时要求各地尽快将专项债券额度按规定落实到具体项目，做好专项债券发行使用工作，早发行、早使用。

二是提升地方政府债券发行定价市场化水

平。财政部继续综合考虑地方政府债券的风险资本占用、流动性溢价以及承销机构对各地债券发行利率预期等因素，合理设定投标利率下限，并严禁各地财政采取行政手段、国库现金管理等对承销机构压价。引导承销机构结合自身对不同省份的实际情况的判断，合理确定投标利率。

三是推出商业银行柜台发行地方债。2019年4月起，宁波、浙江、广东等12省区（市）先后通过商业银行柜台发行地方债券111.3亿元，个人和中小机构认购踊跃，个人投资者占比约37%，投资者多元化程度进一步提高。

四是完善债券期限品种。财政部放开地方政府债券期限比例结构限制，允许各地根据投资者的期限偏好，合理确定债券发行期限，各地在保持3—10年中长期债券为主要品种的基础上，逐步提高15年、20年、30年期等超长期限品种占比，更好地匹配项目资金的需求。此外，广东、深圳、北京等地还成功发行了含发行人赎回权的可变期限地方政府债券，增强了地方政府债券偿还方式的灵活性，避免了债券期限错配或资金闲置。

（二）从财政角度看，地方政府债券发行整体平稳

2019年共发行地方政府债券1093期、约4.36万亿元，平均发行期限10.26年，平均加权发行利率为3.47%。按债券类型分，一般债券发行1.77万亿元，占比40.67%；专项债券发行2.59万亿元，占比59.33%。按债券性质分，新增债券发行3.06万亿元，占比70.05%；置换债券发行1579.23亿元，占比3.62%；再融资债券发行1.15万亿元，占比26.33%。

地方政府债券发行主要有以下特点：

一是发行量总体上升，新增债券增长较快，再融资债券需求显著上升。2019年共发行地方政府债券4.36万亿元，较上年上升4.36%。其中，新增债券发行3.06万亿元，较上年增长41.01%，保持了较高的增速（见图8）。置换债券发行1579.23亿元，存量债务置换工作已经基本完成。截至2019年末，非政府债券形式存量政府债务1889亿元。再融资债券发行1.15万亿元，较上年增长69.12%。

图8 新增地方政府债券发行情况

二是5年期地方政府债券发行量占比最高，10年期及以上地方政府债券发行力度显著加大。2019年，5年期地方政府债券发行1.38万亿元，较上年下降23.11%，占比31.61%，较上年下降11.44个百分点。同时，10年期及以上地方政府债券的发行力度加大，2019年共发行2.04万亿元，占比46.83%，较上年上升28.97个百分点（见图9）。

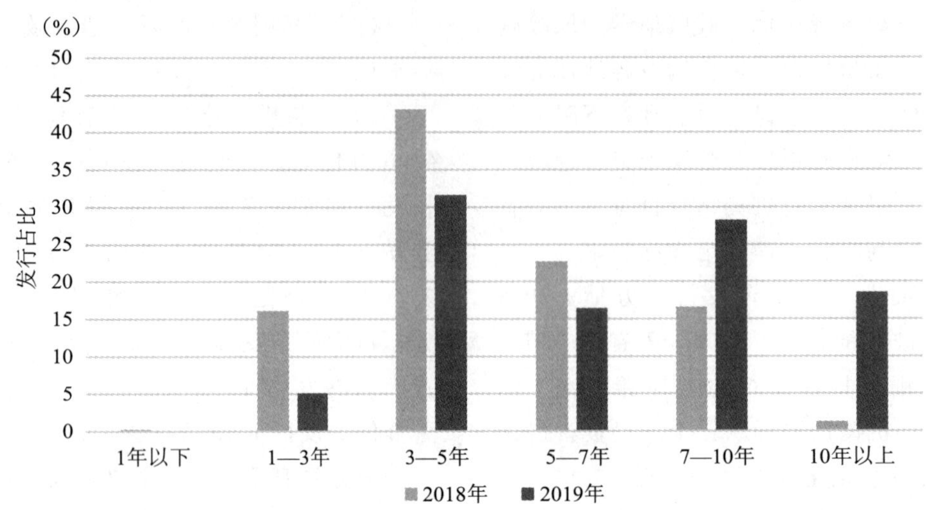


图 9 地方政府债券发行期限结构比较

三是发行利率整体下行，相对记账式国债利差下降。与国债发行利率类似，2019 年地方政府债券发行利率整体下行，较上年下降 42 个基点。地方政府债券与记账式国债利差出现收敛，由上年的 58 个基点下降到当年的 48 个基点（见图 10）。

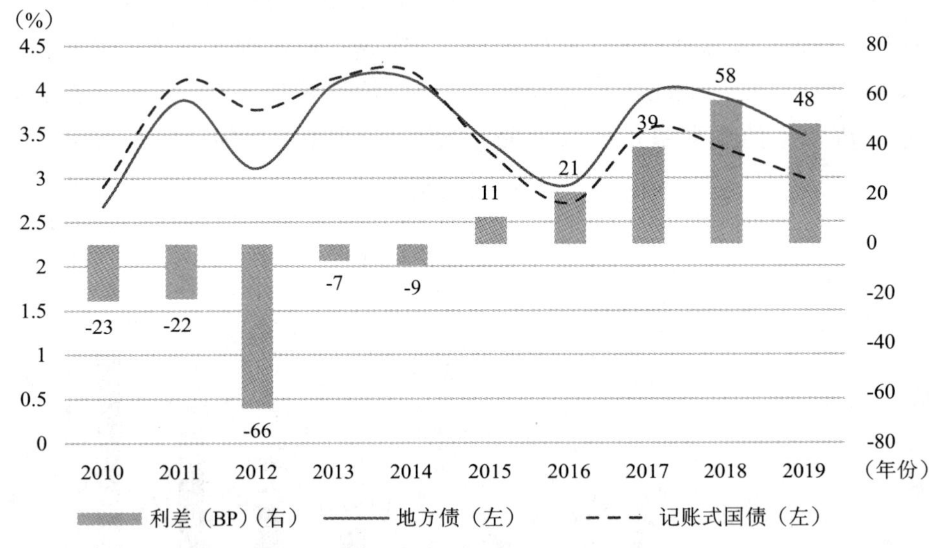


图 10 地方政府债券发行利率走势与比较

（三）从市场角度看，地方政府债券市场活跃度大幅提升

我国地方政府债券市场目前以银行间市场为主、交易所市场为辅。以现券交易为例，2019 年地方政府债券现券交易量约为 9.73 万亿元。其中，银行间现券交易 9.65 万亿元，占比 99.14%。交易所现券交易 836.06 亿元，占比 0.86%。

2019 年，银行间债券市场地方政府债券交易量为 29.64 万亿元，较上年增长 39.75%。其中，现券交易 9.65 万亿元，较上年增长 123.9%，回购交易 19.99 万亿元，与上年基本持平。地方政府债券二级市场主要有以下特点：

一是商业银行持有地方政府债券占比上升，非银金融机构持有增速较快。在银行间市场，2019 年末商业银行持有 18.2 万亿元地方政府债券，较上年增长 18.74%，占比 88.11%，较上年年末上升 1.48 个百分点。非银金融机构持有量增速最快。较上年年末增长 38.46%。其中，保险机构增速更为显著，较上年年末增长 284.72%（见图 11）。

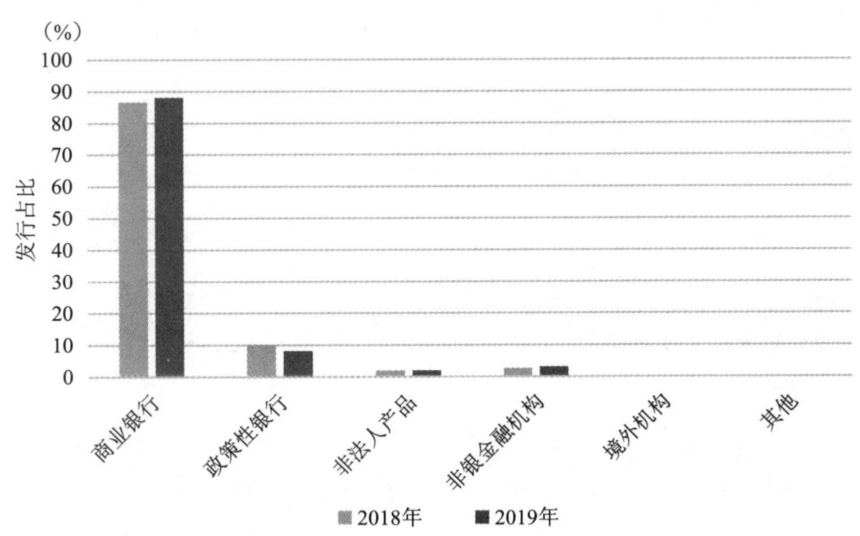


图 11 地方政府债券投资者持有结构

二是银行间市场地方政府债券流动性持续提升，较国债仍有差距。地方政府债券交易以银行间市场为主，2019 年活跃度持续提升，现券成交量 9.65 万亿元，较上年上涨 123.9%。随着交易的活跃，银行间市场地方政府债券换手率也大幅改善，2019 年达 45.68%，而上年为 23.83%（见图 12）。若剔除定向发行的地方政府债券①，这一换手率为 54.63%。当然，相对于记账式国债 222.29% 的换手率而言，还有相当的差距。

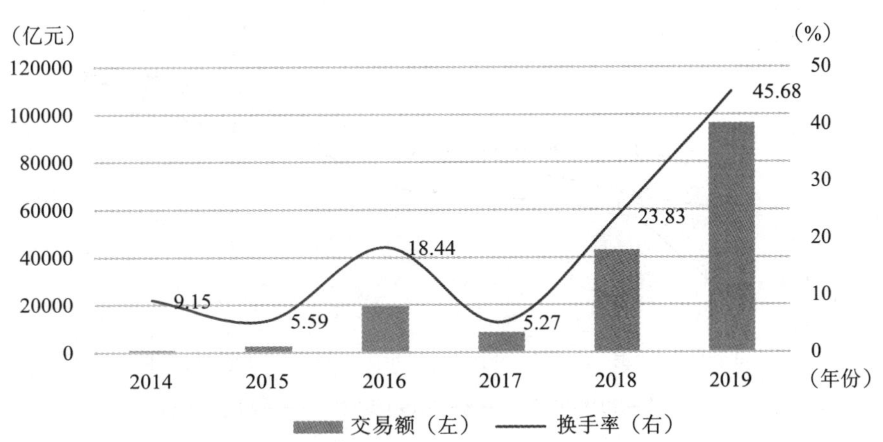


图 12 银行间地方政府债券现券交易和换手率情况

三是到期收益率全年呈震荡下行走势，收益率曲线整体下移，且短端到期收益率降幅较大。与国债二级市场利率走势类似，2019 年地方政府债券二级市场收益率呈震荡趋势。以 10 年期地方政府债券到期收益率为例，其由年初的 3.62% 下降到年末的 3.35%，共下降 28 个基点。整个过程大致可以分为三个阶段：第一阶段为 2019 年初到 4 月底，一月份经历小幅下跌后，

① 《关于 2015 年采用定向承销方式发行地方政府债券有关事宜的通知》要求采用定向承销方式发行的地方债暂不可在银行间市场和交易所市场进行现券交易，可以通过试点商业银行柜台市场进行流通。

持续上升，至4月底升至年内高点，其间共上升24个基点；第二阶段为4月底到9月中旬，收益率整体呈下行走势，其间共下降38个基点；第三阶段为9月中旬到12月底，收益率又经历了一轮先升后跌，其间共下跌了14个基点（见图13）。

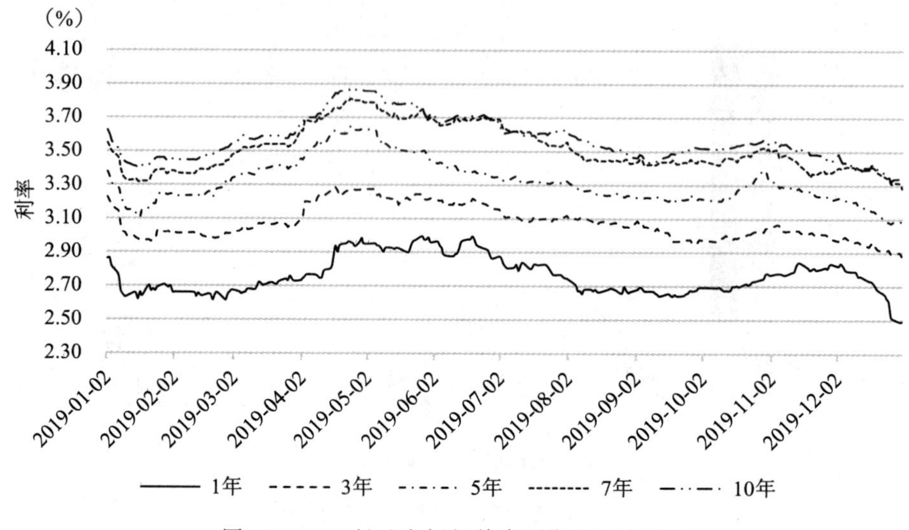


图13 AAA级地方振幅债券到期收益率走势

从收益率曲线看，2019年年初至年末，收益率曲线明显下移，并且短期地方政府债券收益率降幅较大。以关键期限地方政府债券为例，年末1年、3年、5年、7年和10年期地方政府债券到期收益率分别为2.49%、2.88%、3.09%、3.29%和3.35%，较年初分别下降36.83个、34.38个、28.69个、26.23个和27.69个基点（见图14）。

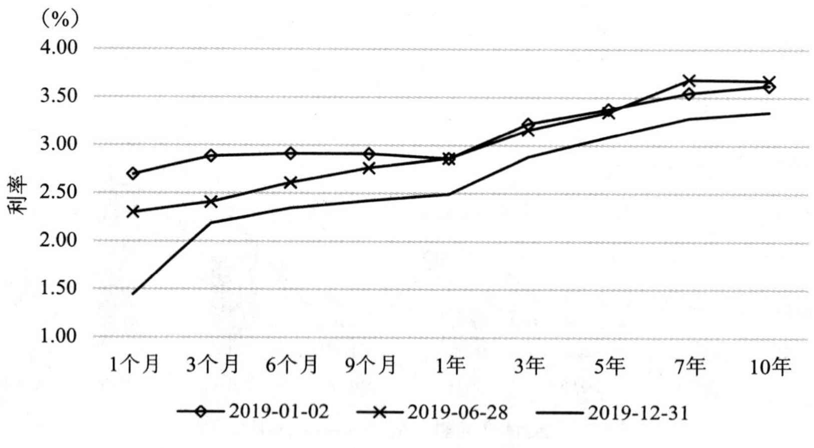


图14 AAA级地方政府债券利率期限结构比较

# 第二篇

# 政府债券市场分析

# 2019 年国债管理及市场运行情况

财政部国库司

2019 年财政部深入推进国债发行市场化改革，加强国债二级市场建设，健全反映市场供求关系的国债收益率曲线，年末国债余额控制在全国人大批准的年末国债余额限额以内，为加力提效实施积极的财政政策、保障经济平稳运行发挥了重要作用。

## 一、国债余额规模

自 2006 年实施国债余额管理以来，国债余额稳步增加，债务风险总体可控。2019 年末国债余额 168038.04 亿元，在全国人大审批的年末国债余额限额 175208.35 亿元以内（见图 1）。

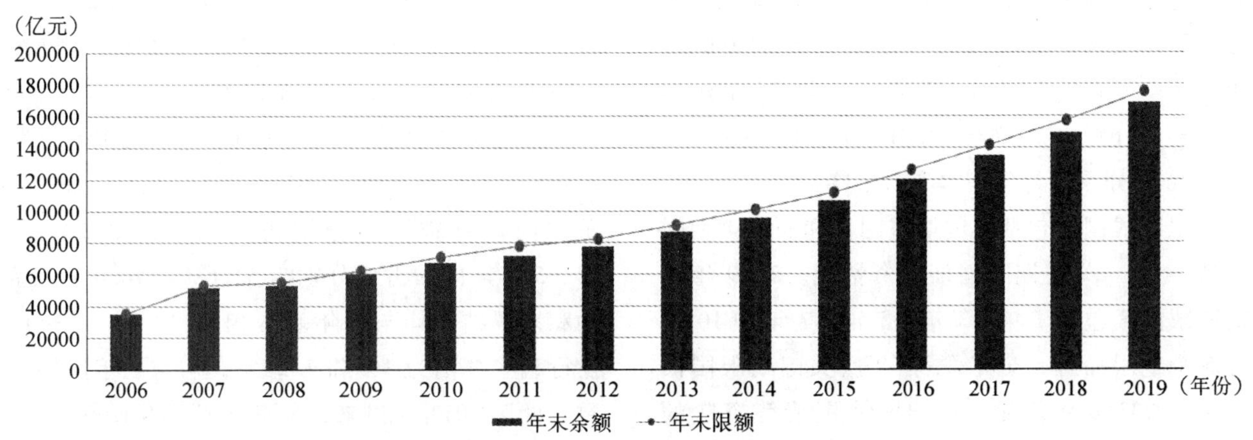


图 1　2006—2019 年末国债余额及限额

## 二、2019 年国债筹资情况

### （一）总体情况

2019 年实际发行国债 42737.18 亿元，扣除年内发行年内到期的短期国债 3983.16 亿元，筹资 38754.02 亿元。从发债节奏看，一季度发行 5171.8 亿元，占全年实际发行额的 12.1%，保持在当季国债到期还本额以内；二、三、四季度分别发行 12953.5 亿元、12023.64 亿元、12588.24 亿元，占比 30.3%、28.1%、29.5%。从筹资结构看，记账式国债筹资 33853.31 亿元，储蓄国债筹资 3998.24 亿元，举借外债 902.47 亿元（见图 2），分别占全年实际筹资额的 87.4%、10.3%、2.3%。

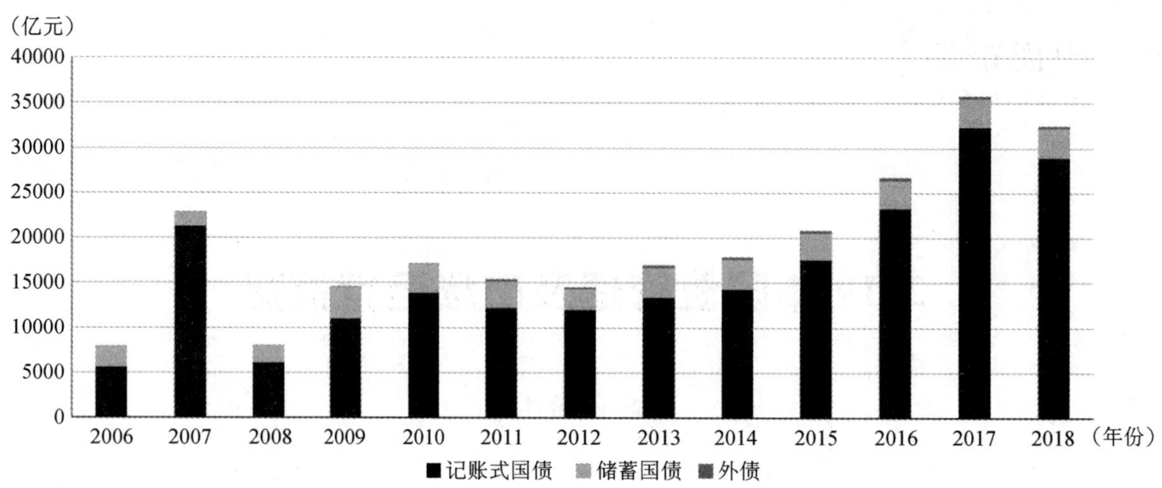


图 2 2006—2019 年国债筹资概况

（二）记账式国债筹资情况

2019 年，发行记账式国债 153 次，发行额 37836.47 亿元，筹资 33853.31 亿元，筹资占比较上年降低 1.5 个百分点，主要原因是为应对中美贸易战、稳定外汇储备，年中增加境外主权债券发行额度约 444 亿元，相应减少记账式国债发行；平均发行期限 7.62 年，比 2017 年缩短 0.17 年，比 2018 年延长 1.07 年；平均发行利率 2.92%，分别比 2017 年、2018 年降低 0.59 个、0.32 个百分点，筹资成本有所下降。

记账式国债包括关键期限国债和非关键期限国债：（1）关键期限国债筹资情况。2019 年关键期限国债包括 1 年、3 年、5 年、7 年和 10 年等 5 个期限品种，全年发行 72 次关键期限国债，筹资 23356.9 亿元，占记账式国债筹资额的 69%。平均发行利率 2.94%，比上年降低 0.38 个百分点。（2）2019 年非关键期限国债包括 91 天和 182 天短期国债、2 年中期国债、30 年和 50 年超长期国债。全年发行 81 次非关键期限国债（含 57 次短期国债），筹资 10496.41 亿元，占记账式国债筹资额的 31%。其中，短期国债平均发行利率 2.26%，比上年降低 0.4 个百分点；2 年期国债平均发行利率 2.69%，比上年降低 0.3 个百分点；50 年期国债平均发行利率 3.92%，比上年降低 0.08 个百分点。

（三）储蓄国债筹资情况

2019 年发行 22 次储蓄国债，包括 8 次凭证式国债和 14 次电子式国债，发行额 3998.24 亿元，筹资 3998.24 亿元，占全年实际筹资额的 10.3%，比上年增加 0.2 个百分点；平均发行期限 3.97 年，比 2017 年缩短 0.11 年，与 2018 年持平；平均发行利率 4.13%，比 2017 年提高 0.08 个百分点，与 2018 年持平。

储蓄国债包括凭证式国债和电子式国债，期限包括 3 年、5 年期。2019 年，凭证式国债、电子式国债筹资占比分别为 36.8%、63.2%，3 年、5 年期国债占比分别为 51.6%、48.4%，品种和期限结构均与上年基本相当；3 年、5 年期发行利率分别为 4% 和 4.27%，均与上年保持一致，处于 2011 年以来的较低水平（见图 3）。从实际发行额占计划发行额的比例看，2019 年接近 100%，比 2018 年上升 2.7 个百分点，主要原因是储蓄国债发行次数较上年增加 4 次，4 月份推出电子式国债“随到随买”试点，当月发行 6 次电子式国债计 1226.71 亿元，投资者认购踊跃。

## 三、国债市场运行分析

2019 年国债市场运行总体良好，主要呈现

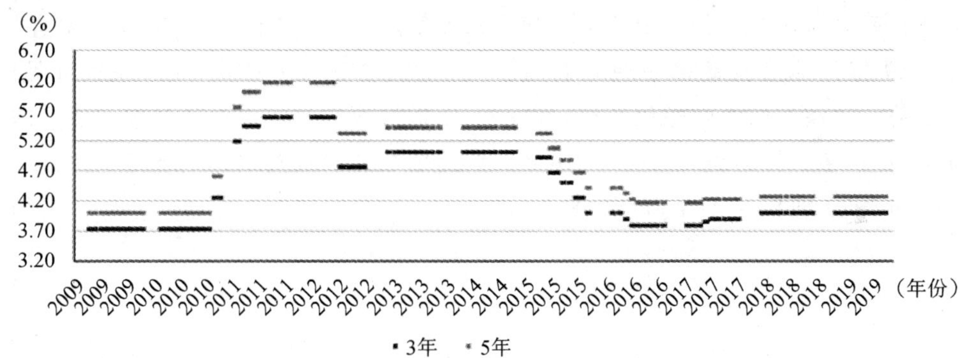


图 3 2009—2019 年 3 年、5 年期储蓄国债发行利率

以下特点：

一是国债发行认购踊跃。2019 年，在单次国债发行额同比有所增加情况下，记账式国债平均投标倍数（投标量/招标量）达到 2.82 倍，分别比 2017 年、2018 年提高 0.52 倍、0.41 倍，反映出承销团成员认购踊跃，投资需求稳步提升。国债发行利率先升后降，以 1 年和 10 年期国债为例，1 月份发行利率分别为 2.31%、3.03%，之后震荡上升至 4 月份最高的 2.71%、3.39%，随后企稳回落，降至 12 月份的 2.53%、3.18%（见图 4）。

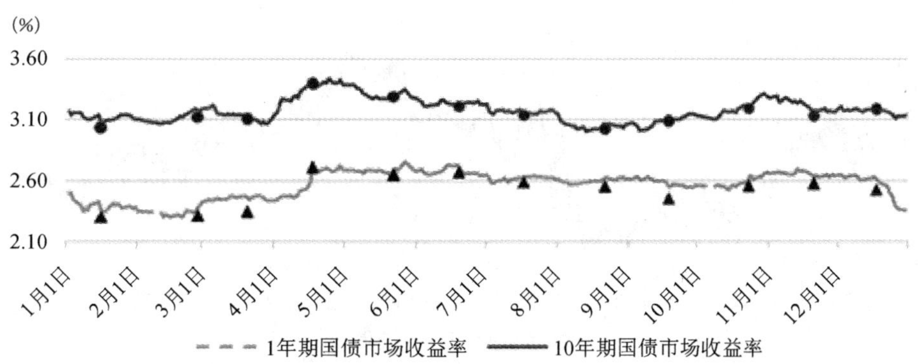


图 4 2019 年 1 年、10 年期国债发行利率及市场收益率

二是国债市场流动性显著提升。2019 年，国债现货交易 34.18 万亿元，比上年增加 18.89 万亿元，增长 81%；国债期货成交 14.82 万亿元，比上年增加 4.43 万亿元，增长 42.7%；衡量市场流动性指标的换手率，即现货交易量占年末记账式国债余额的比率为 2.23，比上年提高 0.84（见图 5），首次突破 2 倍，为 1997 年建立全国银行间债券市场以来最高。

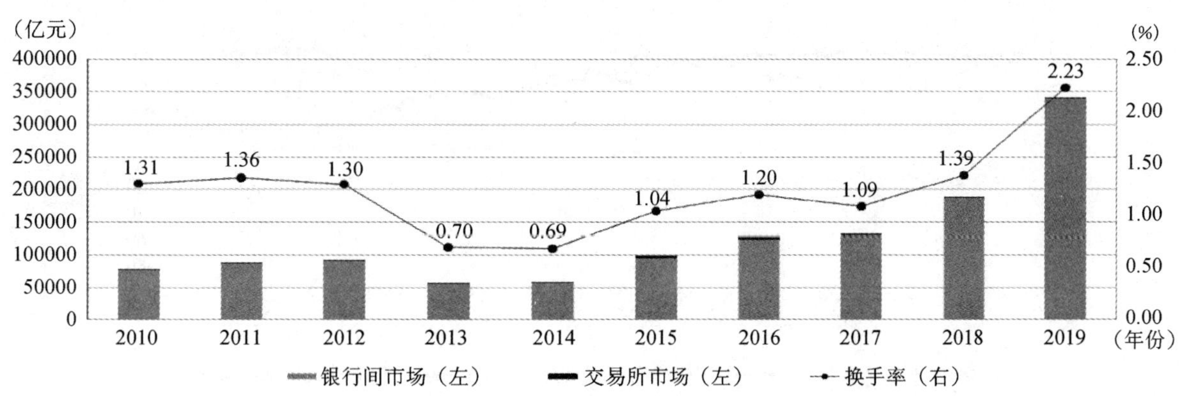


图 5 2010—2019 年记账式国债现货交易额及换手率

三是国债收益率总体震荡下行，中美国债利差逐步拉大。2019 年，国债收益率呈现先升后降、整体下行走势，收益率曲线陡峭化下移。以 1 年和 10 年期国债全年走势为例，1 年和 10 年期国债收益率，年末分别比年初下降 14 个、4 个基点；10 年期与 1 年期国债利差从年初的 67 个基点扩大至年末的 77 个基点（见图 6）。国债期货与现货收益率走势基本一致，国债期货价格震荡走高，收益率相应下行（见图 7）。

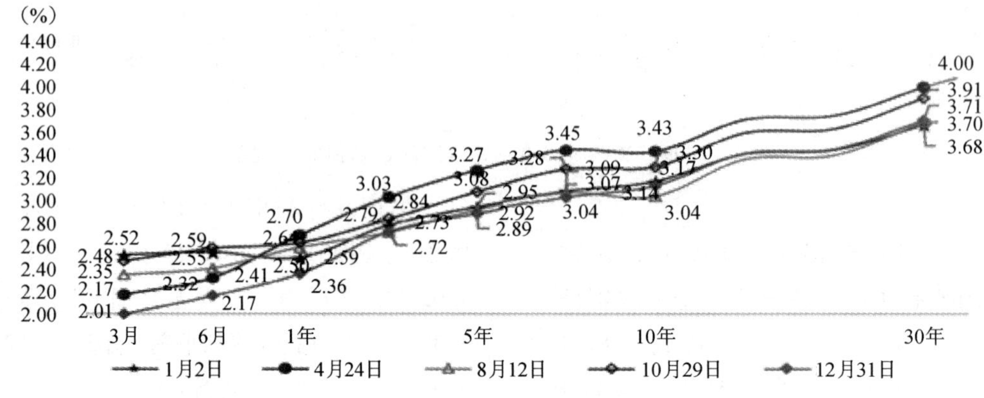


图 6　2019 年国债收益率曲线

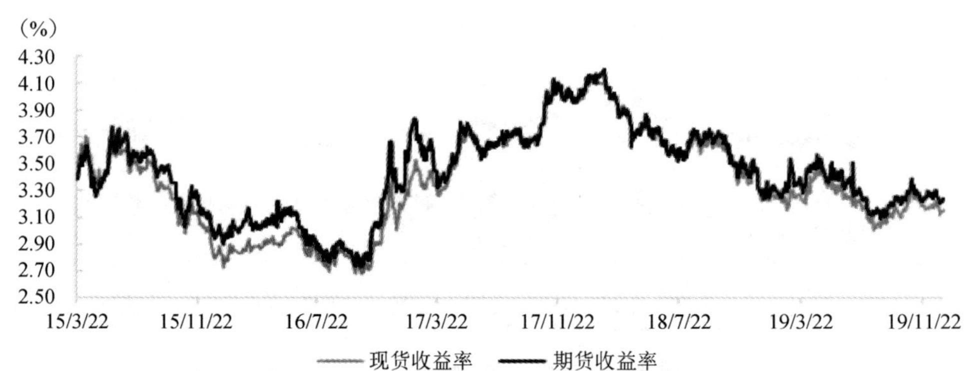


图 7　2015 年以来 10 年期国债现货与期货收益率对比

从中美国债利差看，2019 年以来中美国债利差逐步扩大，1 年及以内短期国债下半年结束倒挂现象。以 3 个月国债为例，上半年美国 3 个月国债收益率高于中国，下半年美国 3 个月国债一路走低（见图 8）。

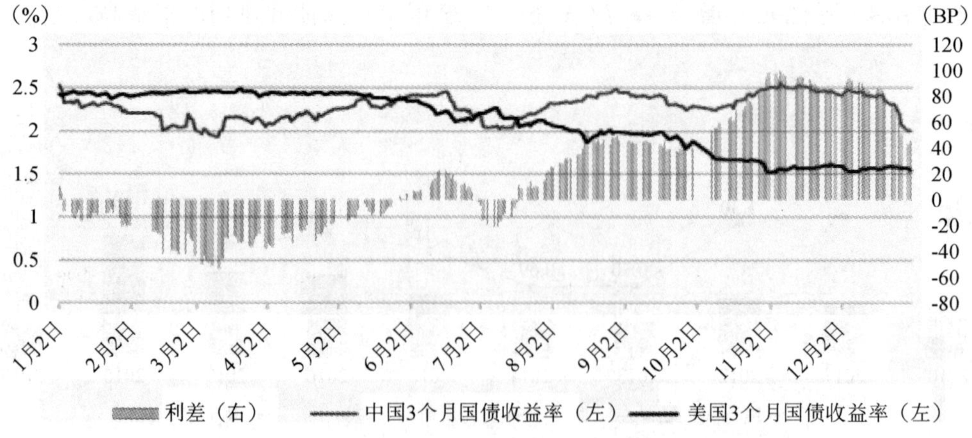


图 8　2019 年以来中美 3 个月国债收益率及利差

## 四、2019 年国债管理主要工作

（一）优化国债期限结构和发债节奏

科学拟订 2019 年国债发行计划，适当增加 2 年、30 年、50 年期国债发行次数和规模，定期滚动发行记账式国债；统筹国债发行与库款管理，合理确定国债发行节奏，平滑库款波动。

（二）进一步完善记账式国债续发行机制

对全部记账式附息国债实行续发行，根据期限长短优化续发行规则。通过适当增加国债续发行次数，增加了单只国债可交易规模，有效提高了国债二级市场流动性。

（三）深化储蓄国债管理改革

会同人民银行开展了电子式国债“随到随买”试点，将发行时间由当月的 10 天延长至全月，百姓随到随买，高效便捷。同时，新增 3—29 家银行开展电子式国债网银销售业务，拓宽了储蓄国债发行渠道。

（四）有序开展国债做市支持操作

按月开展随卖操作全年共 12 次，金额 159.9 亿元，随卖国债平均利率 2.72%，比上年降低 45 个基点。做市支持机构踊跃参与，中标利率贴近二级市场同期限国债收益率，有效支持了做市商做市，提高了国债二级市场流动性。

（五）积极推动国债市场对外开放

经国务院批准，推动卡塔尔政府购买我国国债。吸引更多境外投资者进入国债市场，2019 年末境外机构持有我国国债 1.31 万亿元，同比增长 19.1%，我国国债纳入彭博巴克莱等全球债券领先指数，国际影响力进一步提升。

# 2019 年一季度国债发行及市场运行情况分析

财政部国库司

## 一、国债发行情况

2019 年，国债计划发行额约 4.22 万亿元，其中，储蓄国债约 4000 亿元，记账式国债约 3.82 万亿元。一季度，实际发行国债 5171.8 亿元，同比减少 111.64 亿元，完成全年计划发行量的 12.26%，主要是按照国债余额管理规定，一季度国债发行额需控制在该季度到期国债还本额以内，发行规模相对较小。其中，一季度发行储蓄国债 2 期 290.36 亿元，平均期限 3.82 年，环比缩短 0.09 年，平均发行利率 4.11%，环比下行 1 个基点；记账式国债 34 期（次）4881.44 亿元，平均期限 4.24 年，环比缩短 2.46 年，发行利率 2.64%，环比下行 36 个基点。

一季度国债需求较好，承销机构踊跃参与记账式国债投标，平均招投标倍数（机构投标量/计划发行量）为 2.87 倍，环比上升 0.58 倍；储蓄国债平均售出百分比（实际发行量/计划发行量）约为 96.79%，保持较高水平。

## 二、国债二级市场情况

（一）国债收益率曲线整体下行

一季度末，1 年、3 年、5 年、7 年、10 年期国债收益率环比分别下行 16 个、16 个、1 个、6 个、16 个基点至 2.44%、2.71%、2.96%、3.11%、3.07%。主要原因：一是人民银行通过下调金融机构存款准备金率、开展公开市场操作等措施释放资金，债券市场流动性保持适度宽松。二是一季度公布的经济数据大多低于市场预期，金融机构认为经济存在较大下行压力。三是一季度国债供给较少，带动国债收益率下行。

（二）现券交易量有所下降

一季度银行间市场国债现券日均成交量 752.37 亿元，环比减少 247.14 亿元，下降 24.73%。交易所国债现券日均成交量 4.94 亿元，环比减少 1.38 亿元，下降 21.87%。商业银行柜台国债现券交易日均结算量为 1.91 亿元，环比增加 0.47 亿元。其中，投资者累计买入 93 亿元，环比增加 14.74 亿元；累计卖出 21.41 亿元，环比增加 11.91 亿元。国债现券交易量整体下降的主要原因：一是年初金融机构 2019 年交易策略尚未完全确定。二是二级市场中交易活跃的券种主要是新发行的债券，一季度国债发行环比下降 48.9%，使得二级市场现券交易量下降。

（三）持有者结构保持相对稳定

一季度末，我国记账式国债存量为 13.65 万亿元，环比增加 62.3 亿元，上升 0.05%。从各类机构持有情况看，持有最多的前三类机构为商业银行、特殊结算成员（含人民银行、政策性银行等机构）、境外机构，分别持有 8.79 万亿元、1.66 万亿元、1.09 万亿元，占比分别为 64.44%、12.2%、8.01%，环比分别下降 0.53 个、0.09 个、0.01 个百分点。

2019 年二季度，计划发行记账式国债 1.06 万亿元，开展储蓄国债“随到随买”试点，发行额在全年储蓄国债计划发行额内根据市场需求灵活确定。

# 2019年上半年国债发行利率下降 二级市场运行良好

财政部国库司

## 一、国债发行利率下降，投资者需求上升

上半年，国债发行利率下降，加权平均发行利率为3.09%，同比下降40个基点。记账式国债方面，发行72期（次）计15725.42亿元，同比增加1241.63亿元，平均期限7.16年，平均发行利率2.94%，同比下降49个基点；承销机构踊跃参与，平均招投标倍数（机构投标量/计划发行量）2.65倍，同比上升0.1倍。储蓄国债方面，发行12期计2349.89亿元，同比增加952.21亿元，平均期限4.01年，平均发行利率4.14%。其中，4月开展储蓄国债随到随买试点，发行1226.7亿元，购买需求得到充分满足。

## 二、国债二级市场运行良好

（一）国债收益率曲线有所下降

6月末，1年、3年、5年、7年、10年期国债收益率分别为2.64%、2.94%、3.06%、3.26%、3.23%，较去年同期分别下降52个、37个、29个、23个、25个基点。主要原因：一是人民银行实施多次降准并连续开展公开市场操作，为市场释放流动性，债券市场资金面趋于宽松；二是中美经贸摩擦加剧，包商银行托管事件爆发后金融机构同业业务萎缩，市场机构增持国债避险需求增加。

（二）现券交易量有所上升

上半年，国债现券日均成交量873.54亿元，同比增加314.18亿元，上升56.17%。其中，银行间市场、商业银行柜台市场、交易所市场国债现券日均成交量分别为864.25亿元、2.07亿元、7.22亿元。

（三）国债持有者结构较为稳定

上半年，记账式国债存量约为14.06万亿元，同比增加1.48万亿元，上升11.76%。从机构持有情况看，商业银行、人民银行、境外机构持有量居前三，分别持有8.93万亿元、1.23万亿元、1.16万亿元。其中，商业银行持有占比63.51%，同比下降1.27个百分点；人民银行持有占比8.75%，同比下降3.41个百分点；境外机构持有占比8.25%，同比上升0.86个百分点。

# 2019 年前三季度国债发行利率下降　二级市场运行良好

财政部国库司

## 一、国债发行利率下降，投资者需求上升

前三季度，国债发行利率下降，加权平均发行利率为 3.06%，同比下降 24 个基点。记账式国债方面，发行 112 期（次）计 2.66 万亿元，同比增加 3275.11 亿元，平均期限 7.61 年，同比延长 1.13 年，平均发行利率 2.92%，同比下降 41 个基点；承销机构踊跃参与，平均投标倍数（机构投标量/计划发行量）2.83 倍，同比上升 0.37 倍。储蓄国债方面，发行 18 期计 3348.8 亿元，同比增加 748.72 亿元，平均期限 3.98 年，平均发行利率 4.13%。

## 二、国债二级市场运行良好

### （一）国债收益率曲线有所下降

9 月末，1 年、3 年、5 年、7 年、10 年期国债收益率分别为 2.56%、2.79%、3.01%、3.17%、3.14%，较去年同期分别下降 40 个、49 个、44 个、45 个、47 个基点。主要原因：一是人民银行实施多次降准并连续开展公开市场操作，为市场释放流动性，债券市场资金面趋于宽松；二是中美经贸摩擦反复，经济数据显示经济有下行压力，市场机构增持国债避险需求增加。

### （二）现券交易量有所上升

前三季度，国债现券日均成交量 1105.66 亿元，同比增加 217.66 亿元，上升 24.51%。其中，银行间市场、商业银行柜台市场、交易所市场国债现券日均成交量分别为 1097.42 亿元、1.93 亿元、6.31 亿元。

### （三）国债持有者结构较为稳定

前三季度，记账式国债存量约为 14.55 万亿元，同比增加 1.45 万亿元，上升 11.07%。从机构持有情况看，商业银行、人民银行、境外机构持有量居前三，分别持有 9.27 万亿元、1.23 万亿元、1.24 万亿元。其中，商业银行持有占比 63.71%，同比上升 1.21 个百分点；人民银行持有占比 8.45%，同比下降 0.94 个百分点；境外机构持有占比 8.52%，同比上升 0.43 个百分点。

# 2019 年国债发行计划圆满完成 国债现券交易量同比大幅上升

财政部国库司

根据中央决策部署，2019 年积极的财政政策加力提效，全年实际发行国债（不含境外发行国债，下同）约 4.18 万亿元，圆满完成全年国债发行计划，国债余额约 16.6 万亿元。国债二级市场运行良好，国债现券交易量同比大幅上升。

## 一、国债发行利率稳步下行，投资者需求较为旺盛

2019 年，国债发行 4.18 万亿元，同比增加 5059.13 亿元，为积极的财政政策有效实施提供了有力资金保障。记账式国债方面，发行 153 期（次）共计 3.78 万亿元，平均期限 7.62 年，平均发行利率 2.92 %，同比下行 32 个基点；平均投标倍数（机构投标量/计划发行量）2.82 倍，同比上升 0.4。储蓄国债方面，发行 22 期共计 3998.25 亿元，平均期限 3.97 年，平均发行利率 4.13 %，与 2018 年持平；百姓积极认购，售出比例（实际发行量/计划发行量）99.96%，同比上升 2.61 个百分点。

## 二、国债二级市场运行良好

### （一）国债收益率曲线整体下行

12 月末，1 年、3 年、5 年、7 年、10 年期国债收益率分别为 2.36%、2.73%、2.89%、3.04%、3.14%，分别较 2018 年 12 月末下行 24 个、14 个、8 个、13 个、9 个基点。主要原因，一是 2019 年经济下行压力持续加大，经济增长指标低于市场预期；二是央行货币政策稳健把握调控方向和力度，全年三次下调金融机构存款准备金率，债券市场流动性相对宽松；三是金融监管趋严，金融机构资产质量要求提升，对国债需求增加，带动国债收益率整体下行。

### （二）国债现券交易量同比大幅上升

2019 年国债现券交易量为 34.23 万亿元，同比增加 15.32 万亿元；换手率首次突破 2 倍，达到 2.37 倍。2019 年国债流动性显著提升，主要原因：一是国债市场对外开放成效明显。2019 年，中国国债纳入国际主流债券指数，吸引了更多境外投资者进入国债市场。二是国债发行管理改革持续推进。单次发行规模提高，续发行次数增加，国债做市支持操作稳步开展，有效增大单只国债可交易规模，提高国债交易活跃度。

### （三）国债持有者结构较为稳定

商业银行、人民银行、境外机构持有量居前三。12 月末，三家分别持有 9.95 万亿元、1.53 万亿元、1.31 万亿元。其中，商业银行持有占比 64.99%，同比上升 0.02 个百分点；人民银行持有占比 9.96%，同比下降 1.22 个百分点；境外机构持有占比 8.54%，同比上升 0.49 个百分点。

# 2019 年储蓄国债发行情况综述

中国人民银行国库局

2019 年，财政部与中国人民银行组织 40 家储蓄国债承销团面向个人投资者发行了八期储蓄国债（凭证式）和十四期储蓄国债（电子式），较好地完成了全年发行计划。

## 一、2019 年储蓄国债发行总体情况

2019 年，储蓄国债承销团累计面向社会个人投资者实际发行储蓄国债 3998.24 亿元。其中，储蓄国债（凭证式）发行 1471.54 亿元，储蓄国债（电子式）发行 2526.70 亿元。总的来看，2019 年储蓄国债整体呈现热销态势，实际发行额比 2018 年增加了 707.94 亿元，同比增幅为 21.52%，创下储蓄国债发行历史新高。从分机构和分地区情况看，大行和中小银行、东部地区和西部地区销售差异显著。

### （一）储蓄国债（凭证式）发行情况

全年发行情况主要呈现以下几个特点：一是相比 2018 年，全年实际发行额保持较大幅度增长，同比增幅为 21.12%；二是全年计划完成率呈 U 形走势，除了 5 月份发行的储蓄国债（凭证式）完成率较低（完成率为 86.56%），其他月份的完成率均超过 95%，11 月份达到年度最高点（完成率为 99.84%）；三是分期限看，全年三年期完成率为 95.39%，五年期完成率为 94.26%，三年期完成率略高于五年期，这也是近几年来出现的新特点（2019 年具体发行情况见表 1）。

**表 1　　2019 年储蓄国债（凭证式）发行情况**

| 发行日期 | 第几期发行 | 发行对象 | 发行期 | 缴款日期 | 期限（年） | 发行方式 | 票面利率（%） | 计划发行额（面值） | 实际发行额（面值） | 发行价格（每 100 元面值） | 实际缴款额（亿元） |
|---|---|---|---|---|---|---|---|---|---|---|---|
| 2019.03 | 第 1 期 | 个人投资者 | 03.10 – 03.19 | 03.21 | 3 | 代销 | 4.0 | 180 | 171.67 | 100 | 171.67 |
| 2019.03 | 第 2 期 | 个人投资者 | 03.10 – 03.19 | 03.21 | 5 | 代销 | 4.27 | 120 | 118.70 | 100 | 118.70 |
| 2019.05 | 第 3 期 | 个人投资者 | 05.10 – 05.19 | 05.21 | 3 | 代销 | 4.0 | 300 | 266.63 | 100 | 266.63 |
| 2019.05 | 第 4 期 | 个人投资者 | 05.10 – 05.19 | 05.21 | 5 | 代销 | 4.27 | 200 | 166.18 | 100 | 166.18 |
| 2019.09 | 第 5 期 | 个人投资者 | 09.10 – 09.19 | 09.23 | 3 | 代销 | 4.0 | 240 | 239.23 | 100 | 239.23 |
| 2019.09 | 第 6 期 | 个人投资者 | 09.10 – 09.19 | 09.23 | 5 | 代销 | 4.27 | 160 | 159.69 | 100 | 159.69 |
| 2019.11 | 第 7 期 | 个人投资者 | 11.10 – 11.19 | 11.21 | 3 | 代销 | 4.0 | 210 | 209.59 | 100 | 209.59 |
| 2019.11 | 第 8 期 | 个人投资者 | 11.10 – 11.19 | 11.21 | 5 | 代销 | 4.27 | 140 | 139.85 | 100 | 139.85 |

分机构看，大银行与中小银行分化严重。工、农、中、建、交、邮储六大银行代销额度全年合计为 79.30%，其销售额占全国储蓄国债（凭证式）实际发行额的加权平均占比为 79.13%；其他 34 家承销机构占发行计划的 20.70%，实际销售额占全国储蓄国债（凭证式）发行额的加权平均占比为 20.87%（见表 2）。

表 2　**2019 年储蓄国债（凭证式）分机构发行情况**　单位:%

| 排名 | 机构 | 一期二期 | 三期四期 | 五期六期 | 七期八期 | 加权平均占比 |
|---|---|---|---|---|---|---|
| 1 | 工商银行 | 19.19 | 17.35 | 17.89 | 17.98 | 18.01 |
| 2 | 建设银行 | 17.41 | 17.43 | 17.46 | 17.43 | 17.43 |
| 3 | 农业银行 | 16.32 | 15.52 | 15.84 | 15.84 | 15.84 |
| 4 | 中国银行 | 13.12 | 13.79 | 13.64 | 13.63 | 13.58 |
| 5 | 邮储银行 | 8.37 | 8.42 | 8.52 | 8.51 | 8.46 |
| 6 | 交通银行 | 5.00 | 6.35 | 5.82 | 5.81 | 5.81 |
| 7 | 北京农商行 | 2.17 | 2.42 | 2.31 | 2.30 | 2.31 |
| 8 | 北京银行 | 1.86 | 2.08 | 2.01 | 2.00 | 2.00 |
| 9 | 招商银行 | 1.76 | 1.96 | 1.91 | 1.90 | 1.89 |
| 10 | 上海银行 | 1.20 | 1.57 | 1.40 | 1.40 | 1.41 |
| 11 | 江苏银行 | 1.24 | 1.39 | 1.30 | 1.30 | 1.31 |
| 12 | 光大银行 | 0.93 | 0.98 | 1.00 | 1.00 | 0.98 |
| 13 | 浦发银行 | 0.93 | 0.74 | 0.80 | 0.80 | 0.81 |
| 14 | 广发银行 | 0.93 | 0.66 | 0.80 | 0.80 | 0.78 |
| 15 | 南京银行 | 0.62 | 0.69 | 0.70 | 0.70 | 0.68 |
| 16 | 天津银行 | 0.62 | 0.61 | 0.60 | 0.60 | 0.61 |
| 17 | 中信银行 | 0.62 | 0.58 | 0.60 | 0.60 | 0.60 |
| 18 | 上海农商行 | 0.24 | 0.69 | 0.50 | 0.50 | 0.50 |
| 19 | 华夏银行 | 0.62 | 0.41 | 0.50 | 0.50 | 0.50 |
| 20 | 兴业银行 | 0.51 | 0.41 | 0.50 | 0.50 | 0.48 |
| 21 | 成都银行 | 0.52 | 0.38 | 0.40 | 0.40 | 0.42 |
| 22 | 西安银行 | 0.41 | 0.38 | 0.40 | 0.40 | 0.40 |
| 23 | 徽商银行 | 0.41 | 0.34 | 0.40 | 0.40 | 0.38 |
| 24 | 乌鲁木齐银行 | 0.41 | 0.33 | 0.40 | 0.40 | 0.38 |
| 25 | 河北银行 | 0.31 | 0.35 | 0.30 | 0.30 | 0.32 |
| 26 | 青岛银行 | 0.31 | 0.35 | 0.30 | 0.30 | 0.32 |
| 27 | 青岛农商行 | 0.31 | 0.35 | 0.30 | 0.30 | 0.32 |
| 28 | 重庆农商行 | 0.31 | 0.35 | 0.30 | 0.30 | 0.32 |
| 29 | 东莞农商行 | 0.31 | 0.35 | 0.30 | 0.30 | 0.32 |
| 30 | 宁波银行 | 0.31 | 0.35 | 0.30 | 0.30 | 0.32 |
| 31 | 杭州银行 | 0.31 | 0.35 | 0.30 | 0.30 | 0.32 |
| 32 | 广州农商行 | 0.31 | 0.33 | 0.30 | 0.30 | 0.31 |
| 33 | 哈尔滨银行 | 0.31 | 0.27 | 0.30 | 0.30 | 0.29 |
| 34 | 浙商银行 | 0.30 | 0.27 | 0.30 | 0.30 | 0.29 |
| 35 | 晋商银行 | 0.31 | 0.22 | 0.30 | 0.30 | 0.28 |
| 36 | 富滇银行 | 0.31 | 0.20 | 0.20 | 0.20 | 0.22 |
| 37 | 平安银行 | 0.26 | 0.23 | 0.20 | 0.20 | 0.22 |
| 38 | 汉口银行 | 0.21 | 0.23 | 0.20 | 0.20 | 0.21 |
| 39 | 大连银行 | 0.20 | 0.18 | 0.20 | 0.20 | 0.19 |
| 40 | 恒丰银行 | 0.21 | 0.14 | 0.20 | 0.20 | 0.18 |
| 合计 | | 100 | 100 | 100 | 100 | 100 |

分地区看，国债发行的地域差异也出现分化。北京地区年销售额排名第一，其销售额占全国储蓄国债（凭证式）实际发行额的加权平均占比为 19.76%；分地区发行排名前六位的北京、江苏、上海、山东、山西、广东合计销售额占全国实际发行额的加权平均占比为 51.69%，而排名后六位的宁夏、贵州、甘肃、海南、厦门、西藏销售额占全国实际发行额的加权平均占比仅为 2.45%（见表 3）。

**表 3　　2019 年储蓄国债（凭证式）分地区发行情况①**　　单位：%

| 排名 | 地区 | 一期二期 | 三期四期 | 五期六期 | 七期八期 | 加权平均占比 |
|---|---|---|---|---|---|---|
| 1 | 北京市 | 20.19 | 19.97 | 19.43 | 19.52 | 19.76 |
| 2 | 江苏省 | 8.77 | 8.44 | 7.91 | 7.86 | 8.22 |
| 3 | 上海市 | 5.37 | 6.76 | 6.52 | 6.50 | 6.36 |
| 4 | 山东省 | 5.19 | 6.00 | 6.23 | 6.09 | 5.92 |
| 5 | 山西省 | 5.63 | 5.72 | 5.75 | 6.23 | 5.83 |
| 6 | 广东省 | 6.07 | 5.30 | 6.03 | 5.11 | 5.60 |
| 7 | 河北省 | 3.52 | 3.31 | 3.35 | 3.43 | 3.39 |
| 8 | 黑龙江 | 3.20 | 2.98 | 3.29 | 3.42 | 3.21 |
| 9 | 安徽省 | 3.50 | 3.26 | 2.97 | 3.10 | 3.19 |
| 10 | 陕西省 | 2.90 | 3.44 | 2.85 | 2.87 | 3.04 |
| 11 | 辽宁省 | 2.04 | 2.74 | 2.91 | 2.92 | 2.69 |
| 12 | 四川省 | 2.95 | 2.68 | 2.53 | 2.62 | 2.68 |
| 13 | 天津市 | 2.71 | 2.75 | 2.44 | 2.46 | 2.59 |
| 14 | 吉林省 | 2.34 | 2.29 | 2.52 | 2.67 | 2.45 |
| 15 | 湖南省 | 2.00 | 2.03 | 1.96 | 1.93 | 1.98 |
| 16 | 浙江省 | 1.96 | 2.01 | 1.87 | 2.05 | 1.97 |
| 17 | 青岛市 | 1.79 | 1.89 | 2.16 | 1.94 | 1.96 |
| 18 | 新疆维吾尔自治区 | 2.12 | 1.94 | 1.90 | 1.87 | 1.95 |
| 19 | 大连市 | 1.80 | 1.76 | 1.89 | 2.09 | 1.88 |
| 20 | 重庆市 | 1.86 | 1.51 | 1.54 | 1.65 | 1.62 |
| 21 | 河南省 | 1.44 | 1.47 | 1.78 | 1.73 | 1.61 |
| 22 | 内蒙古自治区 | 1.42 | 1.39 | 1.70 | 1.70 | 1.55 |
| 23 | 湖北省 | 1.45 | 1.52 | 1.54 | 1.50 | 1.51 |
| 24 | 云南省 | 1.20 | 1.22 | 1.17 | 1.08 | 1.17 |
| 25 | 江西省 | 1.26 | 1.20 | 1.10 | 1.12 | 1.17 |
| 26 | 深圳市 | 1.06 | 0.99 | 1.18 | 1.02 | 1.06 |
| 27 | 宁波市 | 1.01 | 0.82 | 0.96 | 0.95 | 0.93 |
| 28 | 广西壮族自治区 | 0.96 | 0.96 | 0.88 | 0.70 | 0.88 |
| 29 | 福建省 | 0.93 | 0.74 | 0.66 | 0.70 | 0.75 |
| 30 | 青海省 | 0.72 | 0.57 | 0.59 | 0.66 | 0.63 |
| 31 | 宁夏回族自治区 | 0.54 | 0.50 | 0.47 | 0.57 | 0.52 |
| 32 | 贵州省 | 0.60 | 0.52 | 0.46 | 0.45 | 0.50 |
| 33 | 甘肃省 | 0.49 | 0.50 | 0.52 | 0.50 | 0.50 |
| 34 | 海南省 | 0.48 | 0.40 | 0.45 | 0.48 | 0.45 |
| 35 | 厦门市 | 0.45 | 0.35 | 0.42 | 0.45 | 0.41 |
| 36 | 西藏自治区 | 0.08 | 0.07 | 0.07 | 0.06 | 0.07 |
| 合计 | | 100 | 100 | 100 | 100 | 100 |

① 表 2、表 3、表 5、表 6 中的比率是该机构或省（市）实际销售量占全国实际发行额的比率。

（二）储蓄国债（电子式）发行情况

全年整体发行特点主要有：一是相比 2018 年，全年实际发行额保持较大幅度增长，同比增幅为 21.75%；二是 2019 年 4 月份开展了储蓄国债（电子式）“随到随买”试点，适度放宽发行额度限制，当月共销售储蓄国债（电子式）1226.71 亿元，占全年实际发行额的比重为 48.55%；三是除了 4 月，其他月度储蓄国债（电子式）销售也是异常火爆，发行计划完成率均为 100%，很多承销机构网点在发行首日即售罄（见表 4）。

表 4　2019 年储蓄国债（电子式）发行总体情况①

| 发行日期 | 第几期发行 | 发行对象 | 发行期 | 缴款日期 | 期限（年） | 发行方式 | 发行价格（每 100 元面值） | 票面利率（%） | 计划发行额（面值） | 实际发行额（面值） | 实际缴款额（亿元） |
|---|---|---|---|---|---|---|---|---|---|---|---|
| 2019.04 | 第 1 期 | 个人投资者 | 04.01－04.09 | 04.08/04.10 | 3 | 代销 | 100 | 4.00 | — | 152.19 | 152.19 |
| 2019.04 | 第 2 期 | 个人投资者 | 04.01－04.09 | 04.08/04.10 | 5 | 代销 | 100 | 4.27 | — | 235.29 | 235.29 |
| 2019.04 | 第 3 期 | 个人投资者 | 04.10－04.19 | 04.15/04.22 | 3 | 代销 | 100 | 4.00 | — | 253.00 | 253.00 |
| 2019.04 | 第 4 期 | 个人投资者 | 04.10－04.19 | 04.15/04.22 | 5 | 代销 | 100 | 4.27 | — | 341.58 | 341.58 |
| 2019.04 | 第 5 期 | 个人投资者 | 04.20－04.30 | 04.25/05.02 | 3 | 代销 | 100 | 4.00 | — | 122.78 | 122.78 |
| 2019.04 | 第 6 期 | 个人投资者 | 04.20－04.30 | 04.25/05.02 | 5 | 代销 | 100 | 4.27 | — | 121.86 | 121.87 |
| 2019.06 | 第 7 期 | 个人投资者 | 06.10－06.19 | 06.17/06.20 | 3 | 代销 | 100 | 4.00 | 200 | 200 | 200 |
| 2019.06 | 第 8 期 | 个人投资者 | 06.10－06.19 | 06.17/06.20 | 5 | 代销 | 100 | 4.27 | 200 | 200 | 200 |
| 2019.07 | 第 9 期 | 个人投资者 | 07.10－07.19 | 07.15/07.22 | 3 | 代销 | 100 | 4.00 | 150 | 150 | 150 |
| 2019.07 | 第 10 期 | 个人投资者 | 07.10－07.19 | 07.15/07.22 | 5 | 代销 | 100 | 4.27 | 150 | 150 | 150 |
| 2019.08 | 第 11 期 | 个人投资者 | 08.10－08.19 | 08.15/08.20 | 3 | 代销 | 100 | 4.00 | 150 | 150 | 150 |
| 2019.08 | 第 12 期 | 个人投资者 | 08.10－08.19 | 08.15/08.20 | 5 | 代销 | 100 | 4.27 | 150 | 150 | 150 |
| 2019.10 | 第 13 期 | 个人投资者 | 10.10－10.19 | 10.15/10.21 | 3 | 代销 | 100 | 4.00 | 150 | 150 | 150 |
| 2019.10 | 第 14 期 | 个人投资者 | 10.10－10.19 | 10.15/10.21 | 5 | 代销 | 100 | 4.27 | 150 | 150 | 150 |

与储蓄国债（凭证式）相比较，储蓄国债（电子式）分机构和分地区的销售差异同样较为显著。分机构看，工、农、中、建、交、邮储六大银行合计销售额占全国储蓄国债（电子式）实际发行额的加权平均占比为 76.46%；其他 34 家承销机构合计销售额占全国储蓄国债（电子式）实际发行额的加权平均占比仅为 23.54%（见表 5）。分地区看，前六位的北京、江苏、上海、广东、山东、山西合计发行量占全国储蓄国债（电子式）实际发行额的加权平均占比达到 52.64%，而排名后六位的甘肃、贵州、海南、厦门、宁夏、西藏合计发行量占全国储蓄国债（电子式）实际发行额的加权平均占比仅为 1.61%（见表 6）。

表 5　2019 年储蓄国债（电子式）分机构发行情况　单位：%

| 排名 | 机构 | 一期二期 | 三期四期 | 五期六期 | 七期八期 | 九期十期 | 十一期十二期 | 十三期十四期 | 加权平均占比 |
|---|---|---|---|---|---|---|---|---|---|
| 1 | 工商银行 | 22.38 | 24.26 | 17.01 | 20.06 | 14.06 | 14.07 | 21.18 | 19.83 |
| 2 | 建设银行 | 14.75 | 15.58 | 14.95 | 18.50 | 19.71 | 22.69 | 18.75 | 17.56 |

① 由于 2019 年 4 月开展了储蓄国债（电子式）“随到随买”试点，4 月全月无固定发行额度，所以该表中储蓄国债（电子式）1—6 期的“计划发行额”一栏均为空。

续表

| 排名 | 机构 | 一期二期 | 三期四期 | 五期六期 | 七期八期 | 九期十期 | 十一期十二期 | 十三期十四期 | 加权平均占比 |
|---|---|---|---|---|---|---|---|---|---|
| 3 | 农业银行 | 10.94 | 12.90 | 13.51 | 12.76 | 16.38 | 8.96 | 11.65 | 12.43 |
| 4 | 邮储银行 | 11.63 | 10.14 | 11.01 | 12.04 | 13.44 | 13.44 | 12.81 | 11.85 |
| 5 | 交通银行 | 4.59 | 5.26 | 5.05 | 9.55 | 11.14 | 12.14 | 10.64 | 7.97 |
| 6 | 中国银行 | 8.58 | 9.14 | 11.28 | 5.05 | 3.50 | 4.83 | 4.02 | 6.82 |
| 7 | 招商银行 | 4.03 | 3.24 | 4.24 | 2.41 | 2.07 | 2.32 | 2.02 | 2.93 |
| 8 | 北京农商行 | 3.69 | 2.28 | 2.87 | 2.34 | 1.64 | 1.90 | 2.09 | 2.42 |
| 9 | 光大银行 | 1.67 | 1.56 | 2.10 | 1.54 | 1.44 | 1.73 | 1.37 | 1.61 |
| 10 | 浦发银行 | 1.55 | 1.28 | 1.80 | 1.38 | 1.72 | 1.86 | 1.42 | 1.53 |
| 11 | 上海银行 | 1.09 | 1.21 | 0.91 | 1.47 | 1.52 | 1.60 | 1.37 | 1.31 |
| 12 | 北京银行 | 1.47 | 1.73 | 1.94 | 0.91 | 1.10 | 1.14 | 0.63 | 1.31 |
| 13 | 江苏银行 | 0.99 | 1.17 | 1.13 | 1.37 | 1.49 | 1.64 | 1.49 | 1.30 |
| 14 | 广发银行 | 0.76 | 0.91 | 0.63 | 1.35 | 1.64 | 1.79 | 1.42 | 1.18 |
| 15 | 中信银行 | 1.11 | 0.94 | 1.19 | 0.98 | 0.95 | 1.17 | 1.07 | 1.04 |
| 16 | 重庆农商行 | 1.36 | 0.77 | 1.32 | 0.41 | 0.49 | 0.30 | 0.43 | 0.73 |
| 17 | 青岛农商行 | 0.77 | 0.52 | 0.59 | 0.81 | 0.84 | 0.86 | 0.81 | 0.72 |
| 18 | 上海农商行 | 0.38 | 0.68 | 0.62 | 0.78 | 0.77 | 0.98 | 0.85 | 0.71 |
| 19 | 杭州银行 | 0.95 | 0.65 | 1.05 | 0.43 | 0.38 | 0.45 | 0.41 | 0.62 |
| 20 | 河北银行 | 0.87 | 0.52 | 1.00 | 0.41 | 0.41 | 0.38 | 0.28 | 0.54 |
| 21 | 华夏银行 | 0.41 | 0.44 | 0.47 | 0.56 | 0.70 | 0.74 | 0.61 | 0.54 |
| 22 | 兴业银行 | 0.71 | 0.56 | 0.72 | 0.46 | 0.42 | 0.48 | 0.35 | 0.53 |
| 23 | 青岛银行 | 0.57 | 0.40 | 0.41 | 0.52 | 0.67 | 0.67 | 0.53 | 0.53 |
| 24 | 南京银行 | 0.55 | 0.52 | 0.48 | 0.52 | 0.52 | 0.50 | 0.47 | 0.51 |
| 25 | 天津银行 | 0.39 | 0.52 | 0.49 | 0.34 | 0.35 | 0.38 | 0.30 | 0.41 |
| 26 | 广州农商行 | 0.69 | 0.28 | 0.37 | 0.26 | 0.22 | 0.30 | 0.30 | 0.35 |
| 27 | 平安银行 | 0.57 | 0.40 | 0.53 | 0.21 | 0.15 | 0.22 | 0.22 | 0.34 |
| 28 | 徽商银行 | 0.28 | 0.28 | 0.22 | 0.33 | 0.32 | 0.33 | 0.27 | 0.29 |
| 29 | 成都银行 | 0.23 | 0.26 | 0.18 | 0.32 | 0.21 | 0.30 | 0.30 | 0.26 |
| 30 | 宁波银行 | 0.29 | 0.27 | 0.33 | 0.21 | 0.14 | 0.14 | 0.20 | 0.23 |
| 31 | 汉口银行 | 0.17 | 0.17 | 0.29 | 0.25 | 0.25 | 0.23 | 0.32 | 0.23 |
| 32 | 东莞农商行 | 0.32 | 0.18 | 0.31 | 0.17 | 0.20 | 0.25 | 0.19 | 0.22 |
| 33 | 哈尔滨银行 | 0.22 | 0.17 | 0.27 | 0.18 | 0.20 | 0.20 | 0.20 | 0.20 |
| 34 | 晋商银行 | 0.18 | 0.12 | 0.09 | 0.24 | 0.22 | 0.25 | 0.20 | 0.18 |
| 35 | 西安银行 | 0.15 | 0.16 | 0.12 | 0.23 | 0.15 | 0.17 | 0.17 | 0.17 |
| 36 | 浙商银行 | 0.21 | 0.11 | 0.19 | 0.16 | 0.18 | 0.17 | 0.19 | 0.17 |
| 37 | 富滇银行 | 0.12 | 0.14 | 0.09 | 0.15 | 0.16 | 0.15 | 0.18 | 0.14 |
| 38 | 乌鲁木齐银行 | 0.14 | 0.09 | 0.07 | 0.14 | 0.10 | 0.08 | 0.10 | 0.10 |
| 39 | 恒丰银行 | 0.11 | 0.10 | 0.09 | 0.11 | 0.07 | 0.11 | 0.11 | 0.10 |
| 40 | 大连银行 | 0.13 | 0.09 | 0.08 | 0.09 | 0.08 | 0.08 | 0.08 | 0.09 |
| 合计 | | 100 | 100 | 100 | 100 | 100 | 100 | 100 | 100 |

表 6 **2019 年储蓄国债（电子式）分地区发行情况** （单位：%）

| 排名 | 地区 | 一期二期 | 三期四期 | 五期六期 | 七期八期 | 九期十期 | 十一期十二期 | 十三期十四期 | 加权平均占比 |
|---|---|---|---|---|---|---|---|---|---|
| 1 | 北京市 | 21.05 | 19.54 | 19.29 | 19.35 | 16.91 | 17.89 | 16.06 | 18.79 |
| 2 | 江苏省 | 7.80 | 8.12 | 7.70 | 8.38 | 9.18 | 8.45 | 9.62 | 8.41 |
| 3 | 上海市 | 6.75 | 8.08 | 6.94 | 8.36 | 8.61 | 8.21 | 8.10 | 7.89 |
| 4 | 广东省 | 7.41 | 7.34 | 6.09 | 6.68 | 6.31 | 5.26 | 6.44 | 6.65 |
| 5 | 山东省 | 5.87 | 6.03 | 6.51 | 5.85 | 6.78 | 6.25 | 6.16 | 6.15 |
| 6 | 山西省 | 4.52 | 4.46 | 5.18 | 4.58 | 4.64 | 5.41 | 4.98 | 4.75 |
| 7 | 黑龙江 | 3.93 | 3.38 | 3.82 | 3.92 | 4.13 | 4.69 | 4.33 | 3.95 |
| 8 | 河北省 | 3.49 | 3.06 | 3.83 | 3.18 | 3.25 | 3.13 | 3.20 | 3.27 |
| 9 | 辽宁省 | 2.31 | 2.84 | 1.95 | 3.68 | 3.73 | 4.52 | 3.86 | 3.23 |
| 10 | 吉林省 | 2.39 | 2.23 | 2.26 | 2.85 | 3.30 | 3.72 | 4.22 | 2.90 |
| 11 | 安徽省 | 2.69 | 2.93 | 2.91 | 2.52 | 2.65 | 2.96 | 2.90 | 2.79 |
| 12 | 青岛市 | 2.48 | 2.26 | 2.50 | 2.59 | 2.87 | 2.75 | 2.91 | 2.58 |
| 13 | 陕西省 | 2.68 | 2.70 | 3.08 | 2.35 | 2.21 | 1.98 | 2.12 | 2.47 |
| 14 | 天津市 | 2.00 | 2.41 | 2.24 | 2.27 | 2.31 | 2.38 | 1.88 | 2.23 |
| 15 | 大连市 | 1.77 | 1.84 | 1.89 | 2.28 | 2.37 | 2.76 | 2.54 | 2.16 |
| 16 | 四川省 | 2.29 | 2.28 | 2.04 | 2.08 | 1.89 | 2.01 | 1.93 | 2.11 |
| 17 | 湖北省 | 1.78 | 2.19 | 1.75 | 2.21 | 2.07 | 1.83 | 2.23 | 2.04 |
| 18 | 浙江省 | 2.04 | 2.01 | 2.37 | 1.82 | 1.94 | 1.59 | 1.88 | 1.95 |
| 19 | 内蒙古自治区 | 1.68 | 1.41 | 1.72 | 2.05 | 2.24 | 2.49 | 2.45 | 1.93 |
| 20 | 重庆市 | 2.51 | 2.01 | 2.51 | 1.68 | 1.71 | 1.50 | 1.55 | 1.93 |
| 21 | 河南省 | 1.59 | 1.75 | 1.60 | 1.64 | 1.93 | 1.98 | 1.99 | 1.77 |
| 22 | 湖南省 | 1.71 | 1.86 | 1.99 | 1.56 | 1.66 | 1.52 | 1.45 | 1.69 |
| 23 | 深圳市 | 1.83 | 1.59 | 1.69 | 1.17 | 1.15 | 1.09 | 1.31 | 1.43 |
| 24 | 新疆维吾尔自治区 | 1.39 | 1.19 | 1.31 | 1.05 | 0.79 | 0.79 | 0.68 | 1.05 |
| 25 | 江西省 | 1.02 | 0.98 | 1.16 | 0.84 | 0.82 | 0.84 | 0.81 | 0.93 |
| 26 | 云南省 | 0.90 | 0.98 | 1.19 | 0.89 | 0.88 | 0.90 | 0.74 | 0.92 |
| 27 | 宁波市 | 0.73 | 0.85 | 0.68 | 0.88 | 0.78 | 0.44 | 1.01 | 0.78 |
| 28 | 广西壮族自治区 | 0.61 | 0.76 | 0.75 | 0.63 | 0.53 | 0.43 | 0.46 | 0.61 |
| 29 | 福建省 | 0.69 | 0.65 | 0.72 | 0.58 | 0.56 | 0.49 | 0.49 | 0.60 |
| 30 | 青海省 | 0.43 | 0.42 | 0.47 | 0.44 | 0.39 | 0.41 | 0.43 | 0.43 |
| 31 | 甘肃省 | 0.37 | 0.43 | 0.45 | 0.35 | 0.33 | 0.31 | 0.29 | 0.37 |
| 32 | 贵州省 | 0.38 | 0.36 | 0.38 | 0.33 | 0.25 | 0.23 | 0.17 | 0.31 |
| 33 | 海南省 | 0.29 | 0.36 | 0.30 | 0.33 | 0.26 | 0.25 | 0.26 | 0.30 |
| 34 | 厦门市 | 0.27 | 0.31 | 0.25 | 0.32 | 0.27 | 0.31 | 0.33 | 0.30 |
| 35 | 宁夏回族自治区 | 0.30 | 0.35 | 0.36 | 0.27 | 0.28 | 0.20 | 0.21 | 0.29 |
| 36 | 西藏自治区 | 0.05 | 0.04 | 0.12 | 0.04 | 0.02 | 0.03 | 0.01 | 0.04 |
| 合计 | | 100 | 100 | 100 | 100 | 100 | 100 | 100 | 100 |

## 二、储蓄国债热销原因分析

2019 年，储蓄国债整体上保持了热销态势，特别是 6 月份以后，发行进度进一步加快，网点销售异常火爆，“抢购”“秒杀”等现象频现。储蓄国债热销的原因主要有以下几方面：

（一）储蓄国债本身具有的高收益无风险特性

相比股票、债券、P2P 理财和信托产品的风险波动，储蓄国债以其安全性及相对较高的收益优势在个人理财投资市场始终占有一席之地，特别是受到风险偏好较低的投资群体（如部分中老年人）的喜爱。而且，2019 年储蓄国债三年期和五年期的发行利率分别为 4.0% 和 4.27%，在近几年里属于偏高水平，有着较强的吸引力。

（二）国内外市场环境及“降息、降准”预期进一步增强了储蓄国债的吸引力

近年来，中美贸易摩擦不断，国内房市、股市的表现比较平淡，P2P 平台爆雷和债务违约频发，储蓄国债避险价值凸显，已成为部分闲置资金的避风港。2019 年 8 月美联储降息后，全球十余家央行也纷纷跟进，市场对我国央行进一步“降息、降准”的预期较为浓厚，而储蓄国债在“降息、降准”预期强烈的市场中能够较好地帮助投资者实现资产保值增值。

（三）理财市场行情持续走低，也有利于推动国债热销

2019 年下半年，理财市场行情持续走低，各种保本与非保本理财、净值型理财、结构性存款等产品收益率均有所降低。据调查，部分承销机构在 2019 年下半年不仅调低了大额存单收益率，而且还调减了大额存单的发售额度。因此，在市场上安全性好且收益率较高的投资产品并不多见的情况下，储蓄国债的综合优势就更加突出。

## 三、工作措施

（一）加强对承销机构发行组织工作的指导和管理

认真组织每期国债的发行工作，并且按季度集中强化对承销机构的业务指导和反馈；努力创新管理方式，注重将承销机构开展业务的主动性与规范性相结合，同时积极开展国债投资者的权益保护工作。从各个层级上加强与承销团成员及其分支机构的业务联系和指导，及时做好相关业务信息的发布和解释工作，确保发行组织工作落实到位。

（二）持续开展储蓄国债发行期巡查工作，规范国债发行秩序

每期国债发行期间对承销机构网点开展多种形式的巡查工作，主要检查承销机构网点在国债宣传、发行秩序、业务管理、投资者投诉等方面的工作开展情况。通过巡查，有力地纠正了国债发行过程中的违规行为，规范了发行秩序，提高了业务开展水平，使广大投资者的满意度得到了明显提升。

（三）开展“随到随买”试点，努力解决群众购债难题

为贯彻落实以人民为中心的发展理念，努力解决群众购债难题，2019 年 4 月份开展了储蓄国债（电子式）“随到随买”试点，发行时间由原来的 10 天延长至全月，且额度充裕，免去了投资者提前排队的困扰，“抢购”现象大幅减少，购买体验明显提升，受到广大国债投资者的普遍欢迎。

（四）积极推进储蓄国债（凭证式）通兑业务

2019 年以来，为贯彻落实“放管服”改革要求，积极协调各承销机构，大力推进储蓄国债（凭证式）通兑业务，让“信息多跑路”，让“群众少跑腿”，最大程度上实现便民利民。截至 2019 年底，40 家承销机构中，已有 34 家完全实现了储蓄国债（凭证式）在全国范围内的通兑业务，有效满足了储蓄国债（凭证式）投资者异地兑付的需要和诉求。

# 2019 年交易所债券市场发展情况

中国证监会债券部

2019 年，证监会始终坚持以习近平新时代中国特色社会主义思想为指导，深入学习贯彻党的十九大及十九大以来历次中央全会精神，认真学习习近平总书记关于资本市场的一系列重要指示批示精神以及中央经济工作会议精神，坚持市场化法治化改革方向，贯彻全面深化资本市场改革总体方案的部署，促进交易所债券市场高质量发展，坚决防控债券市场风险，不断提升债券市场服务实体经济的能力。

## 一、交易所债券发行和托管规模稳步增长

交易所债券市场债券发行和托管量持续增加。2019 年交易所市场发行各类债券（含公司债券、资产支持证券、地方政府债券和政策性金融债券）7.20 万亿元，同比增长 27%，本年累计净融资 5.24 万亿元，同比增长 18%，其中非金融企业公司债券托管面值 7.06 万亿元。

## 二、交易所债券市场服务实体经济能力不断提升

（一）支持实体经济融资

交易所债券市场已成为服务实体企业融资的重要场所。2019 年，非金融（实体）企业在交易所发行债券及资产支持证券（ABS）3.32 万亿元，约占全市场的 33%，托管量 8.25 万亿元，约占全市场 37%。其中，民营企业发行公司债券 2689 亿元，占全国各类一年级以上民企债券发行额 82%，民企公司债券托管量 1.07 万亿元，约占全市场的 68%。

（二）积极拓宽地方政府债券发行渠道，提升利率债在交易所市场占比

一是积极推进交易所市场地方政府债券发行。2019 年，交易所市场发行地方政府债券 2.83 万亿元，占同时期全国地方政府债券发行总额的 65%。

二是积极发展地方政府债券 ETF。截至 2019 年底，已成功推出两只 5 年期地方政府债 ETF。

三是持续推动铁道债跨市场上市发行。2019 年，铁道债已跨市场发行 3720 亿元。

四是持续推进政策性金融债券在交易所市场发行。2019 年，交易所市场共发行政策性金融债 1085 亿元。

（三）服务国家战略、关键领域薄弱环节

一是提升服务国家战略能力，发挥债券市场支持绿色发展、创新驱动、扶贫攻坚、“一带一路”等相关领域融资发展的重要作用。截至 2019 年底，绿色债（含 ABS）、创新创业债，扶贫债和“一带一路”债券分别累计发行 2002 亿元、110 亿元、498 亿元、322 亿元。

二是积极支持中小企业融资。2019 年，中小微企业共发行公司债券 2920 亿元；支持中小企业借助核心企业信用发行供应链金融资产支持证券 2685 亿元。

三是支持地方国有企业发行纾困专项债 391 亿元，纾解民营上市公司股权质押风险和流动性困难。

四是支持关键领域自主创新。2019 年，共

支持芯片制造、高端装备制造等关键领域自主创新企业发行公司债券 1898 亿元。

## 三、交易所市场地方债蓬勃发展，发行亮点纷呈

一是发行工作启动早、进度快。2019 年 1 月 21 日启动地方政府债券发行工作，9 月全部完成下达的 2019 年度新增债务限额发行任务。

二是长期限债券大幅增加。2018 年发行的 10 年、15 年、20 年、30 年期各期限占比分别为 16.60%、0.37%、0.85%、0.05%；2019 年，地方政府债券平均发行年限为 10.26 年，其中，10 年、15 年、20 年、30 年期规模占比分别为 28.25%、3.87%、4.40%、10.32%。可见，10 年期以上的长期限债券发行份额大幅提升。长期限（包括 15 年、20 年和 30 年）地方政府债券共发行 8104.9 亿元；特别是 30 年期地方债开始密集发行。

三是融资成本显著下降。2019 年，地方政府债券平均发行利率为 3.47%，其中，2 年、3 年、5 年、7 年、10 年、15 年、20 年、30 年期平均发行利率分别为 2.99%、3.13%、3.28%、3.45%、3.76%、3.83%、4.06%，较 2018 年分别下降了 41BP、59BP、55BP、59BP、61BP、53BP、39BP、16BP。

四是投资者进一步拓展。截至 2019 年底，全国地方政府债券承销团成员共有 158 家银行、79 家券商，其中有 64 家券商中标地方债产品。券商在超长期限债券招标发行中的中标量大增成为重要特点。据上交所统计，2019 年对于 10 年期以下的地方政府债券，券商中标率平均为 9%，15 年以上的中标率近 30%。

下一步，中国证监会将继续加大改革开放力度、夯实制度基础、激发市场活力、加强互联互通、打赢防范化解风险攻坚战，建设一个能有效服务实体经济、契合国家发展战略、符合债券市场发展规律的高质量交易所债券市场。

# 2019 年国债市场年度分析报告

中央国债登记结算有限责任公司

2019 年，我国国债市场整体平稳运行。国债发行量重回增势，发行次数有所增加，发行利率整体下行。国债存量平稳增长，持有人结构保持稳定。国债交易量大幅增长，换手率明显提高。国债指数波动上升，国债收益率震荡下行。国债市场运行显现积极特点，一是市场活跃度回升，投资渠道进一步丰富；二是国债金融功能扩大发挥，国债期现联动发展加强；三是国际市场对中国国债的认可度不断提高，境外投资者增持规模持续扩大；四是国债在境外发行取得新进展，实现了跨境中央登记托管；五是基础设施进一步筑牢，有力支持国债市场高效运行。展望 2020 年，为胜利完成“十三五”规划和实现全面建成小康社会的第一个百年奋斗目标，我国国债市场将坚持集中统一托管，继续深化国债发行管理市场化改革，加快对外开放进程，推动国债收益率曲线的利率基准作用进一步发挥，可适度扩大国债发行规模以应对疫情影响。

## 一、国债发行量重回增势，兑付量平稳增长

2019 年，国债发行量合计 40091.00 亿元①，较上年增长 13.22%。其中，记账式国债发行 37564.30 亿元，较上年增长 12.69%；储蓄国债（电子式）发行 2526.70 亿元，较上年增长 21.75%。

2019 年，国债兑付量合计 22940.45 亿元，较上年增长 9.43%。其中，记账式国债兑付 21179.66 亿元，较上年增长 11.23%；储蓄国债（电子式）兑付 1760.80 亿元，较上年下降 8.43%。

2019 年国债发行有以下特点：

（一）超长期国债发行量增长较快

2019 年，记账式国债发行量较上年增长 12.69%，除 1 年以下期限外，其他各期限发行量均有所增加。其中，1 年以下国债发行量较上年小幅下降 4.15%，占比下降 4.77 个百分点；10 年以上国债发行量增长最为显著，较上年增长 48.18%；此外，1—3 年期和 7—10 年期国债发行量分别增长 20.88% 和 15.92%，各期限国债发行量占比趋于均衡（见表 1）。

（二）发行次数小幅增加

2019 年国债共发行 154 次，较上年增加 4 次。其中，记账式国债发行 140 次，与上年持平；储蓄国债（电子式）发行 14 次，较上年增加 4 次。

记账式国债各期限的发行次数更加平衡。其中，1 年以下期限的发行次数减少 4 次，1—3 年和 10 年以上期限发行次数增加 2 次，3—10 年各期限发行次数与上年相同（见图 1）。

---

① 发行量根据发行开始日统计。如无特别说明，本文中出现的发行量、托管量和交易结算量的统计对象均为在中国境内发行的国债，按面额统计。本文统计数据来源于中央国债登记结算有限责任公司（以下简称中央结算公司），文中不含凭证式国债、标准债券远期、国债期货业务数据。

表1 **2018年、2019年记账式国债发行量期限结构比较**

| 发行期限（年）① | 2018年 | | 2019年 | | |
|---|---|---|---|---|---|
| | 发行面额（亿元） | 占比（%） | 发行面额（亿元） | 占比（%） | 发行面额变化（%） |
| 1年以下 | 10632.50 | 31.90 | 10191.40 | 27.13 | -4.15 |
| 1—3年 | 6894.80 | 20.68 | 8334.50 | 22.19 | 20.88 |
| 3—5年 | 4197.50 | 12.59 | 4778.30 | 12.72 | 13.84 |
| 5—7年 | 4369.90 | 13.11 | 4858.70 | 12.93 | 11.19 |
| 7—10年 | 4116.20 | 12.35 | 4771.30 | 12.70 | 15.92 |
| 10年以上 | 3124.70 | 9.37 | 4630.10 | 12.33 | 48.18 |
| 合计 | 33335.60 | 100.00 | 37564.30 | 100.00 | 12.69 |

数据来源：中国债券信息网（www.chinabond.com.cn）。

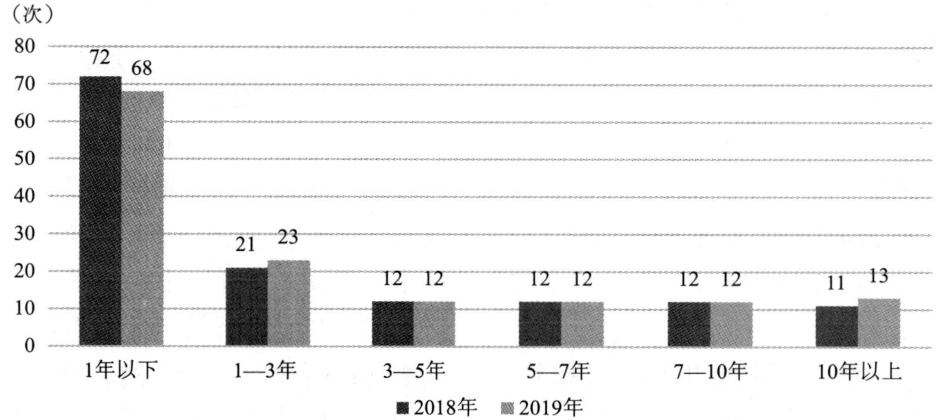


图1 2018年、2019年记账式国债各期限品种发行次数

数据来源：中国债券信息网（www.chinabond.com.cn）。

（三）发行利率整体下行

2019年记账式国债发行利率区间为1.88%—4.08%②，平均发行利率为2.95%，较上年下降32个基点。各期限的平均发行利率均较上年有一定幅度的下行，3年以下的短期国债发行利率下行幅度较大（见表2）。

表2 **2018年、2019年记账式国债发行频率和发行利率比较**

| 期限 | 发行频率（次） | | 利率区间 | | 加权平均利率 | |
|---|---|---|---|---|---|---|
| | 2018年 | 2019年 | 2018年 | 2019年 | 2018年 | 2019年 |
| 3个月 | 48 | 45 | 1.92%—3.33% | 1.88%—2.54% | 2.59% | 2.21% |
| 6个月 | 12 | 11 | 2.23%—3.52% | 2.10%—2.55% | 2.84% | 2.40% |
| 9个月 | 0 | 0 | — | — | — | — |
| 1年 | 12 | 12 | 2.41%—3.54% | 2.31%—2.65% | 2.94% | 2.50% |
| 2年 | 9 | 11 | 3.0%—3.14% | 2.44%—3% | 3.07% | 2.64% |
| 3年 | 12 | 12 | 3.17%—3.56% | 2.69%—3.17% | 3.32% | 2.76% |

① 发行期限区间包含区间上限，不包含区间下限，下同。

② 1年期以下的贴现国债的发行利率通过发行价格计算得出。

续表

| 期限 | 发行频率（次） | | 利率区间 | | 加权平均利率 | |
|---|---|---|---|---|---|---|
| | 2018 年 | 2019 年 | 2018 年 | 2019 年 | 2018 年 | 2019 年 |
| 5 年 | 12 | 12 | 3.17%—3.81% | 2.94%—3.29% | 3.33% | 3.13% |
| 7 年 | 12 | 12 | 3.22%—3.9% | 3.12%—3.25% | 3.63% | 3.23% |
| 10 年 | 12 | 12 | 3.25%—3.85% | 3.13%—3.29% | 3.60% | 3.25% |
| 20 年 | 0 | 0 | — | — | — | — |
| 30 年 | 9 | 10 | 3.97%—4.28% | 3.86%—4.08% | 4.10% | 3.94% |
| 50 年 | 2 | 3 | 3.82%—4.13% | 4%—4% | 4.00% | 4.00% |
| 合计 | 140 | 140 | 1.92%—4.28% | 1.88%—4.08% | 3.27% | 2.95% |

数据来源：中国债券信息网（www.chinabond.com.cn）。

## 二、国债存量平稳增长

2019 年末，国债托管量达 16.10 万亿元，较上年增长 12.13%。其中，记账式国债托管量为 15.31 万亿元，较上年增长 12.21%，占国债总量的 95.04%；储蓄国债（电子式）托管量为 7984.86 亿元，较上年增长 10.62%，占 4.96%。

（一）中短期国债占比上升较大

分剩余期限看，中短期国债的托管量增长明显，1 年以下和 1—3 年期分别较上年增长 24.65% 和 44.08%；中期国债托管量小幅下降，3—5 年和 5—7 年期较上年下降 11.65% 和 13.18%；长期国债托管量有所上升，7—10 年和 10 年以上期限的较上年增长 7.76% 和 18.11%。

从托管量占比看，1 年以下和 1—3 年期国债托管量占比分别上升 1.39 个和 6.17 个百分点；而 3—5 年、5—7 年和 7—10 年期占比分别下降 4.9 个、3.05 个和 0.49 个百分点；10 年以上期限的占比上升 0.89 个百分点（见表 3）。

**表 3　2018 年、2019 年记账式国债托管量期限结构比较**

| 剩余期限（年） | 2018 年末 | | 2019 年末 | | |
|---|---|---|---|---|---|
| | 托管面额（亿元） | 占比（%） | 托管面额（亿元） | 占比（%） | 托管面额变化（%） |
| 1 年以下 | 17209.90 | 12.62 | 21451.30 | 14.01 | 24.65 |
| 1—3 年 | 29617.90 | 21.71 | 42673.00 | 27.88 | 44.08 |
| 3—5 年 | 31471.00 | 23.07 | 27803.90 | 18.17 | -11.65 |
| 5—7 年 | 18380.70 | 13.48 | 15957.90 | 10.43 | -13.18 |
| 7—10 年 | 16801.40 | 12.32 | 18105.80 | 11.83 | 7.76 |
| 10 年以上 | 22919.17 | 16.80 | 27069.27 | 17.69 | 18.11 |
| 汇总 | 136400.07 | 100.00 | 153061.17 | 100.00 | 12.21 |

数据来源：中国债券信息网（www.chinabond.com.cn）。

（二）基金公司和柜台投资者持有量增幅较大

记账式国债的持有人结构保持稳定。2019 年末，商业银行、境外机构和非法人产品持有量占比最高，分别占国债托管总量的 64.99%、8.54% 和 7.16%。

从增速来看，基金公司及基金会、柜台市场投资者、其他金融机构和非法人产品的记账式国债持有量较上年增幅较大，分别增长 157.17%、73.15%、48.21% 和 30.00%（见表 4）。

表4　　2018年、2019年记账式国债的持有者结构

| | 2018年 | | 2019年 | | |
|---|---|---|---|---|---|
| 成员属性 | 持有面额（亿元） | 占比（%） | 持有面额（亿元） | 占比（%） | 持有面额变化（%） |
| 一、银行间债券市场 | 130689.56 | 95.81 | 146984.40 | 96.03 | 12.47 |
| 1. 政策性银行 | 997.19 | 0.73 | 1056.91 | 0.69 | 5.99 |
| 2. 商业银行 | 88617.13 | 64.97 | 99468.89 | 64.99 | 12.25 |
| 3. 信用社 | 821.43 | 0.60 | 943.96 | 0.62 | 14.92 |
| 4. 保险机构 | 3272.65 | 2.40 | 3621.43 | 2.37 | 10.66 |
| 5. 证券公司 | 1438.35 | 1.05 | 1681.64 | 1.10 | 16.91 |
| 6. 基金公司及基金会 | 24.75 | 0.02 | 63.65 | 0.04 | 157.17 |
| 7. 其他金融机构 | 340.60 | 0.25 | 504.80 | 0.33 | 48.21 |
| 8. 非金融机构 | 7.20 | 0.01 | 7.20 | 0.00 | 0.00 |
| 9. 非法人产品 | 8429.14 | 6.18 | 10957.97 | 7.16 | 30.00 |
| 10. 境外机构 | 10972.64 | 8.04 | 13067.22 | 8.54 | 19.09 |
| 11. 其他 | 15768.48 | 11.56 | 15610.74 | 10.20 | -1.00 |
| 二、柜台市场 | 121.07 | 0.09 | 209.63 | 0.14 | 73.15 |
| 三、交易所市场 | 5589.44 | 4.10 | 5867.14 | 3.83 | 4.97 |
| 合计 | 136400.07 | 100.00 | 153061.17 | 100.00 | 12.21 |

数据来源：中国债券信息网（www.chinabond.com.cn）。

## 三、国债交易量大幅增长

2019年，银行间债券市场国债交易量达313.25万亿元，较上年增长29.32%。从交易结构看，质押式回购交易仍最多，交易量占比87.97%，但占比较上年下降2.98个百分点；现券交易明显增多，占比提高至10.86%；买断式回购交易量与上年基本持平，占比下降；债券借贷基数较小，增长较快（见表5）。

表5　　2018年、2019年记账式国债交易量比较

| 业务类别 | 2018年 | | 2019年 | | |
|---|---|---|---|---|---|
| | 交易面额（亿元） | 占比（%） | 交易面额（亿元） | 占比（%） | 交易面额变化（%） |
| 现券交易 | 187700.29 | 7.75 | 340239.88 | 10.86 | 81.27 |
| 质押式回购 | 2203061.81 | 90.95 | 2755638.06 | 87.97 | 25.08 |
| 买断式回购 | 29203.04 | 1.21 | 29272.34 | 0.93 | 0.24 |
| 远期交易 | 5.00 | 0.00 | 0.00 | 0.00 | -100.00 |
| 债券借贷 | 2417.80 | 0.10 | 7397.08 | 0.24 | 205.94 |
| 合计 | 2422387.94 | 100.00 | 3132547.35 | 100.00 | 29.32 |

数据来源：中国债券信息网（www.chinabond.com.cn）。

（一）现券交易量大幅增长

2019年，银行间债券市场国债现券交易结算面额为34.02万亿元，较上年增长81.27%。各类参与机构中，商业银行占比最大，为70.34%；证券公司次之，占比22.44%。从债券流向来看，境外机构、基金、保险机构、政策性银行、非银行金融机构和信用社是净买入机构，分别净买入3354.46亿元、1607.50亿元、343.13亿元、229.40亿元、222.10亿元和182.90亿元；商业银行和证券公司是净卖出机构，分别净卖出5398.36亿元和1259.19亿元。

（二）质押式回购交易量继续增长

2019年，国债的质押式回购交易结算面额为275.56万亿元，较上年增长25.08%。各类参与机构中，商业银行和政策性银行的交易量占比最大，分别为78.74%和10.93%；基金、证

券公司、信用社、非银行金融机构和保险机构的交易量占比分别为 4.21%、3.32%、1.71%、0.62% 和 0.37%；由于境外机构参与质押式回购受限，交易量占比仅为 0.09%。

（三）买断式回购交易量略有增长

2019 年，国债的买断式回购交易结算面额为 2.93 万亿元，较上年增长 0.24%。各类参与机构中，商业银行、证券公司和信用社是买断式回购的主要参与者，交易量占比分别为 77.18%、19.54% 和 2.90%，合计占比 99.62%，其他机构的交易较少。

（四）换手率明显提升

2019 年，记账式国债的现券换手率[①]为 222.29%，较上年上升 84.68 个百分点；记账式国债的广义换手率[②]为 2041.77%，较上年上升 267.60 个百分点。与在中央结算公司托管的其他券种比较，国债的现券换手率和广义换手率仅次于政策性银行债，远高于其他券种。为进一步提升国债二级市场流动性，全年共开展国债做市支持操作 12 次，累计做市金额 159.9 亿元。

（五）柜台市场交易量显著增加

2019 年，柜台市场记账式国债交易量为 467.73 亿元，较上年增长 147.50%。柜台市场储蓄国债销售量为 2526.70 亿元，较上年增长 21.75%。

## 四、国债收益率震荡下行

（一）国债价格波动上升

截至 2019 年末，中债国债总指数（净价）报 118.8597 点，较上年年末上涨 0.45%；中债国债总指数（财富）报 190.1421 点，较上年年末上涨 3.94%。

全年来看，国债价格从年初至 4 月底呈现波动下行，5 月开始国债价格大幅攀升，至 8 月中旬到达 2019 年最高点。9 月开始回调至 10 月末，于 11 月初重新进入上升通道直至年末（见图 2）。

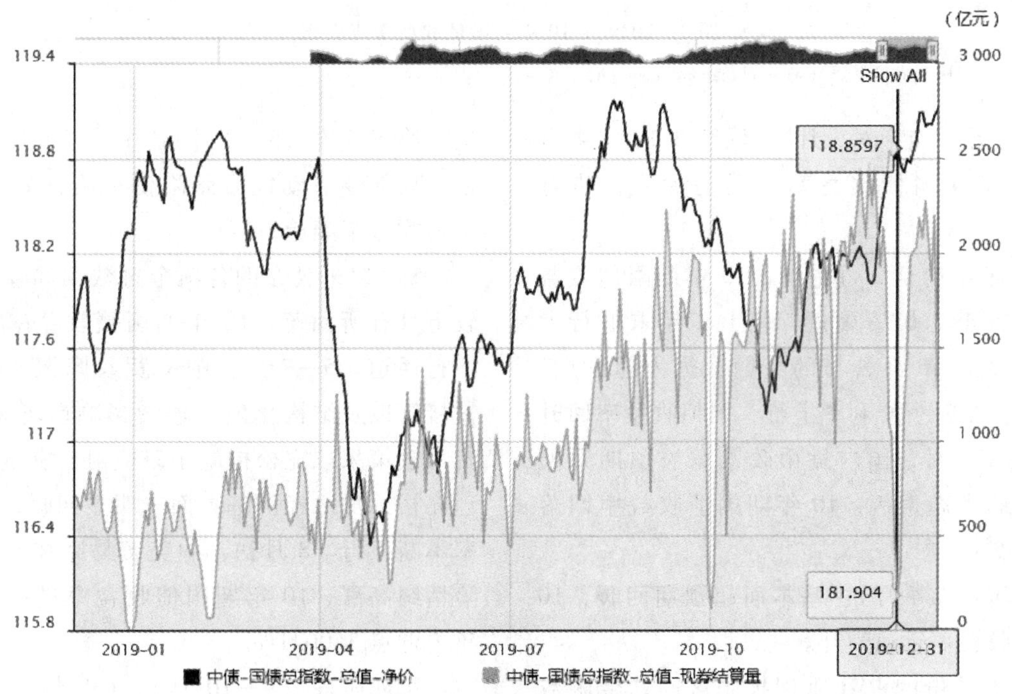


图 2 2019 年中债国债总指数（净价）走势

数据来源：中国债券信息网（www.chinabond.com.cn）。

① 现券换手率 = 全年现券交易结算量/年末托管量 × 100%

② 广义换手率 = 全年现券、质押式回购和买断式回购的交易结算量之和/年末托管量 × 100%

（二）国债收益率窄幅震荡

2019年国债收益率窄幅震荡，略有下行。截至2019年12月31日，10年期国债收益率收于3.1365%，较上年年末下行9BP。全年来看，收益率的走势大致可分为五个阶段（见图3）：

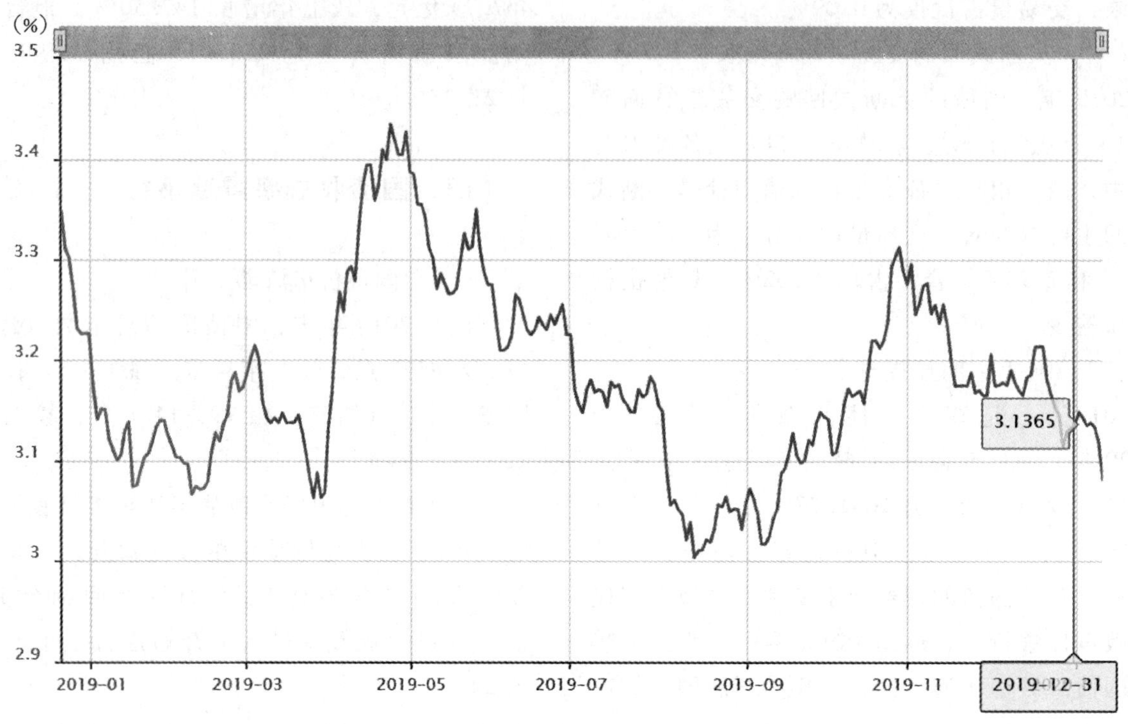


图3 2019年10年期国债收益率走势图

数据来源：中国债券信息网（www.chinabond.com.cn）。

第一阶段（年初—3月）：延续2018年牛市格局，10年期国债收益率以震荡为主，略有下行。

2019年年初至2月中旬，10年期国债收益率小幅下行至3.07%附近，较上年年末下行大约10BP。2月15日公布的金融数据大超预期，伴随2月下半月资金利率上行，国债收益率回升14BP左右。3月，国内货币政策宽松预期升温叠加美联储表态偏鸽，10年期国债收益率回落至3.0683%。

第二阶段（4月）：基本面超预期回暖，10年期国债收益率迅速攀升。

由于3月份的PMI重回扩张区间，金融数据和经济数据大超预期，市场对经济企稳的预期增加，10年期国债收益率快速上行近40BP，达到年内最高点3.4343%，为2018年牛市以来最大幅度的回调。

第三阶段（5—8月）：中美贸易摩擦和中小银行局部性流动性紧张降低风险偏好，10年期国债收益率颠簸下行。

5月以来公布的各项金融数据和经济数据均较上月有所回落，10年期国债收益率重新进入下行通道。5—7月，中美贸易摩擦、包商银行被接管以及结构化发行连续影响市场风险偏好，货币政策采取宽松措施予以应对，资金面保持合理充裕，加之经济基本面未明显回暖，国债收益率不断下行。8月初，中美贸易摩擦升级引发避险情绪高涨，10年期国债收益率进一步下行至年内低点3.0041%。

第四阶段（9—10月）：CPI攀升限制货币政策宽松预期，10年期国债收益率上行。

9月，国债收益率冲击3.0%关口未果，CPI数据超预期上行导致货币政策宽松预期减弱，10年期国债收益率有所回升。10月，在猪肉价格等因素的影响下，CPI 继续超预期上行，MLF 操作利率维持不变、TMLF 未续作压制做多情绪，10 年期国债收益率上行至年内第二高点 3.3125%。

第五阶段（11—12 月）：MLF 降息稳定市场预期，10 年期国债收益率平稳下行。

11 月，中国人民银行超预期操作 MLF 并下调中标利率 5BP，超预期调降 7 天逆回购利率，月中公布的金融数据和经济数据不及预期，货币政策宽松预期升温淡化通胀影响，10 年期国债收益率由升转降。12 月，货币政策加大投放力度以应对跨年资金需求，10 年期国债收益率跟随资金利率平稳下行，收于 3.1365%。

## 五、国债市场运行特点

2019 年中国国债市场发展显现积极特点，主要表现为市场活跃度上升，国债的金融功能进一步拓展，国际市场认可度提高，在境外发行取得新进展，实现国债跨境中央登记托管，基础设施服务水平不断提升。

（一）国债市场活跃度回升，“随到随买”拓宽投资渠道

2019 年国债发行规模明显增加，交易结算量较上年增长 29.32%，换手率上升 84.68 个百分点至 222.29%，国债市场活跃度明显提升。

2019 年 4 月，财政部、中国人民银行启动储蓄国债“随到随买”试点，将储蓄国债发行时间由 10 天延长至全月，大大提高了个人投资者购买储蓄国债的便利性，拓宽了国债市场的投资渠道。

（二）拓展国债的金融功能，加强国债期现联动发展

2019 年 1 月，财政部表示将推动国债与央行货币政策操作衔接起来，扩大国债在货币政策操作中的运用，推动实施国债作为公开市场操作主要工具的货币政策机制，健全国债收益率曲线的利率传导机制，强化国债作为基准金融资产的作用。

2019 年，国债期货做市业务启动，国债期货市场交易规模稳步提升，期转现业务正式运行，国债期、现货市场的交易机制更加丰富，期现联动关系进一步加强。

（三）国际市场认可度提高，境外机构增持规模扩大

2019 年 2 月，以中债—10 年期国债及政策性银行债绿色增强指数为跟踪标的的“新光中国 10 年期国债及政策金融附加绿债债券 ETF”正式在台湾证券交易所挂牌上市，这是首只在中国台湾地区挂牌上市的跟踪标的含有国债的 ETF 产品。2019 年 4 月，以人民币计价的中国国债正式被纳入彭博巴克莱全球综合债券指数，人民币债券将成为继美元、欧元、日元之后的第四大计价货币债券。9 月，美国摩根大通宣布，自 2020 年 2 月 28 日起，计划将多只中国国债纳入其旗下摩根大通全球新兴市场政府债券指数系列，中国债市将有望每月吸引 30 亿美元资金进入。

2019 年，境外机构投资中国国债规模持续扩大。截至年末，境外机构持有记账式国债达 1.31 万亿元，较上年增长 19.08%，占国债总量的 8.53%，境外机构已成为中国国债的主要投资者之一。

（四）境外发行取得新进展，国债实现跨境中央登记托管

2019 年 7 月，财政部在中国澳门首次发行 20 亿元人民币国债，推动中国澳门特色金融业的发展。中央结算公司作为财政部唯一授权的国债总托管人，积极支持中国澳门本地基础设施建设，并创设跨境互联的“澳门 MOX 模式”。中央结算公司与澳门本地金融基础设施基于一级登记托管模式建立一体化工作机制，双方共同为澳门国债持有者确立债权，由中央结算公司进行中央登记和集中托管，使澳门国债实现跨境中央登记，一级托管和结算。“澳门 MOX 模式”建立起中国国债全球“一本账”，是融合了直接持有和多级服务的更优的对外开放和跨境合作模式。

（五）基础设施进一步筑牢，支持国债市场高效运行

2019年，中央结算公司作为国债市场基础设施，持续提高服务能力，保障国债市场高效平稳运行。一是不断完善发行支持服务，优化国债管理战略计量模型，为2020年国债发行计划制定提供参考；制作储蓄国债广告宣传片并在央视和北京西客站进行播放，有力推动储蓄国债发售工作；成立专职服务的政府机构服务部，启用全新的国债发行场地，着力提升服务效率和服务水平。二是大力拓展国债的担保运用，管理国债担保品余额5.76万亿元①，支持扩大国债在期货市场充抵保证金业务的创新应用。三是持续完善国债收益率曲线，新增2年期关键期限，推动中债国债收益率曲线在资产评估领域应用。四是进一步强化国债市场研究和运行监测，为主管部门国债市场管理提供有效抓手。五是升级IT基础设施，优化担保品系统。六是积极推动国债市场对外开放，发布境外投资者T+3结算周期和债券非交易过户的相关实施细则，上线境外投资者英文网站，为境外投资者提供进一步便利。

## 六、国债市场发展建议

2020年是全面建成小康社会和“十三五”规划收官之年，实现第一个百年奋斗目标，为“十四五”发展和实现第二个百年奋斗目标打好基础，应继续完善我国国债市场，进一步深化国债管理改革，加快建立功能健全、运行顺畅、更加开放的国债市场。

（一）继续深化国债管理市场化改革

党的十九届四中全会审议通过《中共中央关于坚持和完善中国特色社会主义制度、推进国家治理体系和治理能力现代化若干重大问题的决定》（以下简称《决定》），提出要“加强资本市场基础制度建设，健全具有高度适应性、竞争力、普惠性的现代金融体系”。国债是金融市场的定价基准，深化国债市场改革是加强我国金融体系建设的重要环节。应继续优化国债品种、期限结构，推进银行间市场记账式国债预发行；完善储蓄国债定价机制，拓宽储蓄国债（电子式）销售渠道；不断完善国债续发行机制，增加单只国债续发行次数；加强国债管理与库款管理、国库现金管理之间的协调配合，不断提升国债一级市场运行质量。加大国债做市支持操作力度，健全完善国债做市支持机制；加强国债期货、现货市场的联动发展，稳步推进银行保险机构参与国债期货交易；充分发挥国债作为优质担保品的金融功能，稳步提高国债二级市场流动性。加强国债市场统一互联，提升国债市场基础设施服务水平。

（二）加快国债市场对外开放进程

《决定》提出，要“建设更高水平开放型经济新体制。实施更大范围、更宽领域、更深层次的全面开放”。截至2019年年末，境外投资者持有我国国债总量的8.54%，该比例在美国、英国和欧元区均将近30%，在日本约为15%，我国国债市场开放仍有较大提升空间。应积极稳妥加大国债一级市场开放力度，继续吸收外资机构加入国债承销团；积极推动境外机构投资中国债券市场，扩大可参与回购交易的境外机构范围，完善面向境外机构的风险对冲安排，培育国债市场多元化、国际化投资者群体；加强国债对外宣传，吸引更多潜在投资者了解我国国债市场。

（三）推动国债收益率曲线利率基准作用进一步发挥

《决定》提出，要“健全基准利率和市场化利率体系”。国债是财政筹资工具，也是核心金融产品，国债收益率曲线代表市场化的无风险利率体系，是我国金融市场平稳有效运行的重要基础。应进一步完善国债管理制度，实现长期以合理成本和风险完成财政筹资，保障积极的财政政策有效实施。同时，注重财政政策与货币政策协同精准发力，拓展国债金融功能，引入并逐步扩大超短期国债发行，优化国债存量结构，探索建立中央银行在二级市场买卖国债日常操作机制，

① 截至2019年年末。

促进国债市场稳定。此外，应研究制定矫正国债扭曲效应的财税措施，对国债二级市场交易中取得的资本利得予以免税，逐步减轻国债定价机制扭曲效应和国债持有到期效应，活跃市场交易，更好地发挥国债收益率曲线的定价基准作用。

（四）坚持集中统一托管

中央全面深化改革委员会第十次会议强调，要“加强对重要金融基础设施的统筹监管”。当前，国债中央统一集中托管的模式天然实现了实时、穿透式监管，有效防范金融风险，保障了国债市场20多年的平稳健康发展。从国际经验来看，各国证券托管行业长期发展中也形成了“多交易前台＋集中统一后台”的构架和趋势。在推动金融市场互联互通、债市对外开放、深化银行服务功能的同时，应继续坚持中央集中统一托管不动摇，逐步减小市场分割。中央结算公司实践中形成的“中央确权、穿透监管、多级服务、合作共赢”的方案，为债券市场基础设施建设提供了有益参考。

（五）适度扩大国债发行规模以应对疫情影响

2020年初发生的新冠肺炎疫情加大了我国经济下行压力，习近平总书记强调“宏观政策重在逆周期调节，节奏和力度要能够对冲疫情影响，防止经济运行滑出合理区间，防止短期冲击演变成趋势性变化。积极的财政政策要更加积极有为”。稳增长目标下，减税降费和支出力度加大，财政收支面临压力。年初以来，在货币政策的持续配合发力下，融资成本已经明显下降，可适度调整财政赤字率，适度扩大国债发行规模或者发行特别国债以寻求财政资金的增量空间。

（执笔人：尹昱乔 郑翔宇）

# 2019 年上海证券交易所债券市场综述

上海证券交易所

2019 年，上海证券交易所（以下简称上交所）债券市场坚持稳中求进工作总基调，持续提升市场发展质量。面对中美经贸摩擦加剧，经济下行压力有所加大，风险防控压力持续存在的情况，上交所以防范和化解风险为核心，着力提升一线监管和风险管理能力，持续增强服务实体经济与国家战略能力，全方位促进交易所债券市场高质量发展。

2019 年，上交所债券市场实现融资 5.50 万亿元，较上年增长 27.85%。其中，公司债券发行 2.77 万亿元，同比增长 53.38%，品种涵盖一般公司债、私募债、可交换债、可转换债等；资产支持证券发行 0.72 万亿元，同比增长 5.08%；地方政府债券发行 1.95 万亿元，同比增长 8.39%。

截至 2019 年底，上交所债券挂牌 15368 只，较 2018 年底增加 3279 只，增幅为 27.12%。债券托管量为 10.14 万亿元，较 2018 年底增加 1.74 万亿元，增幅为 20.71%。其中，国债 194 只，托管量为 5698.5 亿元；地方政府债券 3788 只，托管量为 4430.85 亿元；金融债 17 只，托管量为 933.20 亿元；企业债 2160 只，托管量为 6455.36 亿元；公司债 5978 只，托管量为 70351.94 亿元；资产支持证券 3143 只，托管量为 10872.91 亿元；可转换公司债 88 只，托管量为 2627.16 亿元。

2019 年，上交所债券市场共实现交易 221.79 万亿元，较上年增长 5.05 万亿元，增幅为 2.33%。其中现券交易 6.42 万亿元，回购交易 215.37 万亿元。

2019 年，上交所债券市场深入贯彻落实中国证监会的工作部署，将防范和化解风险置于首位，坚持发展和风险防控并重，围绕防控风险、服务实体、改革发展、对外开放等各项工作，多措并举加强基础建设，债券市场稳中有进。

一是推进债券产品创新，提升服务实体能力。发布信用保护工具规则体系，启动信用保护合约和凭证试点。截至年末累计创设信用保护合约 38 单，信用保护凭证 5 单，合计支持债券融资 186.15 亿元，信用风险分担机制有效增强。拓展非公开发行可转换公司债券发行主体至非上市公司，全年发行各类专项公司债券 1828.02 亿元，同比增长 185.67%，其中扶贫债、纾困债和绿债增速较高，公司债券专项品种持续创新。实现土地承包金等品种首单发行，资产支持证券创新不断深化。

二是优化债券交易机制，加强二级市场建设。修改发布相关业务规则，延长债券质押式回购和固定收益平台交易时间至 15:30，同步取消现券 10% 价格涨跌幅限制，促进市场安全平稳运行。建立债券交易参与人制度，拓宽交易所债券市场投资群体。拟订银行入市实施方案并发布落实通知，通过扩大银行债券投资范围促进要素自由流动。

三是健全风险防控体系，强化风险管理效能。全年新增违约规模有所下降，边际修正违约率由上年的 0.86% 下降至 0.78%。基本实现对 28 家新增违约发行人的提前预警，并结合个案特点推动分类处置。强化多维度监管协作，推动畅通债券违约诉讼、破产等法治化渠道。实施交易机制动态调整，优化风险及违约债券交易安排。推出特定债券转让服务，满足市场化风险化解处置需要。推出并实施债券回售撤销115只/759笔/227.61亿元，回售转售183只/820亿元，协助发行人缓解偿付压力。以偿债能力为核心深化信息披露监管，全年定期报告披露及时率达98%。针对重大违法违规行为，及时采取日常监管动作、出具监管函件以及实施纪律处分等措施，督促第一责任人履行义务。夯实资产支持证券信息披露规则体系，明确信息披露主体责任和时限要求，细化和丰富重大事件信息披露，提升市场参与机构风险管理能力。

四是推进市场对外开放，提升国际化水平。2019年，人民银行和国家外管局取消QFII及RQFII投资额度限制，境外投资者投资交易所债券市场更为便利。启动卢交所[①]挂牌绿色债券信息在上交所的东向展示[②]，实现23只/308.40亿元上交所挂牌绿色债券在卢交所的西向展示[③]，为资本市场跨境金融合作提供新范例。举办国际投资者大会之交易所债券市场创新与开放分论坛，促进境内监管机构、市场主体与国际投资者的沟通交流。

① 即卢森堡交易所。

② 东向展示，即卢交所挂牌的绿色债券信息在上交所网站展示。

③ 西向展示，即在卢交所平台展示上交所挂牌的绿色债券信息。

# 2019 年深圳证券交易所政府债券市场概述

深圳证券交易所

在财政部和中国证监会的领导下，深圳证券交易所（以下简称深交所）2019 年贯彻落实大力发展固定收益市场的任务要求，稳妥推进国债市场的基础性建设，积极从技术和业务两个方面为国债市场投资者提供优质服务，为国债的发行和交易流通提供高效的市场平台和良好的市场环境，积极促进国债市场稳步健康发展。

## 一、深市国债市场整体情况

2019 年，深市国债和地方政府债券新增挂牌 1174 只（其中地方政府债券 1102 只），现券成交额 60.48 亿元。截至 2019 年 12 月 31 日，深市国债和地方政府债券挂牌数量 3982 只（其中地方政府债券 3788 只），托管面值 550.96 亿元。

## 二、深交所整体工作情况与成果

（一）强化债券市场监管，保障国债市场安全平稳运行

作为证券市场的一线监管机构，深交所一贯高度重视保护投资者的合法权益，始终保障国债市场安全平稳运行。2019 年，深交所继续强化安全意识，做到了全年国债发行、上市、派息、兑付等基础性业务及时准确无误完成，有效地杜绝了风险隐患事故的发生，很好地维护了国债“金边债券”的市场形象。

（二）地方政府债券招标发行常规化

近年来，深交所高度重视地方政府债券招标发行工作，大力加强地方政府债券发行推广，积极对接发债主体，不断提升服务水平，认真做好市场组织及发展创新工作，深市地方政府债券市场影响力逐步扩大。

2019 年，深交所发行覆盖区域由 2018 年的 20 个拓展到 32 个省、市、自治区，累计发行规模达 8816.92 亿元，同比增长 16.64%，约占 2019 年全国地方政府债券公开发行规模的 20.21%。其中，一般债券发行规模 3928.41 亿元，专项债券发行规模 4888.51 亿元。2019 年，深交所市场共开展 50 场次地方政府债券招标，实现了 12 家地方政府的深市首发，包括新疆和新疆生产建设兵团，另外还完成了雄安新区、重庆市、吉林省的重点突破。同时，成功实现连续多日、一日多场次发行，系统安全稳定运行，圆满完成全年发行任务。为提升地方政府债券市场化水平，丰富地方政府债券投资者结构，深交所助力地方政府发行市场首单含权政府债券、首单分期兑付政府债券及多只市场首单的项目收益债创新品种。

（三）加强买方市场建设，激发市场活力

一级市场和二级市场的良性循环对于提升债市整体质量具有重要影响。今年在深耕一级市场的同时，深交所也注重不断优化二级市场交易机制，激发市场活力。一是推动债券质押式回购交易时间延长至 15:30，有效提升回购资金供需匹配效率和交易安排灵活性。二是强化网页交易终端功能，为商业银行等机构开展债券回售申报等非交易业务提供便利，并举办商业银行参与深交所债券市场专场业务培训。同时，深交所发布了

《中国交易所债券市场指南》，与亚洲开发银行在深圳联合举办第32届东盟+3债券市场论坛，有利于境外投资者更好地了解我国交易所债券市场法律及监管框架、市场特征、交易结算、费率税收等制度安排，提高我国交易所债券市场国际影响力。2019年，深市债券成交金额25.6万亿元，同比增长25.2%。其中，现券1.94万亿元，同比增长61.7%；债券质押式回购23.64万亿元，同比增长22.9%。

（四）积极开展国债市场创新研究工作

产品和制度创新是资本市场可持续发展的源动力。2019年，深交所继续加大国债的创新研究，广泛进行市场调查研究，学习借鉴国外成熟债券市场的发展经验，并结合我国资本市场的特点和现状，积极研究开发适应我国国债市场发展特点、满足市场各方参与者需求的国债创新制度和产品，对提高国债跨市场转托管效率和电子化程度、促进交易所和银行间债券市场互联互通等创新工作进行了深入研究，积极推动国债的市场化发展进程。

## 三、下一步工作计划

国债发行是配合国家宏观经济政策实施的重要金融产品，也是金融市场定价的基础性产品。展望新的一年，深交所将在财政部和中国证监会的领导下，进一步提高服务质量和服务水平，优化国债市场运行环境，配合做好国债招标发行、上市交易、派息兑付工作，继续强化国债市场监管，有效防范化解市场风险，维护国债市场的健康稳定运行，做好市场宣传和服务工作，增强国债市场的影响力和吸引力。同时，深入推进债券市场产品和制度的创新研究，积极推动国债的市场化进程，促进国债市场快速健康发展。

# 2019年国债期货市场运行报告

中国金融期货交易所

2019年，我国国债期货市场积极主动适应市场发展需求，成功推出国债期货期转现交易和引入做市商制度，大力推动银行、保险等投资者参与，持续优化国债期货合约和规则，促进市场高质量发展。从整体来看，作为基础性利率风险管理工具市场，国债期货总体运行平稳，成交持仓明显增加，市场流动性进一步提升，期现货价格联动紧密，在促进债券市场发展方面发挥了重要作用。

## 一、基本情况

### （一）国债期现货价格整体呈震荡走势

国债现货市场方面，在基本面、流动性、政策面、海外市场的综合影响下，2019年我国国债收益率整体呈震荡走势。截至2019年末，2年期、5年期和10年期国债收益率分别为2.48%、2.89%、3.14%，较2018年末分别下行23BP、8BP、9BP。10年期与2年期国债收益率利差66BP，较2018年末增加14BP，国债收益率曲线陡峭化程度提升（见图1）。

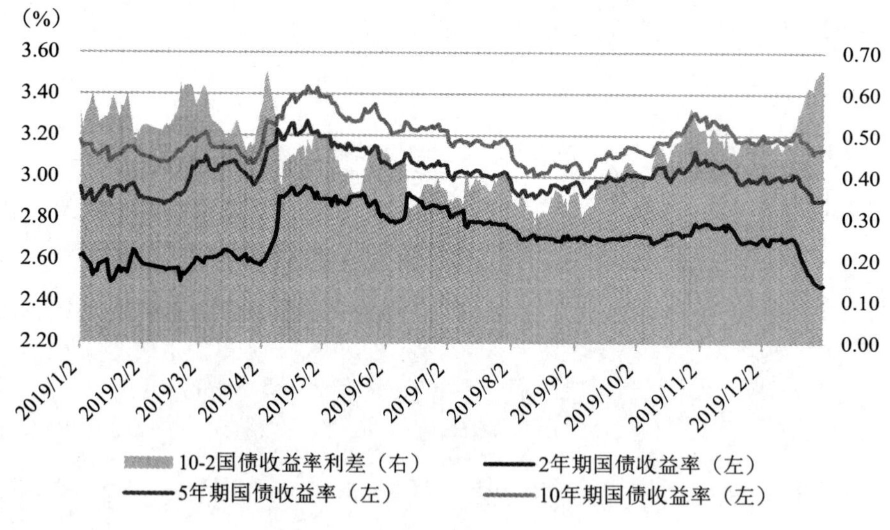


图1 2019年国债收益率变化

分阶段来看，1—4月，受宏观政策逆周期调节力度超预期影响，国债收益率震荡上行，10年期国债收益率在4月下旬达到3.43%的年内高点；5—8月，随着经济下行压力逐步显现、流动性边际宽松、中美贸易摩擦出现反复，国债收益率转为下行，10年期国债收益率在8月13日一度接近3.00%的年内低点；9—10月，由于猪肉价格上涨带来的结构性通胀预期升温，国债收益率再次出现上行趋势，10年期国债收益率于10月末达到3.31%；11—12月，随着央行先后下调MLF和公开市场逆回购利率，各期限国债收益率又逐步回落。

跟随国债现货市场，国债期货主力合约价格也总体呈现震荡走势。截至 2019 年末，2 年、5 年、10 年期国债期货主力合约结算价分别为 100.420 元、99.945 元、98.155 元，较 2018 年末分别增加 0.160 元、0.565 元、0.445 元（见图 2）。

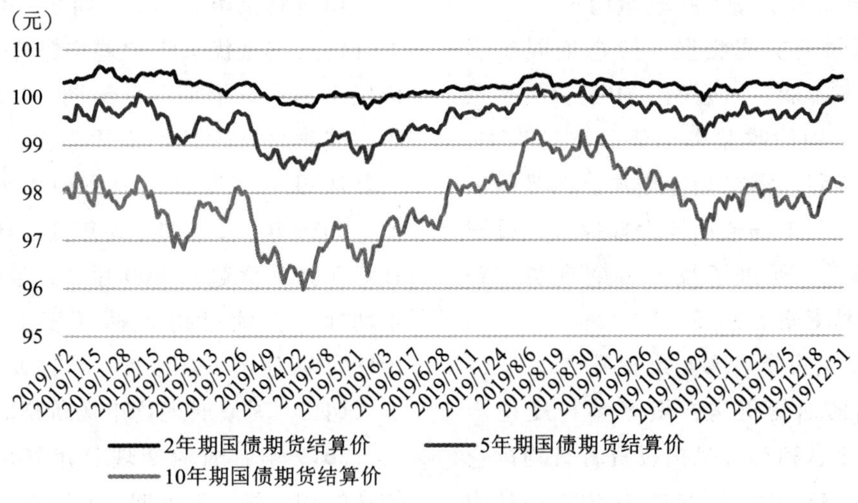


图 2　2019 年国债期货主力合约结算价

（二）国债期货成交量和持仓量增加，成交持仓比保持稳定

从成交量看，2019 年，2 年期、5 年期和 10 年期国债期货累计成交 1303.21 万手，日均成交 5.34 万手，较 2018 年增加 19.45%；累计成交金额 14.82 万亿元，日均成交金额 607 亿元，较 2018 年增加 42.12%。从持仓量看，截至 2019 年末，国债期货总持仓量 13.12 万手，较 2018 年末增加 63.86%。从成交持仓比看，2019 年国债期货日均成交持仓比为 0.52，较 2018 年减少 0.04，继续保持在合理水平（见图 3）。

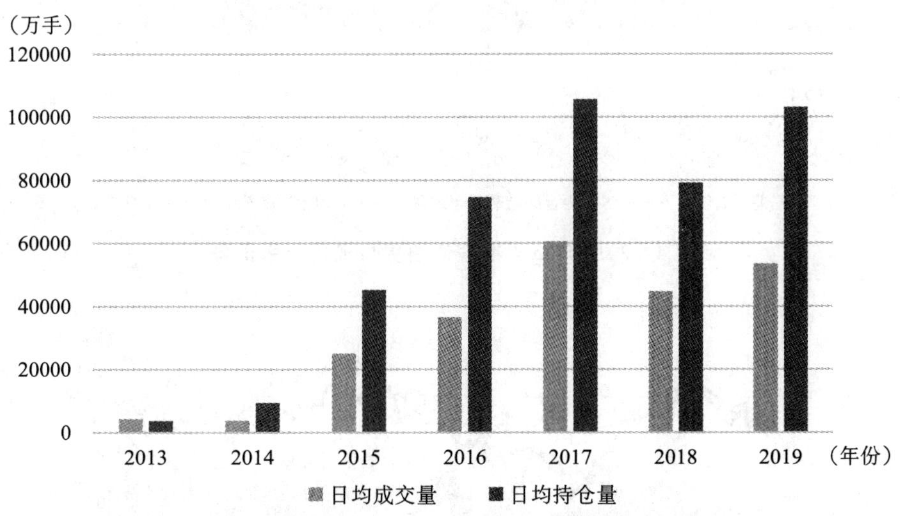


图 3　上市以来国债期货成交、持仓情况

（三）国债期货交割平稳顺畅

2019 年，国债期货累计完成 4 次共 12 个合约的交割业务，总交割 7904 手，较 2018 年减少 1236 手，平均交割率 6.77%。从交割情况看，整体呈现交割率低、参与交割主体多元、交割月基差收敛性好、以 DVP 交割为主的特点，未发生交割违约情况。

## 二、主要特点

（一）国债期货成交量和持仓量增加

2019 年，国债期货成交量、持仓量同比明显增加。一是受基本面、资金面、中美贸易摩擦等多重因素影响，国债收益率走势以震荡为主，市场机构利率风险管理需求相应增加。二是国债期货引入做市商后，市场流动性大幅提升，投资者的交易成本降低，促进了投资者期现货、跨期、跨品种等交易策略的开展。

（二）国债期货投资者参与度提升

2019 年，国债期货机构投资者参与度稳步提升。券商、基金、私募等机构投资者日均持仓 15 万手（双边），较 2018 年增加约 30%；日均成交 5.1 万手（双边），较 2018 年增加约 50%。

（三）国债期货市场流动性明显提升

2019 年，国债期货市场流动性明显提升，表现出买卖价差收窄、报单深度增加等特点。一是从买卖价差看，国债期货平均买卖价差明显减小。做市商推出后，2 年期、5 年期、10 年期主力合约日均最优买卖价差均保持在 1 个最小变动价位左右；2 年期、5 年期、10 年期的远月合约、交割月合约日均最优买卖价差也大幅收窄。二是从报单深度看，国债期货平均报单深度增加。2019 年，2 年期、5 年期、10 年期主力合约日均 5 档深度超过 300 手；2 年期、5 年期、10 年期远月合约日均 5 档深度也超过 50 手，较 2018 年明显增长。

（四）国债期现货市场价格联动紧密

2019 年，国债期现货市场联动紧密，保持较高的相关性。2 年期、5 年期、10 年期国债期货主力合约期现货价格相关系数分别为 97.48%、99.61%、99.56%（见图 4—图 6）。

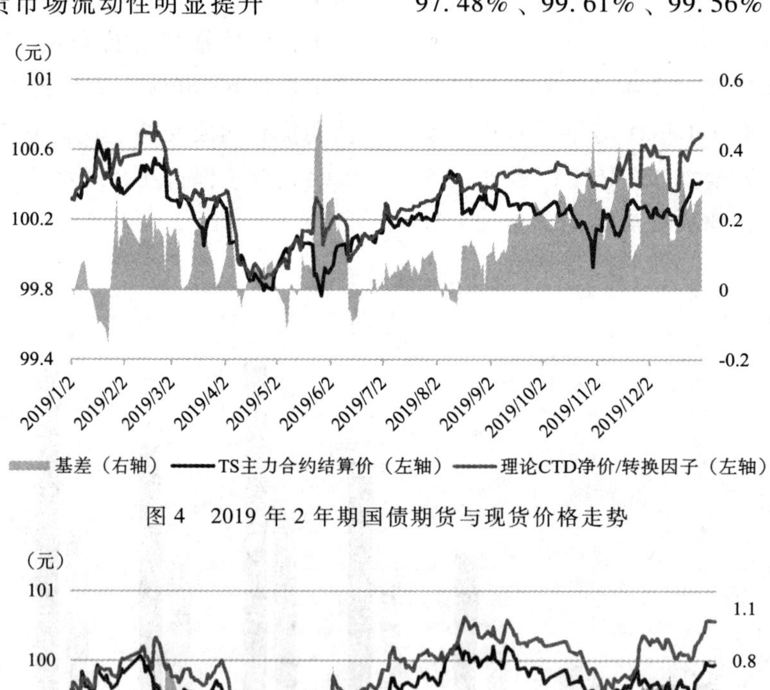


图 4　2019 年 2 年期国债期货与现货价格走势

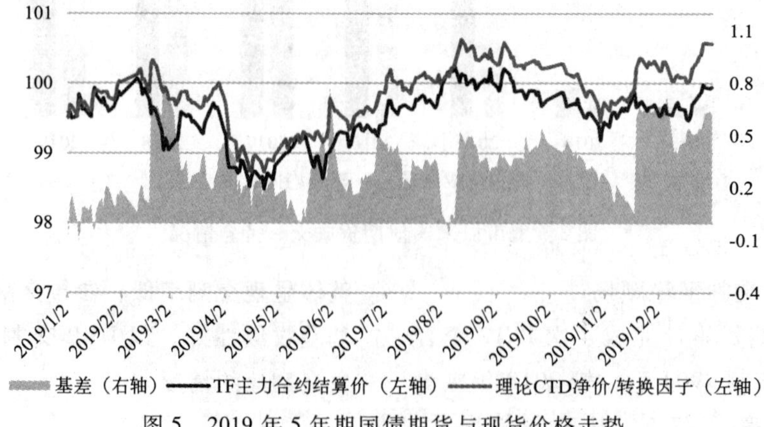


图 5　2019 年 5 年期国债期货与现货价格走势

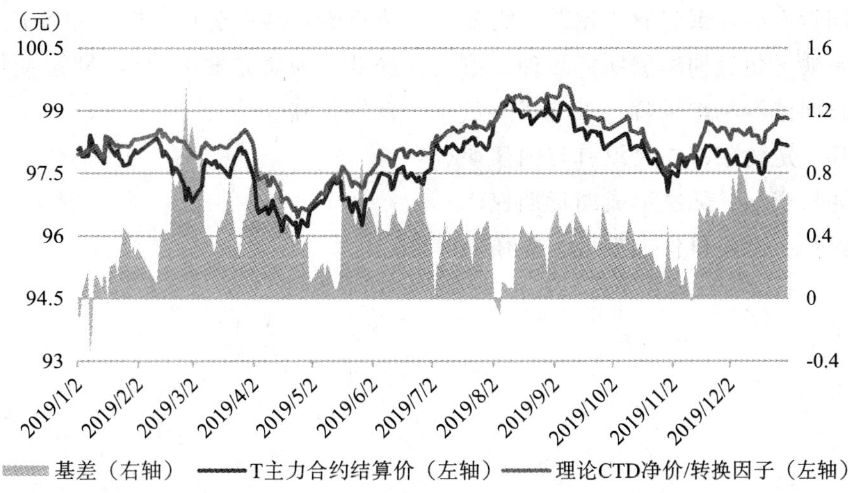


图 6　2019 年 10 年期国债期货与现货价格走势

## 三、主要进展

（一）启动国债期货期转现交易

2019 年 1 月 17 日，国债期货期转现交易正式启动。期转现交易是交易双方协商一致，同时买入（卖出）交易所期货合约和卖出（买入）交易所规定的有价证券或合约的行为。期转现交易是场内集中竞价交易的必要补充，有助于减少大额订单对市场的冲击，有效防范交割风险，促进国债期货市场功能发挥。2019 年，国债期货期转现累计成交 39 笔，现货端以国债为主，期货端成交量 2940 手，涵盖所有国债期货品种。

（二）推出国债期货做市商制度

2019 年 5 月 16 日，国债期货做市商成功推出，首批 8 家做市商先后入场开展做市交易。总体来看，做市商推出后，显著提升了 2 年期国债期货流动性，改善了各品种非主力合约流动性不足、容易产生价格瞬时波动等问题，并在一定程度上促进了现货市场交易，使得期现货联动更加紧密，较好地提升国债期货市场运行质量。

## 四、市场发展展望

经过六年多的发展，国债期货已成为我国金融市场具有一定影响力的标杆性产品，在提高金融机构风险管理能力、健全国债收益率曲线等方面都发挥了积极作用。但同时，当前我国国债期货市场与海外成熟市场、我国债券现货市场发展需求相比，还有较大发展空间，在投资者结构、产品体系等方面有待进一步完善。

（一）积极推进商业银行、保险资金等入市，不断丰富投资者结构

从国际市场看，国债期现货投资者结构具有内在的一致性，商业银行、保险资金、境外机构都是国债期货市场的重要参与主体。随着利率市场化深入推进、债券市场对外开放步伐加快，商业银行、保险、境外机构运用国债期货对冲利率风险的需求与日俱增。2020 年 2 月 21 日，证监会、财政部、人民银行、银保监会发布联合公告，允许符合条件的试点商业银行和具备投资管理能力的保险机构，在依法合规、风险可控、商业可持续的前提下，参与中金所国债期货交易，市场对此反响强烈。随着商业银行、保险机构平稳入市，应进一步丰富投资者结构，研究推进境外机构等投资者参与，更好地满足各类投资者利率风险管理需求。

（二）进一步丰富国债期货品种，研究 30 年期国债期货和国债期货期权

海外成熟市场经验表明，完善的国债期货产品体系应涵盖 2 年、5 年、10 年、30 年四个主力品种，并有与之相配套的国债期货期权产品。

当前，我国国债期货产品体系仍有待完善，需要进一步丰富。一是缺乏超长期国债期货品种，市场机构在管理超长期债券利率风险、匹配资产负债久期等方面面临一定约束；二是没有与国债期货相配套的场内期权产品，无法形成期货期权联动效应。在商业银行、保险机构入市后，国债期货投资者结构更加完善，市场运行质量将进一步提升，为研究推出 30 年期国债期货等品种奠定良好基础。

（执笔人：余翔　姚远）

# 二、地方政府债券市场

## 2019年地方政府债券发行情况

财政部国库司

### 一、总体情况

2019年，36个省（自治区、直辖市、计划单列市，以下称省份）和新疆生产建设兵团共发行地方政府债券（以下简称地方债券）43624.3亿元。其中，新增债券、置换债券、再融资债券（发行地方债券偿还到期地方债券）分别发行30560.8亿元、1579.2亿元、11484.3亿元。新增债券中，一般债券发行9073.4亿元，专项债券发行21487.3亿元。

从期限结构看，地方债券主要集中于3—10年期，3年、5年、7年、10年期分别发行2058.94亿元、13787.86亿元、7178.71亿元、12324.6亿元，占比分别为4.7%、31.6%、16.5%、28.3%。2年期以下（含2年期）债券发行规模为169.3亿元，占比0.4%；10年期以上（不含10年期）债券发行规模为8104.85亿元，占比18.6%。从发行利率看，地方债券平均发行利率为3.47%，较国债收益率平均上浮27个基点。

### 二、地方债券发行特点

（一）发行进度显著加快，全年发行规模维持高位

各地切实加快地方债券发行进度，一季度完成全年新增债券发行任务的38.5%，二季度完成70.7%，9月底前完成全年新增债券发行任务，10月底新增专项债券资金基本全部拨付到项目，序时进度较往年大幅提前。全年共发行地方债券43624.3亿元，连续4年发行量超过4万亿元。

（二）平均发行利率降低，发行定价市场化水平稳步提升

2019年，地方债券平均发行利率3.47%，同比下降42个基点；较国债收益率平均上浮27个基点，同比下降16个基点。不同地区有所分化，东部地区利差多为25个基点，东北和中西部地区利差较大，个别地区超过60个基点。

（三）平均发行期限延长，更好匹配项目资金需求

各地在保持3—10年中长期债券为主要品种的基础上，逐步提高15年、20年、30年期等超长期限品种占比，更好匹配项目资金需求。2019年，地方债券平均发行期限10.3年，同比增加4.1年。其中，10年期以上债券发行8105亿元，同比增加7579亿元。

（四）发行渠道更加多元，发行方式不断优化

在主要通过银行间和交易所市场面向商业银行、证券公司等机构投资者发行的基础上，正式

启动地方债券柜台发行工作，柜台发行 111.3 亿元，个人和中小机构认购踊跃，个人投资者占比约 37%，投资者多元化程度进一步提高。地方积极开展一般债券续发行工作，有效提高单只债券可流通规模，广东、湖北对同一只债券续发行两次，单只债券余额接近 300 亿元，大幅超出平均水平。

（五）还本方式进一步创新，偿还机制更加灵活

广东、深圳、北京等发行了含发行人提前偿还选择权的地方债券，避免期限错配和资金闲置；深圳、江西等发行了分期还本的地方债券，既确保分期项目收益用于偿债，又平滑债券存续期内偿债压力，增强了地方债券偿还方式的灵活性。

## 三、地方债券发行管理中采取的措施

（一）指导各地加快债券发行使用进度

贯彻落实党中央、国务院有关要求，积极指导各地切实加快地方债券发行使用进度，5 月底完成新增债券提前下达额度 1.39 万亿元发行，9 月底前完成全年新增债券发行，10 月底新增专项债券资金基本全部拨付到项目。允许专项债券资金作为符合条件的重大项目资本金，强化重点在建项目和补短板工程资金保障，有效支持了“六稳”工作。统筹把握国债、地方债发行节奏，对各地发债进度做必要的组织协调，避免各地集中发债形成“踩踏”，保障了地方债发行工作平稳有序开展。

（二）进一步提高发行定价市场化水平

落实《中共中央国务院关于防范化解地方政府隐性债务风险的意见》（中发〔2018〕27 号）中“严禁将国库现金管理、财政资金存放等与地方政府债券发行‘行政捆绑’”的要求，印发《财政部关于做好地方政府债券发行工作的意见》（财库〔2019〕23 号），明确地方财政部门将地方国库现金管理与地方债券发行脱钩，不得在地方国库现金管理招标评分体系中，将 2019 年及以后年度发行地方债券的认购情况作为评价因素，进一步发挥市场在地方债券发行定价中的决定性作用。

（三）积极丰富地方债投资群体

正式推出地方债券柜台发行，指导宁波、浙江、广东等 12 省份通过商业银行柜台发行地方债券 111.3 亿元，个人和中小机构认购踊跃，个人投资者占比约 37%，投资者多元化程度进一步提高。贯彻党中央、国务院关于进一步扩大金融业对外开放的决策部署，积极指导各地完善地方债券承销团组建办法，放开外商独资银行、中外合资银行、外国银行分行的资格限制，吸引富邦华一银行（台资）、东亚银行（中国）（港资）、德意志银行（中国）（德资）等外资银行加入地方债券承销团。2019 年末，境外机构持有地方债券余额 25.3 亿元，已成为地方债券市场的重要投资者。会同证监会等部门，积极指导推出地方债 ETF（交易型开放式指数基金），截至 2019 年末，已发行 3 只地方债券 ETF 共 215 亿元，5 只地方债 ETF 已获批准等待发行，丰富了地方债券投资主体，提高了二级市场流动性。

（四）加强信息披露管理

要求各地提前披露季度、月度发行计划，提高地方债券发行管理透明度。指导各地加大专项债券信息披露力度，充分披露项目详细情况、项目融资来源、项目预期收益、收益和融资平衡方案、第三方专业机构出具的评估意见等。2019 年底印发新增专项债券项目信息披露模板，将投资者关心的项目核心信息提炼出来，方便投资者获取，进一步强化市场约束，规范专项债券项目管理，更好促进项目收益与融资自求平衡。

（五）进一步完善信用评级机制

与人民银行、发展改革委、证监会联合印发《信用评级业管理暂行办法》，明确财政部为地方债券信用评级业务管理部门，地方债券信用评级机构自律组织依法开展行业自律管理；积极指导中国国债协会制定《地方政府债券信用评级业务自律规范指引》，初步建立地方债券信用评级自律管理制度。

## 四、地方债券二级市场运行情况

随着地方债券发行定价市场化程度逐步提高，其投资、交易价值日益显现，投资者交易积极性大幅提升，二级市场流动性明显改善。2019年，地方债券现券交易量达9.7万亿元，同比增加5.3万亿元；换手率（现券交易量/托管总量）为0.49倍，同比增加0.23倍；质押式回购规模19.1万亿元，同比增加3.1万亿元。

# 2019年一季度地方新增债券发行破万亿 商业银行柜台发行成功启动

财政部国库司

一季度，地方政府债券（以下简称地方债券）发行14066.52亿元，其中新增债券、再融资债券分别发行11846.94亿元、2219.58亿元；新增债券中，一般债券、专项债券分别发行5186.78亿元、6660.16亿元。地方债券商业银行柜台发行成功启动，个人投资者认购踊跃。主要有以下特点：

一是发行进度大幅加快，新增债券完成比例近40%。一季度新增债券发行11846.94亿元，完成提前下达额度（1.39万亿元）的85.2%，完成全年新增债务限额（3.08万亿元）的38.5%。分地区看，上海、广东、云南等17个地区已完成全部提前下达额度发行。

二是商业银行柜台发行成功启动，个人认购比例超过30%。3月，宁波、浙江、四川、陕西、山东、北京6省市启动地方债券商业银行柜台发行工作，共发行68亿元。从已分销结束的地方债券看，个人投资者认购占比约33%，进一步拓宽了地方债券发行渠道，更好满足了个人和中小机构投资需求，丰富了投资者群体，并促进城乡居民增收，增强人民获得感。

三是地区间地方债券利率有所分化，发行定价市场化程度提高。一季度地方债券发行利率比国债收益率平均高28个基点，中西部地区地方债券与国债的利差开始扩大，如安徽等省份利差为30个基点，辽宁等省份利差为35个基点，黑龙江、新疆等省份利差达到40个基点。

四是发行期限有所延长，与项目期限更加匹配。一季度地方债券平均发行期限7.68年，比2018年增加1.56年。天津、黑龙江、广东、重庆等地发行了20年、30年期超长期限地方债券，更好地满足交通、水利等建设期较长的项目融资需要。广东、深圳、北京等地成功发行可变期限的地方债券，有利于增强地方债券偿还方式的灵活性，避免债券期限错配和资金闲置。

# 2019年6月地方新增债券发行量再创新高 上半年发行进度逾七成

财政部国库司

6月，各地共发行新增债券7170.36亿元，单月新增债券发行量再创新高。上半年地方政府债券（以下简称地方债券）共发行28372.01亿元，其中新增债券、再融资债券、置换债券分别发行21764.57亿元、6492.77亿元、114.67亿元。发行主要有以下特点：

一是新增债券发行进度大幅加快。6月新增债券发行7170.36亿元，较今年前5个月单月最大发行量增加2284.82亿元。截至6月末，新增债券发行21764.57亿元，完成全年新增债务限额3.08万亿元的70.7%，同比提高55个百分点，超过序时进度21个百分点。其中，北京、大连、上海、广东、广西5个地区已完成全年新增债务限额发行。

二是置换债券今年首次发行。按照今年《政府工作报告》中“继续发行一定数量的地方政府置换债券，减轻地方利息负担”的要求，贵州发行114.67亿元置换债券，为今年全国首次置换债券发行。

三是商业银行柜台发行稳步扩展。继3月首批6省市顺利通过商业银行柜台发行地方债券后，6月，海南、上海、广东、广西4省市陆续启动柜台发行工作，个人投资者认购占比约52%，进一步拓宽了地方债券发行渠道，较好满足了个人和中小机构投资需求，丰富了投资者群体，并促进城乡居民增收，增强人民获得感。

四是债券还本方式进一步创新。在固定期限、含权期限一次性偿还本金方式基础上，6月，深圳发行了分期还本的地方债券，发行额3亿元，期限为5年，在债券存续期第3年、第4年、第5年每年偿还债券本金1亿元，增强了地方债券偿还方式的灵活性，既确保分期项目收益用于偿债，又平滑债券存续期内偿债压力。

# 2019 年 6 月份地方政府债券柜台发行地区进一步扩展 个人投资者认购比例超过 50%

财政部国库司

继首批宁波、浙江等 6 省（市）地方政府债券（以下简称地方债券）通过商业银行柜台成功发行之后，6 月 14 日至 24 日，海南、上海、广东、广西 4 省（区）先后启动地方债券柜台发行工作，地方债券柜台发行地区进一步扩展。

## 一、6 月份地方债券柜台发行的主要特点

（一）债券品种更加丰富

6 月份通过商业银行柜台发行的地方债券，在首批发行的土地储备和棚户区改造专项债券的基础上，新增了收费公路、粤港澳大湾区生态环保建设等专项债券品种，扩大了投资者认购地方债券的选择范围，增强了投资者对地方经济社会发展的参与感。

（二）债券发行定价市场化水平不断提升

财政部于 4 月份印发文件，要求地方财政部门严格按照市场化、规范化原则做好地方债券发行工作，并积极采取指导各地合理设计招标发行安排等措施，不断提高地方债券发行定价市场化水平。6 月份地方债券柜台发行利率为 3.22%—3.43%，较同期限国债利率平均上浮 31bp，上浮水平较首批发行增加 5bp，发行利率与二级市场收益率进一步衔接，更好地反映了市场供求关系，有利于增强地方债券对投资者的吸引力，培育地方债券柜台市场健康发展。

（三）个人投资者认购比例超过 50%

6 月份地方债券柜台发行中，个人投资者平均认购占比为 52%，较首批发行增加 14 个百分点，其中，广东省个人投资者占比最高，达到 62%。主要是柜台地方债券可以通过银行柜台网点或网上银行、手机银行等认购，起投金额仅 100 元，具有投资交易门槛低、可随时变现，以及利息收入免税等优势，能够较好地满足低风险偏好个人客户的投资交易需求，增强人民群众的获得感。

（四）参与柜台发行的银行进一步增加

6 月份地方债券柜台发行机构增加为 14 家，在首批 8 家国有大型商业银行和股份制商业银行的基础上，新增了平安银行、北京银行、江苏银行、南京银行、上海农商行、顺德农商行 6 家股份制商业银行、城市商业银行和农村商业银行，既有利于通过竞争推动柜台银行提升服务质量，进一步便利投资者通过柜台认购地方债券；也有利于发挥区域性银行对当地投资者的辐射作用，充分挖掘投资者资源。

## 二、采取的主要措施

通过商业银行柜台发行地方债券，是在实施积极财政政策背景下的一项惠民措施。为此，财政部及时总结首批柜台发行经验，加强对地方财政部门、柜台业务承办银行的业务培训，并积极引导舆论，全力保障相关工作顺利开展。

（一）及时总结首批地方债券柜台发行经验

在首批地方债券柜台发行顺利完成后，及时组织地方财政部门、柜台业务承办银行、中央国

债登记结算公司等召开座谈会，认真总结地方债券柜台发行情况，分析面临的困难，广泛听取意见建议，研究深入推进地方债券柜台发行的工作思路。

（二）加强业务培训，充分挖掘和培育柜台投资者

组织全国省级财政部门举办培训班，增强地方财政部门开展债券柜台发行的业务能力。委托中国国债协会面向柜台业务承办银行省级分行开展地方债券柜台业务培训，提升商业银行一线人员业务水平。通过中国国债协会加大投资者日常教育力度，提高投资者对柜台地方债券的认知度，充分挖掘和培育柜台投资者。

（三）积极引导舆论，为地方债券柜台发行创造良好氛围

组织中央国债登记结算公司、柜台业务承办银行和地方财政部门，在中央电视台、地方电视台及主要财经媒体上进行宣传和报道，加强舆论引导，帮助投资者充分了解地方债券柜台发行信息，促进柜台发行顺利开展。

# 2019 年上半年地方政府债券发行情况

财政部国库司

## 一、总体情况

上半年，各省（自治区、直辖市）和计划单列市、新疆生产建设兵团共发行地方政府债券（以下简称地方债券）28372 亿元。其中，新增债券、置换债券、再融资债券分别发行 21764.5 亿元、114.7 亿元、6492.8 亿元。新增债券中，一般债券发行 7898.7 亿元，专项债券发行 13865.8 亿元。

从期限结构看，地方债券主要集中于 5—10 年期，5 年、7 年、10 年期分别发行 9585.3 亿元、4709.1 亿元、8806.9 亿元；3 年期以下（含 3 年期）债券发行规模为 1374.5 亿元；10 年期以上（不含 10 年期）债券发行规模为 3896.1 亿元。从发行利率看，地方债券平均发行利率为 3.47%，较国债收益率平均上浮 28 个基点。

## 二、地方债券发行特点

（一）新增债券完成全年任务逾七成，发行进度明显加快

为加快地方债券发行使用进度，促进积极财政政策加力提效，经全国人大常委会批准并报国务院同意，财政部于上年年末提前下达 2019 年地方政府新增债务限额 13900 亿元；3 月，全年 30800 亿元地方政府新增债务限额全部下达。上半年，发行地方债券 28372 亿元，其中新增债券 21764.5 亿元，完成全年新增债务限额 30800 亿元的 70.7%。

（二）地区间地方债券利差有所分化，发行定价市场化程度进一步提高

上半年，地方债券平均发行利率为 3.47%，较国债收益率平均上浮 28 个基点。不同地区地方债券与国债的利差有所分化，东部地区与国债的利差多为 25 个基点，东北和中西部地区与国债的利差较大，部分债券与国债的利差超过 50 个基点。

（三）平均发行期限增加，与项目期限更加匹配

在继续保持 3—10 年中期债券为主力品种的基础上，15 年、20 年、30 年期等超长期限品种发行大幅增加。上半年，地方债券平均发行期限 9.29 年，比 2018 年增加 3.18 年；15 年、20 年、30 年期等超长期限品种发行 3896.13 亿元，比 2018 年增加 3370.44 亿元，更好地满足了交通、水利等建设和运营期限较长的项目融资需要。

（四）还本方式进一步创新，偿还机制更加灵活

上半年，广东、深圳、北京等地成功发行含发行人提前偿还选择权的地方债券，避免债券期限错配和资金闲置；深圳、江西发行了分期还本的地方债券，既确保分期项目收益用于偿债，又平滑债券存续期内偿债压力，增强了地方债券偿还方式的灵活性。

## 三、地方债券发行管理中采取的措施

（一）进一步完善地方债券发行管理制度

印发《财政部关于做好地方政府债券发行

工作的意见》（财库〔2019〕23号），要求地方财政部门加快发行进度，进一步提升发行定价市场化水平，根据项目情况科学确定债券期限，完善信息披露，加强资金拨付管理，规范发行现场管理，保障地方债券发行工作顺利开展。

（二）成功推出商业银行柜台发行地方债券

印发《关于开展通过商业银行柜台市场发行地方政府债券工作的通知》（财库〔2019〕11号），正式启动地方债券柜台发行工作。3月22日起，宁波、浙江等10省（区、市）先后通过商业银行柜台发行地方债券102亿元。个人和中小机构认购积极踊跃，社会反响良好，进一步拓宽了地方债券发行渠道，更好地满足了个人和中小机构投资需求，丰富了投资者群体，增强人民获得感。

（三）进一步增强地方债券发行定价市场化水平

贯彻落实《中共中央 国务院关于防范化解地方政府隐形债务风险的意见》精神，发文明确要求地方财政部门将地方国库现金管理与地方债券发行脱钩，不得在地方国库现金管理招标评分体系中，将2019年及以后年度发行地方债券的认购情况作为评价因素，进一步发挥市场在地方债券发行定价中的决定性作用。

（四）合理确定地方债券发行期限，更好匹配项目需求

财政部不再限制地方债券期限比例结构，增加地方财政部门设定债券期限的自主权和灵活性。对于一般债券，指导地方财政部门均衡各期限发行规模，满足更多类型投资者的期限偏好；对于专项债券，指导地方财政部门结合项目需求，科学确定期限结构，促进债券期限与项目期限相匹配。

## 四、地方债券二级市场运行情况

随着地方债券发行定价市场化程度逐步提升，地方债券投资、交易价值日益显现，投资者交易积极性大幅提升，地方债券二级市场流动性明显改善。上半年，地方债券现券交易量达5.1万亿元，超过2018年全年交易量，同比增加4.5万亿元，换手率（现券交易量/托管总量）为0.27倍，同比增加0.23倍。同时，地方债券质押规模稳步增加，地方债券二级市场流动性有所改善。

# 2019 年 1—9 月地方政府债券发行利率有所降低<br>平均发行期限延长

财政部国库司

截至 9 月底，2019 年地方政府债券（以下简称地方债券）发行 4.21 万亿元，其中新增债券、再融资债券、置换债券分别发行 3.06 万亿元、1.02 万亿元、0.13 万亿元。新增债券中，一般债券（含外债转贷）、专项债券分别发行 0.93 万亿元、2.13 万亿元，新增债券发行任务顺利完成。1—9 月地方债券发行主要有以下特点：

一是发行利率降低。1—9 月，地方债券平均发行利率 3.46%，同比降低 44 个基点；较国债收益率平均上浮 27 个基点，同比降低 17 个基点。不同地区地方债券与国债的利差有所分化，东部地区与国债的利差多为 25 个基点，东北和中西部地区与国债的利差较大，有的省份超过 60 个基点。

二是平均发行期限延长。在保持 3—10 年中长期债券为主要品种的基础上，15 年、20 年、30 年期等超长期限品种发行进一步增加，更好地满足了基础设施等建设期较长的项目融资需要。1—9 月，地方债券平均发行期限 9.96 年，同比增加 3.96 年。其中，10 年期以上债券发行 0.72 万亿元，同比增加 0.7 万亿元。

下一步，财政部将积极贯彻落实党中央、国务院部署要求，做好明年地方债券部分新增额度提前下达有关工作，进一步发挥地方债券稳投资、扩内需、补短板的作用。

# 2019年地方政府债券发行任务顺利完成

财政部国库司

按照党中央、国务院决策部署，2019年财政部积极指导各地加快地方政府债券（以下简称地方债券）发行进度。地方债券发行43624亿元，全年发行任务顺利完成，其中新增债券、再融资债券、置换债券分别发行30561亿元、11484亿元、1579亿元。新增债券中，一般债券、专项债券分别发行9074亿元、21487亿元。地方债券发行主要有以下特点：

一是发行使用进度显著加快。财政部积极指导各地加快地方债券发行使用进度，5月底完成新增债券提前下达额度1.39万亿元，9月底前完成全年新增债券发行任务，10月底新增专项债券资金基本全部拨付到项目，全部序时进度较往年大幅提前。

二是发行渠道更加多元。在主要通过银行间和交易所市场面向商业银行、证券公司等机构投资者发行的基础上，2019年3月正式启动地方债券柜台发行工作，宁波、浙江、广东等12省区（市）先后通过商业银行柜台发行地方债券111.3亿元，个人和中小机构认购踊跃，个人投资者占比约37%，投资者多元化程度进一步提高。

三是平均发行利率降低。地方债券平均发行利率3.47%，同比降低42个基点；较国债收益率平均上浮27个基点，不同地区有所分化，个别地区与国债的利差超过60个基点。

四是平均发行期限延长。在保持3—10年中长期债券为主要品种的基础上，15年、20年、30年期等超长期限品种发行进一步增加。地方债券平均发行期限10.3年，同比增加4.1年。其中，10年期以上债券发行8105亿元，较去年增加7579亿元。

五是二级市场流动性进一步改善。地方债券现券交易量9.6万亿元，同比增加5.3万亿元；换手率（现券交易量/托管总量）0.49倍，同比增加0.23倍；质押式回购规模18.9万亿元，同比增加2.94万亿元。

# 2019 年地方政府债券市场年度分析报告

中央国债登记结算有限责任公司

2019 年全球经济下行压力加大，贸易冲突升级，经济政治外部环境复杂多变，国内物价结构性上涨、局部社会信用收缩。面对诸多不确定性因素，积极的财政政策加力提效，在减税降费的同时，稳步扩张财政支出。在地方政府债务管理上，坚持“疏堵结合”，严控地方政府隐性债务，同时加大地方债券发行规模，增强财政政策逆周期调节力度，保持经济运行在合理区间。2019 年地方政府债券市场整体运行平稳。从政策角度看，各级主管部门加大地方政府债券发行引导支持力度，出台各项政策完善和规范地方政府债券市场运行。从增量角度看，地方政府债券整体发行规模加大、节奏前倾，品种、期限结构优化，长期化趋势明显。从存量角度看，地方政府债券期限结构更加均匀，持有人分布进一步优化，换手率提高，流动性增强。

## 一、2019 年地方政府债券市场政策梳理

2019 年，地方政府债券市场政策方面，一是增加地方政府债券发行额度，进一步发挥地方债券资金补短板、稳投资、扩内需重要作用；二是完善地方政府债券发行机制，渠道上增设商业银行柜台；三是拓宽地方政府债券使用范围，允许将专项债券资金作为符合条件的重大项目资本金；四是完善信息披露，上线试运行地方政府债券信息公开平台，加大地方政府债券信息公开力度；五是加强风险管理，严控政府隐性债务并做好风险防范及化解。

1 月，地方政府专项债券发行使用提速。国务院常务会议提出，对经全国人大授权提前下达的 1.39 万亿元地方债要尽快启动发行，力争 9 月底前基本发行完毕；要更好发挥专项债对稳投资促消费的作用，募集资金优先用于在建项目，支持规划内重大项目及解决政府项目拖欠等；要规范专项债管理，落实偿还责任，严控地方政府隐性债务。

2 月，增设商业银行柜台渠道发行地方政府债券。财政部发布《关于开展通过商业银行柜台市场发行地方政府债券工作的通知》，提出地方政府公开发行的一般债券和专项债券，可通过商业银行柜台市场在本地区范围内（计划单列市政府债券在本省范围内）发行。

3 月，规范 PPP 项目条件严控地方政府隐性债务。《关于推进政府和社会资本合作规范发展的实施意见》明确，规范的 PPP 项目应当符合以下条件：属于公共服务领域的公益性项目，合作期限原则上 10 年以上，并按规定履行物有所值评价、财政承受能力论证程序，防止地方政府假借 PPP 名义举债融资，增加隐性债务负担。

4 月，完善地方债券信息披露规定。财政部下发的《关于做好地方政府债券发行工作的意见》中再次强调“完善地方债券信息披露”，要求地方财政部门严格执行财政部关于地方政府债务信息公开有关规定，并鼓励“不断丰富专项债券信息披露内容”；此外，不再限制地方债券期限比例结构，地方财政部门自主确定期限。

4 月，梳理 PPP 项目严控隐性债务。财政部办公厅发布《关于梳理 PPP 项目增加地方政府隐性债务的通知》，要求梳理入库 PPP 项目纳入

政府性债务监测平台的情况，逐一列明项目增加地方政府隐性债务的具体认定依据，坚决遏制假借 PPP 名义增加地方政府隐性债务风险，夯实 PPP 高质量发展基础。

5 月，出台土地储备项目预算管理办法。财政部、自然资源部为规范土地储备项目预算管理，印发《土地储备项目预算管理办法（试行）》的通知，对预期土地出让收入小于土地储备成本、“收不抵支”项目，应当统筹安排财政资金、专项债券予以保障；其中，债券发行规模不得超过预期土地出让收入。

6 月，规范专项债券发行及项目配套融资。中共中央办公厅、国务院办公厅印发《关于做好地方政府专项债券发行及项目配套融资工作的通知》，允许将专项债券作为符合条件的重大项目资本金，金融机构可按商业化原则依法合规保障重大项目合理融资需求。

9 月，明确加快地方政府专项债券发行使用的措施。国务院常务会议确定，根据地方重大项目建设需要，按规定提前下达明年专项债部分新增额度，确保明年初即可使用见效，并扩大使用范围，同时，将专项债可用作项目资本金范围明确为符合重点投向的重大基础设施领域。

11 月，提前下达新增专项债额度。财政部提前下达了 2020 年部分新增专项债务限额 1 万亿元，同时要求各地尽快将专项债券额度按规定落实到具体项目，做好专项债券发行使用工作，早发行、早使用，确保明年初即可使用见效，确保形成实物工作量，尽早形成对经济的有效拉动。

12 月，地方政府债券信息公开平台上线试运行。为贯彻落实党中央、国务院决策部署，推进全国统一的地方政府债务信息公开平台建设，财政部正式上线试运行中国地方政府债券信息公开平台。该平台通过定期公开地方政府债务限额、余额以及经济财政状况、债务发行、存续期管理等信息，促进形成市场化融资自律机制。

## 二、2019 年地方政府债券一级市场运行特点

2019 年共发行地方政府债 1093 只，较 2018 年增加 163 只，共计 43624.27 亿元，较 2018 年增长 4.74%。发行整体特点如下：

（一）专项比例提升，期限品种均匀

从发行券种看，2019 年共发行一般债券 270 只，发行规模 17742.02 亿元，专项债券 823 只，发行规模 25882.25 亿元，专项债发行规模较 2018 年有明显增长且首次超越一般债券（见表 1）。

**表 1　2018 年、2019 年地方政府债券发行次数及规模对比**

| 债券类型 | 指标 | 2018 年 | 占比（%） | 2019 年 | 占比（%） |
|---|---|---|---|---|---|
| 一般债券 | 发行次数（次） | 384 | | 270 | |
| | 发行规模（亿元） | 22188.56 | 53.27 | 17742.02 | 40.67 |
| 专项债券 | 发行次数（次） | 547 | | 823 | |
| | 发行规模（亿元） | 19463.12 | 46.73 | 25882.25 | 59.33 |

从发行期限看，各期限发行规模较 2018 年更均匀。具体发行期限包括 2—30 年，发行量较大的是 5 年、10 年期，占全部发行量的 59.86%，10 年以上长期品种发行规模大幅增加（见图 1）。

（二）发行成本下降，期限利差扩大

从发行利率看，2019 年地方政府债券发行利率区间为 2.83%—4.28%，利率区间整体下移，全年加权平均利率 3.47%，较 2018 年下降 42BP。专项债券（3.43%，同比 -47BP）降幅大于一般债券（3.53%，同比 -36BP）。各期限均有不同程度下降，期限利差较 2018 年有所扩大（见表 2）。

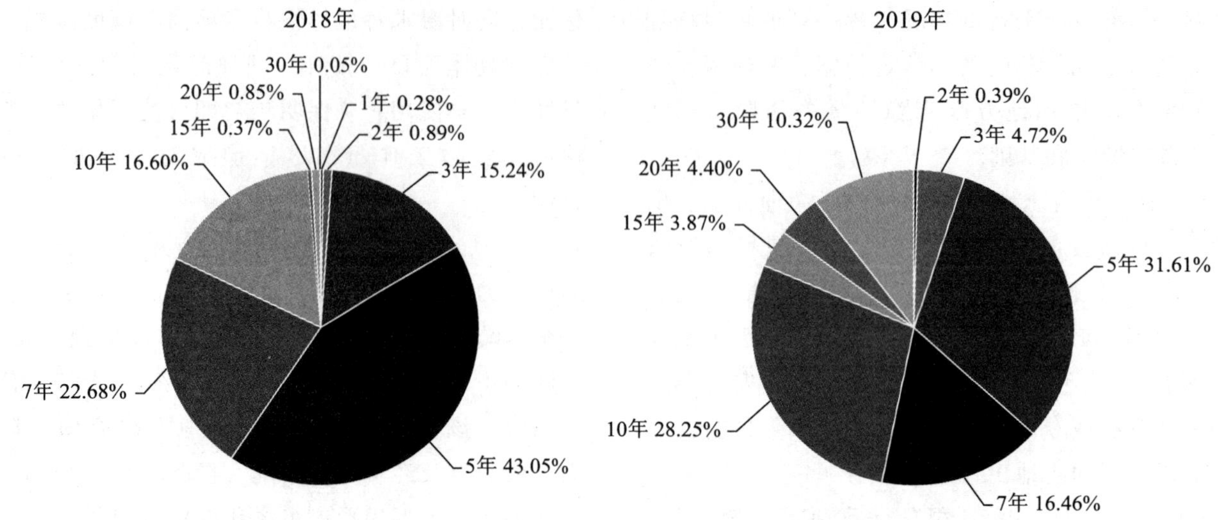


图 1　2018 年、2019 年地方政府债券发行期限分布对比

**表 2　　2018 年、2019 年地方政府债券各期限发行利率及频率对比**

| 指标 | 加权利率（%） | | 发行频率（次） | | 利率区间（%） | |
|---|---|---|---|---|---|---|
| 期限 | 2018 年 | 2019 年 | 2018 年 | 2019 年 | 2018 年 | 2019 年 |
| 1 年 | 3.47 | | 2 | | 3.32—3.5 | |
| 2 年 | 3.5 | 2.99 | 8 | 6 | 2.86—3.84 | 2.83—3.11 |
| 3 年 | 3.68 | 3.13 | 146 | 73 | 3.18—4.21 | 2.92—3.43 |
| 5 年 | 3.84 | 3.28 | 368 | 299 | 3.28—4.45 | 3.14—3.58 |
| 7 年 | 4.03 | 3.45 | 204 | 216 | 3.48—4.53 | 3.23—3.84 |
| 10 年 | 4.02 | 3.45 | 185 | 314 | 3.57—4.53 | 3.17—3.99 |
| 15 年 | 4.31 | 3.76 | 10 | 56 | 4.03—4.34 | 3.57—4.18 |
| 20 年 | 4.22 | 3.83 | 6 | 51 | 4.01—4.44 | 3.61—4.24 |
| 30 年 | 4.22 | 4.06 | 1 | 78 | 4.22—4.22 | 3.87—4.28 |

（三）渠道有效拓宽，柜台发行落地

3 月份，地方政府债券柜台发行业务正式落地。中央结算公司作为地方政府债券总托管人，积极配合主管部门做好业务筹备、系统支持、宣传营销等推进地方政府债券柜台发行相关工作。截至年底，柜台业务开办机构发行地方政府债券 4 批，共计 110 亿元，居民和中小机构稳健投资新渠道进一步拓展，投资需求得到有效释放。目前，柜台已发行的地方政府债包含 3 年期、5 年期品种，以 5 年为主，占比 76.51%。

## 三、2019 年地方政府债券兑付与托管情况

2019 年，地方政府债券付息 6629 次，利息支付金额达 6564.41 亿元，兑付 278 次，兑付本金共计 13121.88 亿元。截至年末，地方政府债托管量达到 21.12 万亿元，同比增长 16.87%。

从存量期限结构看，2019 年地方政府债券短期、长期品种占比明显上升，1 年以下和 10 年以上期限地方政府债托管余额分别同比增长 58.11% 和 1541.75%，占比分别较上年年末上升了 2.56 个和 3.80 个百分点（见表 3）。

从持有结构看，2019 年地方政府债券的主要持有者仍为商业银行，占比 86.18%。保险机构、其他非银金融机构持有规模增幅较大，分别较上年年末增加 284% 和 826%（见表 4）。

表 3 **2018 年、2019 年地方政府债券各期限存量规模对比**

| 期限 | 2018 年 | | 2019 年 | |
|---|---|---|---|---|
| 指标 | 规模（亿元） | 占比（%） | 规模（亿元） | 占比（%） |
| 1 年以下 | 13121.87 | 7.26 | 20746.9 | 9.82 |
| 1—3 年 | 47231.86 | 26.14 | 54031.21 | 25.59 |
| 3—5 年 | 59992.21 | 33.21 | 60740.38 | 28.76 |
| 5—7 年 | 30906.3 | 17.11 | 39007.54 | 18.47 |
| 7—10 年 | 28891.61 | 15.99 | 28026.36 | 13.27 |
| 10 年以上 | 525.69 | 0.29 | 8630.54 | 4.09 |
| 总量 | 180669.54 | 100.00 | 211182.93 | 100.00 |

数据来源：中国债券信息网（www.chinabond.com.cn）。

表 4 **2018 年、2019 年末地方政府债券持有机构对比**

| 成员属性 | | 2018 年末 | | 2019 年末 | |
|---|---|---|---|---|---|
| 指标 | | 规模（亿元） | 占比（%） | 规模（亿元） | 占比（%） |
| 银行间市场 | 政策性银行 | 17734.58 | 9.81 | 16765.28 | 7.94 |
| | 商业银行 | 153271.88 | 84.82 | 181996.31 | 86.18 |
| | 信用社 | 1173.22 | 0.65 | 1241.41 | 0.59 |
| | 保险机构 | 351.86 | 0.19 | 1353.67 | 0.64 |
| | 证券公司 | 799.01 | 0.44 | 846.48 | 0.40 |
| | 其他非银行金融机构 | 20.35 | 0.01 | 188.62 | 0.09 |
| | 非金融机构 | 0.00 | 0.00% | 0.00 | 0.00 |
| | 非法人产品 | 3537.74 | 1.96 | 4131.36 | 1.96 |
| | 境外机构 | 25.10 | 0.01 | 25.30 | 0.01 |
| | 其他 | 2.53 | 0.00 | 1.55 | 0.00 |
| 柜台市场 | | 0.00 | 0.00 | 29.29 | 0.01 |
| 交易所市场 | | 3753.27 | 2.08 | 4603.67 | 2.18 |
| 自贸区市场 | | 30.00 | 0.02 | 0.00 | 0.00 |
| 总计 | | 180699.54 | 100.00 | 211182.93 | 100.00 |

数据来源：中国债券信息网（www.chinabond.com.cn）。

## 四、2019 年地方政府债券二级市场运行情况

（一）换手率大幅提升

2019 年，银行间债券市场地方政府债券结算面额 29.64 万亿元，同比增长 39.75%，全年广义换手率[①] 140.34%。

分交易类型看，银行间地方政府债现券交易活跃，交割量达 9.65 万亿元，较上年年末增加 124.01%，全年换手率 45.69%，几乎较上年翻一番。质押式回购仍为主要交易类型，全年结算面额 19.07 万亿元，较上年增长 19.56%；买断式回购全年结算面额 0.92 万亿元，较上年减少 2.12%。

从交易双方属性看，现券交易中，主要净买入方为非法人产品、保险机构和非银行金融机构，净买入量分别为 1276.28 亿元、375.68 亿

① 广义换手率 =（现券结算面额 + 回购结算面额）/年末托管面额

元和177.55亿元。主要净卖出机构为证券公司和商业银行，净卖出量分别为1479.46亿元和433.69亿元；质押式回购中，正回购方主要是商业银行和证券公司，回购面额分别为9.48万亿元和7.96万亿元，逆回购方主要是商业银行和非法人产品，回购面额分别为14.50万亿元和3.52万亿元。买断式回购主要参与机构是商业银行和证券公司，商业银行作为正回购方和逆回购方的结算面额分别为0.72万亿元和0.91万亿元（见表5）。

**表5　2018年、2019年末地方政府债券交易结算业务开展情况对比**

| 业务量 | 2018年 | 2019年 | 同比（%） |
|---|---|---|---|
| 现券交易（亿元） | 43068.13 | 96477.18 | 124.01 |
| 质押式回购（亿元） | 159543.5 | 190704.3 | 19.53 |
| 买断式回购（亿元） | 9499.93 | 9188.95 | -3.27 |

数据来源：中国债券信息网（www.chinabond.com.cn）。

（二）二级市场利差先增后减

2019年，10年期地方债收益率与同期限国债收益率之间的利差经历增—平—减。一、二季度，利差由30BP扩大至50BP，并于第四季度回落至20BP。利差波动与地方债供给呈现同向关系，3月份，地方债供给压力加大，地方债收益率未跟随国债利率下行，供给压力较大的3—8月份，利差保持高位波动。9月份后利差伴随地方债供给压力减小逐步收窄（见图2）。

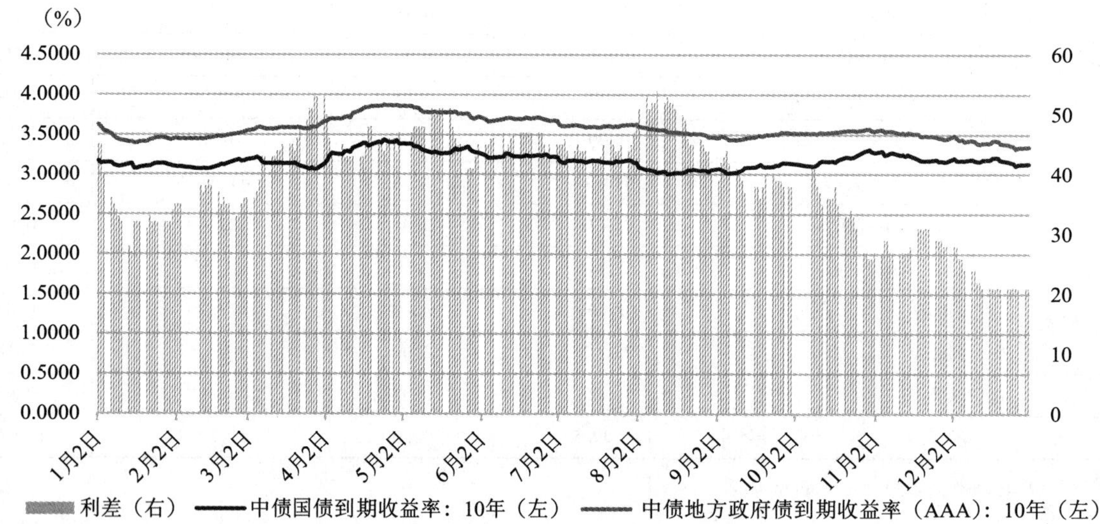


图2　2019年地方政府债券二级市场利差

数据来源：中债估值公司。

（三）地方政府债券指数先跌后涨

2019年，地方政府债净价指数经历先跌后涨的行情，最终收于104.2209，较年初102.925上涨1.26%。具体分为五个阶段（见图3）：

第一阶段（1月初至1月中）：市场避险情绪上升，地方债指数延续上行趋势。1月初中美贸易战有所缓和，但PPI等各项经济数据不及预期，市场避险情绪上升，资金面总体合理充裕，10年期地方政府债收益率单边下行，地方政府债指数延续2018年下半年以来的上行态势。

第二阶段（1月中至4月底）：金融经济数据超预期，股市上涨，地方债指数下行。1月央行全面降准100BP，并通过定向中期借贷便利（TMLF）和普惠金融定向降准动态考核，下半月开始向市场净释放资金8000亿元。中美谈判继续推进且有积极进展，市场修复悲观预期，风

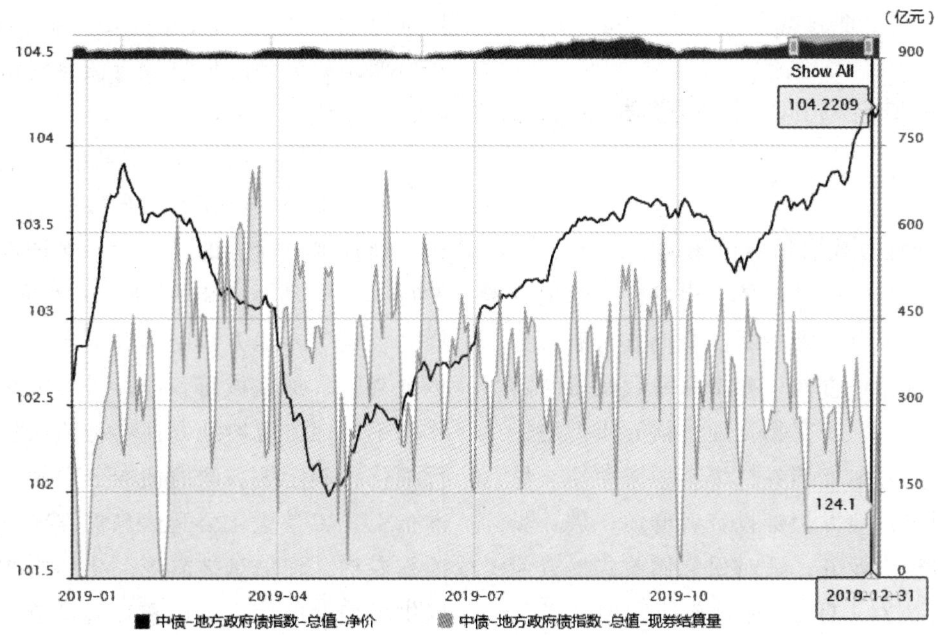


图 3　2019 年地方政府债券指数

数据来源：中国债券信息网（www.chinabond.com.cn）。

险偏好回升。3 月金融数据全面回升，略超市场预期，股市上涨，债市走弱，收益率快速上行，信用利差收窄，地方政府债指数下行。

第三阶段（5 月至 10 月中）：中美贸易冲突升级，收益率高点回落，地方债指数上行。5 月中美贸易冲突升级，避险情绪攀升，央行实施定向降准，资金面由适度再次转为合理充裕，经济基本面有利债市，收益率从高点下行，5 月底包商事件、6 月份结构化发行对信用债市场造成冲击，避险情绪再度攀升，地方政府债指数加速上行。

第四阶段（10 月中至 10 月底）：预期通胀，收益率上行，地方债指数小幅下挫。受通胀上行、经济预期改善和中美贸易第一阶段协议达成等因素影响，债市情绪偏弱，伴随资金面偏紧，利率债整体收益率上行，地方政府债指数小幅下行。

第五阶段（10 月底至年底）：PPI 降幅较大，央行降息带动收益率下行，地方债指数快速上涨。猪肉价格带动 CPI 快速上涨，PPI 持续紧缩，经济数据不及预期，央行意外降息，“宽货币”提振市场情绪，带动收益率快速下行，地方债指数快速上涨，并超越年内高点。

## 五、区域性地方债指数发布情况

2019 年中债金融估值中心新增地方政府债相关指数 9 只。其中，区域类表征指数 2 只，分别为中债—长三角地方政府债指数和中债—京津冀地方债指数；区域类关键期限指数 3 只，分别为中债 0—5 年苏浙粤地方政府债指数、中债 0—3 年长三角地方政府债指数及中债 0—5 年超大城市地方政府债精选指数；单一省份地方政府债表征指数 2 只，分别为中债—江苏省地方政府债指数及中债—湖北省地方政府债指数；单一省份关键期限地方政府债指数 2 只，分别为中债 0—5 年浙江省地方政府债指数及中债 0—5 年江苏省地方政府债指数，可为投资者提供区域相关业绩比较基准和投资标的。

## 六、地方政府债作为担保品运用情况

作为高信用等级政府债券，地方政府债广泛应用在货币政策操作、地方国库现金管理等领域。2019 年末，地方政府债在押余额 5.77 万亿元，占中央结算公司担保品管理余额 43.66%，较上年增长 1.58 个百分点。

## 七、进一步完善地方政府债券市场发展的建议

（一）健全地方政府债券市场运行机制

为建设高效完善的地方债券市场，保障地方政府长期可持续筹资，需不断健全地方政府债券市场的运行机制。一方面，要增强财政政策与货币政策的协调配合，研究拓宽地方债券质押用途和质押范围，改善地方债券二级市场流动性。另一方面，不断丰富地方债券投资者群体，进一步完善地方债券柜台业务，适时研究储蓄式地方债券，推动地方债券 ETF 等创新产品发展，吸引个人和保险公司、证券公司、基金公司、社保基金、资管产品等机构，积极投资地方债券，进一步扩大地方债券市场的对外开放，吸引境外投资者。

（二）优化地方政府债券资金投向结构

2019 年 9 月，国常会强调地方政府专项债券资金重点用于交通基础设施、能源、生态环保、民生服务、市政和产业园区基础设施建设领域，不得用于土地储备和房地产相关领域、置换债务以及可完全商业化运作的产业项目。加之近期新冠肺炎疫情反映出地方政府在医疗卫生方面的投入短板，2020 年地方政府债券应扩大民生保障、基础设施建设的投入规模，确保对重点领域和项目的支持力度，强化逆周期调节力度。

（三）提升地方政府债券流动性

提升地方政府债市场流动性有利于吸引更多投资者，便于市场对地方政府债进行合理定价。一是可以适时引入续发行机制，对发行规模较大、频率较高的地方政府债券，合理设计地方政府债券续发行期限品种、规模和续发行次数。二是完善一级市场定价机制，提升一级市场定价的市场化程度，鼓励承销商合理、自主参与竞争性投标。三是丰富债券交易品种并发展配套衍生产品，拓展地方政府债券的期限品种，扩展付息兑付方式，丰富浮动利率债券品种，研究推出地方政府债券指数期权、期货和标准远期品种，对冲投资风险，为发行人和投资人提供适当避险选择。四是研究免除地方政府债券资本利得相关税收，促进流动性提高。

（四）完善地方政府债券信息披露机制

实现地方政府债券信息披露的公开化和完整化，增加地方债券的透明度，保护投资人，便利发行人，推动地方政府债券市场的健康稳定发展。一是引入地方政府债券信息披露规则专家委员会制度，加强披露管理，需相关领域的专业人才将不同地方政府地方债券种的信息披露标准进行细化，制定地方政府债券分券种的信息披露标准指引。二是优化公开信息披露渠道，开辟信息披露专栏，使信息披露规范化和模块化，为市场提供可信赖的信息窗口和交流渠道，为发行人和投资人提供一站式信息披露服务，提高信息披露的效率，增加信息披露影响的广度和辐射的深度。此外，还应建立地方政府债券信息披露反馈机制，鼓励自愿信息披露扩大披露内容范围。

（五）健全地方政府债券信用评级制度

我国地方政府债券自发自还以来，建立了地方政府债券信用评级机制，总体受到了各方面认可，但仍然存在信用评级区分度不高和评级工作机制有待完善等问题。在我国评级行业自身发展不成熟的情况下，应着力从相关制度建设入手，规范地方政府行为，切实将地方政府作为市场主体来看待，才能发挥好评级市场的作用。一是应明确参与信用评级活动各主体的权责，对评级机构要加强管理，评级机构要披露评级的定量和定性标准，确保评级机构行为合规。二是积极探索完善的地方政府债券评级制度安排，引导评级机构增加地方政府债券信用评级区分度，使信用评级真正反映地方政府财务状况的差异。三是不断完善地方政府债券评级配套制度，在地方政府发债过程中定期披露其经济、财政收支、国有资产、债务规模和举债用途等相关信息，促进地方政府与金融市场逐步形成良性互动，强化地方政府的配合责任，为地方政府债券评级提供基础信息。

（执笔人：陈樱子　王瑞）

# 第三篇

# 政府债券数据统计

# 一、国债发行、兑付、交易数据

## 2019 年中央财政国债余额情况表

单位：亿元人民币

| 项　　目 | 预算数 | 决算数 |
|---|---|---|
| 一、2018 年末国债余额实际数 | | 149607.41 |
| 内债余额 | | 148208.62 |
| 外债余额 | | 1398.79 |
| 二、2019 年末国债余额限额 | 175208.35 | |
| 三、2019 年国债发行额 | | 42737.18 |
| 内债发行额 | | 41834.71 |
| 外债发行额 | | 902.47 |
| 四、2019 年国债还本额 | | 24329.68 |
| 内债还本额 | | 24011.20 |
| 外债还本额 | | 318.48 |
| 五、2019 年末国债余额实际数 | | 168038.04 |
| 内债余额 | | 166032.13 |
| 外债余额 | | 2005.91 |

注：1. 本表国债余额包括国债、国际金融组织和外国政府贷款。除此之外，还有一部分需要政府偿还的债务，主要是偿付金融机构债务，以及部分政府部门及所属单位举借的债务等。

2. 本表 2018 年末外债余额实际数按照国家外汇局公布的 2018 年 12 月外汇折算率计算，2019 年末外债余额实际数按照国家外汇局公布的 2019 年 12 月外汇折算率计算，2019 年外债发行额和外债还本额按照当期汇率计算。2019 年国际金融组织和外国政府贷款发生额为预算下达数。

3. 受外币汇率变动，以及国际金融组织和外国政府贷款项目实际提款数与预算下达数存在差异等影响，2019 年末外债余额实际数≠2018 年末外债余额实际数 +2019 年外债发行额 -2019 年外债还本额。

4. 中央财政国债余额与国债余额限额存在一定差异，主要原因是：2006 年以来按照国债余额管理规定，根据库款和市场变化情况等，适当调减了国债发行规模，有利于降低国债筹资成本，促进国债市场平稳运行，今后将根据库款和市场情况补发以前年度少发的国债。

5. 2019 年中央财政发行内债 41834.71 亿元，其中储蓄国债 3998.24 亿元，平均发行期限 3.97 年；记账式国债 37836.47 亿元，平均发行期限 7.62 年。2019 年内债还本 24011.2 亿元，内债付息 4519.03 亿元。2019 年中央财政发行外债 902.47 亿元，其中主权债券 894.31 亿元，平均发行期限 7.65 年。2019 年外债还本 318.48 亿元，外债付息 48.56 亿元。

6. 外债还本付息金额中包括当年对统借自还项目实施减免的支出。

# 2019 年国债发行情况表

| 名称 | 品种 | 期限 | 发行面值（亿元） | 招标日期（发行期） | 发行方式 | 票面利率（%） | 发行价格（元） | 实际收益率（%） |
|---|---|---|---|---|---|---|---|---|
| 2018 年记账式附息（二十一期）国债 | 记账式附息 | 3 年 | 200.00 | 1 月 2 日 | 续发 | 3.17 | 101.87 | 2.74 |
| | 记账式附息 | | 200.00 | 2 月 13 日 | 续发 | 3.17 | 102.67 | 2.54 |
| | 记账式附息 | | 16.40 | 7 月 16 日 | 随卖 | 3.17 | 100.72 | 2.83 |
| 2018 年记账式附息（二十二期）国债 | 记账式附息 | 2 年 | 200.00 | 1 月 9 日 | 续发 | 3.00 | 101.56 | 2.49 |
| 2018 年记账式附息（二十三期）国债 | 记账式附息 | 5 年 | 200.00 | 1 月 9 日 | 续发 | 3.29 | 103.1 | 2.76 |
| | 记账式附息 | | 200.00 | 2 月 20 日 | 续发 | 3.29 | 103.29 | 2.79 |
| | 记账式附息 | | 200.00 | 3 月 13 日 | 续发 | 3.29 | 102.72 | 2.94 |
| 2018 年记账式附息（二十四期）国债 | 记账式附息 | 30 年 | 200.00 | 2 月 22 日 | 续发 | 4.08 | 108.4 | 3.69 |
| 2018 年记账式附息（二十六期）国债 | 记账式附息 | 1 年 | 11.00 | 1 月 15 日 | 随卖 | 2.41 | 99.97 | 2.44 |
| | 记账式附息 | | 13.20 | 2 月 19 日 | 随卖 | 2.41 | 100.09 | 2.28 |
| | 记账式附息 | | 11.00 | 3 月 19 日 | 随卖 | 2.41 | 100.03 | 2.35 |
| 2018 年记账式附息（二十七期）国债 | 记账式附息 | 10 年 | 200.00 | 1 月 16 日 | 续发 | 3.25 | 102.34 | 3.03 |
| | 记账式附息 | | 200.00 | 2 月 27 日 | 续发 | 3.25 | 101.93 | 3.12 |
| | 记账式附息 | | 200.00 | 3 月 20 日 | 续发 | 3.25 | 102.29 | 3.10 |
| 2018 年记账式附息（二十八期）国债 | 记账式附息 | 7 年 | 200.00 | 1 月 2 日 | 续发 | 3.22 | 101.31 | 3.05 |
| | 记账式附息 | | 200.00 | 2 月 13 日 | 续发 | 3.22 | 102.18 | 2.96 |
| | 记账式附息 | | 200.00 | 3 月 6 日 | 续发 | 3.22 | 101.19 | 3.15 |
| 2019 年记账式附息（一期）国债 | 记账式附息 | 1 年 | 200.00 | 1 月 16 日 | 新发 | 2.31 | 100 | 2.31 |
| | 记账式附息 | | 200.00 | 2 月 27 日 | 续发 | 2.31 | 100.248 | 2.32 |
| | 记账式附息 | | 100.00 | 3 月 20 日 | 续发 | 2.31 | 100.362 | 2.35 |
| | 记账式附息 | | 9.50 | 6 月 18 日 | 随卖 | 2.31 | 99.85 | 2.55 |
| 2019 年记账式附息（二期）国债 | 记账式附息 | 2 年 | 200.00 | 2 月 20 日 | 新发 | 2.44 | 100 | 2.44 |
| 2019 年记账式附息（二期）国债 | 记账式附息 | 2 年 | 340.00 | 6 月 12 日 | 续发 | 2.44 | 100.11 | 2.83 |
| 2019 年记账式附息（三期）国债 | 记账式附息 | 3 年 | 200.00 | 3 月 6 日 | 新发 | 2.69 | 100 | 2.69 |
| | 记账式附息 | | 480.50 | 6 月 5 日 | 续发 | 2.69 | 100.13 | 2.89 |
| | 记账式附息 | | 480.30 | 7 月 3 日 | 续发 | 2.69 | 100.54 | 2.82 |
| | 记账式附息 | | 19.60 | 8 月 20 日 | 随卖 | 2.69 | 99.74 | 2.79 |
| | 记账式附息 | | 18.60 | 9 月 17 日 | 随卖 | 2.69 | 99.8 | 2.77 |
| | 记账式附息 | | 15.60 | 10 月 15 日 | 随卖 | 2.69 | 99.84 | 2.76 |

续表

| 名称 | 品种 | 期限 | 发行面值（亿元） | 招标日期（发行期） | 发行方式 | 票面利率（%） | 发行价格（元） | 实际收益率（%） |
|---|---|---|---|---|---|---|---|---|
| 2019 年记账式附息（四期）国债 | 记账式附息 | 5 年 | 420.00 | 7 月 10 日 | 续发 | 3.19 | 101.77 | 2.96 |
| | 记账式附息 | | 480.10 | 6 月 12 日 | 续发 | 3.19 | 101.05 | 3.08 |
| | 记账式附息 | | 11.20 | 12 月 17 日 | 随卖 | 3.19 | 100.77 | 2.99 |
| | 记账式附息 | | 460.00 | 8 月 14 日 | 续发 | 3.19 | 102.64 | 2.83 |
| | 记账式附息 | | 500.90 | 9 月 11 日 | 续发 | 3.19 | 102.73 | 2.86 |
| | 记账式附息 | | 18.00 | 11 月 19 日 | 随卖 | 3.19 | 100.79 | 2.99 |
| 2019 年记账式附息（五期）国债 | 记账式附息 | 1 年 | 401.90 | 6 月 19 日 | 续发 | 2.65 | 100.179 | 2.67 |
| | 记账式附息 | | 321.80 | 7 月 17 日 | 续发 | 2.65 | 100.443 | 2.59 |
| | 记账式附息 | | 402.20 | 8 月 21 日 | 续发 | 2.65 | 100.723 | 2.55 |
| 2019 年记账式附息（六期）国债 | 记账式附息 | 10 年 | 480.30 | 6 月 19 日 | 续发 | 3.29 | 100.89 | 3.21 |
| | 记账式附息 | | 420.40 | 7 月 17 日 | 续发 | 3.29 | 101.72 | 3.14 |
| | 记账式附息 | | 460.20 | 8 月 21 日 | 续发 | 3.29 | 103.11 | 3.02 |
| | 记账式附息 | | 500.00 | 9 月 18 日 | 续发 | 3.29 | 102.84 | 3.08 |
| | 记账式附息 | | 450.00 | 10 月 23 日 | 续发 | 3.29 | 102.22 | 3.19 |
| 2019 年记账式附息（七期）国债 | 记账式附息 | 7 年 | 480.00 | 6 月 5 日 | 新发 | 3.25 | 100 | 3.25 |
| | 记账式附息 | | 480.50 | 7 月 3 日 | 续发 | 3.25 | 100.83 | 3.16 |
| | 记账式附息 | | 460.20 | 8 月 7 日 | 续发 | 3.25 | 101.72 | 3.06 |
| | 记账式附息 | | 500.50 | 9 月 4 日 | 续发 | 3.25 | 101.8 | 3.08 |
| | 记账式附息 | | 450.00 | 10 月 9 日 | 续发 | 3.25 | 101.96 | 3.11 |
| | 记账式附息 | | 430.40 | 11 月 6 日 | 续发 | 3.25 | 101.85 | 3.17 |
| 2019 年记账式附息（八期）国债 | 记账式附息 | 50 年 | 378.30 | 6 月 21 日 | 新发 | 4.00 | 100 | 4.00 |
| | 记账式附息 | | 368.20 | 9 月 20 日 | 续发 | 4.00 | 102.79 | 3.92 |
| | 记账式附息 | | 346.50 | 12 月 20 日 | 续发 | 4.00 | 103.48 | 3.84 |
| 2019 年记账式附息（九期）国债 | 记账式附息 | 2 年 | 280.40 | 7 月 10 日 | 新发 | 2.74 | 100 | 2.74 |
| | 记账式附息 | | 340.70 | 8 月 14 日 | 续发 | 2.74 | 100.43 | 2.65 |
| | 记账式附息 | | 403.70 | 9 月 11 日 | 续发 | 2.74 | 100.62 | 2.65 |
| | 记账式附息 | | 343.40 | 10 月 16 日 | 续发 | 2.74 | 100.89 | 2.64 |
| 2019 年记账式附息（十期）国债 | 记账式附息 | 30 年 | 378.90 | 7 月 19 日 | 新发 | 3.86 | 100 | 3.86 |
| | 记账式附息 | | 375.60 | 8 月 16 日 | 续发 | 3.86 | 104.55 | 3.63 |
| | 记账式附息 | | 378.50 | 8 月 30 日 | 续发 | 3.86 | 103.57 | 3.69 |
| | 记账式附息 | | 346.00 | 10 月 18 日 | 续发 | 3.86 | 102.03 | 3.80 |
| | 记账式附息 | | 375.10 | 11 月 15 日 | 续发 | 3.86 | 101.38 | 3.85 |
| | 记账式附息 | | 372.50 | 11 月 29 日 | 续发 | 3.86 | 103.1 | 3.76 |
| 2019 年记账式附息（十一期）国债 | 记账式附息 | 3 年 | 462.10 | 8 月 7 日 | 新发 | 2.75 | 100 | 2.75 |
| | 记账式附息 | | 505.30 | 9 月 4 日 | 续发 | 2.75 | 100.13 | 2.78 |
| | 记账式附息 | | 450.00 | 10 月 9 日 | 续发 | 2.75 | 100.58 | 2.71 |
| | 记账式附息 | | 430.00 | 11 月 6 日 | 续发 | 2.75 | 100.53 | 2.81 |
| | 记账式附息 | | 472.10 | 12 月 4 日 | 续发 | 2.75 | 100.89 | 2.75 |

续表

| 名称 | 品种 | 期限 | 发行面值（亿元） | 招标日期（发行期） | 发行方式 | 票面利率（%） | 发行价格（元） | 实际收益率（%） |
|---|---|---|---|---|---|---|---|---|
| 2019 年记账式附息（十二期）国债 | 记账式附息 | 1 年 | 400.00 | 9 月 18 日 | 新发 | 2.46 | 100 | 2.46 |
| | 记账式附息 | | 380.00 | 10 月 23 日 | 续发 | 2.46 | 100.142 | 2.56 |
| | 记账式附息 | | 361.30 | 11 月 20 日 | 续发 | 2.46 | 100.317 | 2.58 |
| | 记账式附息 | | 400.80 | 12 月 18 日 | 续发 | 2.46 | 100.551 | 2.53 |
| 2019 年记账式附息（十三期）国债 | 记账式附息 | 5 年 | 450.00 | 10 月 16 日 | 新发 | 2.94 | 100 | 2.94 |
| | 记账式附息 | | 430.30 | 11 月 13 日 | 续发 | 2.94 | 99.99 | 2.99 |
| | 记账式附息 | | 473.10 | 12 月 11 日 | 续发 | 2.94 | 100.45 | 2.94 |
| 2019 年记账式附息（十四期）国债 | 记账式附息 | 2 年 | 340.40 | 11 月 13 日 | 新发 | 2.69 | 100 | 2.69 |
| | 记账式附息 | | 343.00 | 12 月 11 日 | 续发 | 2.69 | 100.3 | 2.64 |
| 2019 年记账式附息（十五期）国债 | 记账式附息 | 10 年 | 430.00 | 11 月 20 日 | 新发 | 3.13 | 100 | 3.13 |
| | 记账式附息 | | 470.00 | 12 月 18 日 | 续发 | 3.13 | 99.83 | 3.18 |
| 2019 年记账式附息（十六期）国债 | 记账式附息 | 7 年 | 471.30 | 12 月 4 日 | 新发 | 3.12 | 100 | 3.12 |
| 2019 年记账式贴现（一期）国债 | 记账式贴现 | 91 | 100.00 | 1 月 4 日 | 新发 | — | 98.827 | 2.38 |
| 2019 年记账式贴现（二期）国债 | 记账式贴现 | 182 | 100.00 | 1 月 4 日 | 新发 | — | 99.427 | 2.31 |
| 2019 年记账式贴现（三期）国债 | 记账式贴现 | 91 | 100.00 | 1 月 11 日 | 新发 | — | 99.444 | 2.24 |
| 2019 年记账式贴现（四期）国债 | 记账式贴现 | 91 | 100.00 | 1 月 18 日 | 新发 | — | 99.452 | 2.21 |
| 2019 年记账式贴现（五期）国债 | 记账式贴现 | 91 | 100.00 | 1 月 25 日 | 新发 | — | 99.447 | 2.23 |
| 2019 年记账式贴现（六期）国债 | 记账式贴现 | 91 | 100.00 | 2 月 15 日 | 新发 | — | 99.503 | 2.01 |
| 2019 年记账式贴现（七期）国债 | 记账式贴现 | 91 | 100.00 | 2 月 22 日 | 新发 | — | 99.505 | 2.00 |
| 2019 年记账式贴现（八期）国债 | 记账式贴现 | 91 | 100.00 | 3 月 1 日 | 新发 | — | 99.512 | 1.97 |
| 2019 年记账式贴现（九期）国债 | 记账式贴现 | 91 | 100.00 | 3 月 8 日 | 新发 | — | 99.533 | 1.86 |
| 2019 年记账式贴现（十期）国债 | 记账式贴现 | 182 | 100.00 | 3 月 8 日 | 新发 | — | 98.963 | 2.11 |
| 2019 年记账式贴现（十一期）国债 | 记账式贴现 | 91 | 100.00 | 3 月 15 日 | 新发 | — | 99.49 | 2.06 |
| 2019 年记账式贴现（十二期）国债 | 记账式贴现 | 91 | 100.00 | 3 月 22 日 | 新发 | — | 99.494 | 2.05 |

续表

| 名称 | 品种 | 期限 | 发行面值（亿元） | 招标日期（发行期） | 发行方式 | 票面利率（%） | 发行价格（元） | 实际收益率（%） |
|---|---|---|---|---|---|---|---|---|
| 2019年记账式贴现（十三期）国债 | 记账式贴现 | 91 | 100.00 | 3月29日 | 新发 | — | 99.491 | 2.06 |
| 2019年记账式贴现（二十三期）国债 | 记账式贴现 | 91天 | 100.40 | 6月14日 | 新发 | — | 99.423 | 2.34 |
| 2019年记账式贴现（二十四期）国债 | 记账式贴现 | 182天 | 100.00 | 6月14日 | 新发 | — | 98.75 | 2.54 |
| 2019年记账式贴现（二十五期）国债 | 记账式贴现 | 91天 | 100.90 | 6月21日 | 新发 | — | 99.463 | 2.17 |
| 2019年记账式贴现（二十六期）国债 | 记账式贴现 | 91天 | 100.00 | 6月28日 | 新发 | — | 99.488 | 2.07 |
| 2019年记账式贴现（二十七期）国债 | 记账式贴现 | 91天 | 101.10 | 7月5日 | 新发 | — | 99.515 | 1.96 |
| 2019年记账式贴现（二十八期）国债 | 记账式贴现 | 91天 | 100.00 | 7月12日 | 新发 | — | 99.504 | 2.00 |
| 2019年记账式贴现（二十九期）国债 | 记账式贴现 | 182天 | 100.10 | 7月12日 | 新发 | — | 98.907 | 2.22 |
| 2019年记账式贴现（三十期）国债 | 记账式贴现 | 91天 | 100.00 | 7月19日 | 新发 | — | 99.473 | 2.13 |
| 2019年记账式贴现（三十一期）国债 | 记账式贴现 | 91天 | 101.00 | 7月26日 | 新发 | — | 99.46 | 2.18 |
| 2019年记账式贴现（三十二期）国债 | 记账式贴现 | 182天 | 102.30 | 8月2日 | 新发 | — | 99.438 | 2.27 |
| 2019年记账式贴现（三十三期）国债 | 记账式贴现 | 91天 | 101.00 | 8月9日 | 新发 | — | 99.433 | 2.29 |
| 2019年记账式贴现（三十四期）国债 | 记账式贴现 | 91天 | 100.00 | 8月9日 | 新发 | — | 98.828 | 2.38 |
| 2019年记账式贴现（三十五期）国债 | 记账式贴现 | 182天 | 100.60 | 8月16日 | 新发 | — | 99.433 | 2.29 |
| 2019年记账式贴现（三十六期）国债 | 记账式贴现 | 91天 | 100.00 | 8月23日 | 新发 | — | 99.417 | 2.36 |
| 2019年记账式贴现（三十七期）国债 | 记账式贴现 | 91天 | 101.00 | 8月30日 | 新发 | — | 99.409 | 2.39 |
| 2019年记账式贴现（三十八期）国债 | 记账式贴现 | 91天 | 101.30 | 9月6日 | 新发 | — | 99.421 | 2.34 |
| 2019年记账式贴现（三十九期）国债 | 记账式贴现 | 182天 | 100.10 | 9月6日 | 新发 | — | 98.794 | 2.46 |
| 2019年记账式贴现（四十期）国债 | 记账式贴现 | 91天 | 101.60 | 9月20日 | 新发 | — | 99.452 | 2.22 |

续表

| 名称 | 品种 | 期限 | 发行面值（亿元） | 招标日期（发行期） | 发行方式 | 票面利率（%） | 发行价格（元） | 实际收益率（%） |
|---|---|---|---|---|---|---|---|---|
| 2019 年记账式贴现（四十一期）国债 | 记账式贴现 | 91 天 | 100.30 | 9 月 27 日 | 新发 | — | 99.518 | 2.14 |
| 2019 年记账式贴现（四十二期）国债 | 记账式贴现 | 91 天 | 151.50 | 10 月 11 日 | 新发 | — | 99.458 | 2.19 |
| 2019 年记账式贴现（四十三期）国债 | 记账式贴现 | 182 天 | 100.00 | 10 月 11 日 | 新发 | — | 98.837 | 2.37 |
| 2019 年记账式贴现（四十四期）国债 | 记账式贴现 | 91 天 | 151.00 | 10 月 18 日 | 新发 | — | 99.446 | 2.24 |
| 2019 年记账式贴现（四十五期）国债 | 记账式贴现 | 91 天 | 150.10 | 10 月 25 日 | 新发 | — | 99.413 | 2.38 |
| 2019 年记账式贴现（四十六期）国债 | 记账式贴现 | 91 天 | 150.50 | 11 月 1 日 | 新发 | — | 99.39 | 2.47 |
| 2019 年记账式贴现（四十七期）国债 | 记账式贴现 | 91 天 | 150.00 | 11 月 8 日 | 新发 | — | 99.393 | 2.45 |
| 2019 年记账式贴现（四十八期）国债 | 记账式贴现 | 182 天 | 100.00 | 11 月 8 日 | 新发 | — | 98.743 | 2.56 |
| 2019 年记账式贴现（四十九期）国债 | 记账式贴现 | 91 天 | 151.50 | 11 月 15 日 | 新发 | — | 99.393 | 2.46 |
| 2019 年记账式贴现（五十期）国债 | 记账式贴现 | 91 天 | 150.00 | 11 月 22 日 | 新发 | — | 99.414 | 2.37 |
| 2019 年记账式贴现（五十一期）国债 | 记账式贴现 | 91 天 | 150.00 | 11 月 29 日 | 新发 | — | 99.417 | 2.36 |
| 2019 年记账式贴现（五十二期）国债 | 记账式贴现 | 91 天 | 151.10 | 12 月 6 日 | 新发 | — | 99.415 | 2.37 |
| 2019 年记账式贴现（五十三期）国债 | 记账式贴现 | 91 天 | 150.00 | 12 月 13 日 | 新发 | — | 99.426 | 2.32 |
| 2019 年记账式贴现（五十四期）国债 | 记账式贴现 | 182 天 | 101.60 | 12 月 13 日 | 新发 | — | 98.786 | 2.47 |
| 2019 年记账式贴现（五十五期）国债 | 记账式贴现 | 91 天 | 151.20 | 12 月 20 日 | 新发 | — | 99.43 | 2.31 |
| 2019 年记账式贴现（五十六期）国债 | 记账式贴现 | 91 天 | 151.00 | 12 月 27 日 | 新发 | — | 99.509 | 1.98 |
| 2019 年储蓄国债（凭证式） | 凭证式 | 3 年 | 171.67 | 3 月 10 日至 3 月 19 日 | 代销 | 4.00 | — | 4.00 |
| | | 5 年 | 118.70 | | 代销 | 4.27 | — | 4.27 |

续表

| 名称 | 品种 | 期限 | 发行面值（亿元） | 招标日期（发行期） | 发行方式 | 票面利率（%） | 发行价格（元） | 实际收益率（%） |
|---|---|---|---|---|---|---|---|---|
| 2019年储蓄国债（电子式） | 电子式 | 3年 | 152.19 | 4月1日至4月30日 | 代销 | 4.00 | — | 4.00 |
| | | 5年 | 235.29 | | 代销 | 4.27 | — | 4.27 |
| | | 3年 | 253.00 | | 代销 | 4.00 | — | 4.00 |
| | | 5年 | 341.58 | | 代销 | 4.27 | — | 4.27 |
| | | 3年 | 122.78 | | 代销 | 4.00 | — | 4.00 |
| | | 5年 | 121.87 | | 代销 | 4.27 | — | 4.27 |
| 2019年储蓄国债（凭证式） | 凭证式 | 3年 | 266.63 | 5月10日至5月19日 | 代销 | 4.00 | — | 4.00 |
| | | 5年 | 166.18 | | 代销 | 4.27 | — | 4.27 |
| 2019年储蓄国债（电子式） | 电子式 | 3年 | 200.00 | 6月10日至6月19日 | 代销 | 4.00 | — | 4.00 |
| | | 5年 | 200.00 | | 代销 | 4.27 | — | 4.27 |
| | | 3年 | 150.00 | 7月10日至7月19日 | 代销 | 4.00 | — | 4.00 |
| | | 5年 | 150.00 | | 代销 | 4.27 | — | 4.27 |
| 2019年储蓄国债（凭证式） | 凭证式 | 3年 | 239.23 | 8月10日至8月19日 | 代销 | 4.00 | — | 4.00 |
| | | 5年 | 159.69 | | 代销 | 4.27 | — | 4.27 |
| 2019年储蓄国债（电子式） | 电子式 | 3年 | 150.00 | 9月10日至9月19日 | 代销 | 4.00 | — | 4.00 |
| | | 5年 | 150.00 | | 代销 | 4.27 | — | 4.27 |
| 2019年储蓄国债（电子式） | 电子式 | 3年 | 150.00 | 10月10日至10月19日 | 代销 | 4.00 | — | 4.00 |
| | | 5年 | 150.00 | | 代销 | 4.27 | — | 4.27 |
| 2019年储蓄国债（凭证式） | 凭证式 | 3年 | 209.59 | 11月10日至11月19日 | 代销 | 4.00 | — | 4.00 |
| | | 5年 | 139.85 | | 代销 | 4.27 | — | 4.27 |

# 2019 年还本付息国债品种和条件

## 一、2019 年还本付息储蓄国债品种和条件

### （一）以下储蓄国债（电子式）于还本付息日归还本金并支付最后一年利息

| 国债名称 | 还本付息日 | 期限 | 到期年利率 |
|---|---|---|---|
| 2014 年第二期储蓄国债（电子式） | 4 月 10 日 | 5 年 | 5.41% |
| 2016 年第一期储蓄国债（电子式） | 4 月 10 日 | 3 年 | 4.00% |
| 2014 年第四期储蓄国债（电子式） | 6 月 10 日 | 5 年 | 5.41% |
| 2016 年第三期储蓄国债（电子式） | 6 月 10 日 | 3 年 | 3.80% |
| 2014 年第六期储蓄国债（电子式） | 7 月 10 日 | 5 年 | 5.41% |
| 2016 年第五期储蓄国债（电子式） | 7 月 10 日 | 3 年 | 3.80% |
| 2014 年第八期储蓄国债（电子式） | 8 月 10 日 | 5 年 | 5.41% |
| 2016 年第七期储蓄国债（电子式） | 8 月 10 日 | 3 年 | 3.80% |
| 2014 年第十期储蓄国债（电子式） | 10 月 10 日 | 5 年 | 5.41% |
| 2016 年第九期储蓄国债（电子式） | 10 月 10 日 | 3 年 | 3.80% |

### （二）以下储蓄国债（凭证式）于兑付期开始后归还本金并支付全部利息

| 国债名称 | 兑付期开始日 | 期限 | 到期年利率 |
|---|---|---|---|
| 2014 年凭证式（一期）国债 | 3 月 10 日 | 5 年 | 5.41% |
| 2016 年凭证式（一期）国债 | 3 月 10 日 | 3 年 | 4.00% |
| 2014 年凭证式（二期）国债 | 5 月 10 日 | 5 年 | 5.41% |
| 2016 年凭证式（二期）国债 | 5 月 10 日 | 3 年 | 3.90% |
| 2014 年凭证式（三期）国债 | 9 月 10 日 | 5 年 | 5.41% |
| 2016 年凭证式（三期）国债 | 9 月 10 日 | 3 年 | 3.80% |
| 2014 年凭证式（四期）国债 | 11 月 10 日 | 5 年 | 5.41% |
| 2016 年凭证式（四期）国债 | 11 月 10 日 | 3 年 | 3.80% |

## 二、2019 年还本付息记账式国债品种和条件

### （一）以下记账式附息国债于还本付息日（节假日顺延）归还本金并支付最后一次利息

| 国债名称 | 还本付息日 | 期限 | 年利率 |
|---|---|---|---|
| 2014 年记账式附息（一期）国债 | 1 月 7 日 | 5 年 | 4.47% |
| 2016 年记账式附息（三期）国债 | 1 月 28 日 | 3 年 | 2.55% |
| 2018 年记账式附息（三期）国债 | 2 月 1 日 | 1 年 | 3.38% |
| 2012 年记账式附息（五期）国债 | 3 月 8 日 | 7 年 | 3.41% |
| 2009 年记账式（三期）国债 | 3 月 12 日 | 10 年 | 3.05% |
| 2014 年记账式附息（八期）国债 | 4 月 24 日 | 5 年 | 4.04% |
| 2016 年记账式附息（九期）国债 | 4 月 28 日 | 3 年 | 2.55% |
| 2009 年记账式附息（七期）国债 | 5 月 7 日 | 10 年 | 3.02% |

续表

| 国债名称 | 还本付息日 | 期限 | 年利率 |
|---|---|---|---|
| 2018 年记账式附息（十期）国债 | 5 月 17 日 | 1 年 | 3.02% |
| 2012 年记账式附息（十期）国债 | 6 月 7 日 | 7 年 | 3.14% |
| 2017 年记账式附息（十二期）国债 | 6 月 15 日 | 2 年 | 3.62% |
| 2009 年记账式附息（十二期）国债 | 6 月 18 日 | 10 年 | 3.09% |
| 2009 年记账式附息（十六期）国债 | 7 月 23 日 | 10 年 | 3.48% |
| 2016 年记账式附息（十六期）国债 | 7 月 28 日 | 3 年 | 2.43% |
| 2018 年记账式附息（十八期）国债 | 8 月 16 日 | 1 年 | 2.79% |
| 2012 年记账式附息（十六期）国债 | 9 月 6 日 | 7 年 | 3.25% |
| 2017 年记账式附息（十九期）国债 | 9 月 14 日 | 2 年 | 3.50% |
| 2009 年记账式附息（二十三期）国债 | 9 月 17 日 | 10 年 | 3.44% |
| 2016 年记账式附息（二十二期）国债 | 10 月 27 日 | 3 年 | 2.29% |
| 2014 年记账式附息（二十六期）国债 | 10 月 30 日 | 5 年 | 3.53% |
| 2009 年记账式附息（二十七期）国债 | 11 月 5 日 | 10 年 | 3.68% |
| 2018 年记账式附息（二十六期）国债 | 11 月 22 日 | 1 年 | 2.41% |

## （二）以下记账式贴现国债于还本日（节假日顺延）按面值偿还

| 国债名称 | 还本付息日 | 期限 | 年利率 |
|---|---|---|---|
| 2018 年记账式贴现（三十三期）国债 | 1 月 14 日 | 182 天 | 贴现 |
| 2018 年记账式贴现（四十六期）国债 | 1 月 14 日 | 91 天 | 贴现 |
| 2018 年记账式贴现（四十八期）国债 | 1 月 21 日 | 91 天 | 贴现 |
| 2018 年记账式贴现（四十九期）国债 | 1 月 28 日 | 91 天 | 贴现 |
| 2018 年记账式贴现（五十期）国债 | 2 月 4 日 | 91 天 | 贴现 |
| 2018 年记账式贴现（三十八期）国债 | 2 月 11 日 | 182 天 | 贴现 |
| 2018 年记账式贴现（五十一期）国债 | 2 月 11 日 | 91 天 | 贴现 |
| 2018 年记账式贴现（五十三期）国债 | 2 月 18 日 | 91 天 | 贴现 |
| 2018 年记账式贴现（五十四期）国债 | 2 月 25 日 | 91 天 | 贴现 |
| 2018 年记账式贴现（五十五期）国债 | 3 月 4 日 | 91 天 | 贴现 |
| 2018 年记账式贴现（四十三期）国债 | 3 月 11 日 | 182 天 | 贴现 |
| 2018 年记账式贴现（五十六期）国债 | 3 月 11 日 | 91 天 | 贴现 |
| 2018 年记账式贴现（五十八期）国债 | 3 月 18 日 | 91 天 | 贴现 |
| 2018 年记账式贴现（五十九期）国债 | 3 月 25 日 | 91 天 | 贴现 |
| 2018 年记账式贴现（六十期）国债 | 4 月 3 日 | 91 天 | 贴现 |
| 2018 年记账式贴现（四十七期）国债 | 4 月 15 日 | 182 天 | 贴现 |
| 2018 年记账式贴现（五十二期）国债 | 5 月 13 日 | 182 天 | 贴现 |
| 2018 年记账式贴现（五十七期）国债 | 6 月 10 日 | 182 大 | 贴现 |

## 2019 年全国银行间债券市场国债现券日交易量统计表

| 日　　期 | 面额（亿元） | 日　　期 | 面额（亿元） |
|---|---|---|---|
| 2019 - 1 - 2 | 95.45 | 2019 - 2 - 27 | 964.93 |
| 2019 - 1 - 3 | 434.40 | 2019 - 2 - 28 | 818.24 |
| 2019 - 1 - 4 | 719.15 | 2019 - 3 - 1 | 673.26 |
| 2019 - 1 - 7 | 820.38 | 2019 - 3 - 4 | 1065.40 |
| 2019 - 1 - 8 | 741.24 | 2019 - 3 - 5 | 893.91 |
| 2019 - 1 - 9 | 975.79 | 2019 - 3 - 6 | 937.92 |
| 2019 - 1 - 10 | 839.37 | 2019 - 3 - 7 | 935.20 |
| 2019 - 1 - 11 | 500.49 | 2019 - 3 - 8 | 813.94 |
| 2019 - 1 - 14 | 625.28 | 2019 - 3 - 11 | 861.02 |
| 2019 - 1 - 15 | 738.80 | 2019 - 3 - 12 | 937.71 |
| 2019 - 1 - 16 | 950.05 | 2019 - 3 - 13 | 1083.01 |
| 2019 - 1 - 17 | 736.95 | 2019 - 3 - 14 | 954.37 |
| 2019 - 1 - 18 | 685.60 | 2019 - 3 - 15 | 770.76 |
| 2019 - 1 - 21 | 684.18 | 2019 - 3 - 18 | 728.09 |
| 2019 - 1 - 22 | 753.25 | 2019 - 3 - 19 | 769.58 |
| 2019 - 1 - 23 | 866.15 | 2019 - 3 - 20 | 806.75 |
| 2019 - 1 - 24 | 714.90 | 2019 - 3 - 21 | 1086.27 |
| 2019 - 1 - 25 | 683.37 | 2019 - 3 - 22 | 1039.87 |
| 2019 - 1 - 28 | 571.24 | 2019 - 3 - 25 | 962.03 |
| 2019 - 1 - 29 | 702.74 | 2019 - 3 - 26 | 550.12 |
| 2019 - 1 - 30 | 612.20 | 2019 - 3 - 27 | 677.40 |
| 2019 - 1 - 31 | 461.13 | 2019 - 3 - 28 | 501.13 |
| 2019 - 2 - 1 | 307.75 | 2019 - 3 - 29 | 837.76 |
| 2019 - 2 - 2 | 65.98 | 2019 - 4 - 1 | 507.40 |
| 2019 - 2 - 3 | 60.00 | 2019 - 4 - 2 | 674.56 |
| 2019 - 2 - 11 | 107.50 | 2019 - 4 - 3 | 910.73 |
| 2019 - 2 - 12 | 545.20 | 2019 - 4 - 4 | 813.31 |
| 2019 - 2 - 13 | 758.31 | 2019 - 4 - 8 | 747.65 |
| 2019 - 2 - 14 | 863.99 | 2019 - 4 - 9 | 1414.91 |
| 2019 - 2 - 15 | 1017.38 | 2019 - 4 - 10 | 876.49 |
| 2019 - 2 - 18 | 880.28 | 2019 - 4 - 11 | 713.00 |
| 2019 - 2 - 19 | 1168.60 | 2019 - 4 - 12 | 760.90 |
| 2019 - 2 - 20 | 974.17 | 2019 - 4 - 15 | 1204.31 |
| 2019 - 2 - 21 | 1108.68 | 2019 - 4 - 16 | 593.99 |
| 2019 - 2 - 22 | 1048.60 | 2019 - 4 - 17 | 687.08 |
| 2019 - 2 - 25 | 800.81 | 2019 - 4 - 18 | 776.10 |
| 2019 - 2 - 26 | 854.10 | 2019 - 4 - 19 | 576.03 |

续表

| 日　　期 | 面额（亿元） | 日　　期 | 面额（亿元） |
| --- | --- | --- | --- |
| 2019－4－22 | 1429.43 | 2019－6－18 | 519.14 |
| 2019－4－23 | 848.70 | 2019－6－19 | 931.76 |
| 2019－4－24 | 1155.47 | 2019－6－20 | 880.59 |
| 2019－4－25 | 837.34 | 2019－6－21 | 888.96 |
| 2019－4－26 | 720.36 | 2019－6－24 | 1452.10 |
| 2019－4－28 | 379.30 | 2019－6－25 | 1214.40 |
| 2019－4－29 | 459.50 | 2019－6－26 | 1093.64 |
| 2019－4－30 | 867.14 | 2019－6－27 | 946.14 |
| 2019－5－5 | 256.56 | 2019－6－28 | 557.93 |
| 2019－5－6 | 351.57 | 2019－7－1 | 606.63 |
| 2019－5－7 | 697.67 | 2019－7－2 | 1083.81 |
| 2019－5－8 | 951.33 | 2019－7－3 | 1177.19 |
| 2019－5－9 | 1123.53 | 2019－7－4 | 1115.06 |
| 2019－5－10 | 999.48 | 2019－7－5 | 1202.21 |
| 2019－5－13 | 1462.18 | 2019－7－8 | 1436.83 |
| 2019－5－14 | 1237.03 | 2019－7－9 | 1233.66 |
| 2019－5－15 | 1231.80 | 2019－7－10 | 1140.49 |
| 2019－5－16 | 1198.84 | 2019－7－11 | 1183.96 |
| 2019－5－17 | 1340.69 | 2019－7－12 | 1152.15 |
| 2019－5－20 | 1679.81 | 2019－7－15 | 1431.47 |
| 2019－5－21 | 877.87 | 2019－7－16 | 1292.69 |
| 2019－5－22 | 1353.05 | 2019－7－17 | 1189.23 |
| 2019－5－23 | 1074.46 | 2019－7－18 | 1075.95 |
| 2019－5－24 | 1125.02 | 2019－7－19 | 1087.55 |
| 2019－5－27 | 1548.56 | 2019－7－22 | 1469.79 |
| 2019－5－28 | 1006.75 | 2019－7－23 | 1204.64 |
| 2019－5－29 | 867.48 | 2019－7－24 | 1515.01 |
| 2019－5－30 | 1146.25 | 2019－7－25 | 1350.75 |
| 2019－5－31 | 884.19 | 2019－7－26 | 1111.76 |
| 2019－6－3 | 701.01 | 2019－7－29 | 1047.04 |
| 2019－6－4 | 1040.58 | 2019－7－30 | 1479.72 |
| 2019－6－5 | 1495.48 | 2019－7－31 | 885.41 |
| 2019－6－6 | 1265.51 | 2019－8－1 | 1021.07 |
| 2019－6－10 | 981.34 | 2019－8－2 | 1268.07 |
| 2019－6－11 | 1633.80 | 2019－8－5 | 1158.59 |
| 2019－6－12 | 1153.10 | 2019－8－6 | 1549.30 |
| 2019－6－13 | 1020.03 | 2019－8－7 | 1748.20 |
| 2019－6－14 | 890.40 | 2019－8－8 | 1748.16 |
| 2019－6－17 | 1262.78 | 2019－8－9 | 1540.67 |

续表

| 日　　期 | 面额（亿元） | 日　　期 | 面额（亿元） |
|---|---|---|---|
| 2019 - 8 - 12 | 2140. 37 | 2019 - 10 - 11 | 1841. 25 |
| 2019 - 8 - 13 | 1613. 21 | 2019 - 10 - 12 | 701. 57 |
| 2019 - 8 - 14 | 1803. 08 | 2019 - 10 - 14 | 1434. 02 |
| 2019 - 8 - 15 | 1735. 01 | 2019 - 10 - 15 | 1901. 77 |
| 2019 - 8 - 16 | 1670. 42 | 2019 - 10 - 16 | 2035. 35 |
| 2019 - 8 - 19 | 2036. 29 | 2019 - 10 - 17 | 1809. 93 |
| 2019 - 8 - 20 | 1645. 60 | 2019 - 10 - 18 | 1824. 57 |
| 2019 - 8 - 21 | 1734. 33 | 2019 - 10 - 21 | 2011. 35 |
| 2019 - 8 - 22 | 1471. 17 | 2019 - 10 - 22 | 2081. 59 |
| 2019 - 8 - 23 | 1283. 18 | 2019 - 10 - 23 | 2601. 31 |
| 2019 - 8 - 26 | 1860. 08 | 2019 - 10 - 24 | 2368. 78 |
| 2019 - 8 - 27 | 1689. 83 | 2019 - 10 - 25 | 1775. 52 |
| 2019 - 8 - 28 | 1291. 34 | 2019 - 10 - 28 | 2348. 75 |
| 2019 - 8 - 29 | 1714. 00 | 2019 - 10 - 29 | 2627. 33 |
| 2019 - 8 - 30 | 1319. 16 | 2019 - 10 - 30 | 2539. 76 |
| 2019 - 9 - 2 | 836. 67 | 2019 - 10 - 31 | 1533. 09 |
| 2019 - 9 - 3 | 1951. 93 | 2019 - 11 - 1 | 1901. 43 |
| 2019 - 9 - 4 | 2204. 52 | 2019 - 11 - 4 | 1768. 13 |
| 2019 - 9 - 5 | 1827. 33 | 2019 - 11 - 5 | 2305. 50 |
| 2019 - 9 - 6 | 1773. 34 | 2019 - 11 - 6 | 2205. 50 |
| 2019 - 9 - 9 | 2472. 68 | 2019 - 11 - 7 | 2690. 35 |
| 2019 - 9 - 10 | 2273. 69 | 2019 - 11 - 8 | 2288. 16 |
| 2019 - 9 - 11 | 1859. 95 | 2019 - 11 - 11 | 2505. 55 |
| 2019 - 9 - 12 | 1616. 36 | 2019 - 11 - 12 | 3113. 33 |
| 2019 - 9 - 16 | 1273. 27 | 2019 - 11 - 13 | 1981. 56 |
| 2019 - 9 - 17 | 1965. 47 | 2019 - 11 - 14 | 2763. 37 |
| 2019 - 9 - 18 | 1943. 04 | 2019 - 11 - 15 | 2323. 47 |
| 2019 - 9 - 19 | 1758. 94 | 2019 - 11 - 18 | 2521. 53 |
| 2019 - 9 - 20 | 2028. 47 | 2019 - 11 - 19 | 2387. 74 |
| 2019 - 9 - 23 | 2436. 36 | 2019 - 11 - 20 | 2640. 65 |
| 2019 - 9 - 24 | 2348. 88 | 2019 - 11 - 21 | 2301. 76 |
| 2019 - 9 - 25 | 2371. 57 | 2019 - 11 - 22 | 2015. 06 |
| 2019 - 9 - 26 | 1997. 68 | 2019 - 11 - 25 | 2173. 99 |
| 2019 - 9 - 27 | 1914. 84 | 2019 - 11 - 26 | 2562. 99 |
| 2019 - 9 - 29 | 286. 20 | 2019 - 11 - 27 | 2403. 68 |
| 2019 - 9 - 30 | 123. 25 | 2019 - 11 - 28 | 2578. 91 |
| 2019 - 10 - 8 | 310. 32 | 2019 - 11 - 29 | 1883. 96 |
| 2019 - 10 - 9 | 1565. 85 | 2019 - 12 - 2 | 1267. 54 |
| 2019 - 10 - 10 | 1875. 21 | 2019 - 12 - 3 | 2304. 15 |

续表

| 日　期 | 面额（亿元） | 日　期 | 面额（亿元） |
|---|---|---|---|
| 2019-12-4 | 2497.58 | 2019-12-19 | 2999.93 |
| 2019-12-5 | 2565.80 | 2019-12-20 | 2776.15 |
| 2019-12-6 | 2411.64 | 2019-12-23 | 2697.61 |
| 2019-12-9 | 2791.06 | 2019-12-24 | 2704.76 |
| 2019-12-10 | 2559.01 | 2019-12-25 | 2332.72 |
| 2019-12-11 | 2902.52 | 2019-12-26 | 1373.77 |
| 2019-12-12 | 2830.79 | 2019-12-27 | 1333.88 |
| 2019-12-13 | 2693.73 | 2019-12-30 | 704.72 |
| 2019-12-16 | 2401.82 | 2019-12-31 | 221.90 |
| 2019-12-17 | 3118.65 | 汇总 | 340239.88 |
| 2019-12-18 | 3029.02 | | |

数据来源：中央国债登记结算有限责任公司。

# 2019 年全国银行间债券市场国债指数统计表

| 日期 | 财富 | 全价 | 净价 | 平均现金流法到期收益率（%） | 平均待偿期（年） |
|---|---|---|---|---|---|
| 2019-1-2 | 183.4889 | 121.5424 | 118.6641 | 3.3309 | 9.2746 |
| 2019-1-3 | 183.6008 | 121.6165 | 118.7261 | 3.3233 | 9.2719 |
| 2019-1-4 | 183.5155 | 121.5600 | 118.6590 | 3.3315 | 9.2691 |
| 2019-1-7 | 183.4784 | 121.5354 | 118.6010 | 3.3376 | 9.2435 |
| 2019-1-8 | 183.8706 | 121.7952 | 118.8465 | 3.3073 | 9.2407 |
| 2019-1-9 | 183.7506 | 121.7157 | 118.7567 | 3.3183 | 9.2380 |
| 2019-1-10 | 183.6710 | 121.6630 | 118.6933 | 3.3261 | 9.2353 |
| 2019-1-11 | 183.6747 | 121.6654 | 118.6844 | 3.3271 | 9.2325 |
| 2019-1-14 | 183.5561 | 121.5498 | 118.5730 | 3.3399 | 9.2009 |
| 2019-1-15 | 183.4864 | 121.5037 | 118.5162 | 3.3469 | 9.1982 |
| 2019-1-16 | 184.0784 | 121.8444 | 118.8925 | 3.3003 | 9.1955 |
| 2019-1-17 | 184.1646 | 121.9014 | 118.9377 | 3.2946 | 9.1927 |
| 2019-1-18 | 183.9865 | 121.7545 | 118.8098 | 3.3103 | 9.1900 |
| 2019-1-21 | 183.9501 | 121.7164 | 118.7522 | 3.3175 | 9.2313 |
| 2019-1-22 | 183.9577 | 121.6984 | 118.7460 | 3.3182 | 9.2286 |
| 2019-1-23 | 183.9546 | 121.6757 | 118.7326 | 3.3198 | 9.2258 |
| 2019-1-24 | 183.8265 | 121.5316 | 118.6377 | 3.3315 | 9.2231 |
| 2019-1-25 | 183.7542 | 121.4580 | 118.5791 | 3.3397 | 9.2872 |
| 2019-1-28 | 183.6533 | 121.3734 | 118.4794 | 3.3518 | 9.2790 |
| 2019-1-29 | 183.9123 | 121.5381 | 118.6373 | 3.3323 | 9.2762 |
| 2019-1-30 | 184.0684 | 121.6413 | 118.7280 | 3.3211 | 9.2735 |
| 2019-1-31 | 184.1739 | 121.7052 | 118.7857 | 3.3140 | 9.2707 |
| 2019-2-1 | 184.2048 | 121.7103 | 118.7946 | 3.3128 | 9.2680 |
| 2019-2-2 | 184.2985 | 121.7655 | 118.8445 | 3.3066 | 9.2652 |
| 2019-2-3 | 184.3678 | 121.7881 | 118.8785 | 3.3024 | 9.2625 |
| 2019-2-11 | 184.5642 | 121.8675 | 118.9165 | 3.2986 | 9.3202 |
| 2019-2-12 | 184.6153 | 121.8948 | 118.9386 | 3.2958 | 9.3174 |
| 2019-2-13 | 184.6839 | 121.9400 | 118.9720 | 3.2917 | 9.3147 |
| 2019-2-14 | 184.6355 | 121.9081 | 118.9292 | 3.2968 | 9.3120 |
| 2019-2-15 | 184.6119 | 121.8925 | 118.9025 | 3.3000 | 9.3092 |
| 2019-2-18 | 184.4168 | 121.7099 | 118.7413 | 3.3186 | 9.2827 |
| 2019-2-19 | 184.4203 | 121.7073 | 118.7323 | 3.3197 | 9.2800 |
| 2019-2-20 | 184.4466 | 121.7077 | 118.7381 | 3.3189 | 9.2772 |
| 2019-2-21 | 184.4101 | 121.6676 | 118.7031 | 3.3232 | 9.2745 |
| 2019-2-22 | 184.4918 | 121.6765 | 118.7450 | 3.3180 | 9.2717 |

续表

| 日期 | 财富 | 全价 | 净价 | 平均现金流法到期收益率（%） | 平均待偿期（年） |
| --- | --- | --- | --- | --- | --- |
| 2019－2－25 | 184.0347 | 121.3331 | 118.4132 | 3.3582 | 9.2543 |
| 2019－2－26 | 183.7921 | 121.1731 | 118.2438 | 3.3788 | 9.2371 |
| 2019－2－27 | 183.9969 | 121.3022 | 118.3660 | 3.3657 | 9.2748 |
| 2019－2－28 | 183.9204 | 121.2450 | 118.3048 | 3.3732 | 9.2721 |
| 2019－3－1 | 183.8146 | 121.1696 | 118.2246 | 3.3831 | 9.2693 |
| 2019－3－4 | 183.7602 | 121.1276 | 118.1552 | 3.3912 | 9.2620 |
| 2019－3－5 | 183.6462 | 121.0524 | 118.0697 | 3.4018 | 9.2592 |
| 2019－3－6 | 183.6604 | 121.0618 | 118.0677 | 3.4020 | 9.2565 |
| 2019－3－7 | 183.9455 | 121.2497 | 118.2421 | 3.3803 | 9.2537 |
| 2019－3－8 | 184.1443 | 121.3346 | 118.3603 | 3.3656 | 9.2510 |
| 2019－3－11 | 184.2347 | 121.3941 | 118.3854 | 3.3620 | 9.2378 |
| 2019－3－12 | 184.2027 | 121.3730 | 118.3532 | 3.3655 | 9.2227 |
| 2019－3－13 | 184.2146 | 121.3809 | 118.3497 | 3.3659 | 9.2200 |
| 2019－3－14 | 184.1420 | 121.3331 | 118.2911 | 3.3732 | 9.2172 |
| 2019－3－15 | 184.2098 | 121.3778 | 118.3240 | 3.3690 | 9.2145 |
| 2019－3－18 | 184.2542 | 121.2990 | 118.3190 | 3.3691 | 9.1971 |
| 2019－3－19 | 184.2919 | 121.3045 | 118.3324 | 3.3674 | 9.1944 |
| 2019－3－20 | 184.2431 | 121.2509 | 118.2893 | 3.3728 | 9.1916 |
| 2019－3－21 | 184.3712 | 121.3352 | 118.3613 | 3.3637 | 9.1889 |
| 2019－3－22 | 184.6138 | 121.4893 | 118.5079 | 3.3454 | 9.1861 |
| 2019－3－25 | 184.8711 | 121.6536 | 118.6414 | 3.3281 | 9.1789 |
| 2019－3－26 | 184.9929 | 121.7338 | 118.7094 | 3.3200 | 9.1970 |
| 2019－3－27 | 184.9500 | 121.6990 | 118.6702 | 3.3248 | 9.1943 |
| 2019－3－28 | 185.0605 | 121.7717 | 118.7307 | 3.3172 | 9.1915 |
| 2019－3－29 | 185.1911 | 121.8482 | 118.8044 | 3.3081 | 9.1888 |
| 2019－4－1 | 184.6941 | 121.5212 | 118.4474 | 3.3522 | 9.1805 |
| 2019－4－2 | 184.5116 | 121.4011 | 118.3174 | 3.3684 | 9.1778 |
| 2019－4－3 | 183.8553 | 120.9276 | 117.8793 | 3.4234 | 9.1750 |
| 2019－4－4 | 183.6423 | 120.7875 | 117.7296 | 3.4423 | 9.1723 |
| 2019－4－8 | 183.7192 | 120.8381 | 117.7345 | 3.4416 | 9.1613 |
| 2019－4－9 | 183.3119 | 120.5466 | 117.4585 | 3.4751 | 9.1176 |
| 2019－4－10 | 183.2652 | 120.5158 | 117.4169 | 3.4804 | 9.1149 |
| 2019－4－11 | 183.3003 | 120.5389 | 117.4284 | 3.4790 | 9.1121 |
| 2019－4－12 | 183.0437 | 120.3190 | 117.2504 | 3.5018 | 9.1094 |
| 2019－4－15 | 182.4742 | 119.8439 | 116.8467 | 3.5536 | 9.0772 |
| 2019－4－16 | 182.1981 | 119.6267 | 116.6563 | 3.5775 | 9.0555 |
| 2019－4－17 | 182.1756 | 119.6069 | 116.6304 | 3.5809 | 9.0528 |
| 2019－4－18 | 182.5006 | 119.7864 | 116.8301 | 3.5548 | 9.0500 |

续表

| 日期 | 财富 | 全价 | 净价 | 平均现金流法到期收益率（%） | 平均待偿期（年） |
|---|---|---|---|---|---|
| 2019-4-19 | 182.3578 | 119.6179 | 116.7262 | 3.5695 | 9.1193 |
| 2019-4-22 | 182.1286 | 119.4352 | 116.5438 | 3.5931 | 9.1829 |
| 2019-4-23 | 182.1266 | 119.3996 | 116.5313 | 3.5948 | 9.1801 |
| 2019-4-24 | 181.8501 | 119.2183 | 116.3408 | 3.6231 | 9.2510 |
| 2019-4-25 | 182.0201 | 119.3118 | 116.4397 | 3.6103 | 9.2483 |
| 2019-4-26 | 182.1861 | 119.4206 | 116.5360 | 3.5980 | 9.2455 |
| 2019-4-28 | 182.2429 | 119.4180 | 116.5503 | 3.5976 | 9.3280 |
| 2019-4-29 | 182.1728 | 119.3721 | 116.4937 | 3.6048 | 9.3252 |
| 2019-4-30 | 182.3750 | 119.5046 | 116.6133 | 3.5896 | 9.3225 |
| 2019-5-5 | 182.5073 | 119.5216 | 116.6426 | 3.5860 | 9.3087 |
| 2019-5-6 | 182.8385 | 119.7385 | 116.8457 | 3.5601 | 9.3060 |
| 2019-5-7 | 182.7639 | 119.6897 | 116.7862 | 3.5677 | 9.3032 |
| 2019-5-8 | 182.9079 | 119.7768 | 116.8681 | 3.5573 | 9.3005 |
| 2019-5-9 | 183.1850 | 119.9582 | 117.0362 | 3.5360 | 9.2978 |
| 2019-5-10 | 183.2240 | 119.9768 | 117.0502 | 3.5342 | 9.2950 |
| 2019-5-13 | 183.5014 | 120.1530 | 117.1959 | 3.5139 | 9.2418 |
| 2019-5-14 | 183.3726 | 120.0686 | 117.1013 | 3.5262 | 9.2629 |
| 2019-5-15 | 183.3922 | 120.0543 | 117.1028 | 3.5261 | 9.2602 |
| 2019-5-16 | 183.5628 | 120.1660 | 117.2019 | 3.5135 | 9.2575 |
| 2019-5-17 | 183.4423 | 120.0358 | 117.1127 | 3.5248 | 9.2547 |
| 2019-5-20 | 183.4737 | 120.0174 | 117.0994 | 3.5248 | 9.2011 |
| 2019-5-21 | 183.3450 | 119.9213 | 117.0049 | 3.5369 | 9.1984 |
| 2019-5-22 | 183.2219 | 119.8007 | 116.9142 | 3.5523 | 9.2676 |
| 2019-5-23 | 183.3870 | 119.8798 | 117.0096 | 3.5402 | 9.2644 |
| 2019-5-24 | 183.4464 | 119.8828 | 117.0367 | 3.5367 | 9.2616 |
| 2019-5-27 | 183.1361 | 119.6549 | 116.8027 | 3.5667 | 9.2534 |
| 2019-5-28 | 183.3716 | 119.7774 | 116.9435 | 3.5475 | 9.2541 |
| 2019-5-29 | 183.6721 | 119.9737 | 117.1263 | 3.5254 | 9.3236 |
| 2019-5-30 | 183.7880 | 120.0446 | 117.1899 | 3.5174 | 9.3209 |
| 2019-5-31 | 183.7669 | 120.0308 | 117.1651 | 3.5205 | 9.3181 |
| 2019-6-3 | 184.0864 | 120.2395 | 117.3376 | 3.4988 | 9.3099 |
| 2019-6-4 | 184.4471 | 120.4751 | 117.5592 | 3.4710 | 9.3072 |
| 2019-6-5 | 184.5719 | 120.5566 | 117.6285 | 3.4662 | 9.3766 |
| 2019-6-6 | 184.6689 | 120.6199 | 117.6799 | 3.4598 | 9.3739 |
| 2019-6-10 | 184.5952 | 120.5083 | 117.5875 | 3.4713 | 9.3629 |
| 2019-6-11 | 184.2429 | 120.2724 | 117.3490 | 3.5002 | 9.3295 |
| 2019-6-12 | 184.2724 | 120.2917 | 117.3568 | 3.4984 | 9.3160 |
| 2019-6-13 | 184.4503 | 120.4021 | 117.4604 | 3.4854 | 9.3133 |

续表

| 日期 | 财富 | 全价 | 净价 | 平均现金流法到期收益率（%） | 平均待偿期（年） |
|---|---|---|---|---|---|
| 2019-6-14 | 184.7270 | 120.5827 | 117.6276 | 3.4644 | 9.3105 |
| 2019-6-17 | 184.8575 | 120.6106 | 117.6782 | 3.4564 | 9.2572 |
| 2019-6-18 | 184.8122 | 120.5668 | 117.6378 | 3.4615 | 9.2544 |
| 2019-6-19 | 184.7033 | 120.4771 | 117.5564 | 3.4717 | 9.2517 |
| 2019-6-20 | 184.8371 | 120.5644 | 117.6314 | 3.4623 | 9.2489 |
| 2019-6-21 | 184.8148 | 120.5436 | 117.6058 | 3.4655 | 9.2462 |
| 2019-6-24 | 184.6826 | 120.3949 | 117.4871 | 3.4791 | 9.2411 |
| 2019-6-25 | 184.7661 | 120.4493 | 117.5297 | 3.4741 | 9.2603 |
| 2019-6-26 | 184.7010 | 120.4005 | 117.4766 | 3.4808 | 9.2575 |
| 2019-6-27 | 184.6477 | 120.3657 | 117.4310 | 3.4928 | 9.4006 |
| 2019-6-28 | 184.8422 | 120.4863 | 117.5452 | 3.4786 | 9.3979 |
| 2019-7-1 | 184.9143 | 120.5332 | 117.5580 | 3.4770 | 9.3897 |
| 2019-7-2 | 185.5105 | 120.9219 | 117.9307 | 3.4306 | 9.3870 |
| 2019-7-3 | 185.7133 | 121.0168 | 118.0501 | 3.4158 | 9.3842 |
| 2019-7-4 | 185.8218 | 121.0875 | 118.1088 | 3.4085 | 9.3815 |
| 2019-7-5 | 185.7132 | 120.9725 | 118.0277 | 3.4185 | 9.3788 |
| 2019-7-8 | 185.6262 | 120.9158 | 117.9382 | 3.4278 | 9.3292 |
| 2019-7-9 | 185.6785 | 120.9174 | 117.9606 | 3.4250 | 9.3265 |
| 2019-7-10 | 185.6646 | 120.9084 | 117.9405 | 3.4274 | 9.3238 |
| 2019-7-11 | 185.7640 | 120.9390 | 117.9933 | 3.4208 | 9.3210 |
| 2019-7-12 | 185.8803 | 120.9398 | 118.0569 | 3.4140 | 9.3893 |
| 2019-7-15 | 185.7502 | 120.7798 | 117.9397 | 3.4283 | 9.4319 |
| 2019-7-16 | 185.7304 | 120.7495 | 117.9158 | 3.4308 | 9.4094 |
| 2019-7-17 | 185.6912 | 120.7240 | 117.8795 | 3.4352 | 9.4067 |
| 2019-7-18 | 185.8111 | 120.8020 | 117.9453 | 3.4271 | 9.4028 |
| 2019-7-19 | 185.7433 | 120.7579 | 117.8906 | 3.4338 | 9.4001 |
| 2019-7-22 | 185.9298 | 120.8657 | 117.9769 | 3.4218 | 9.3936 |
| 2019-7-23 | 186.0097 | 120.8977 | 118.0170 | 3.4169 | 9.3909 |
| 2019-7-24 | 185.8519 | 120.7690 | 117.9045 | 3.4308 | 9.3882 |
| 2019-7-25 | 185.9366 | 120.8240 | 117.9478 | 3.4294 | 9.4588 |
| 2019-7-26 | 185.9275 | 120.8181 | 117.9307 | 3.4315 | 9.4561 |
| 2019-7-29 | 185.8332 | 120.7335 | 117.8367 | 3.4443 | 9.5348 |
| 2019-7-30 | 185.8750 | 120.7606 | 117.8523 | 3.4424 | 9.5321 |
| 2019-7-31 | 186.1108 | 120.9082 | 117.9925 | 3.4252 | 9.5294 |
| 2019-8-1 | 186.1974 | 120.9497 | 118.0369 | 3.4198 | 9.5266 |
| 2019-8-2 | 186.7452 | 121.2992 | 118.3772 | 3.3784 | 9.5239 |
| 2019-8-5 | 187.2414 | 121.5782 | 118.6621 | 3.3439 | 9.5157 |
| 2019-8-6 | 187.1705 | 121.5321 | 118.6054 | 3.3509 | 9.5377 |

续表

| 日期 | 财富 | 全价 | 净价 | 平均现金流法到期收益率（%） | 平均待偿期（年） |
|---|---|---|---|---|---|
| 2019-8-7 | 187.3432 | 121.6442 | 118.7050 | 3.3389 | 9.5349 |
| 2019-8-8 | 187.4053 | 121.6845 | 118.7337 | 3.3354 | 9.5322 |
| 2019-8-9 | 187.6844 | 121.8522 | 118.9016 | 3.3152 | 9.5295 |
| 2019-8-12 | 187.5922 | 121.7729 | 118.8090 | 3.3253 | 9.5095 |
| 2019-8-13 | 187.9264 | 121.9899 | 119.0121 | 3.2999 | 9.4783 |
| 2019-8-14 | 188.1264 | 122.1197 | 119.1291 | 3.2858 | 9.4756 |
| 2019-8-15 | 188.2028 | 122.1693 | 119.1670 | 3.2812 | 9.4728 |
| 2019-8-16 | 188.1249 | 122.0813 | 119.1059 | 3.2885 | 9.4701 |
| 2019-8-19 | 188.2636 | 122.1531 | 119.1614 | 3.2802 | 9.4170 |
| 2019-8-20 | 188.1626 | 122.0716 | 119.0855 | 3.2893 | 9.4142 |
| 2019-8-21 | 187.9117 | 121.8938 | 118.9136 | 3.3130 | 9.4834 |
| 2019-8-22 | 187.8899 | 121.8373 | 118.8885 | 3.3159 | 9.4794 |
| 2019-8-23 | 187.8455 | 121.7757 | 118.8490 | 3.3207 | 9.4767 |
| 2019-8-26 | 188.0612 | 121.9089 | 118.9536 | 3.3066 | 9.4697 |
| 2019-8-27 | 187.9738 | 121.8467 | 118.8866 | 3.3146 | 9.4670 |
| 2019-8-28 | 187.9755 | 121.8414 | 118.8766 | 3.3158 | 9.4642 |
| 2019-8-29 | 188.1914 | 121.9814 | 119.0036 | 3.3004 | 9.4615 |
| 2019-8-30 | 187.8974 | 121.7908 | 118.8043 | 3.3244 | 9.4588 |
| 2019-9-2 | 187.7863 | 121.6763 | 118.6998 | 3.3369 | 9.4506 |
| 2019-9-3 | 187.8049 | 121.6883 | 118.7006 | 3.3368 | 9.4479 |
| 2019-9-4 | 187.9902 | 121.8084 | 118.8081 | 3.3271 | 9.5168 |
| 2019-9-5 | 188.4645 | 122.1157 | 119.1004 | 3.2920 | 9.5141 |
| 2019-9-6 | 188.5476 | 122.1233 | 119.1425 | 3.2869 | 9.5114 |
| 2019-9-9 | 188.4949 | 122.0891 | 119.0754 | 3.2938 | 9.5273 |
| 2019-9-10 | 188.3653 | 122.0051 | 118.9814 | 3.3050 | 9.5246 |
| 2019-9-11 | 188.3326 | 121.9840 | 118.9494 | 3.3088 | 9.5219 |
| 2019-9-12 | 188.0340 | 121.7906 | 118.7473 | 3.3330 | 9.5191 |
| 2019-9-16 | 188.0541 | 121.7919 | 118.7157 | 3.3367 | 9.5082 |
| 2019-9-17 | 187.9702 | 121.7314 | 118.6509 | 3.3430 | 9.4763 |
| 2019-9-18 | 187.6925 | 121.5245 | 118.4622 | 3.3659 | 9.4736 |
| 2019-9-19 | 187.8194 | 121.5514 | 118.5323 | 3.3573 | 9.4696 |
| 2019-9-20 | 187.8527 | 121.5527 | 118.5424 | 3.3560 | 9.4669 |
| 2019-9-23 | 187.8893 | 121.5283 | 118.5325 | 3.3558 | 9.4597 |
| 2019-9-24 | 187.7613 | 121.4455 | 118.4396 | 3.3671 | 9.4569 |
| 2019-9-25 | 187.7651 | 121.4479 | 118.4309 | 3.3744 | 9.5896 |
| 2019-9-26 | 187.6012 | 121.3419 | 118.3151 | 3.3884 | 9.5869 |
| 2019-9-27 | 187.5003 | 121.2706 | 118.2395 | 3.3975 | 9.5841 |
| 2019-9-29 | 187.5983 | 121.3252 | 118.2799 | 3.3926 | 9.5787 |

续表

| 日期 | 财富 | 全价 | 净价 | 平均现金流法到期收益率（%） | 平均待偿期（年） |
|---|---|---|---|---|---|
| 2019 - 9 - 30 | 187.5573 | 121.2987 | 118.2426 | 3.3971 | 9.5759 |
| 2019 - 10 - 8 | 187.9403 | 121.5464 | 118.3982 | 3.3781 | 9.5541 |
| 2019 - 10 - 9 | 187.9853 | 121.5533 | 118.4159 | 3.3759 | 9.5514 |
| 2019 - 10 - 10 | 187.8496 | 121.4655 | 118.3181 | 3.3878 | 9.5487 |
| 2019 - 10 - 11 | 187.6714 | 121.2946 | 118.1932 | 3.4029 | 9.5459 |
| 2019 - 10 - 12 | 187.4798 | 121.1707 | 118.0598 | 3.4174 | 9.5040 |
| 2019 - 10 - 14 | 187.5761 | 121.2330 | 118.0991 | 3.4126 | 9.4986 |
| 2019 - 10 - 15 | 187.5009 | 121.1568 | 118.0400 | 3.4198 | 9.4959 |
| 2019 - 10 - 16 | 187.5732 | 121.2035 | 118.0750 | 3.4155 | 9.4932 |
| 2019 - 10 - 17 | 187.6744 | 121.2260 | 118.1285 | 3.4089 | 9.4894 |
| 2019 - 10 - 18 | 187.4450 | 120.9854 | 117.9710 | 3.4294 | 9.5555 |
| 2019 - 10 - 21 | 187.1516 | 120.7310 | 117.7507 | 3.4568 | 9.5997 |
| 2019 - 10 - 22 | 187.1339 | 120.6365 | 117.7284 | 3.4584 | 9.5780 |
| 2019 - 10 - 23 | 187.2023 | 120.6155 | 117.7608 | 3.4576 | 9.6389 |
| 2019 - 10 - 24 | 187.2283 | 120.6323 | 117.7662 | 3.4569 | 9.6362 |
| 2019 - 10 - 25 | 187.1097 | 120.5390 | 117.6797 | 3.4675 | 9.6334 |
| 2019 - 10 - 28 | 186.6698 | 120.2186 | 117.3666 | 3.5055 | 9.6993 |
| 2019 - 10 - 29 | 186.6292 | 120.1925 | 117.3298 | 3.5103 | 9.7205 |
| 2019 - 10 - 30 | 186.3996 | 120.0446 | 117.1727 | 3.5295 | 9.7178 |
| 2019 - 10 - 31 | 186.6459 | 120.2032 | 117.3182 | 3.5118 | 9.7151 |
| 2019 - 11 - 1 | 186.8446 | 120.3312 | 117.4334 | 3.4977 | 9.7124 |
| 2019 - 11 - 4 | 186.7002 | 120.1902 | 117.3084 | 3.5130 | 9.7042 |
| 2019 - 11 - 5 | 187.1327 | 120.4516 | 117.5722 | 3.4809 | 9.7014 |
| 2019 - 11 - 6 | 187.1699 | 120.4756 | 117.5848 | 3.4794 | 9.6987 |
| 2019 - 11 - 7 | 187.0599 | 120.4048 | 117.5038 | 3.4892 | 9.6960 |
| 2019 - 11 - 8 | 187.0366 | 120.3830 | 117.4779 | 3.4924 | 9.6933 |
| 2019 - 11 - 11 | 187.2391 | 120.5069 | 117.5733 | 3.4791 | 9.6457 |
| 2019 - 11 - 12 | 187.2871 | 120.5378 | 117.5927 | 3.4767 | 9.6429 |
| 2019 - 11 - 13 | 187.4098 | 120.6168 | 117.6597 | 3.4686 | 9.6402 |
| 2019 - 11 - 14 | 187.2822 | 120.5347 | 117.5675 | 3.4798 | 9.6375 |
| 2019 - 11 - 15 | 187.4751 | 120.6335 | 117.6790 | 3.4662 | 9.6347 |
| 2019 - 11 - 18 | 187.9424 | 120.8495 | 117.9426 | 3.4335 | 9.6351 |
| 2019 - 11 - 19 | 188.2750 | 121.0504 | 118.1427 | 3.4086 | 9.6088 |
| 2019 - 11 - 20 | 188.2993 | 121.0548 | 118.1470 | 3.4113 | 9.6742 |
| 2019 - 11 - 21 | 188.4636 | 121.1493 | 118.2403 | 3.4000 | 9.6706 |
| 2019 - 11 - 22 | 188.5055 | 121.1387 | 118.2558 | 3.3982 | 9.6678 |
| 2019 - 11 - 25 | 188.3147 | 120.9017 | 118.1015 | 3.4167 | 9.6596 |
| 2019 - 11 - 26 | 188.4352 | 120.9656 | 118.1668 | 3.4078 | 9.6582 |

续表

| 日期 | 财富 | 全价 | 净价 | 平均现金流法到期收益率（%） | 平均待偿期（年） |
|---|---|---|---|---|---|
| 2019-11-27 | 188.4416 | 120.9652 | 118.1598 | 3.4086 | 9.6555 |
| 2019-11-28 | 188.4911 | 120.9969 | 118.1801 | 3.4062 | 9.6527 |
| 2019-11-29 | 188.5883 | 121.0593 | 118.2306 | 3.4001 | 9.6500 |
| 2019-12-2 | 188.3487 | 120.9010 | 118.0455 | 3.4224 | 9.6418 |
| 2019-12-3 | 188.4885 | 120.9908 | 118.1230 | 3.4130 | 9.6391 |
| 2019-12-4 | 188.6132 | 121.0708 | 118.1909 | 3.4080 | 9.7032 |
| 2019-12-5 | 188.6185 | 121.0742 | 118.1833 | 3.4089 | 9.7004 |
| 2019-12-6 | 188.6059 | 120.9963 | 118.1641 | 3.4112 | 9.6979 |
| 2019-12-9 | 188.5768 | 120.9652 | 118.1125 | 3.4165 | 9.6599 |
| 2019-12-10 | 188.6580 | 121.0173 | 118.1529 | 3.4107 | 9.6459 |
| 2019-12-11 | 188.7487 | 121.0701 | 118.1992 | 3.4051 | 9.6432 |
| 2019-12-12 | 188.8270 | 121.1203 | 118.2378 | 3.4004 | 9.6405 |
| 2019-12-13 | 188.7494 | 121.0652 | 118.1775 | 3.4077 | 9.6377 |
| 2019-12-16 | 188.7691 | 121.0591 | 118.1568 | 3.4085 | 9.5861 |
| 2019-12-17 | 188.5704 | 120.9316 | 118.0200 | 3.4254 | 9.6068 |
| 2019-12-18 | 188.5585 | 120.9107 | 118.0014 | 3.4277 | 9.6048 |
| 2019-12-19 | 188.6192 | 120.9322 | 118.0287 | 3.4243 | 9.6015 |
| 2019-12-20 | 189.0107 | 121.1833 | 118.2655 | 3.3956 | 9.5988 |
| 2019-12-23 | 189.2880 | 121.3151 | 118.4078 | 3.3774 | 9.5919 |
| 2019-12-24 | 189.5202 | 121.4486 | 118.5437 | 3.3610 | 9.5892 |
| 2019-12-25 | 189.6921 | 121.5588 | 118.6414 | 3.3542 | 9.7080 |
| 2019-12-26 | 190.0297 | 121.7692 | 118.8439 | 3.3300 | 9.7053 |
| 2019-12-27 | 189.9999 | 121.7501 | 118.8140 | 3.3336 | 9.7026 |
| 2019-12-30 | 190.0244 | 121.7599 | 118.7963 | 3.3356 | 9.6944 |
| 2019-12-31 | 190.1421 | 121.8353 | 118.8597 | 3.3280 | 9.6916 |

数据来源：中央国债登记结算有限责任公司。

# 2019 年全国银行间债券市场国债现券交易结算情况统计表

| 债券简称 | 债券代码 | 面值额（亿元） |
|---|---|---|
| 01 国债 11 | 010011 | 16.20 |
| 02 国债 05 | 020005 | 11.10 |
| 05 国债 04 | 050004 | 4.64 |
| 05 国债 12 | 050012 | 33.40 |
| 06 国债 09 | 060009 | 10.82 |
| 06 国债 19 | 060019 | 9.60 |
| 07 特别国债 02 | 0700002 | 1666.50 |
| 07 特别国债 04 | 0700004 | 59.20 |
| 07 特别国债 06 | 0700006 | 2488.70 |
| 07 国债 06 | 070006 | 1.04 |
| 07 国债 13 | 070013 | 53.90 |
| 08 国债 02 | 080002 | 26.50 |
| 08 国债 13 | 080013 | 11.90 |
| 08 国债 20 | 080020 | 0.48 |
| 08 国债 23 | 080023 | 2.30 |
| 09 国债 02 | 090002 | 6.20 |
| 09 国债 03 | 090003 | 3.90 |
| 09 附息国债 05 | 090005 | 3.21 |
| 09 附息国债 07 | 090007 | 18.30 |
| 09 附息国债 11 | 090011 | 2.00 |
| 09 附息国债 12 | 090012 | 23.80 |
| 09 附息国债 16 | 090016 | 54.93 |
| 09 附息国债 20 | 090020 | 13.30 |
| 09 附息国债 23 | 090023 | 119.70 |
| 09 附息国债 27 | 090027 | 5.10 |
| 10 附息国债 02 | 100002 | 8.80 |
| 10 附息国债 03 | 100003 | 4.30 |
| 10 附息国债 07 | 100007 | 9.00 |
| 10 附息国债 09 | 100009 | 80.80 |
| 10 附息国债 12 | 100012 | 27.50 |
| 10 附息国债 14 | 100014 | 15.20 |
| 10 附息国债 18 | 100018 | 24.85 |
| 10 附息国债 19 | 100019 | 42.10 |
| 10 附息国债 23 | 100023 | 0.60 |
| 10 附息国债 24 | 100024 | 9.10 |
| 10 附息国债 29 | 100029 | 10.00 |
| 10 附息国债 31 | 100031 | 6.40 |

续表

| 债券简称 | 债券代码 | 面值额（亿元） |
|---|---|---|
| 10 附息国债 34 | 100034 | 21.80 |
| 10 附息国债 40 | 100040 | 4.00 |
| 10 附息国债 41 | 100041 | 15.70 |
| 11 附息国债 02 | 110002 | 597.20 |
| 11 附息国债 05 | 110005 | 2.20 |
| 11 附息国债 08 | 110008 | 15.52 |
| 11 附息国债 10 | 110010 | 124.40 |
| 11 附息国债 12 | 110012 | 42.90 |
| 11 附息国债 15 | 110015 | 17.60 |
| 11 附息国债 16 | 110016 | 58.16 |
| 11 附息国债 19 | 110019 | 26.80 |
| 11 附息国债 23 | 110023 | 16.90 |
| 11 附息国债 24 | 110024 | 17.15 |
| 12 附息国债 04 | 120004 | 72.20 |
| 12 附息国债 05 | 120005 | 9.60 |
| 12 附息国债 06 | 120006 | 3.40 |
| 12 附息国债 09 | 120009 | 33.60 |
| 12 附息国债 10 | 120010 | 218.60 |
| 12 附息国债 13 | 120013 | 1.00 |
| 12 附息国债 15 | 120015 | 100.14 |
| 12 附息国债 16 | 120016 | 61.70 |
| 12 附息国债 18 | 120018 | 0.60 |
| 12 附息国债 20 | 120020 | 0.70 |
| 12 附息国债 21 | 120021 | 6.58 |
| 13 附息国债 03 | 130003 | 71.30 |
| 13 附息国债 05 | 130005 | 11.50 |
| 13 附息国债 08 | 130008 | 581.65 |
| 13 附息国债 09 | 130009 | 0.30 |
| 13 附息国债 11 | 130011 | 276.56 |
| 13 附息国债 15 | 130015 | 2035.21 |
| 13 附息国债 16 | 130016 | 1.42 |
| 13 附息国债 18 | 130018 | 2670.02 |
| 13 附息国债 19 | 130019 | 0.80 |
| 13 附息国债 20 | 130020 | 5926.69 |
| 13 附息国债 24 | 130024 | 13.40 |
| 13 附息国债 25 | 130025 | 21.00 |
| 14 附息国债 03 | 140003 | 769.49 |
| 14 附息国债 05 | 140005 | 551.90 |
| 14 附息国债 06 | 140006 | 1360.70 |

续表

| 债券简称 | 债券代码 | 面值额（亿元） |
| --- | --- | --- |
| 14 附息国债 08 | 140008 | 398.60 |
| 14 附息国债 12 | 140012 | 441.61 |
| 14 附息国债 13 | 140013 | 189.45 |
| 14 附息国债 16 | 140016 | 15.10 |
| 14 附息国债 17 | 140017 | 4.60 |
| 14 附息国债 21 | 140021 | 96.50 |
| 14 附息国债 24 | 140024 | 333.35 |
| 14 附息国债 25 | 140025 | 10.10 |
| 14 附息国债 26 | 140026 | 135.80 |
| 14 附息国债 29 | 140029 | 34.02 |
| 15 附息国债 02 | 150002 | 94.13 |
| 15 附息国债 03 | 150003 | 307.22 |
| 15 附息国债 05 | 150005 | 671.66 |
| 15 附息国债 07 | 150007 | 823.84 |
| 15 附息国债 08 | 150008 | 130.74 |
| 15 附息国债 11 | 150011 | 163.30 |
| 15 附息国债 14 | 150014 | 1343.57 |
| 15 附息国债 16 | 150016 | 900.17 |
| 15 附息国债 17 | 150017 | 1.68 |
| 15 附息国债 19 | 150019 | 1856.54 |
| 15 附息国债 21 | 150021 | 6.76 |
| 15 附息国债 23 | 150023 | 1357.90 |
| 15 附息国债 25 | 150025 | 0.17 |
| 15 附息国债 26 | 150026 | 106.20 |
| 15 附息国债 28 | 150028 | 22.94 |
| 16 附息国债 02 | 160002 | 232.57 |
| 16 附息国债 03 | 160003 | 3.60 |
| 16 附息国债 04 | 160004 | 571.35 |
| 16 附息国债 06 | 160006 | 43.25 |
| 16 附息国债 07 | 160007 | 425.95 |
| 16 附息国债 08 | 160008 | 94.37 |
| 16 附息国债 09 | 160009 | 216.30 |
| 16 附息国债 10 | 160010 | 2266.87 |
| 16 附息国债 13 | 160013 | 4.33 |
| 16 附息国债 14 | 160014 | 1131.19 |
| 16 附息国债 15 | 160015 | 1040.16 |
| 16 附息国债 16 | 160016 | 403.49 |
| 16 附息国债 17 | 160017 | 745.32 |
| 16 附息国债 19 | 160019 | 200.62 |

续表

| 债券简称 | 债券代码 | 面值额（亿元） |
|---|---|---|
| 16附息国债20 | 160020 | 1209.37 |
| 16附息国债21 | 160021 | 480.35 |
| 16附息国债22 | 160022 | 340.52 |
| 16附息国债23 | 160023 | 1093.86 |
| 16附息国债25 | 160025 | 161.13 |
| 16附息国债26 | 160026 | 0.40 |
| 17特别国债03 | 1700003 | 1376.50 |
| 17附息国债01 | 170001 | 348.68 |
| 17附息国债02 | 170002 | 316.95 |
| 17附息国债04 | 170004 | 1000.96 |
| 17附息国债05 | 170005 | 42.22 |
| 17附息国债06 | 170006 | 714.23 |
| 17附息国债07 | 170007 | 1232.16 |
| 17附息国债08 | 170008 | 3861.90 |
| 17附息国债10 | 170010 | 2055.27 |
| 17附息国债12 | 170012 | 632.85 |
| 17附息国债13 | 170013 | 4292.20 |
| 17附息国债14 | 170014 | 1251.20 |
| 17附息国债15 | 170015 | 263.02 |
| 17附息国债16 | 170016 | 4083.80 |
| 17附息国债18 | 170018 | 769.52 |
| 17附息国债19 | 170019 | 2264.02 |
| 17附息国债20 | 170020 | 3142.57 |
| 17附息国债21 | 170021 | 652.92 |
| 17附息国债22 | 170022 | 324.89 |
| 17附息国债23 | 170023 | 3171.87 |
| 17附息国债25 | 170025 | 791.83 |
| 17附息国债26 | 170026 | 1.20 |
| 17附息国债27 | 170027 | 75.95 |
| 18附息国债01 | 180001 | 952.44 |
| 18附息国债02 | 180002 | 791.43 |
| 18附息国债03 | 180003 | 207.90 |
| 18附息国债04 | 180004 | 2315.66 |
| 18附息国债05 | 180005 | 282.80 |
| 18附息国债06 | 180006 | 181.44 |
| 18附息国债07 | 180007 | 1674.86 |
| 18附息国债08 | 180008 | 2479.75 |
| 18附息国债09 | 180009 | 6077.31 |
| 18附息国债10 | 180010 | 2961.08 |

续表

| 债券简称 | 债券代码 | 面值额（亿元） |
| --- | --- | --- |
| 18 附息国债 11 | 180011 | 2042. 57 |
| 18 附息国债 12 | 180012 | 1. 80 |
| 18 附息国债 13 | 180013 | 1873. 04 |
| 18 附息国债 14 | 180014 | 11483. 48 |
| 18 附息国债 15 | 180015 | 5858. 44 |
| 18 附息国债 16 | 180016 | 5859. 76 |
| 18 附息国债 17 | 180017 | 600. 27 |
| 18 附息国债 18 | 180018 | 4382. 30 |
| 18 附息国债 19 | 180019 | 8647. 39 |
| 18 附息国债 20 | 180020 | 1753. 68 |
| 18 附息国债 21 | 180021 | 11740. 69 |
| 18 附息国债 22 | 180022 | 8865. 24 |
| 18 附息国债 23 | 180023 | 3874. 70 |
| 18 附息国债 24 | 180024 | 2047. 29 |
| 18 附息国债 25 | 180025 | 1. 26 |
| 18 附息国债 26 | 180026 | 1366. 30 |
| 18 附息国债 27 | 180027 | 9882. 79 |
| 18 附息国债 28 | 180028 | 4083. 08 |
| 18 贴现国债 33 | 189933 | 0. 40 |
| 18 贴现国债 38 | 189938 | 56. 10 |
| 18 贴现国债 43 | 189943 | 8. 30 |
| 18 贴现国债 46 | 189946 | 10. 10 |
| 18 贴现国债 47 | 189947 | 60. 50 |
| 18 贴现国债 48 | 189948 | 5. 20 |
| 18 贴现国债 49 | 189949 | 19. 20 |
| 18 贴现国债 50 | 189950 | 29. 40 |
| 18 贴现国债 51 | 189951 | 169. 00 |
| 18 贴现国债 52 | 189952 | 22. 30 |
| 18 贴现国债 53 | 189953 | 39. 40 |
| 18 贴现国债 54 | 189954 | 26. 30 |
| 18 贴现国债 55 | 189955 | 38. 60 |
| 18 贴现国债 56 | 189956 | 65. 60 |
| 18 贴现国债 57 | 189957 | 102. 80 |
| 18 贴现国债 58 | 189958 | 124. 86 |
| 18 贴现国债 59 | 189959 | 97. 50 |
| 18 贴现国债 60 | 189960 | 226. 04 |
| 19 附息国债 01 | 190001 | 7911. 90 |
| 19 附息国债 02 | 190002 | 5222. 67 |
| 19 附息国债 03 | 190003 | 33816. 56 |

续表

| 债券简称 | 债券代码 | 面值额（亿元） |
|---|---|---|
| 19附息国债04 | 190004 | 18764.85 |
| 19附息国债05 | 190005 | 11556.65 |
| 19附息国债06 | 190006 | 28844.59 |
| 19附息国债07 | 190007 | 11863.63 |
| 19附息国债08 | 190008 | 629.39 |
| 19附息国债09 | 190009 | 8207.91 |
| 19附息国债10 | 190010 | 4875.23 |
| 19附息国债11 | 190011 | 10835.51 |
| 19附息国债12 | 190012 | 4074.11 |
| 19附息国债13 | 190013 | 2238.29 |
| 19附息国债14 | 190014 | 1334.19 |
| 19附息国债15 | 190015 | 2048.22 |
| 19附息国债16 | 190016 | 1254.90 |
| 19贴现国债01 | 199901 | 53.50 |
| 19贴现国债02 | 199902 | 181.26 |
| 19贴现国债03 | 199903 | 374.40 |
| 19贴现国债04 | 199904 | 887.00 |
| 19贴现国债05 | 199905 | 125.80 |
| 19贴现国债06 | 199906 | 111.53 |
| 19贴现国债07 | 199907 | 166.10 |
| 19贴现国债08 | 199908 | 125.50 |
| 19贴现国债09 | 199909 | 108.80 |
| 19贴现国债10 | 199910 | 757.80 |
| 19贴现国债11 | 199911 | 120.90 |
| 19贴现国债12 | 199912 | 117.55 |
| 19贴现国债13 | 199913 | 202.47 |
| 19贴现国债14 | 199914 | 118.50 |
| 19贴现国债15 | 199915 | 131.10 |
| 19贴现国债16 | 199916 | 282.70 |
| 19贴现国债17 | 199917 | 132.79 |
| 19贴现国债18 | 199918 | 171.42 |
| 19贴现国债19 | 199919 | 206.80 |
| 19贴现国债20 | 199920 | 140.20 |
| 19贴现国债21 | 199921 | 199.20 |
| 19贴现国债22 | 199922 | 134.80 |
| 19贴现国债23 | 199923 | 147.40 |
| 19贴现国债24 | 199924 | 493.70 |
| 19贴现国债25 | 199925 | 150.30 |
| 19贴现国债26 | 199926 | 242.50 |

续表

| 债券简称 | 债券代码 | 面值额（亿元） |
|---|---|---|
| 19 贴现国债 27 | 199927 | 76.20 |
| 19 贴现国债 28 | 199928 | 231.90 |
| 19 贴现国债 29 | 199929 | 283.40 |
| 19 贴现国债 30 | 199930 | 162.10 |
| 19 贴现国债 31 | 199931 | 100.40 |
| 19 贴现国债 32 | 199932 | 127.90 |
| 19 贴现国债 33 | 199933 | 128.20 |
| 19 贴现国债 34 | 199934 | 45.80 |
| 19 贴现国债 35 | 199935 | 64.10 |
| 19 贴现国债 36 | 199936 | 134.50 |
| 19 贴现国债 37 | 199937 | 123.10 |
| 19 贴现国债 38 | 199938 | 90.50 |
| 19 贴现国债 39 | 199939 | 46.50 |
| 19 贴现国债 40 | 199940 | 180.40 |
| 19 贴现国债 41 | 199941 | 752.90 |
| 19 贴现国债 42 | 199942 | 180.40 |
| 19 贴现国债 43 | 199943 | 36.80 |
| 19 贴现国债 44 | 199944 | 149.96 |
| 19 贴现国债 45 | 199945 | 109.90 |
| 19 贴现国债 46 | 199946 | 150.60 |
| 19 贴现国债 47 | 199947 | 170.00 |
| 19 贴现国债 48 | 199948 | 72.40 |
| 19 贴现国债 49 | 199949 | 94.70 |
| 19 贴现国债 50 | 199950 | 154.10 |
| 19 贴现国债 51 | 199951 | 113.70 |
| 19 贴现国债 52 | 199952 | 76.70 |
| 19 贴现国债 53 | 199953 | 69.90 |
| 19 贴现国债 54 | 199954 | 60.00 |
| 19 贴现国债 55 | 199955 | 76.50 |
| 汇总 | | 340239.88 |

数据来源：中央国债登记结算有限责任公司。

# 2019 年全国银行间债券市场国债交易结算情况月度统计表

| 月份 | 现券交易（亿元） | 质押式回购（亿元） | 买断式回购（亿元） | 债券借贷（亿元） | 远期交易（亿元） |
|---|---|---|---|---|---|
| 1 | 14912.11 | 214186.66 | 2830.24 | 261.11 | |
| 2 | 12344.51 | 157368.36 | 1381.04 | 353.16 | |
| 3 | 17885.50 | 219261.75 | 1600.99 | 420.48 | |
| 4 | 17953.67 | 252057.64 | 2178.08 | 700.37 | |
| 5 | 22414.11 | 238620.22 | 2404.59 | 563.70 | |
| 6 | 19928.69 | 201536.13 | 1948.34 | 517.66 | |
| 7 | 27473.00 | 262997.05 | 2453.07 | 633.51 | |
| 8 | 35041.14 | 262033.82 | 2669.01 | 622.88 | |
| 9 | 37264.46 | 237734.48 | 2702.42 | 972.73 | |
| 10 | 35187.30 | 220804.91 | 2753.60 | 865.18 | |
| 11 | 49316.62 | 253932.67 | 3167.46 | 919.53 | |
| 12 | 50518.76 | 235104.37 | 3183.52 | 566.76 | |
| 合计 | 340239.88 | 2755638.06 | 29272.34 | 7397.08 | 0.00 |

数据来源：中央国债登记结算有限责任公司。

## 2019 年全国银行间债券市场国债质押式回购交易结算情况统计表

| 回购品种 | 前期平均利率（%） | 最高利率（%） | 最低利率（%） | 本期平均利率（%） | 内含期限（天数） | 本金额（亿元） | 面值额（亿元） | 资金额（亿元） | 结算笔数 | 平均每笔交割量（亿元） | 结算天数（天） |
|---|---|---|---|---|---|---|---|---|---|---|---|
| R01D | 2.4490 | 5.5000 | 0.0900 | 2.2178 | 1.00 | 2070968.12 | 2071168.23 | 2004078.26 | 309080 | 6.70 | 198 |
| R02D | 2.5670 | 5.9900 | 0.8000 | 2.1855 | 2.00 | 32519.25 | 32521.20 | 31343.33 | 4757 | 6.84 | 147 |
| R03D | 2.4410 | 5.5000 | 0.8500 | 2.2432 | 3.00 | 429922.08 | 429974.35 | 415646.40 | 67375 | 6.38 | 134 |
| R07D | 2.7750 | 4.8000 | 0.8500 | 2.5029 | 6.13 | 151621.44 | 151630.77 | 144849.54 | 32884 | 4.61 | 658 |
| R14D | 3.4980 | 5.5000 | 1.5000 | 2.7380 | 12.23 | 48134.52 | 48138.32 | 46037.34 | 12060 | 3.99 | 799 |
| R21D | 3.6670 | 4.7000 | 1.8000 | 2.8014 | 19.04 | 11250.47 | 11251.62 | 10823.70 | 3215 | 3.50 | 620 |
| R01M | 3.6060 | 4.3000 | 1.9000 | 2.8517 | 28.48 | 6665.30 | 6665.68 | 6419.72 | 1943 | 3.43 | 640 |
| R02M | 3.6390 | 3.6300 | 2.2000 | 2.8488 | 38.59 | 3019.37 | 3019.51 | 2922.73 | 897 | 3.37 | 392 |
| R03M | 3.3300 | 3.5000 | 2.4000 | 2.9764 | 75.87 | 1055.82 | 1055.83 | 994.37 | 447 | 2.36 | 286 |
| R04M | 3.6420 | 3.9000 | 2.5500 | 3.0238 | 105.69 | 161.17 | 161.17 | 152.07 | 76 | 2.12 | 62 |
| R06M | 3.5790 | 3.5000 | 2.8000 | 3.0836 | 168.77 | 43.56 | 43.56 | 42.16 | 31 | 1.41 | 27 |
| R09M | 4.4110 | 4.5000 | 3.0000 | 3.4400 | 235.09 | 5.13 | 5.13 | 4.93 | 7 | 0.73 | 7 |
| R01Y | 4.6040 | 3.5000 | 3.1800 | 3.2867 | 343.33 | 2.68 | 2.68 | 2.58 | 3 | 0.89 | 3 |
| 合 计 | | | | | | 2755368.91 | 2755638.06 | 2663317.14 | 432775.00 | 6.37 | |

数据来源：中央国债登记结算有限责任公司。

## 2019 年全国银行间债券市场国债买断式回购交易结算情况统计表

| 回购品种 | 前期平均利率（%） | 最高利率（%） | 最低利率（%） | 本期平均利率（%） | 内含期限（天数） | 本金额（亿元） | 面值额（亿元） | 资金额（亿元） | 结算笔数 | 平均每笔交割量（亿元） | 结算天数（天） |
|---|---|---|---|---|---|---|---|---|---|---|---|
| R01D | 2.6800 | 3.0914 | 0.9518 | 2.2746 | 1.00 | 21339.53 | 21339.68 | 21245.33 | 4937 | 4.32 | 197 |
| R02D | 2.9270 | 2.8747 | 1.3461 | 2.2520 | 2.00 | 387.39 | 387.39 | 388.09 | 69 | 5.61 | 17 |
| R03D | 2.6970 | 3.0464 | 1.1435 | 2.2728 | 3.00 | 4477.67 | 4477.71 | 4456.88 | 1111 | 4.03 | 55 |
| R07D | 3.2460 | 4.1008 | 1.2099 | 2.5342 | 6.07 | 1438.51 | 1438.52 | 1403.54 | 602 | 2.39 | 173 |
| R14D | 4.0200 | 3.6483 | 1.5609 | 2.8337 | 12.19 | 782.87 | 782.91 | 758.95 | 256 | 3.06 | 92 |
| R21D | 4.0790 | 3.9007 | 2.3007 | 2.9169 | 19.51 | 247.67 | 247.67 | 239.34 | 93 | 2.66 | 44 |
| R01M | 4.0540 | 3.3007 | 2.4995 | 2.9389 | 28.56 | 427.09 | 427.09 | 417.20 | 93 | 4.59 | 48 |
| R02M | 4.3840 | 3.3007 | 2.5500 | 2.8669 | 43.63 | 93.10 | 93.10 | 89.51 | 26 | 3.58 | 12 |
| R03M | 3.3440 | 3.1497 | 2.5501 | 2.6481 | 73.79 | 78.28 | 78.28 | 75.28 | 11 | 7.12 | 6 |
| R04M | 2.9490 | — | — | — | — | — | — | — | — | — | — |
| R06M | — | — | — | — | — | — | — | — | — | — | — |
| R09M | — | — | — | — | — | — | — | — | — | — | — |
| R01Y | — | — | — | — | — | — | — | — | — | — | — |
| 合 计 |  |  |  |  |  | 29272.11 | 29272.34 | 29074.12 | 7198.00 | 4.07 |  |

数据来源：中央国债登记结算有限责任公司。

# 2019 年末记账式国债余额剩余期限结构统计表（按持有者结构划分）

| 机构类别 | 1 年以下 | 1—5 年 | 5—10 年 | 10 年以上 | 年末托管面额合计（亿元） |
|---|---|---|---|---|---|
| 一、银行间债券市场 | 20692.11 | 68815.33 | 33294.53 | 24182.43 | 146984.40 |
| 1. 政策性银行 | 197.56 | 502.80 | 319.05 | 37.50 | 1056.91 |
| 2. 商业银行 | 16691.50 | 46772.53 | 25856.95 | 10147.91 | 99468.89 |
| 3. 信用社 | 242.93 | 310.20 | 184.30 | 206.53 | 943.96 |
| 4. 保险机构 | 70.51 | 228.20 | 206.54 | 3116.18 | 3621.43 |
| 5. 证券公司 | 138.02 | 759.38 | 613.76 | 170.48 | 1681.64 |
| 6. 基金公司及基金会 | 27.40 | 24.05 | 12.20 | 0.00 | 63.65 |
| 7. 其他金融机构 | 77.50 | 314.20 | 73.30 | 39.80 | 504.80 |
| 8. 非金融机构 | 2.10 | 3.80 | 0.00 | 1.30 | 7.20 |
| 9. 非法人产品 | 497.82 | 828.53 | 1351.93 | 8279.69 | 10957.97 |
| 10. 境外机构 | 2580.22 | 7372.03 | 2673.50 | 441.46 | 13067.22 |
| 11. 其他 | 166.55 | 11699.62 | 2003.00 | 1741.57 | 15610.74 |
| 二、柜台市场 | 202.89 | 4.72 | 2.02 | 0.00 | 209.63 |
| 三、交易所市场 | 556.31 | 1656.85 | 767.15 | 2886.84 | 5867.14 |
| 年末托管面额合计 | 21451.30 | 70476.90 | 34063.70 | 27069.27 | 153061.17 |

数据来源：中央国债登记结算有限责任公司。

# 2019 年全国银行间债券市场机构投资者国债现券交易额排名（前 100 名）

| 排名 | 成员简称 | 总面额（亿元） | 总笔数（笔） |
|---|---|---|---|
| 1 | 浙商银行 | 23889.60 | 11436 |
| 2 | 国信证券 | 22780.43 | 11785 |
| 3 | 厦门银行 | 21785.08 | 9848 |
| 4 | 招商银行 | 17979.06 | 6162 |
| 5 | 江苏银行 | 16234.30 | 7052 |
| 6 | 浦发银行 | 15495.18 | 9355 |
| 7 | 天津银行 | 15470.67 | 10472 |
| 8 | 工商银行 | 15426.96 | 7816 |
| 9 | 北京银行 | 15119.98 | 6070 |
| 10 | 九江银行 | 14825.90 | 5987 |
| 11 | 长沙银行 | 14757.52 | 5989 |
| 12 | 广东华兴银行 | 13157.71 | 6336 |
| 13 | 汉口银行 | 11945.74 | 4946 |
| 14 | 郑州银行 | 11936.96 | 5864 |
| 15 | 华泰证券 | 11860.48 | 8390 |
| 16 | 徽商银行 | 11746.90 | 4197 |
| 17 | 恒丰银行 | 11397.00 | 5035 |
| 18 | 青岛银行 | 11352.40 | 6262 |
| 19 | 上海银行 | 10322.15 | 5567 |
| 20 | 大连银行 | 9998.95 | 2766 |
| 21 | 兴业银行 | 9722.20 | 8268 |
| 22 | 民生证券 | 9365.36 | 8256 |
| 23 | 中信银行 | 9063.11 | 4259 |
| 24 | 首创证券 | 8939.75 | 7407 |
| 25 | 交通银行 | 8284.82 | 5302 |
| 26 | 万联证券 | 8034.66 | 4553 |
| 27 | 中原银行股份有限公司 | 7940.66 | 3976 |
| 28 | 华创证券 | 7776.64 | 5148 |
| 29 | 广州农商行 | 7725.00 | 4432 |
| 30 | 中信证券 | 7595.87 | 9798 |
| 31 | 河北银行 | 7401.90 | 2608 |
| 32 | 杭州银行 | 7287.50 | 3164 |
| 33 | 兰州银行 | 6636.30 | 712 |
| 34 | 民生银行 | 6593.63 | 3896 |

续表

| 排名 | 成员简称 | 总面额（亿元） | 总笔数（笔） |
|---|---|---|---|
| 35 | 哈尔滨银行 | 6309.20 | 2697 |
| 36 | 齐鲁银行 | 6284.70 | 2469 |
| 37 | 金管局 CMU | 6248.40 | 8100 |
| 38 | 广发银行 | 5998.80 | 4063 |
| 39 | 江西银行 | 5979.40 | 2880 |
| 40 | 山西证券 | 5716.68 | 12980 |
| 41 | 平安银行 | 5612.00 | 12173 |
| 42 | 中信建投证券 | 5561.18 | 5032 |
| 43 | 福建海峡银行 | 5428.80 | 2244 |
| 44 | 渤海银行 | 5392.30 | 2323 |
| 45 | 汇丰银行（中国）公司 | 5292.41 | 7322 |
| 46 | 东方证券 | 5245.29 | 9072 |
| 47 | 中国银行 | 5229.33 | 6000 |
| 48 | 平安证券 | 5070.50 | 5401 |
| 49 | 东兴证券 | 4946.90 | 8672 |
| 50 | 宁波银行 | 4777.89 | 5917 |
| 51 | 东北证券 | 4751.00 | 2737 |
| 52 | 广东南粤银行 | 4593.79 | 2170 |
| 53 | 招商证券 | 4496.75 | 5617 |
| 54 | 成都银行 | 4401.50 | 1373 |
| 55 | 邮储银行 | 4293.20 | 1681 |
| 56 | 上海农商行 | 4280.08 | 2180 |
| 57 | 广发证券 | 4192.09 | 2498 |
| 58 | 农业银行 | 4030.03 | 6416 |
| 59 | 申港证券 | 4017.20 | 8036 |
| 60 | 贵阳银行 | 4014.90 | 2209 |
| 61 | 国海证券 | 3951.02 | 4944 |
| 62 | 光大银行 | 3930.00 | 3310 |
| 63 | 太平洋证券 | 3708.98 | 6484 |
| 64 | 国泰君安证券 | 3547.65 | 5937 |
| 65 | 国金证券 | 3409.66 | 10921 |
| 66 | 开发银行 | 3286.20 | 1454 |
| 67 | 洛阳银行 | 3167.64 | 2480 |
| 68 | 青岛农商银行 | 3052.80 | 1388 |
| 69 | 南京银行 | 2947.36 | 4907 |
| 70 | 渣打银行（中国）公司 | 2759.94 | 5466 |

续表

| 排名 | 成员简称 | 总面额（亿元） | 总笔数（笔） |
|---|---|---|---|
| 71 | 广东顺德农商行 | 2746.00 | 1562 |
| 72 | 华西证券 | 2624.10 | 1963 |
| 73 | 瑞穗银行中国 | 2358.30 | 3383 |
| 74 | 东莞农商行 | 2298.40 | 1112 |
| 75 | 西安银行 | 2280.49 | 1009 |
| 76 | 湖北银行 | 2209.50 | 983 |
| 77 | PBCAA01040 | 2189.70 | 561 |
| 78 | 进出口行 | 2071.30 | 962 |
| 79 | 江苏江南农商行 | 2032.30 | 1699 |
| 80 | 建设银行 | 1928.08 | 1521 |
| 81 | 东莞银行 | 1876.40 | 668 |
| 82 | 德意志银行中国公司 | 1655.81 | 2704 |
| 83 | 广州银行 | 1574.48 | 1721 |
| 84 | 乌鲁木齐银行 | 1536.60 | 336 |
| 85 | 东海证券 | 1436.23 | 3627 |
| 86 | 花旗中国 | 1335.82 | 1784 |
| 87 | 东亚银行中国公司 | 1238.90 | 1990 |
| 88 | 浙江农信联社 | 1214.90 | 672 |
| 89 | 第一创业证券 | 1171.52 | 1754 |
| 90 | 法国巴黎银行（中国） | 1170.78 | 1665 |
| 91 | 美国银行上海分行 | 1103.11 | 2232 |
| 92 | 重庆农商行 | 1072.20 | 445 |
| 93 | 申万宏源证券 | 1071.00 | 1418 |
| 94 | 摩根大通银行中国公司 | 1046.23 | 1685 |
| 95 | 联储证券 | 1003.90 | 1704 |
| 96 | 东方汇理银行（中国） | 993.45 | 750 |
| 97 | 温州银行 | 983.90 | 505 |
| 98 | 华林证券 | 927.00 | 2060 |
| 99 | PBCAA01004 | 843.75 | 173 |
| 100 | 华安证券 | 843.28 | 2172 |

# 2019 年上海证券交易所国债指数与现券日交易量统计表

| 交易日期 | 成交量（手） | 成交金额（万元） | 收盘指数 |
|---|---|---|---|
| 2019 - 1 - 2 | 278599 | 27304. 39 | 170. 011 |
| 2019 - 1 - 3 | 1398540 | 137569. 31 | 170. 106 |
| 2019 - 1 - 4 | 856578 | 85084. 59 | 170. 14 |
| 2019 - 1 - 7 | 643990 | 63188. 13 | 170. 196 |
| 2019 - 1 - 8 | 1037545 | 102830. 90 | 170. 275 |
| 2019 - 1 - 9 | 405527 | 39528. 12 | 170. 275 |
| 2019 - 1 - 10 | 611518 | 60599. 25 | 170. 246 |
| 2019 - 1 - 11 | 420763 | 41639. 46 | 170. 247 |
| 2019 - 1 - 14 | 288296 | 28213. 19 | 170. 275 |
| 2019 - 1 - 15 | 368859 | 35651. 70 | 170. 284 |
| 2019 - 1 - 16 | 588150 | 58284. 55 | 170. 467 |
| 2019 - 1 - 17 | 641480 | 63787. 06 | 170. 506 |
| 2019 - 1 - 18 | 361797 | 35360. 24 | 170. 509 |
| 2019 - 1 - 21 | 210878 | 20743. 26 | 170. 541 |
| 2019 - 1 - 22 | 992970 | 99381. 23 | 170. 628 |
| 2019 - 1 - 23 | 387855 | 38959. 98 | 170. 627 |
| 2019 - 1 - 24 | 259445 | 26380. 04 | 170. 662 |
| 2019 - 1 - 25 | 670784 | 66998. 89 | 170. 69 |
| 2019 - 1 - 28 | 734526 | 73259. 20 | 170. 738 |
| 2019 - 1 - 29 | 375519 | 37482. 62 | 170. 779 |
| 2019 - 1 - 30 | 636868 | 63687. 27 | 170. 887 |
| 2019 - 1 - 31 | 234911 | 23135. 60 | 170. 964 |
| 2019 - 2 - 1 | 136211 | 13315. 51 | 170. 982 |
| 2019 - 2 - 11 | 263902 | 26024. 67 | 171. 132 |
| 2019 - 2 - 12 | 388866 | 38146. 78 | 171. 179 |
| 2019 - 2 - 13 | 455227 | 45773. 74 | 171. 196 |
| 2019 - 2 - 14 | 363902 | 35813. 11 | 171. 195 |
| 2019 - 2 - 15 | 259717 | 25284. 35 | 171. 223 |
| 2019 - 2 - 18 | 305447 | 30166. 30 | 171. 222 |
| 2019 - 2 - 19 | 250905 | 24806. 62 | 171. 242 |
| 2019 - 2 - 20 | 273292 | 27455. 43 | 171. 285 |
| 2019 - 2 - 21 | 292901 | 29258. 04 | 171. 314 |
| 2019 - 2 - 22 | 192877 | 19073. 68 | 171. 339 |
| 2019 - 2 - 25 | 354987 | 34532. 38 | 171. 444 |
| 2019 - 2 - 26 | 845681 | 84233. 82 | 171. 36 |
| 2019 - 2 - 27 | 604065 | 59886. 53 | 171. 388 |
| 2019 - 2 - 28 | 279148 | 27981. 69 | 171. 418 |
| 2019 - 3 - 1 | 197549 | 19154. 69 | 171. 42 |
| 2019 - 3 - 4 | 416511 | 40932. 34 | 171. 436 |

续表

| 交易日期 | 成交量（手） | 成交金额（万元） | 收盘指数 |
|---|---|---|---|
| 2019－3－5 | 300100 | 29633.36 | 171.433 |
| 2019－3－6 | 329303 | 32550.30 | 171.44 |
| 2019－3－7 | 238202 | 23764.01 | 171.5 |
| 2019－3－8 | 293178 | 28954.75 | 171.515 |
| 2019－3－11 | 352688 | 35133.30 | 171.572 |
| 2019－3－12 | 507110 | 51908.89 | 171.573 |
| 2019－3－13 | 186966 | 18779.42 | 171.608 |
| 2019－3－14 | 237214 | 23024.18 | 171.64 |
| 2019－3－15 | 141404 | 13895.52 | 171.627 |
| 2019－3－18 | 329573 | 33325.13 | 171.665 |
| 2019－3－19 | 313686 | 31289.64 | 171.701 |
| 2019－3－20 | 178521 | 17283.21 | 171.709 |
| 2019－3－21 | 708616 | 70677.49 | 171.733 |
| 2019－3－22 | 289589 | 29000.22 | 171.754 |
| 2019－3－25 | 397254 | 39351.44 | 171.855 |
| 2019－3－26 | 617076 | 61455.20 | 171.925 |
| 2019－3－27 | 3218645 | 323928.30 | 171.967 |
| 2019－3－28 | 993622 | 99730.74 | 172.035 |
| 2019－3－29 | 359067 | 35653.78 | 172.023 |
| 2019－4－1 | 666103 | 66597.60 | 172.046 |
| 2019－4－2 | 547103 | 54774.91 | 172.081 |
| 2019－4－3 | 1122030 | 111910.51 | 172.05 |
| 2019－4－4 | 782252 | 76659.95 | 172.023 |
| 2019－4－8 | 1273951 | 127187.92 | 172.033 |
| 2019－4－9 | 710569 | 71280.27 | 172.026 |
| 2019－4－10 | 858640 | 85470.17 | 172.186 |
| 2019－4－11 | 660264 | 65204.77 | 172.235 |
| 2019－4－12 | 674260 | 67127.81 | 172.012 |
| 2019－4－15 | 805990 | 79379.91 | 172 |
| 2019－4－16 | 544611 | 53893.33 | 172.008 |
| 2019－4－17 | 1718160 | 170200.40 | 171.96 |
| 2019－4－18 | 706464 | 69809.84 | 171.961 |
| 2019－4－19 | 843804 | 83000.65 | 171.991 |
| 2019－4－22 | 1193480 | 118681.51 | 172.042 |
| 2019－4－23 | 851637 | 84148.25 | 172.031 |
| 2019－4－24 | 323788 | 31181.22 | 171.988 |
| 2019－4－25 | 945985 | 93124.87 | 171.993 |
| 2019－4－26 | 297353 | 28785.59 | 171.963 |
| 2019－4－29 | 563987 | 55746.33 | 172.002 |
| 2019－4－30 | 264651 | 25974.50 | 172.018 |
| 2019－5－6 | 467726 | 45646.83 | 172.145 |
| 2019－5－7 | 402690 | 39962.67 | 172.142 |
| 2019－5－8 | 307431 | 29937.29 | 172.191 |

续表

| 交易日期 | 成交量（手） | 成交金额（万元） | 收盘指数 |
|---|---|---|---|
| 2019 - 5 - 9 | 802683 | 79330. 01 | 172. 241 |
| 2019 - 5 - 10 | 374228 | 36478. 97 | 172. 244 |
| 2019 - 5 - 13 | 457629 | 45206. 73 | 172. 207 |
| 2019 - 5 - 14 | 651145 | 64435. 89 | 172. 19 |
| 2019 - 5 - 15 | 994014 | 98756. 88 | 172. 314 |
| 2019 - 5 - 16 | 387145 | 38594. 92 | 172. 344 |
| 2019 - 5 - 17 | 536562 | 53042. 45 | 172. 358 |
| 2019 - 5 - 20 | 425378 | 42060. 18 | 172. 41 |
| 2019 - 5 - 21 | 406388 | 40403. 77 | 172. 39 |
| 2019 - 5 - 22 | 323284 | 31846. 40 | 172. 371 |
| 2019 - 5 - 23 | 504920 | 49803. 20 | 172. 411 |
| 2019 - 5 - 24 | 354073 | 35082. 31 | 172. 464 |
| 2019 - 5 - 27 | 650001 | 64441. 06 | 172. 502 |
| 2019 - 5 - 28 | 1594936 | 158713. 98 | 172. 512 |
| 2019 - 5 - 29 | 786360 | 78571. 91 | 172. 533 |
| 2019 - 5 - 30 | 843406 | 84105. 22 | 172. 556 |
| 2019 - 5 - 31 | 195039 | 18925. 87 | 172. 555 |
| 2019 - 6 - 3 | 257548 | 24948. 73 | 172. 633 |
| 2019 - 6 - 4 | 247231 | 23828. 44 | 172. 674 |
| 2019 - 6 - 5 | 287190 | 27903. 27 | 172. 721 |
| 2019 - 6 - 6 | 333253 | 32351. 41 | 172. 756 |
| 2019 - 6 - 10 | 250773 | 24235. 36 | 172. 844 |
| 2019 - 6 - 11 | 709223 | 70205. 27 | 172. 839 |
| 2019 - 6 - 12 | 358936 | 34984. 16 | 172. 834 |
| 2019 - 6 - 13 | 769642 | 76363. 31 | 172. 874 |
| 2019 - 6 - 14 | 421058 | 41231. 46 | 172. 974 |
| 2019 - 6 - 17 | 263521 | 25557. 25 | 173. 024 |
| 2019 - 6 - 18 | 1410877 | 140392. 06 | 172. 752 |
| 2019 - 6 - 19 | 609699 | 60525. 89 | 173. 052 |
| 2019 - 6 - 20 | 494155 | 48874. 08 | 173. 196 |
| 2019 - 6 - 21 | 512525 | 50589. 49 | 173. 241 |
| 2019 - 6 - 24 | 597715 | 59314. 82 | 173. 29 |
| 2019 - 6 - 25 | 700557 | 70278. 64 | 173. 23 |
| 2019 - 6 - 26 | 1177533 | 117470. 25 | 173. 295 |
| 2019 - 6 - 27 | 375106 | 37206. 83 | 173. 304 |
| 2019 - 6 - 28 | 410642 | 40298. 58 | 173. 313 |
| 2019 - 7 - 1 | 1892416 | 188933. 24 | 173. 362 |
| 2019 - 7 - 2 | 1500484 | 149255. 06 | 173. 407 |
| 2019 - 7 - 3 | 1203795 | 120011. 74 | 173. 435 |
| 2019 - 7 - 4 | 968536 | 95970. 35 | 173. 46 |
| 2019 - 7 - 5 | 609415 | 60702. 06 | 173. 512 |
| 2019 - 7 - 8 | 627713 | 62470. 47 | 173. 535 |
| 2019 - 7 - 9 | 341769 | 34268. 37 | 173. 535 |

续表

| 交易日期 | 成交量（手） | 成交金额（万元） | 收盘指数 |
| --- | --- | --- | --- |
| 2019-7-10 | 553491 | 55760.89 | 173.536 |
| 2019-7-11 | 257121 | 25358.83 | 173.59 |
| 2019-7-12 | 217771 | 21855.24 | 173.648 |
| 2019-7-15 | 385314 | 38663.48 | 173.763 |
| 2019-7-16 | 698912 | 72546.48 | 173.778 |
| 2019-7-17 | 511415 | 51496.35 | 173.722 |
| 2019-7-18 | 454029 | 45576.57 | 173.747 |
| 2019-7-19 | 465558 | 46994.77 | 173.745 |
| 2019-7-22 | 356642 | 35735.65 | 173.85 |
| 2019-7-23 | 600055 | 59774.71 | 173.865 |
| 2019-7-24 | 1809069 | 179699.06 | 173.883 |
| 2019-7-25 | 353801 | 34997.83 | 173.899 |
| 2019-7-26 | 387946 | 37822.34 | 173.914 |
| 2019-7-29 | 574184 | 57174.67 | 173.954 |
| 2019-7-30 | 686545 | 68590.44 | 173.97 |
| 2019-7-31 | 658616 | 65395.70 | 174.022 |
| 2019-8-1 | 869135 | 87197.39 | 174.063 |
| 2019-8-2 | 886334 | 88119.70 | 174.107 |
| 2019-8-5 | 736185 | 73409.02 | 174.215 |
| 2019-8-6 | 917792 | 92005.63 | 174.243 |
| 2019-8-7 | 967700 | 96699.43 | 174.276 |
| 2019-8-8 | 766483 | 76365.07 | 174.345 |
| 2019-8-9 | 504664 | 50482.63 | 174.419 |
| 2019-8-12 | 505776 | 50268.88 | 174.446 |
| 2019-8-13 | 418388 | 41296.75 | 174.512 |
| 2019-8-14 | 859942 | 85329.25 | 174.598 |
| 2019-8-15 | 400433 | 39733.13 | 174.639 |
| 2019-8-16 | 494517 | 49629.01 | 174.645 |
| 2019-8-19 | 1014995 | 101610.92 | 174.709 |
| 2019-8-20 | 480455 | 48250.06 | 174.766 |
| 2019-8-21 | 483350 | 48289.15 | 174.729 |
| 2019-8-22 | 370627 | 36850.66 | 174.828 |
| 2019-8-23 | 218233 | 21903.12 | 174.805 |
| 2019-8-26 | 532500 | 52905.49 | 174.904 |
| 2019-8-27 | 738379 | 73582.14 | 174.914 |
| 2019-8-28 | 948050 | 94156.65 | 174.98 |
| 2019-8-29 | 520045 | 51417.90 | 175 |
| 2019-8-30 | 461471 | 45737.52 | 174.98 |
| 2019-9-2 | 458273 | 45476.41 | 175.016 |
| 2019-9-3 | 551298 | 55219.88 | 175.023 |
| 2019-9-4 | 1379839 | 137506.24 | 175.06 |
| 2019-9-5 | 710134 | 70735.28 | 175.107 |
| 2019-9-6 | 844919 | 84226.08 | 175.226 |

续表

| 交易日期 | 成交量（手） | 成交金额（万元） | 收盘指数 |
|---|---|---|---|
| 2019－9－9 | 780318 | 78119.14 | 175.276 |
| 2019－9－10 | 1338642 | 134470.56 | 175.278 |
| 2019－9－11 | 576085 | 57076.63 | 175.301 |
| 2019－9－12 | 588741 | 57667.35 | 175.293 |
| 2019－9－16 | 541991 | 53702.17 | 175.341 |
| 2019－9－17 | 1706763 | 169696.20 | 175.366 |
| 2019－9－18 | 1308822 | 130305.05 | 175.349 |
| 2019－9－19 | 1450718 | 144549.85 | 175.344 |
| 2019－9－20 | 846308 | 84633.50 | 175.362 |
| 2019－9－23 | 1884280 | 188520.53 | 175.399 |
| 2019－9－24 | 885875 | 89062.26 | 175.41 |
| 2019－9－25 | 818515 | 80833.67 | 175.455 |
| 2019－9－26 | 710731 | 70320.12 | 175.465 |
| 2019－9－27 | 454425 | 44573.19 | 175.472 |
| 2019－9－30 | 304112 | 29819.52 | 175.532 |
| 2019－10－8 | 303421 | 29628.24 | 175.758 |
| 2019－10－9 | 832809 | 82982.28 | 175.81 |
| 2019－10－10 | 775759 | 76933.14 | 175.858 |
| 2019－10－11 | 765940 | 76091.74 | 175.872 |
| 2019－10－14 | 499085 | 50029.46 | 175.681 |
| 2019－10－15 | 407048 | 39697.45 | 175.497 |
| 2019－10－16 | 413868 | 40365.83 | 175.553 |
| 2019－10－17 | 316999 | 31120.84 | 175.619 |
| 2019－10－18 | 415594 | 41126.17 | 175.585 |
| 2019－10－21 | 484817 | 47909.35 | 175.621 |
| 2019－10－22 | 306397 | 30052.67 | 175.584 |
| 2019－10－23 | 294395 | 28916.46 | 175.661 |
| 2019－10－24 | 745816 | 73899.32 | 175.648 |
| 2019－10－25 | 183655 | 17967.95 | 175.903 |
| 2019－10－28 | 369809 | 35463.29 | 175.862 |
| 2019－10－29 | 198858 | 19531.64 | 175.808 |
| 2019－10－30 | 1361980 | 135079.15 | 175.753 |
| 2019－10－31 | 720203 | 71513.67 | 175.764 |
| 2019－11－1 | 392235 | 38193.16 | 175.803 |
| 2019－11－4 | 479650 | 46682.08 | 175.8 |
| 2019－11－5 | 572093 | 54596.69 | 175.84 |
| 2019－11－6 | 916098 | 90810.29 | 175.863 |
| 2019－11－7 | 586691 | 57674.30 | 175.902 |
| 2019－11－8 | 1060456 | 105112.74 | 175.901 |
| 2019－11－11 | 507496 | 50333.79 | 175.956 |
| 2019－11－12 | 481323 | 47142.65 | 175.937 |
| 2019－11－13 | 1012805 | 100154.37 | 175.979 |
| 2019－11－14 | 284108 | 27696.19 | 175.985 |

续表

| 交易日期 | 成交量（手） | 成交金额（万元） | 收盘指数 |
|---|---|---|---|
| 2019-11-15 | 249358 | 24541.50 | 175.998 |
| 2019-11-18 | 520048 | 50645.18 | 176.132 |
| 2019-11-19 | 974839 | 97372.44 | 176.198 |
| 2019-11-20 | 274841 | 27070.26 | 176.235 |
| 2019-11-21 | 258310 | 25515.94 | 176.301 |
| 2019-11-22 | 327544 | 32236.65 | 176.369 |
| 2019-11-25 | 189853 | 18643.52 | 176.353 |
| 2019-11-26 | 501948 | 50514.49 | 176.38 |
| 2019-11-27 | 417955 | 41586.10 | 176.398 |
| 2019-11-28 | 952363 | 94862.80 | 176.419 |
| 2019-11-29 | 318398 | 31056.25 | 176.45 |
| 2019-12-2 | 303451 | 29660.40 | 176.438 |
| 2019-12-3 | 314293 | 31069.10 | 176.457 |
| 2019-12-4 | 425783 | 42352.53 | 176.46 |
| 2019-12-5 | 432833 | 42366.29 | 176.492 |
| 2019-12-6 | 954876 | 94535.66 | 176.504 |
| 2019-12-9 | 970152 | 97635.09 | 176.555 |
| 2019-12-10 | 1046208 | 103847.77 | 176.587 |
| 2019-12-11 | 2281594 | 228120.30 | 176.598 |
| 2019-12-12 | 464240 | 45850.05 | 176.618 |
| 2019-12-13 | 347591 | 33641.77 | 176.602 |
| 2019-12-16 | 630209 | 62952.15 | 176.654 |
| 2019-12-17 | 930150 | 91493.58 | 176.666 |
| 2019-12-18 | 1212441 | 120594.54 | 176.671 |
| 2019-12-19 | 434877 | 43143.57 | 176.71 |
| 2019-12-20 | 1130860 | 111980.42 | 176.774 |
| 2019-12-23 | 750907 | 74087.41 | 176.837 |
| 2019-12-24 | 926344 | 90837.96 | 176.934 |
| 2019-12-25 | 709745 | 69606.14 | 176.962 |
| 2019-12-26 | 2398560 | 241888.04 | 177.071 |
| 2019-12-27 | 7940426 | 817967.54 | 177.152 |
| 2019-12-30 | 521384 | 51645.74 | 177.212 |
| 2019-12-31 | 655957 | 66142.50 | 177.274 |
| 合计 | 161094290 | 16025269.71 | |

数据来源：上海证券交易所。

# 2019 年上海证券交易所国债交易情况月度统计表

| 月份 | 国债现货成交额（亿元） | 国债质押式回购成交金额（亿元） |
| --- | --- | --- |
| 1 | 122. 91 | 192107. 60 |
| 2 | 52. 18 | 132517. 42 |
| 3 | 105. 94 | 176371. 37 |
| 4 | 162. 01 | 174940. 96 |
| 5 | 113. 53 | 180118. 43 |
| 6 | 100. 66 | 158279. 87 |
| 7 | 160. 91 | 202939. 93 |
| 8 | 140. 52 | 193181. 69 |
| 9 | 180. 65 | 168617. 93 |
| 10 | 92. 83 | 163245. 02 |
| 11 | 111. 24 | 173411. 89 |
| 12 | 259. 14 | 181113. 83 |
| 合计 | 1602. 53 | 2096845. 92 |

数据来源：上海证券交易所。

# 2019 年上海证券交易所机构投资者国债现券交易额排名

| 排名 | 会员名称 | 成交金额（元） |
|---|---|---|
| 1 | 中信证券股份有限公司 | 38756936128.54 |
| 2 | 南方基金管理股份有限公司 | 14881524145.10 |
| 3 | 中国国际金融股份有限公司 | 13686246010.70 |
| 4 | 汇丰前海证券有限责任公司 | 12224429986.50 |
| 5 | 工银瑞信基金管理有限公司 | 11512181842.00 |
| 6 | 东方证券股份有限公司 | 8884676255.70 |
| 7 | 中信建投证券股份有限公司 | 6969885702.00 |
| 8 | 申万宏源证券有限公司 | 6161796739.40 |
| 9 | 华夏基金管理有限公司 | 5673661163.70 |
| 10 | 宏信证券有限责任公司 | 5262064509.40 |
| 11 | 第一创业证券股份有限公司 | 5234503283.40 |
| 12 | 兴业银行股份有限公司 | 5016429755.90 |
| 13 | 富国基金管理有限公司 | 4916138180.80 |
| 14 | 山西证券股份有限公司 | 4888305164.68 |
| 15 | 国泰君安证券股份有限公司 | 3975596697.10 |
| 16 | 开源证券股份有限公司 | 3829936129.30 |
| 17 | 瑞银证券有限责任公司 | 3787887163.20 |
| 18 | 新疆前海联合基金管理有限公司 | 3582634355.80 |
| 19 | 博时基金管理有限公司 | 3217501222.50 |
| 20 | 招商证券股份有限公司 | 3206453890.60 |
| 21 | 华泰证券股份有限公司 | 3155321692.10 |
| 22 | 鹏扬基金管理有限公司 | 2803873963.60 |
| 23 | 民生证券股份有限公司 | 2410611665.80 |
| 24 | 海富通基金管理有限公司 | 2382420754.00 |
| 25 | 嘉实基金管理有限公司 | 2298469751.80 |
| 26 | 方正证券股份有限公司 | 2172845978.80 |
| 27 | 金鹰基金管理有限公司 | 2164865335.10 |
| 28 | 国泰基金管理有限公司 | 2150271101.70 |
| 29 | 平安基金管理有限公司 | 2125854468.90 |
| 30 | 银河基金管理有限公司 | 2117995859.20 |
| 31 | 华创证券有限责任公司 | 2051609344.50 |
| 32 | 首创证券有限责任公司 | 2040895533.10 |
| 33 | 汇添富基金管理股份有限公司 | 2030260553.80 |
| 34 | 易方达基金管理有限公司 | 1900471566.70 |
| 35 | 东北证券股份有限公司 | 1889666462.20 |
| 36 | 金元顺安基金管理有限公司 | 1882329579.40 |
| 37 | 长安基金管理有限公司 | 1787223448.10 |
| 38 | 金元证券股份有限公司 | 1773340945.60 |
| 39 | 兴全基金管理有限公司 | 1744957978.80 |
| 40 | 银华基金管理股份有限公司 | 1712684540.10 |
| 41 | 创金合信基金管理有限公司 | 1691098153.40 |

续表

| 排名 | 会员名称 | 成交金额（元） |
|---|---|---|
| 42 | 广发证券股份有限公司 | 1689493921.20 |
| 43 | 北京高华证券有限责任公司 | 1608615814.90 |
| 44 | 中天证券股份有限公司 | 1596421500.00 |
| 45 | 国投瑞银基金管理有限公司 | 1562443655.00 |
| 46 | 安信基金管理有限责任公司 | 1560760868.60 |
| 47 | 华安证券股份有限公司 | 1544854726.80 |
| 48 | 泰达宏利基金管理有限公司 | 1542137455.20 |
| 49 | 招商基金管理有限公司 | 1529984488.80 |
| 50 | 泰康资产管理有限责任公司 | 1505776648.30 |
| 51 | 国信证券股份有限公司 | 1483390337.50 |
| 52 | 鹏华基金管理有限公司 | 1464071031.50 |
| 53 | 国金证券股份有限公司 | 1424564915.70 |
| 54 | 长信基金管理有限责任公司 | 1345469207.00 |
| 55 | 建信基金管理有限责任公司 | 1308598311.60 |
| 56 | 广发基金管理有限公司 | 1297093217.60 |
| 57 | 平安养老保险股份有限公司 | 1272141370.40 |
| 58 | 平安证券股份有限公司 | 1242293186.60 |
| 59 | 中国银河证券股份有限公司 | 1196325302.20 |
| 60 | 华宝基金管理有限公司 | 1192196969.40 |
| 61 | 上投摩根基金管理有限公司 | 1164445324.60 |
| 62 | 前海开源基金管理有限公司 | 1149640220.40 |
| 63 | 东方基金管理有限责任公司 | 1080317341.06 |
| 64 | 海通证券股份有限公司 | 1070103019.30 |
| 65 | 光大保德信基金管理有限公司 | 1022454239.70 |
| 66 | 华泰柏瑞基金管理有限公司 | 1020540037.90 |
| 67 | 融通基金管理有限公司 | 964614749.90 |
| 68 | 华安基金管理有限公司 | 938589557.00 |
| 69 | 中海基金管理有限公司 | 870409785.50 |
| 70 | 东兴证券股份有限公司 | 864550970.80 |
| 71 | 中银国际证券股份有限公司 | 861441625.90 |
| 72 | 中金基金管理有限公司 | 859611731.60 |
| 73 | 西部利得基金管理有限公司 | 845132306.80 |
| 74 | 中欧基金管理有限公司 | 837899943.20 |
| 75 | 民生加银基金管理有限公司 | 835986983.40 |
| 76 | 兴业基金管理有限公司 | 823291667.90 |
| 77 | 光大证券股份有限公司 | 807202769.10 |
| 78 | 太平资产管理有限公司 | 788676299.70 |
| 79 | 万家基金管理有限公司 | 775597331.30 |
| 80 | 东海证券股份有限公司 | 763741637.40 |
| 81 | 国海富兰克林基金管理有限公司 | 763373713.20 |
| 82 | 华商基金管理有限公司 | 755961556.90 |
| 83 | 华融证券股份有限公司 | 755273916.00 |
| 84 | 上海东方证券资产管理有限公司 | 751901777.60 |
| 85 | 国联安基金管理有限公司 | 737044801.50 |

续表

| 排名 | 会员名称 | 成交金额（元） |
| --- | --- | --- |
| 86 | 长城证券股份有限公司 | 708526282.30 |
| 87 | 华鑫证券有限责任公司 | 678515895.90 |
| 88 | 嘉合基金管理有限公司 | 675132355.60 |
| 89 | 中银基金管理有限公司 | 651538547.80 |
| 90 | 交银施罗德基金管理有限公司 | 603147617.10 |
| 91 | 九泰基金管理有限公司 | 600375241.90 |
| 92 | 长江证券股份有限公司 | 578744857.50 |
| 93 | 中国人保资产管理有限公司 | 575057268.70 |
| 94 | 信达澳银基金管理有限公司 | 564147992.10 |
| 95 | 中信保诚基金管理有限公司 | 551449747.80 |
| 96 | 国寿安保基金管理有限公司 | 521543896.80 |
| 97 | 新华基金管理股份有限公司 | 516721064.10 |
| 98 | 北信瑞丰基金管理有限公司 | 500801924.00 |
| 99 | 招商银行股份有限公司 | 497350000.00 |
| 100 | 农银汇理基金管理有限公司 | 490706149.90 |
| 101 | 汇安基金管理有限责任公司 | 490417891.20 |
| 102 | 申港证券股份有限公司 | 479500491.00 |
| 103 | 中加基金管理有限公司 | 476801552.90 |
| 104 | 红塔证券股份有限公司 | 474889965.00 |
| 105 | 中融基金管理有限公司 | 446741101.50 |
| 106 | 长盛基金管理有限公司 | 443490679.90 |
| 107 | 华润元大基金管理有限公司 | 440830294.70 |
| 108 | 华宸未来基金管理有限公司 | 431437455.60 |
| 109 | 景顺长城基金管理有限公司 | 421091337.70 |
| 110 | 财通基金管理有限公司 | 409122839.60 |
| 111 | 华泰保兴基金管理有限公司 | 404024892.60 |
| 112 | 摩根士丹利华鑫基金管理有限公司 | 398816900.50 |
| 113 | 中信建投基金管理有限公司 | 392161126.00 |
| 114 | 格林基金管理有限公司 | 378251996.00 |
| 115 | 长江养老保险股份有限公司 | 367560577.90 |
| 116 | 华夏久盈资产管理有限责任公司 | 364662939.50 |
| 117 | 新华资产管理股份有限公司 | 359263125.40 |
| 118 | 圆信永丰基金管理有限公司 | 354695832.90 |
| 119 | 鑫元基金管理有限公司 | 354296708.90 |
| 120 | 诺安基金管理有限公司 | 337004776.30 |
| 121 | 红塔红土基金管理有限公司 | 335151310.30 |
| 122 | 金信基金管理有限公司 | 334975855.30 |
| 123 | 宝盈基金管理有限公司 | 330436485.50 |
| 124 | 中邮创业基金管理股份有限公司 | 325451372.00 |
| 125 | 天弘基金管理有限公司 | 324436373.00 |
| 126 | 浙商证券股份有限公司 | 323921847.60 |
| 127 | 华富基金管理有限公司 | 311804442.60 |
| 128 | 华安财保资产管理有限责任公司 | 311784062.50 |
| 129 | 长城基金管理有限公司 | 309228328.00 |

续表

| 排名 | 会员名称 | 成交金额（元） |
| --- | --- | --- |
| 130 | 上海证券有限责任公司 | 301692354.80 |
| 131 | 申万菱信基金管理有限公司 | 298106586.40 |
| 132 | 大成基金管理有限公司 | 297210558.10 |
| 133 | 中国邮政储蓄银行有限责任公司 | 280871700.00 |
| 134 | 西南证券股份有限公司 | 280865900.00 |
| 135 | 兴业证券股份有限公司 | 278352197.20 |
| 136 | 东吴证券股份有限公司 | 277905629.20 |
| 137 | 天治基金管理有限公司 | 277367890.50 |
| 138 | 东莞证券股份有限公司 | 277218309.60 |
| 139 | 新时代证券股份有限公司 | 274621292.60 |
| 140 | 江海证券有限公司 | 268798885.80 |
| 141 | 财富证券有限责任公司 | 264332814.10 |
| 142 | 太平养老保险股份有限公司 | 255880848.70 |
| 143 | 东吴基金管理有限公司 | 252981519.30 |
| 144 | 浙商基金管理有限公司 | 250165180.70 |
| 145 | 兴银基金管理有限责任公司 | 233657556.10 |
| 146 | 国元证券股份有限公司 | 218697142.30 |
| 147 | 国金基金管理有限公司 | 217958848.00 |
| 148 | 万联证券股份有限公司 | 215687794.70 |
| 149 | 中国人寿养老保险股份有限公司 | 214035229.80 |
| 150 | 建信养老金管理有限责任公司 | 206905273.40 |
| 151 | 财通证券股份有限公司 | 204972404.50 |
| 152 | 江信基金管理有限公司 | 200837113.60 |
| 153 | 天风证券股份有限公司 | 188379518.90 |
| 154 | 中国中投证券有限责任公司 | 184534257.20 |
| 155 | 恒泰证券股份有限公司 | 177015836.40 |
| 156 | 西部证券股份有限公司 | 176227886.50 |
| 157 | 安信证券股份有限公司 | 175782271.70 |
| 158 | 太平洋证券股份有限公司 | 174495449.10 |
| 159 | 中科沃土基金管理有限公司 | 170875458.60 |
| 160 | 信达证券股份有限公司 | 167937174.40 |
| 161 | 民生通惠资产管理有限公司 | 167541598.10 |
| 162 | 长城国瑞证券有限公司 | 162438380.00 |
| 163 | 国融证券股份有限公司 | 161234740.20 |
| 164 | 广州证券股份有限公司 | 155025755.80 |
| 165 | 国开泰富基金管理有限责任公司 | 150632860.10 |
| 166 | 诺德基金管理有限公司 | 150173239.20 |
| 167 | 太平基金管理有限公司 | 146496391.90 |
| 168 | 中山证券有限责任公司 | 143996853.10 |
| 169 | 先锋基金管理有限公司 | 139194651.90 |
| 170 | 华福证券有限责任公司 | 135974753.90 |
| 171 | 中信证券（山东）有限责任公司 | 130060202.30 |
| 172 | 英大基金管理有限公司 | 125568351.80 |
| 173 | 德邦基金管理有限公司 | 125329943.50 |

续表

| 排名 | 会员名称 | 成交金额（元） |
| --- | --- | --- |
| 174 | 浦银安盛基金管理有限公司 | 113433749.50 |
| 175 | 南华基金管理有限公司 | 111099261.90 |
| 176 | 方正富邦基金管理有限公司 | 109725032.40 |
| 177 | 上银基金管理有限公司 | 106705128.60 |
| 178 | 东海基金管理有限责任公司 | 106490741.40 |
| 179 | 富荣基金管理有限公司 | 101457419.30 |
| 180 | 工银安盛人寿保险有限公司 | 100951933.50 |
| 181 | 国联证券股份有限公司 | 99756189.00 |
| 182 | 湘财证券股份有限公司 | 82606370.40 |
| 183 | 国海证券股份有限公司 | 82557008.50 |
| 184 | 华宝证券有限责任公司 | 81216382.00 |
| 185 | 阳光资产管理股份有限公司 | 73137631.30 |
| 186 | 华金证券股份有限公司 | 66753276.50 |
| 187 | 中航基金管理有限公司 | 66615334.80 |
| 188 | 中航证券有限公司 | 64614043.40 |
| 189 | 中国农业银行股份有限公司 | 61772700.30 |
| 190 | 中国银行 | 60903195.80 |
| 191 | 中国人民养老保险有限责任公司 | 55400124.50 |
| 192 | 华林证券股份有限公司 | 54306442.20 |
| 193 | 国盛证券有限责任公司 | 46414982.20 |
| 194 | 大同证券有限责任公司 | 42125487.40 |
| 195 | 红土创新基金管理有限公司 | 40235569.20 |
| 196 | 德邦证券股份有限公司 | 38951177.70 |
| 197 | 申万宏源西部证券有限公司 | 36260314.70 |
| 198 | 富安达基金管理有限公司 | 35417575.60 |
| 199 | 联讯证券股份有限公司 | 33215235.20 |
| 200 | 中泰证券股份有限公司 | 31759650.10 |
| 201 | 渤海证券股份有限公司 | 31426502.80 |
| 202 | 恒生前海基金管理有限公司 | 30723527.10 |
| 203 | 泓德基金管理有限公司 | 30195731.20 |
| 204 | 中国人寿资产管理有限公司 | 28585676.10 |
| 205 | 东亚前海证券有限责任公司 | 26947930.20 |
| 206 | 新沃基金管理有限公司 | 24308208.30 |
| 207 | 西藏东方财富证券股份有限公司 | 23516679.80 |
| 208 | 中英益利资产管理股份有限公司 | 22710494.40 |
| 209 | 光大永明资产管理股份有限公司 | 21054685.20 |

续表

| 排名 | 会员名称 | 成交金额（元） |
| --- | --- | --- |
| 210 | 太平洋资产管理有限责任公司 | 20710600.00 |
| 211 | 泰信基金管理有限公司 | 17383748.50 |
| 212 | 汇丰晋信基金管理有限公司 | 16824147.70 |
| 213 | 国都证券股份有限公司 | 16466065.00 |
| 214 | 五矿证券有限公司 | 14798345.40 |
| 215 | 世纪证券有限责任公司 | 13371769.00 |
| 216 | 友邦保险有限公司上海分公司 | 13338857.10 |
| 217 | 益民基金管理有限公司 | 12433215.00 |
| 218 | 联储证券有限责任公司 | 9953377.20 |
| 219 | 华西证券股份有限公司 | 8463476.90 |
| 220 | 九州证券股份有限公司 | 5090298.20 |
| 221 | 生命保险资产管理有限公司 | 4989258.00 |
| 222 | 财达证券股份有限公司 | 3774158.50 |
| 223 | 交通银行股份有限公司 | 2994440.40 |
| 224 | 川财证券有限责任公司 | 2185426.80 |
| 225 | 中国中金财富证券有限公司 | 2030600.00 |
| 226 | 爱建证券有限责任公司 | 1458373.80 |
| 227 | 合众资产管理股份有限公司 | 850425.00 |
| 228 | 平安资产管理有限责任公司 | 786036.90 |
| 229 | 华龙证券股份有限公司 | 615060.00 |
| 230 | 中再资产管理股份有限公司 | 587776.00 |
| 231 | 中国民族证券有限责任公司 | 273151.00 |

数据来源：上海证券交易所。

# 2019 年上海证券交易所国债质押式回购日交易情况统计表

单位：万元，%

| 交易日期 | GC001 | | GC002 | | GC003 | | GC004 | | GC007 | | GC014 | | GC028 | | GC091 | | GC182 | | 合计 |
|---|---|---|---|---|---|---|---|---|---|---|---|---|---|---|---|---|---|---|---|
| | 成交量 | 收盘价 | 成交量 | 收盘价 | 成交量 | 收盘价 | 成交量 | 收盘价 | 成交量 | 收盘价 | 成交量 | 收盘价 | 成交量 | 收盘价 | 成交量 | 收盘价 | 成交量 | 收盘价 | |
| 2019－01－02 | 87160540 | 7. 695 | 2228150 | 4. 695 | 2057620 | 4. 135 | 1736720 | 4. 230 | 22240310 | 3. 795 | 5169910 | 3. 240 | 1223020 | 3. 115 | 43730 | 3. 300 | 350 | 2. 995 | 121860350 |
| 2019－01－03 | 82863730 | 2. 505 | 1395580 | 2. 610 | 857280 | 2. 790 | 1635210 | 2. 830 | 12049150 | 2. 855 | 2804190 | 2. 775 | 1390530 | 2. 955 | 23480 | 3. 100 | 250 | 2. 995 | 103019400 |
| 2019－01－04 | 73956790 | 2. 870 | 385090 | 2. 815 | 2129620 | 2. 735 | 712260 | 2. 745 | 8996380 | 2. 780 | 1550600 | 2. 785 | 1235130 | 3. 155 | 12940 | 3. 005 | 130 | 2. 905 | 88978940 |
| 2019－01－07 | 70702310 | 2. 215 | 818500 | 2. 315 | 849390 | 2. 295 | 523790 | 2. 385 | 10298140 | 2. 470 | 2777570 | 2. 550 | 1488950 | 3. 120 | 35930 | 3. 005 | 1390 | 2. 765 | 87495970 |
| 2019－01－08 | 65775070 | 2. 040 | 595930 | 2. 010 | 380570 | 2. 080 | 250460 | 2. 095 | 5364290 | 2. 195 | 1284560 | 2. 445 | 668120 | 3. 045 | 24570 | 3. 000 | 370 | 2. 900 | 74343940 |
| 2019－01－09 | 70812480 | 2. 370 | 667940 | 2. 350 | 826610 | 2. 395 | 596850 | 2. 475 | 14101870 | 2. 500 | 2913980 | 2. 660 | 1128860 | 3. 105 | 53770 | 3. 030 | 1560 | 3. 035 | 91103920 |
| 2019－01－10 | 69900140 | 2. 205 | 1187740 | 2. 230 | 602140 | 2. 255 | 1063890 | 2. 275 | 11325480 | 2. 495 | 1962090 | 2. 620 | 1008740 | 3. 145 | 19830 | 3. 070 | 1350 | 3. 010 | 87071400 |
| 2019－01－11 | 68785580 | 2. 410 | 397750 | 2. 360 | 1810060 | 2. 255 | 669870 | 2. 450 | 10015800 | 2. 520 | 1137310 | 2. 635 | 614390 | 3. 150 | 9810 | 3. 050 | 1520 | 3. 025 | 83442090 |
| 2019－01－14 | 71532410 | 2. 350 | 1055160 | 2. 395 | 869750 | 2. 400 | 502880 | 2. 525 | 9372420 | 2. 645 | 1804720 | 2. 710 | 1167420 | 3. 210 | 7830 | 3. 040 | 570 | 3. 005 | 86313160 |
| 2019－01－15 | 68734900 | 2. 365 | 632390 | 2. 385 | 700130 | 2. 470 | 609970 | 2. 530 | 6409880 | 2. 590 | 1254870 | 2. 690 | 791170 | 3. 140 | 3720 | 3. 050 | 30 | 2. 710 | 79137060 |
| 2019－01－16 | 70031820 | 2. 390 | 592250 | 2. 320 | 624990 | 2. 320 | 331040 | 2. 460 | 13305350 | 2. 535 | 2411090 | 2. 685 | 1570330 | 3. 115 | 1450 | 3. 000 | 280 | 2. 740 | 88868600 |
| 2019－01－17 | 69745270 | 2. 500 | 1091260 | 2. 415 | 472200 | 2. 405 | 911250 | 2. 440 | 11628760 | 2. 525 | 1718990 | 2. 695 | 1215030 | 3. 015 | 20020 | 3. 000 | 190 | 2. 975 | 86802970 |
| 2019－01－18 | 68022700 | 2. 700 | 213230 | 2. 655 | 1730420 | 2. 600 | 853230 | 2. 610 | 10130830 | 2. 695 | 1573040 | 3. 245 | 878980 | 3. 075 | 3510 | 3. 015 | 240 | 2. 770 | 83406180 |
| 2019－01－21 | 70986230 | 2. 730 | 835190 | 2. 675 | 839130 | 2. 685 | 554720 | 2. 765 | 8748570 | 2. 785 | 2602160 | 3. 335 | 899680 | 3. 110 | 3900 | 3. 020 | 510 | 3. 000 | 85470090 |
| 2019－01－22 | 68528300 | 2. 740 | 630340 | 2. 710 | 577860 | 2. 720 | 486530 | 2. 780 | 7498760 | 2. 845 | 1629660 | 3. 365 | 524720 | 3. 145 | 2220 | 3. 015 | 250 | 2. 765 | 79878640 |
| 2019－01－23 | 69308720 | 2. 775 | 916950 | 2. 795 | 656930 | 2. 775 | 588000 | 2. 815 | 11311790 | 2. 975 | 3019570 | 3. 400 | 989770 | 3. 130 | 2450 | 3. 065 | 370 | 3. 000 | 86794550 |
| 2019－01－24 | 70015570 | 2. 625 | 1291740 | 2. 595 | 762690 | 2. 635 | 1843740 | 2. 805 | 7947670 | 3. 005 | 3335500 | 3. 320 | 792940 | 3. 125 | 36790 | 3. 100 | 70 | 2. 815 | 86026710 |
| 2019－01－25 | 68879630 | 2. 695 | 329170 | 2. 690 | 1678890 | 2. 640 | 891980 | 2. 780 | 7186170 | 3. 540 | 3541100 | 3. 395 | 583890 | 3. 120 | 17090 | 3. 070 | 40 | 2. 795 | 83107960 |
| 2019－01－28 | 70896630 | 2. 700 | 1484110 | 2. 760 | 760080 | 2. 840 | 835920 | 3. 430 | 10102490 | 3. 590 | 3108690 | 3. 580 | 778540 | 3. 135 | 24510 | 3. 045 | 0 | 2. 795 | 87990970 |
| 2019－01－29 | 68528570 | 2. 805 | 1166000 | 2. 850 | 679880 | 3. 455 | 393730 | 3. 525 | 5384620 | 3. 580 | 3910470 | 3. 510 | 741660 | 2. 910 | 19050 | 3. 065 | 60 | 2. 795 | 80824040 |
| 2019－01－30 | 65732370 | 2. 930 | 1173370 | 3. 410 | 827520 | 3. 465 | 316280 | 3. 505 | 10569070 | 3. 535 | 5872580 | 3. 410 | 1121560 | 2. 985 | 10800 | 3. 020 | 620 | 2. 875 | 85624170 |
| 2019－01－31 | 61638680 | 2. 735 | 1855300 | 2. 900 | 413860 | 3. 170 | 217690 | 3. 155 | 13421830 | 3. 135 | 5022680 | 3. 060 | 928110 | 2. 870 | 15500 | 2. 900 | 1200 | 2. 845 | 83514850 |
| 2019－02－01 | 63640660 | 2. 665 | 257760 | 2. 740 | 390760 | 2. 505 | 136570 | 3. 020 | 5086230 | 2. 595 | 4053240 | 2. 690 | 858170 | 2. 740 | 11300 | 2. 900 | 400 | 2. 570 | 74435090 |
| 2019－02－11 | 91072660 | 2. 860 | 1191680 | 2. 780 | 1339750 | 2. 735 | 1599210 | 2. 735 | 25312790 | 2. 695 | 5602410 | 2. 690 | 2137320 | 2. 755 | 68660 | 2. 890 | 820 | 2. 750 | 128325300 |

续表

| 交易日期 | GC001 | | GC002 | | GC003 | | GC004 | | GC007 | | GC014 | | GC028 | | GC091 | | GC182 | | 合计 |
|---|---|---|---|---|---|---|---|---|---|---|---|---|---|---|---|---|---|---|---|
| | 成交量 | 收盘价 | 成交量 | 收盘价 | 成交量 | 收盘价 | 成交量 | 收盘价 | 成交量 | 收盘价 | 成交量 | 收盘价 | 成交量 | 收盘价 | 成交量 | 收盘价 | 成交量 | 收盘价 | |
| 2019-02-12 | 78312340 | 2.755 | 577940 | 2.710 | 993110 | 2.620 | 391130 | 2.615 | 11121280 | 2.660 | 2145030 | 2.660 | 952840 | 2.695 | 95450 | 2.865 | 1650 | 2.800 | 94590770 |
| 2019-02-13 | 74869900 | 2.590 | 980650 | 2.550 | 496750 | 2.575 | 472480 | 2.560 | 9408800 | 2.585 | 2320880 | 2.600 | 552530 | 2.650 | 57120 | 2.800 | 690 | 2.755 | 89159800 |
| 2019-02-14 | 69024070 | 2.340 | 931960 | 2.300 | 517500 | 2.390 | 840690 | 2.310 | 7154900 | 2.435 | 1597010 | 2.505 | 611940 | 2.585 | 107870 | 2.845 | 770 | 2.625 | 80786710 |
| 2019-02-15 | 65918990 | 2.415 | 270140 | 2.345 | 1572150 | 2.320 | 504150 | 2.385 | 6541260 | 2.465 | 1490030 | 2.630 | 272930 | 2.600 | 22150 | 2.760 | 180 | 2.630 | 76591980 |
| 2019-02-18 | 72247590 | 2.415 | 885230 | 2.470 | 1437870 | 2.455 | 902590 | 2.485 | 19593790 | 2.515 | 3196220 | 2.605 | 595360 | 2.625 | 19820 | 2.760 | 520 | 2.710 | 98878990 |
| 2019-02-19 | 72401690 | 2.135 | 787150 | 2.200 | 586970 | 2.295 | 408600 | 2.320 | 9827590 | 2.400 | 1240640 | 2.560 | 152800 | 2.560 | 34370 | 2.630 | 450 | 2.560 | 85440260 |
| 2019-02-20 | 69015780 | 2.145 | 610870 | 2.175 | 678300 | 2.160 | 400690 | 2.280 | 9031450 | 2.375 | 1661580 | 2.510 | 298290 | 2.535 | 23780 | 2.740 | 570 | 2.570 | 81721310 |
| 2019-02-21 | 66686030 | 2.205 | 1237420 | 2.135 | 880330 | 2.060 | 1614490 | 2.115 | 7320630 | 2.335 | 1663590 | 2.600 | 275520 | 2.545 | 35980 | 2.790 | 690 | 2.635 | 79714680 |
| 2019-02-22 | 64950410 | 2.600 | 332780 | 2.690 | 1835880 | 2.545 | 674860 | 2.600 | 6717530 | 2.740 | 817360 | 2.620 | 289860 | 2.630 | 11400 | 2.795 | 190 | 2.650 | 75630770 |
| 2019-02-25 | 73076860 | 3.285 | 2062810 | 3.180 | 526430 | 3.240 | 612430 | 3.240 | 17024060 | 3.230 | 2860120 | 2.965 | 1013030 | 2.870 | 13630 | 2.795 | 420 | 2.690 | 97189790 |
| 2019-02-26 | 76788990 | 4.815 | 696560 | 4.520 | 647350 | 4.590 | 1202820 | 4.665 | 9325760 | 4.190 | 1433360 | 3.500 | 862080 | 3.105 | 4270 | 3.030 | 1360 | 2.750 | 90962550 |
| 2019-02-27 | 72303320 | 3.310 | 1421940 | 3.255 | 888690 | 3.165 | 740880 | 3.215 | 11269970 | 2.950 | 2875390 | 2.765 | 1040350 | 2.750 | 188350 | 2.950 | 460 | 2.750 | 90729850 |
| 2019-02-28 | 69035220 | 2.240 | 806240 | 2.160 | 455320 | 2.240 | 866090 | 2.305 | 7300450 | 2.525 | 1836330 | 2.530 | 696680 | 2.615 | 19810 | 2.890 | 220 | 2.625 | 81016360 |
| 2019-03-01 | 66919890 | 2.370 | 290590 | 2.340 | 1914350 | 2.235 | 617180 | 2.350 | 7641350 | 2.445 | 1457530 | 2.460 | 614510 | 2.920 | 12730 | 2.805 | 110 | 2.600 | 79468240 |
| 2019-03-04 | 71114460 | 2.225 | 738100 | 2.210 | 772580 | 2.315 | 522480 | 2.360 | 16125950 | 2.410 | 2601300 | 2.455 | 2071190 | 2.995 | 46050 | 2.950 | 180 | 2.670 | 93992290 |
| 2019-03-05 | 68186070 | 2.205 | 698500 | 2.170 | 467880 | 2.280 | 331110 | 2.365 | 9000690 | 2.395 | 1329920 | 2.450 | 1875420 | 3.090 | 12170 | 2.990 | 120 | 2.620 | 81901880 |
| 2019-03-06 | 67829510 | 2.075 | 521060 | 2.105 | 248670 | 2.210 | 165130 | 2.195 | 10262910 | 2.335 | 2265850 | 2.430 | 1203380 | 3.100 | 12770 | 2.985 | 0 | 2.620 | 82509280 |
| 2019-03-07 | 66236380 | 1.955 | 797460 | 1.905 | 378220 | 1.950 | 777230 | 1.945 | 7642150 | 2.210 | 1921080 | 2.325 | 753160 | 3.035 | 6960 | 2.990 | 0 | 2.620 | 78512640 |
| 2019-03-08 | 64773180 | 2.135 | 253770 | 2.055 | 1700830 | 2.045 | 449560 | 2.150 | 7419630 | 2.325 | 1468220 | 2.395 | 387920 | 3.020 | 3590 | 2.960 | 360 | 2.590 | 76457060 |
| 2019-03-11 | 67782510 | 2.205 | 773270 | 2.235 | 1169420 | 2.320 | 561830 | 2.390 | 15686210 | 2.415 | 2887390 | 2.560 | 1262510 | 3.135 | 20240 | 2.895 | 20 | 2.590 | 90143400 |
| 2019-03-12 | 69033530 | 2.325 | 368880 | 2.325 | 699570 | 2.350 | 226500 | 2.450 | 8587260 | 2.510 | 1341310 | 2.620 | 775720 | 3.170 | 7250 | 2.965 | 190 | 2.635 | 81040210 |
| 2019-03-13 | 66923400 | 2.230 | 578380 | 2.390 | 555640 | 2.360 | 358630 | 2.420 | 9672730 | 2.435 | 1692130 | 2.630 | 704530 | 3.095 | 40900 | 2.750 | 10 | 2.595 | 80526350 |
| 2019-03-14 | 66005070 | 2.350 | 884200 | 2.335 | 487540 | 2.305 | 878430 | 2.335 | 7936590 | 2.550 | 1987360 | 2.740 | 652040 | 3.095 | 2400 | 2.605 | 70 | 2.595 | 78833700 |
| 2019-03-15 | 66811120 | 2.900 | 392230 | 2.865 | 2094520 | 2.835 | 575810 | 3.010 | 6485520 | 3.060 | 1733040 | 3.430 | 477240 | 3.155 | 93630 | 3.025 | 220 | 2.600 | 78663330 |
| 2019-03-18 | 71870250 | 2.965 | 1060730 | 2.965 | 733900 | 3.005 | 499920 | 3.015 | 15550880 | 3.095 | 2617050 | 3.810 | 254820 | 3.205 | 76690 | 2.950 | 240 | 2.660 | 92664480 |
| 2019-03-19 | 71434700 | 2.915 | 507540 | 2.955 | 498380 | 2.980 | 171700 | 2.990 | 8949590 | 3.095 | 1504270 | 3.790 | 171020 | 3.095 | 71190 | 2.970 | 0 | 2.660 | 83308390 |
| 2019-03-20 | 71848200 | 2.990 | 538400 | 2.945 | 765680 | 2.940 | 859570 | 2.950 | 8747650 | 3.035 | 1771820 | 3.765 | 128120 | 3.115 | 64220 | 2.945 | 1500 | 2.635 | 84725160 |
| 2019-03-21 | 70451880 | 2.850 | 889650 | 2.835 | 1110780 | 2.875 | 1046150 | 2.835 | 7819380 | 2.965 | 2270100 | 3.495 | 128310 | 2.995 | 60860 | 2.905 | 50 | 2.640 | 83777160 |

续表

| 交易日期 | GC001 | | GC002 | | GC003 | | GC004 | | GC007 | | GC014 | | GC028 | | GC091 | | GC182 | | 合计 |
|---|---|---|---|---|---|---|---|---|---|---|---|---|---|---|---|---|---|---|---|
| | 成交量 | 收盘价 | 成交量 | 收盘价 | 成交量 | 收盘价 | 成交量 | 收盘价 | 成交量 | 收盘价 | 成交量 | 收盘价 | 成交量 | 收盘价 | 成交量 | 收盘价 | 成交量 | 收盘价 | |
| 2019-03-22 | 69942170 | 2.945 | 344780 | 2.905 | 2019570 | 2.865 | 1143940 | 2.920 | 5081360 | 3.940 | 1870900 | 3.455 | 384110 | 2.990 | 85120 | 2.845 | 90 | 2.645 | 80872040 |
| 2019-03-25 | 73588810 | 2.920 | 2158560 | 2.965 | 2265120 | 3.010 | 541850 | 4.005 | 12096080 | 4.095 | 2870680 | 3.390 | 502990 | 2.940 | 382270 | 2.800 | 40 | 2.660 | 94406400 |
| 2019-03-26 | 73347380 | 2.785 | 1406140 | 2.960 | 526350 | 3.715 | 553160 | 3.895 | 7894070 | 3.940 | 1594880 | 3.285 | 508020 | 2.895 | 292260 | 2.800 | 140 | 2.700 | 86122400 |
| 2019-03-27 | 73488820 | 2.975 | 904250 | 3.455 | 1293170 | 3.450 | 656310 | 3.435 | 8136330 | 3.515 | 2218040 | 3.040 | 945820 | 2.875 | 352660 | 2.780 | 130 | 2.700 | 87995530 |
| 2019-03-28 | 69786060 | 4.385 | 1133470 | 4.250 | 1254900 | 4.310 | 1670350 | 4.150 | 11507840 | 3.490 | 1658700 | 3.055 | 1274060 | 2.845 | 331930 | 2.800 | 100 | 2.735 | 88617410 |
| 2019-03-29 | 67535660 | 4.480 | 385520 | 4.635 | 2859880 | 4.645 | 824710 | 4.175 | 6015090 | 3.290 | 1171600 | 2.940 | 377950 | 2.810 | 5790 | 2.805 | 120 | 2.600 | 79176320 |
| 2019-04-01 | 75147110 | 3.315 | 789410 | 3.120 | 1111630 | 2.980 | 559050 | 3.055 | 14705270 | 2.790 | 3631470 | 2.735 | 807810 | 2.770 | 10720 | 2.820 | 140 | 2.630 | 96762610 |
| 2019-04-02 | 67264600 | 2.105 | 677500 | 2.170 | 517400 | 2.255 | 321630 | 2.255 | 12081550 | 2.375 | 1588430 | 2.470 | 884710 | 2.735 | 33850 | 2.850 | 40 | 2.665 | 83369710 |
| 2019-04-03 | 64805920 | 1.770 | 811530 | 1.745 | 735470 | 1.740 | 410000 | 1.760 | 11448910 | 1.980 | 2191090 | 2.295 | 1368330 | 2.725 | 52810 | 2.835 | 140 | 2.565 | 81824200 |
| 2019-04-04 | 62285780 | 1.695 | 158460 | 1.565 | 1128620 | 1.580 | 1586430 | 1.560 | 9773530 | 1.990 | 1778900 | 2.280 | 1474290 | 2.695 | 50390 | 2.810 | 70 | 2.655 | 78236470 |
| 2019-04-08 | 65956130 | 1.815 | 697120 | 1.900 | 1004360 | 1.995 | 1310500 | 2.180 | 15942320 | 2.315 | 4047910 | 2.500 | 2168870 | 2.750 | 43450 | 2.780 | 460 | 2.605 | 91171120 |
| 2019-04-09 | 65337990 | 2.000 | 471590 | 2.025 | 342500 | 2.090 | 340230 | 2.245 | 10719770 | 2.365 | 3104910 | 2.660 | 1074380 | 2.825 | 42550 | 2.915 | 320 | 2.630 | 81434240 |
| 2019-04-10 | 66847630 | 2.165 | 922340 | 2.060 | 678600 | 2.310 | 696360 | 2.315 | 9756550 | 2.515 | 2113410 | 2.800 | 1009280 | 2.880 | 4900 | 2.905 | 50 | 2.640 | 82029120 |
| 2019-04-11 | 64778100 | 2.075 | 907780 | 2.065 | 1281970 | 2.090 | 2011340 | 2.100 | 8066400 | 2.510 | 1524670 | 2.735 | 635370 | 2.885 | 4060 | 2.835 | 230 | 2.730 | 79209920 |
| 2019-04-12 | 60252270 | 2.215 | 329980 | 2.125 | 1917870 | 2.090 | 543740 | 2.370 | 3819890 | 2.705 | 784190 | 2.825 | 413800 | 2.875 | 10900 | 2.850 | 500 | 2.710 | 68073140 |
| 2019-04-15 | 69595050 | 2.555 | 1158390 | 2.840 | 773440 | 2.845 | 823150 | 3.005 | 13053470 | 3.105 | 2531430 | 3.080 | 711870 | 2.990 | 4640 | 2.915 | 220 | 2.705 | 88651660 |
| 2019-04-16 | 71237180 | 3.055 | 532980 | 2.970 | 901700 | 2.995 | 427170 | 3.055 | 8863250 | 3.190 | 1535400 | 3.200 | 326590 | 3.065 | 2030 | 2.930 | 250 | 2.750 | 83826550 |
| 2019-04-17 | 71875370 | 3.160 | 629390 | 3.135 | 541370 | 3.170 | 279280 | 3.160 | 8326140 | 3.155 | 2463840 | 3.270 | 208630 | 3.015 | 1480 | 2.510 | 100 | 2.760 | 84325600 |
| 2019-04-18 | 71226960 | 2.785 | 798340 | 2.770 | 409110 | 2.790 | 760380 | 2.795 | 8902130 | 2.805 | 1536010 | 2.930 | 355460 | 2.835 | 4030 | 2.855 | 100 | 2.605 | 83992520 |
| 2019-04-19 | 68147320 | 2.865 | 296800 | 2.700 | 2469290 | 2.760 | 531110 | 2.765 | 5381660 | 2.790 | 541340 | 2.910 | 322550 | 2.790 | 4260 | 2.790 | 150 | 2.780 | 77694480 |
| 2019-04-22 | 71256850 | 2.705 | 823650 | 2.765 | 889870 | 2.780 | 854340 | 2.805 | 12646530 | 2.875 | 3750830 | 2.970 | 698180 | 2.875 | 7470 | 2.935 | 350 | 2.640 | 90928070 |
| 2019-04-23 | 71071390 | 2.830 | 555380 | 2.855 | 767740 | 2.900 | 450390 | 2.895 | 7499930 | 3.175 | 2795400 | 3.205 | 195320 | 2.955 | 2220 | 2.975 | 80 | 2.750 | 83337850 |
| 2019-04-24 | 70235530 | 2.990 | 833610 | 2.965 | 448740 | 3.005 | 456680 | 3.060 | 7606180 | 3.380 | 3638210 | 3.260 | 415890 | 2.980 | 5970 | 2.985 | 130 | 2.800 | 83640940 |
| 2019-04-25 | 71482370 | 2.955 | 898220 | 2.955 | 485860 | 2.995 | 1136880 | 2.965 | 8299340 | 3.290 | 2706070 | 3.180 | 395170 | 2.980 | 4090 | 2.955 | 90 | 2.805 | 85408090 |
| 2019-04-26 | 66364490 | 3.125 | 388860 | 3.140 | 1930720 | 3.125 | 1036390 | 3.285 | 7428500 | 3.335 | 1861850 | 3.140 | 580430 | 2.970 | 4360 | 2.990 | 310 | 2.715 | 79595910 |
| 2019-04-29 | 65768280 | 2.720 | 1746660 | 2.745 | 601360 | 2.925 | 528290 | 2.995 | 18121180 | 3.005 | 2472130 | 2.900 | 940600 | 2.810 | 6540 | 2.900 | 170 | 2.750 | 90185210 |
| 2019-04-30 | 61773270 | 2.565 | 234880 | 2.485 | 486240 | 2.455 | 1263800 | 2.395 | 9598030 | 2.800 | 1606570 | 2.705 | 738390 | 2.845 | 10540 | 2.865 | 420 | 2.760 | 75712140 |
| 2019-05-06 | 79554380 | 2.370 | 1074180 | 2.365 | 1498660 | 2.410 | 1950580 | 2.400 | 26261090 | 2.430 | 4233200 | 2.555 | 2136740 | 2.765 | 24590 | 2.845 | 1050 | 2.675 | 116734470 |

续表

| 交易日期 | GC001 | | GC002 | | GC003 | | GC004 | | GC007 | | GC014 | | GC028 | | GC091 | | GC182 | | 合计 |
|---|---|---|---|---|---|---|---|---|---|---|---|---|---|---|---|---|---|---|---|
| | 成交量 | 收盘价 | 成交量 | 收盘价 | 成交量 | 收盘价 | 成交量 | 收盘价 | 成交量 | 收盘价 | 成交量 | 收盘价 | 成交量 | 收盘价 | 成交量 | 收盘价 | 成交量 | 收盘价 | |
| 2019-05-07 | 78686070 | 2.225 | 491540 | 2.305 | 555870 | 2.300 | 387710 | 2.350 | 12340020 | 2.360 | 2199470 | 2.460 | 1715700 | 2.690 | 18010 | 2.840 | 600 | 2.800 | 96394990 |
| 2019-05-08 | 71433750 | 1.775 | 758170 | 1.805 | 410660 | 2.025 | 312550 | 2.020 | 6726460 | 2.230 | 1944870 | 2.385 | 1156600 | 2.640 | 12490 | 2.775 | 210 | 2.605 | 82755760 |
| 2019-05-09 | 66883120 | 1.620 | 552310 | 1.655 | 337200 | 1.665 | 781640 | 1.735 | 6014660 | 2.055 | 1200760 | 2.355 | 906150 | 2.610 | 20600 | 2.795 | 0 | 2.605 | 76696440 |
| 2019-05-10 | 63279750 | 1.960 | 316380 | 1.860 | 1896630 | 1.800 | 490240 | 1.885 | 4564490 | 2.220 | 951430 | 2.415 | 638770 | 2.645 | 8920 | 2.740 | 60 | 2.235 | 72146670 |
| 2019-05-13 | 71679520 | 2.110 | 819100 | 2.165 | 879790 | 2.240 | 672340 | 2.315 | 18095670 | 2.400 | 3371660 | 2.570 | 943700 | 2.730 | 30470 | 2.805 | 550 | 2.600 | 96492800 |
| 2019-05-14 | 70991590 | 2.320 | 820610 | 2.290 | 474530 | 2.455 | 490400 | 2.475 | 11625640 | 2.570 | 1575290 | 2.620 | 1212120 | 2.730 | 12120 | 2.850 | 210 | 2.700 | 87202510 |
| 2019-05-15 | 69561550 | 2.380 | 1081010 | 2.370 | 554640 | 2.415 | 285670 | 2.425 | 7132450 | 2.520 | 871930 | 2.600 | 485330 | 2.720 | 8860 | 2.840 | 450 | 2.700 | 79981890 |
| 2019-05-16 | 69539530 | 2.300 | 567900 | 2.270 | 347900 | 2.205 | 882670 | 2.260 | 6391890 | 2.495 | 825970 | 2.275 | 255530 | 2.675 | 11910 | 2.710 | 790 | 2.715 | 78824090 |
| 2019-05-17 | 67072740 | 2.525 | 307040 | 2.430 | 2035910 | 2.400 | 507920 | 2.440 | 5993260 | 2.575 | 664110 | 2.605 | 234180 | 2.700 | 9490 | 2.835 | 870 | 2.595 | 76825520 |
| 2019-05-20 | 75414770 | 2.690 | 919310 | 2.720 | 737970 | 2.745 | 436960 | 2.840 | 14826360 | 2.915 | 3450320 | 2.985 | 407340 | 2.805 | 3870 | 2.845 | 160 | 2.620 | 96197060 |
| 2019-05-21 | 73866250 | 2.745 | 410690 | 2.710 | 495470 | 2.720 | 585750 | 2.735 | 11530990 | 2.775 | 2150560 | 2.935 | 229430 | 2.740 | 4650 | 2.895 | 220 | 2.745 | 89274010 |
| 2019-05-22 | 71813400 | 2.655 | 749740 | 2.635 | 506560 | 2.665 | 291150 | 2.670 | 7976680 | 2.720 | 2015440 | 2.820 | 279430 | 2.725 | 6480 | 2.830 | 260 | 2.745 | 83639140 |
| 2019-05-23 | 69978090 | 2.490 | 926800 | 2.485 | 571160 | 2.510 | 970030 | 2.505 | 7272000 | 2.575 | 1548360 | 2.740 | 400960 | 2.700 | 16940 | 2.860 | 70 | 2.850 | 81684410 |
| 2019-05-24 | 68392130 | 2.620 | 215090 | 2.560 | 1947480 | 2.540 | 816970 | 2.575 | 5643280 | 2.745 | 1048270 | 2.755 | 382530 | 2.720 | 12040 | 2.900 | 100 | 2.850 | 78457890 |
| 2019-05-27 | 82583070 | 1.905 | 1054240 | 2.200 | 849960 | 2.510 | 693770 | 2.770 | 14981810 | 3.010 | 2346690 | 2.740 | 412560 | 2.815 | 37440 | 3.050 | 240 | 2.770 | 102959780 |
| 2019-05-28 | 92462590 | 1.280 | 746330 | 1.850 | 657090 | 2.185 | 683980 | 2.740 | 9907050 | 2.740 | 1038860 | 2.700 | 188660 | 2.810 | 14710 | 3.015 | 10 | 2.050 | 105699280 |
| 2019-05-29 | 91561690 | 1.875 | 1119320 | 2.145 | 547090 | 2.345 | 465050 | 2.315 | 7145580 | 2.625 | 1070670 | 2.690 | 245240 | 2.730 | 23520 | 2.785 | 160 | 2.630 | 102178320 |
| 2019-05-30 | 88162680 | 2.470 | 851220 | 2.490 | 524010 | 2.510 | 934520 | 2.495 | 7676350 | 2.615 | 1232140 | 2.605 | 496490 | 2.715 | 17180 | 2.925 | 30 | 2.600 | 99894620 |
| 2019-05-31 | 86889220 | 2.330 | 218100 | 2.270 | 1650190 | 2.310 | 589960 | 2.385 | 6209260 | 2.515 | 826260 | 2.545 | 752910 | 2.765 | 8690 | 2.810 | 20 | 0.025 | 97144610 |
| 2019-06-03 | 84752190 | 2.470 | 934620 | 2.480 | 1027380 | 2.475 | 571240 | 2.550 | 15796230 | 2.580 | 3266310 | 2.605 | 2240650 | 3.120 | 11200 | 2.900 | 210 | 2.690 | 108600030 |
| 2019-06-04 | 80265170 | 2.485 | 951250 | 2.455 | 480850 | 2.470 | 318680 | 2.470 | 11748480 | 2.525 | 1876610 | 2.590 | 1662170 | 3.180 | 9980 | 2.935 | 200 | 2.705 | 97313390 |
| 2019-06-05 | 73399110 | 2.470 | 876940 | 2.450 | 464550 | 2.445 | 454940 | 2.450 | 11121320 | 2.490 | 2232340 | 2.575 | 1271680 | 3.190 | 2920 | 2.870 | 1000 | 2.665 | 89824800 |
| 2019-06-06 | 70538550 | 2.360 | 323410 | 2.395 | 998530 | 2.330 | 1695840 | 2.315 | 9498370 | 2.500 | 2208140 | 2.575 | 1158840 | 3.155 | 1480 | 2.910 | 60 | 2.625 | 86423220 |
| 2019-06-10 | 75705140 | 2.355 | 605470 | 2.405 | 854770 | 2.365 | 1877170 | 2.435 | 18577570 | 2.555 | 3802140 | 2.680 | 1314360 | 3.260 | 7260 | 2.920 | 580 | 2.645 | 102744460 |
| 2019-06-11 | 76322070 | 2.310 | 468530 | 2.350 | 650660 | 2.420 | 367270 | 2.455 | 10424010 | 2.505 | 1696160 | 2.660 | 758980 | 3.230 | 990 | 2.910 | 2050 | 2.655 | 90690720 |
| 2019-06-12 | 73530800 | 2.120 | 566760 | 2.000 | 303890 | 2.230 | 217260 | 2.280 | 10499870 | 2.355 | 2094750 | 2.515 | 5472640 | 2.935 | 4110 | 2.945 | 120 | 2.820 | 92690200 |
| 2019-06-13 | 68854250 | 2.150 | 722170 | 2.185 | 556330 | 2.200 | 765590 | 2.175 | 6960450 | 2.310 | 2707420 | 2.500 | 5634780 | 2.805 | 4610 | 2.945 | 340 | 2.820 | 86205940 |
| 2019-06-14 | 59029920 | 1.805 | 277040 | 1.740 | 1421750 | 1.720 | 469990 | 2.040 | 3806090 | 2.180 | 13428430 | 2.490 | 1739400 | 2.795 | 4840 | 2.920 | 150 | 2.795 | 80177610 |

续表

| 交易日期 | GC001 | | GC002 | | GC003 | | GC004 | | GC007 | | GC014 | | GC028 | | GC091 | | GC182 | | 合计 |
|---|---|---|---|---|---|---|---|---|---|---|---|---|---|---|---|---|---|---|---|
| | 成交量 | 收盘价 | 成交量 | 收盘价 | 成交量 | 收盘价 | 成交量 | 收盘价 | 成交量 | 收盘价 | 成交量 | 收盘价 | 成交量 | 收盘价 | 成交量 | 收盘价 | 成交量 | 收盘价 | |
| 2019 - 06 - 17 | 55853800 | 1. 370 | 563860 | 1. 525 | 545360 | 1. 585 | 333850 | 1. 900 | 11688310 | 1. 970 | 20887690 | 2. 505 | 325110 | 2. 615 | 1840 | 2. 825 | 370 | 2. 620 | 90200190 |
| 2019 - 06 - 18 | 53716740 | 1. 555 | 415970 | 1. 525 | 476040 | 1. 555 | 285280 | 1. 740 | 8376350 | 1. 985 | 7753230 | 2. 600 | 267070 | 2. 810 | 36410 | 2. 800 | 210 | 2. 555 | 71327300 |
| 2019 - 06 - 19 | 54807110 | 1. 655 | 557920 | 1. 625 | 308150 | 1. 735 | 184540 | 1. 735 | 9767710 | 1. 950 | 3697870 | 2. 725 | 163380 | 2. 605 | 66660 | 2. 760 | 40 | 2. 520 | 69553380 |
| 2019 - 06 - 20 | 56028160 | 1. 685 | 618930 | 1. 595 | 425160 | 1. 680 | 618410 | 1. 640 | 5801580 | 1. 905 | 2480700 | 2. 545 | 314290 | 2. 570 | 250340 | 2. 700 | 20 | 2. 420 | 66537590 |
| 2019 - 06 - 21 | 55652620 | 1. 990 | 144680 | 1. 980 | 1657360 | 1. 795 | 442670 | 1. 860 | 3949000 | 2. 270 | 848470 | 2. 555 | 153710 | 2. 555 | 121380 | 2. 680 | 0 | 2. 420 | 62969890 |
| 2019 - 06 - 24 | 61169470 | 2. 030 | 1027990 | 2. 050 | 868880 | 2. 075 | 410940 | 2. 660 | 11067100 | 2. 895 | 2045700 | 2. 670 | 520570 | 2. 510 | 158230 | 2. 675 | 170 | 2. 430 | 77269050 |
| 2019 - 06 - 25 | 62916600 | 2. 030 | 1100720 | 2. 065 | 479980 | 2. 235 | 392610 | 2. 475 | 5838180 | 2. 740 | 1120520 | 2. 570 | 869160 | 2. 490 | 181870 | 2. 650 | 170 | 2. 505 | 72899810 |
| 2019 - 06 - 26 | 64679910 | 2. 365 | 509810 | 2. 490 | 726420 | 2. 555 | 432820 | 2. 585 | 8372140 | 2. 650 | 1504320 | 2. 495 | 652010 | 2. 505 | 222790 | 2. 700 | 0 | 2. 505 | 77100220 |
| 2019 - 06 - 27 | 67218990 | 3. 020 | 978660 | 3. 105 | 626180 | 3. 210 | 991710 | 3. 030 | 7373860 | 2. 735 | 1719380 | 2. 545 | 998850 | 2. 510 | 268860 | 2. 695 | 650 | 2. 365 | 80177140 |
| 2019 - 06 - 28 | 69915460 | 3. 330 | 249040 | 3. 245 | 2641030 | 3. 160 | 595760 | 2. 885 | 5151810 | 2. 620 | 1051140 | 2. 530 | 380300 | 2. 505 | 108760 | 2. 690 | 450 | 2. 565 | 80093750 |
| 2019 - 07 - 01 | 79206290 | 2. 895 | 1051910 | 2. 655 | 625760 | 2. 645 | 483930 | 2. 545 | 17639380 | 2. 560 | 4199800 | 2. 530 | 1283670 | 2. 600 | 34020 | 2. 700 | 50 | 2. 600 | 104524810 |
| 2019 - 07 - 02 | 74076280 | 2. 440 | 493970 | 2. 370 | 307420 | 2. 370 | 463020 | 2. 325 | 10896860 | 2. 385 | 2684110 | 2. 400 | 1034300 | 2. 490 | 54170 | 2. 700 | 210 | 2. 575 | 90010340 |
| 2019 - 07 - 03 | 70337930 | 2. 070 | 564570 | 1. 920 | 278670 | 2. 050 | 395370 | 2. 030 | 11471050 | 2. 090 | 2101090 | 2. 230 | 1041910 | 2. 410 | 21680 | 2. 660 | 150 | 2. 205 | 86212420 |
| 2019 - 07 - 04 | 66991080 | 1. 745 | 621500 | 1. 710 | 491870 | 1. 625 | 799480 | 1. 630 | 9446590 | 1. 865 | 2124040 | 2. 070 | 1330380 | 2. 340 | 20780 | 2. 670 | 50 | 2. 435 | 81825770 |
| 2019 - 07 - 05 | 63014110 | 1. 880 | 366600 | 1. 790 | 1688910 | 1. 790 | 365450 | 1. 830 | 6068290 | 2. 000 | 1009220 | 2. 235 | 743820 | 2. 425 | 12770 | 2. 690 | 10 | 2. 550 | 73269180 |
| 2019 - 07 - 08 | 66349270 | 2. 060 | 867990 | 2. 065 | 703700 | 2. 030 | 483650 | 2. 090 | 15286570 | 2. 185 | 2989210 | 2. 370 | 743290 | 2. 455 | 42670 | 2. 690 | 410 | 2. 560 | 87466760 |
| 2019 - 07 - 09 | 66511930 | 2. 120 | 375360 | 2. 145 | 400310 | 2. 135 | 272630 | 2. 195 | 10370330 | 2. 270 | 1782870 | 2. 405 | 527090 | 2. 510 | 3580 | 2. 610 | 530 | 2. 520 | 80244630 |
| 2019 - 07 - 10 | 70398820 | 2. 315 | 614700 | 2. 220 | 353160 | 2. 275 | 284910 | 2. 275 | 10979480 | 2. 345 | 2091190 | 2. 465 | 577330 | 2. 540 | 14790 | 2. 645 | 400 | 2. 520 | 85314780 |
| 2019 - 07 - 11 | 71766200 | 2. 500 | 967650 | 2. 410 | 855620 | 2. 430 | 746830 | 2. 405 | 11760490 | 2. 465 | 1662820 | 2. 525 | 539360 | 2. 605 | 98140 | 2. 700 | 40 | 2. 525 | 88397150 |
| 2019 - 07 - 12 | 69729820 | 2. 760 | 245430 | 2. 775 | 1655730 | 2. 735 | 515420 | 2. 695 | 7170500 | 2. 700 | 1292530 | 2. 640 | 642050 | 2. 640 | 47320 | 2. 700 | 460 | 2. 600 | 81299260 |
| 2019 - 07 - 15 | 72334970 | 2. 870 | 942230 | 2. 885 | 794060 | 2. 840 | 522800 | 2. 830 | 15631590 | 2. 800 | 3373080 | 2. 715 | 1113980 | 2. 695 | 3830 | 2. 695 | 250 | 2. 690 | 94716790 |
| 2019 - 07 - 16 | 71249970 | 2. 910 | 440070 | 2. 830 | 421120 | 2. 795 | 594230 | 2. 795 | 10103810 | 2. 765 | 2505410 | 2. 680 | 1056140 | 2. 670 | 21580 | 2. 710 | 330 | 2. 720 | 86392660 |
| 2019 - 07 - 17 | 73925780 | 3. 160 | 800330 | 3. 035 | 859260 | 2. 965 | 607130 | 3. 005 | 9307940 | 2. 955 | 2264680 | 2. 920 | 621480 | 2. 740 | 15210 | 2. 830 | 340 | 2. 595 | 88402150 |
| 2019 - 07 - 18 | 75001480 | 3. 130 | 1027890 | 3. 055 | 882880 | 3. 070 | 1227600 | 3. 060 | 8785360 | 3. 015 | 2198160 | 2. 955 | 1058270 | 2. 700 | 23900 | 2. 895 | 130 | 2. 600 | 90205670 |
| 2019 - 07 - 19 | 75828600 | 3. 185 | 191560 | 3. 120 | 2032670 | 3. 110 | 776560 | 3. 100 | 5436820 | 2. 965 | 1513910 | 2. 890 | 541000 | 2. 700 | 17590 | 2. 655 | 100 | 2. 600 | 86338810 |
| 2019 - 07 - 22 | 78412060 | 3. 140 | 1055330 | 3. 000 | 895810 | 2. 960 | 460090 | 2. 935 | 15966180 | 2. 930 | 2906160 | 2. 875 | 607980 | 2. 695 | 16110 | 2. 730 | 100 | 2. 585 | 100319820 |
| 2019 - 07 - 23 | 75701240 | 2. 960 | 748620 | 2. 880 | 718550 | 2. 770 | 481390 | 2. 800 | 9991570 | 2. 785 | 2056360 | 2. 755 | 683960 | 2. 655 | 7280 | 2. 720 | 90 | 2. 600 | 90389060 |
| 2019 - 07 - 24 | 77174350 | 2. 870 | 553050 | 2. 775 | 683430 | 2. 780 | 331770 | 2. 780 | 8446670 | 2. 865 | 2067410 | 2. 765 | 697790 | 2. 650 | 5000 | 2. 715 | 90 | 2. 605 | 89959560 |

续表

| 交易日期 | GC001 | | GC002 | | GC003 | | GC004 | | GC007 | | GC014 | | GC028 | | GC091 | | GC182 | | 合计 |
|---|---|---|---|---|---|---|---|---|---|---|---|---|---|---|---|---|---|---|---|
| | 成交量 | 收盘价 | 成交量 | 收盘价 | 成交量 | 收盘价 | 成交量 | 收盘价 | 成交量 | 收盘价 | 成交量 | 收盘价 | 成交量 | 收盘价 | 成交量 | 收盘价 | 成交量 | 收盘价 | |
| 2019－07－25 | 74221880 | 2.985 | 1185400 | 2.940 | 856820 | 2.910 | 1244230 | 2.925 | 10736280 | 3.050 | 1535230 | 2.800 | 841130 | 2.685 | 4340 | 2.710 | 170 | 2.635 | 90625480 |
| 2019－07－26 | 71349460 | 3.050 | 333080 | 3.010 | 1953450 | 2.960 | 451820 | 2.970 | 7710100 | 2.995 | 1685150 | 2.790 | 451450 | 2.685 | 9190 | 2.760 | 140 | 2.650 | 83943840 |
| 2019－07－29 | 74023310 | 2.985 | 1378520 | 2.930 | 1090620 | 3.000 | 716070 | 3.005 | 15715190 | 2.950 | 3721390 | 2.775 | 1056430 | 2.695 | 2790 | 2.715 | 440 | 2.730 | 97704760 |
| 2019－07－30 | 72144520 | 2.895 | 857770 | 2.925 | 542950 | 2.845 | 465840 | 2.875 | 9737870 | 2.880 | 2490460 | 2.685 | 837470 | 2.675 | 9130 | 2.720 | 1340 | 2.750 | 87087350 |
| 2019－07－31 | 71926100 | 2.840 | 599130 | 2.740 | 416070 | 2.725 | 620450 | 2.830 | 8537230 | 2.745 | 1786160 | 2.675 | 859120 | 2.645 | 3630 | 2.705 | 400 | 2.500 | 84748290 |
| 2019－08－01 | 72452840 | 2.680 | 1086570 | 2.610 | 602070 | 2.620 | 1206560 | 2.640 | 10098700 | 2.640 | 1387230 | 2.605 | 810270 | 2.600 | 3080 | 2.675 | 60 | 2.555 | 87647380 |
| 2019－08－02 | 73553100 | 2.895 | 209550 | 2.875 | 1878500 | 2.815 | 530440 | 2.860 | 7353450 | 2.790 | 1170150 | 2.695 | 454870 | 2.705 | 5910 | 2.700 | 450 | 2.755 | 85156420 |
| 2019－08－05 | 74542060 | 2.765 | 913070 | 2.710 | 810090 | 2.670 | 434400 | 2.720 | 15951690 | 2.715 | 3230130 | 2.705 | 1741920 | 2.705 | 7940 | 2.715 | 170 | 2.615 | 97631470 |
| 2019－08－06 | 72068780 | 2.605 | 544540 | 2.580 | 365410 | 2.565 | 289250 | 2.405 | 11557270 | 2.585 | 1884400 | 2.630 | 1100490 | 2.670 | 13190 | 2.700 | 170 | 2.655 | 87823500 |
| 2019－08－07 | 71254750 | 2.375 | 590490 | 2.380 | 409360 | 2.325 | 192000 | 2.440 | 9463860 | 2.505 | 1643260 | 2.555 | 840630 | 2.620 | 15500 | 2.690 | 300 | 2.650 | 84415150 |
| 2019－08－08 | 69677950 | 2.370 | 860990 | 2.345 | 646740 | 2.355 | 876940 | 2.375 | 9769380 | 2.495 | 2079870 | 2.570 | 1221260 | 2.600 | 9160 | 2.660 | 630 | 2.650 | 85142920 |
| 2019－08－09 | 68339880 | 2.670 | 174620 | 2.605 | 1855550 | 2.615 | 570390 | 2.700 | 7869570 | 2.710 | 1251470 | 2.720 | 430440 | 2.710 | 13350 | 2.725 | 260 | 2.650 | 80505530 |
| 2019－08－12 | 72356110 | 2.850 | 844590 | 2.815 | 1004270 | 2.795 | 471040 | 2.835 | 14456470 | 2.875 | 4025710 | 2.840 | 920360 | 2.785 | 12280 | 2.800 | 360 | 2.795 | 94091190 |
| 2019－08－13 | 74634680 | 2.990 | 428390 | 2.970 | 332940 | 2.980 | 310580 | 2.995 | 10396430 | 2.975 | 2130790 | 2.855 | 434070 | 2.790 | 3260 | 2.800 | 280 | 2.780 | 88671420 |
| 2019－08－14 | 74577640 | 2.980 | 600570 | 2.955 | 374890 | 2.960 | 313900 | 2.975 | 9086090 | 2.960 | 2183080 | 2.855 | 488520 | 2.795 | 5320 | 2.820 | 710 | 2.750 | 87630720 |
| 2019－08－15 | 72022200 | 3.010 | 769240 | 2.940 | 731130 | 2.950 | 1080720 | 2.960 | 10601850 | 2.900 | 2150860 | 2.800 | 389400 | 2.760 | 1900 | 2.730 | 290 | 2.750 | 87747590 |
| 2019－08－16 | 70486680 | 3.120 | 256810 | 3.050 | 2009220 | 3.075 | 743480 | 3.020 | 8795790 | 2.960 | 859250 | 2.910 | 345100 | 2.835 | 3810 | 2.795 | 290 | 2.750 | 83500430 |
| 2019－08－19 | 73631970 | 3.140 | 828490 | 3.085 | 845560 | 3.100 | 567270 | 3.045 | 14446070 | 3.040 | 2548920 | 3.035 | 517960 | 2.890 | 2640 | 2.780 | 360 | 2.750 | 93389240 |
| 2019－08－20 | 72580740 | 3.115 | 453740 | 3.035 | 486060 | 3.040 | 471620 | 3.040 | 11450690 | 3.020 | 2152930 | 2.995 | 455050 | 2.870 | 3320 | 2.830 | 90 | 2.750 | 88054240 |
| 2019－08－21 | 71972360 | 2.900 | 619740 | 2.800 | 386420 | 2.780 | 193550 | 2.815 | 9177190 | 2.815 | 1869420 | 2.845 | 494810 | 2.790 | 4110 | 2.825 | 390 | 2.745 | 84717990 |
| 2019－08－22 | 71459360 | 2.620 | 760370 | 2.600 | 562540 | 2.605 | 840410 | 2.580 | 10699600 | 2.680 | 2124210 | 2.725 | 662290 | 2.765 | 10910 | 2.780 | 970 | 2.700 | 87120660 |
| 2019－08－23 | 70986070 | 2.760 | 288850 | 2.715 | 1873590 | 2.705 | 742750 | 2.730 | 8072560 | 2.850 | 1743770 | 2.830 | 244850 | 2.765 | 4440 | 2.810 | 440 | 2.730 | 83957320 |
| 2019－08－26 | 73446400 | 2.830 | 902420 | 2.825 | 925390 | 2.840 | 518850 | 2.915 | 16633700 | 2.975 | 2615160 | 2.860 | 468660 | 2.800 | 13830 | 2.965 | 670 | 2.730 | 95525080 |
| 2019－08－27 | 73573370 | 2.945 | 666370 | 2.935 | 534300 | 2.980 | 573100 | 2.985 | 12024480 | 3.025 | 2142650 | 2.880 | 546790 | 2.810 | 3090 | 2.845 | 460 | 2.805 | 90064610 |
| 2019－08－28 | 69972420 | 3.010 | 577080 | 2.955 | 864820 | 3.050 | 432030 | 3.000 | 12956920 | 2.975 | 1810510 | 2.870 | 563350 | 2.770 | 4470 | 2.845 | 100 | 2.720 | 87181700 |
| 2019－08－29 | 74021040 | 3.035 | 1058040 | 3.025 | 568300 | 3.015 | 856440 | 3.000 | 9654370 | 2.955 | 1893780 | 2.820 | 495500 | 2.775 | 6980 | 2.805 | 1020 | 2.800 | 88555470 |
| 2019－08－30 | 70663670 | 3.055 | 270560 | 2.945 | 1972100 | 2.995 | 801840 | 3.010 | 7987240 | 2.855 | 1252700 | 2.760 | 333690 | 2.825 | 4100 | 2.845 | 940 | 2.785 | 83286840 |
| 2019－09－02 | 74864670 | 2.960 | 1020300 | 2.925 | 574290 | 2.950 | 439260 | 2.910 | 15104460 | 2.925 | 2220720 | 2.815 | 2524210 | 2.970 | 13430 | 2.895 | 2220 | 2.890 | 96763560 |

续表

| 交易日期 | GC001 | | GC002 | | GC003 | | GC004 | | GC007 | | GC014 | | GC028 | | GC091 | | GC182 | | 合计 |
|---|---|---|---|---|---|---|---|---|---|---|---|---|---|---|---|---|---|---|---|
| | 成交量 | 收盘价 | 成交量 | 收盘价 | 成交量 | 收盘价 | 成交量 | 收盘价 | 成交量 | 收盘价 | 成交量 | 收盘价 | 成交量 | 收盘价 | 成交量 | 收盘价 | 成交量 | 收盘价 | |
| 2019-09-03 | 73896160 | 2.820 | 593020 | 2.835 | 409450 | 2.840 | 571030 | 2.870 | 11060820 | 2.890 | 2827920 | 2.840 | 1580320 | 3.055 | 18220 | 2.910 | 1160 | 2.890 | 90958100 |
| 2019-09-04 | 73733630 | 2.715 | 414610 | 2.680 | 604560 | 2.690 | 260750 | 2.735 | 9963980 | 2.780 | 2678200 | 2.795 | 1021400 | 2.975 | 6250 | 2.910 | 270 | 2.805 | 88683650 |
| 2019-09-05 | 71845460 | 2.660 | 668730 | 2.635 | 802730 | 2.665 | 761140 | 2.680 | 10593620 | 2.765 | 2359640 | 2.770 | 691680 | 2.955 | 7030 | 2.905 | 780 | 2.890 | 87730810 |
| 2019-09-06 | 68020490 | 2.755 | 376580 | 2.730 | 1870420 | 2.715 | 484590 | 2.765 | 8197360 | 2.835 | 2467180 | 2.825 | 350770 | 2.970 | 6000 | 2.855 | 60 | 2.820 | 81773450 |
| 2019-09-09 | 70330570 | 2.795 | 1023340 | 2.775 | 861940 | 2.790 | 358490 | 2.815 | 15959280 | 2.835 | 3472500 | 2.820 | 813350 | 2.965 | 59980 | 2.865 | 580 | 2.860 | 92880030 |
| 2019-09-10 | 68049450 | 2.790 | 909270 | 2.785 | 573650 | 2.785 | 361160 | 2.795 | 11174260 | 2.805 | 2225190 | 2.795 | 1083920 | 2.960 | 29670 | 2.890 | 410 | 2.875 | 84406980 |
| 2019-09-11 | 66258600 | 2.655 | 853280 | 2.635 | 582550 | 2.680 | 609780 | 2.705 | 10121130 | 2.750 | 2185090 | 2.755 | 984670 | 2.890 | 17000 | 2.885 | 480 | 2.820 | 81612580 |
| 2019-09-12 | 65078430 | 2.715 | 479150 | 2.660 | 997090 | 2.670 | 1613770 | 2.660 | 9350330 | 2.755 | 2120610 | 2.750 | 1339770 | 2.890 | 58590 | 2.895 | 420 | 2.810 | 81038160 |
| 2019-09-16 | 70672800 | 2.760 | 1013330 | 2.740 | 996790 | 2.730 | 1011540 | 2.760 | 20290170 | 2.795 | 3259030 | 2.975 | 1429670 | 2.895 | 19170 | 2.865 | 100 | 2.810 | 98692600 |
| 2019-09-17 | 67434540 | 2.745 | 702530 | 2.755 | 396550 | 2.785 | 413400 | 2.780 | 12118570 | 2.835 | 2623010 | 3.005 | 950590 | 2.895 | 87080 | 2.845 | 230 | 2.810 | 84726500 |
| 2019-09-18 | 66766660 | 2.850 | 913290 | 2.855 | 625800 | 2.875 | 398950 | 2.925 | 10283270 | 2.935 | 2744160 | 3.085 | 641490 | 2.965 | 196980 | 2.900 | 90 | 2.855 | 82570690 |
| 2019-09-19 | 66513120 | 2.860 | 953820 | 2.865 | 437240 | 2.870 | 891280 | 2.895 | 8031720 | 2.960 | 3426940 | 3.035 | 1004560 | 2.960 | 188660 | 2.895 | 170 | 2.820 | 81447510 |
| 2019-09-20 | 65092030 | 2.845 | 303410 | 2.840 | 1703330 | 2.845 | 433970 | 2.860 | 3465840 | 2.920 | 6143470 | 3.030 | 436410 | 2.945 | 171380 | 2.900 | 300 | 2.865 | 77750140 |
| 2019-09-23 | 68501660 | 2.805 | 1248150 | 2.815 | 1110760 | 2.890 | 722300 | 2.875 | 10464910 | 3.040 | 12832870 | 2.985 | 691640 | 2.890 | 148300 | 2.945 | 140 | 2.850 | 95720730 |
| 2019-09-24 | 63540860 | 2.470 | 1118870 | 2.625 | 417700 | 2.670 | 424370 | 2.810 | 16106460 | 2.975 | 5806870 | 2.975 | 649560 | 2.840 | 137420 | 2.935 | 270 | 2.835 | 88202380 |
| 2019-09-25 | 62609040 | 2.465 | 699470 | 2.580 | 836480 | 2.740 | 390720 | 2.765 | 8516850 | 2.975 | 7729480 | 2.970 | 633920 | 2.840 | 158780 | 2.860 | 1180 | 2.825 | 81575920 |
| 2019-09-26 | 54608520 | 2.410 | 2472040 | 2.635 | 571890 | 2.630 | 843110 | 2.665 | 16204080 | 2.970 | 6337230 | 2.970 | 583830 | 2.850 | 139370 | 2.845 | 780 | 2.825 | 81760850 |
| 2019-09-27 | 42979940 | 1.860 | 479890 | 1.990 | 1163020 | 2.050 | 791920 | 2.580 | 14089090 | 2.660 | 3802070 | 2.765 | 220470 | 2.780 | 151290 | 2.885 | 600 | 2.870 | 63678290 |
| 2019-09-30 | 52815020 | 1.360 | 478050 | 1.840 | 219530 | 2.135 | 230990 | 2.165 | 7001030 | 1.610 | 3170690 | 2.305 | 285730 | 2.640 | 3950 | 2.740 | 1350 | 2.750 | 64206340 |
| 2019-10-08 | 106041880 | 3.285 | 1725880 | 3.245 | 1800310 | 3.165 | 2123700 | 3.170 | 25092130 | 3.175 | 5398600 | 3.050 | 1994110 | 2.935 | 25090 | 2.930 | 1730 | 2.930 | 144203430 |
| 2019-10-09 | 89800990 | 3.310 | 847870 | 3.080 | 642620 | 3.145 | 582790 | 3.040 | 11390830 | 2.980 | 2932430 | 2.860 | 1181140 | 2.860 | 15740 | 2.900 | 510 | 2.800 | 107394920 |
| 2019-10-10 | 77571130 | 2.995 | 1408920 | 2.975 | 634520 | 2.965 | 1110120 | 3.000 | 10370290 | 2.895 | 2367950 | 2.855 | 975220 | 2.870 | 15010 | 2.920 | 480 | 2.810 | 94453640 |
| 2019-10-11 | 72751790 | 2.880 | 679290 | 2.850 | 1804560 | 2.835 | 522430 | 2.850 | 5666230 | 2.865 | 962500 | 2.860 | 422380 | 2.865 | 18480 | 2.920 | 250 | 2.815 | 82827910 |
| 2019-10-14 | 70673040 | 2.735 | 803810 | 2.775 | 683330 | 2.785 | 581470 | 2.805 | 9217440 | 2.840 | 3183080 | 2.850 | 930560 | 2.825 | 27030 | 2.920 | 450 | 2.805 | 86100210 |
| 2019-10-15 | 71648470 | 2.695 | 671970 | 2.700 | 791570 | 2.755 | 728090 | 2.750 | 18519970 | 2.845 | 3006220 | 2.860 | 887720 | 2.835 | 24280 | 2.930 | 260 | 2.810 | 96278550 |
| 2019-10-16 | 70335840 | 2.710 | 775820 | 2.720 | 631460 | 2.765 | 410360 | 2.775 | 10317510 | 2.845 | 1638650 | 2.855 | 536860 | 2.840 | 14130 | 2.920 | 670 | 2.825 | 84661300 |
| 2019-10-17 | 69086510 | 2.640 | 1053640 | 2.635 | 471830 | 2.635 | 914160 | 2.635 | 9977080 | 2.755 | 1323710 | 2.815 | 621390 | 2.810 | 12150 | 2.910 | 300 | 2.825 | 83460770 |
| 2019-10-18 | 67275860 | 2.770 | 276560 | 2.770 | 1625640 | 2.735 | 530720 | 2.790 | 6661360 | 2.855 | 1166550 | 2.925 | 216700 | 2.885 | 5420 | 2.905 | 840 | 2.850 | 77759650 |

续表

| 交易日期 | GC001 | | GC002 | | GC003 | | GC004 | | GC007 | | GC014 | | GC028 | | GC091 | | GC182 | | 合计 |
|---|---|---|---|---|---|---|---|---|---|---|---|---|---|---|---|---|---|---|---|
| | 成交量 | 收盘价 | 成交量 | 收盘价 | 成交量 | 收盘价 | 成交量 | 收盘价 | 成交量 | 收盘价 | 成交量 | 收盘价 | 成交量 | 收盘价 | 成交量 | 收盘价 | 成交量 | 收盘价 | |
| 2019-10-21 | 69488080 | 2.865 | 1147940 | 2.890 | 652890 | 2.900 | 663750 | 2.925 | 9787470 | 2.975 | 1868140 | 2.985 | 338010 | 2.930 | 4790 | 2.915 | 270 | 2.845 | 83951340 |
| 2019-10-22 | 68316850 | 2.920 | 620410 | 2.915 | 492650 | 2.930 | 491530 | 2.925 | 18797470 | 2.965 | 5012080 | 2.990 | 961530 | 2.925 | 6800 | 2.915 | 380 | 2.820 | 94699700 |
| 2019-10-23 | 67632560 | 2.885 | 1115700 | 2.890 | 498990 | 2.890 | 636570 | 2.885 | 10912350 | 2.910 | 2583940 | 2.915 | 487300 | 2.875 | 37870 | 2.670 | 330 | 2.830 | 83905610 |
| 2019-10-24 | 68383390 | 2.760 | 940910 | 2.760 | 366180 | 2.740 | 1206160 | 2.765 | 8682390 | 2.910 | 1883850 | 2.890 | 577380 | 2.865 | 7680 | 2.885 | 280 | 2.830 | 82048220 |
| 2019-10-25 | 68851810 | 2.830 | 277570 | 2.845 | 1667440 | 2.795 | 1071380 | 2.835 | 6120330 | 2.970 | 824830 | 2.905 | 323100 | 2.830 | 4300 | 2.835 | 220 | 2.830 | 79140980 |
| 2019-10-28 | 69526630 | 2.900 | 1419590 | 2.885 | 867930 | 2.925 | 687040 | 2.945 | 10976560 | 2.955 | 2003230 | 2.880 | 624450 | 2.845 | 7670 | 2.920 | 450 | 2.850 | 86113520 |
| 2019-10-29 | 72258490 | 2.965 | 868990 | 2.980 | 523390 | 2.955 | 433210 | 2.985 | 15743220 | 2.990 | 2516580 | 2.910 | 376240 | 2.870 | 8240 | 2.935 | 100 | 2.850 | 92728460 |
| 2019-10-30 | 73302490 | 2.870 | 1122000 | 2.895 | 682970 | 2.925 | 291800 | 2.910 | 9917370 | 2.895 | 2149990 | 2.870 | 472300 | 2.855 | 9370 | 2.950 | 1980 | 2.855 | 87950270 |
| 2019-10-31 | 71632970 | 2.555 | 839990 | 2.490 | 524530 | 2.600 | 729760 | 2.570 | 9001360 | 2.730 | 1678690 | 2.780 | 354600 | 2.810 | 9590 | 2.915 | 220 | 2.860 | 84771710 |
| 2019-11-01 | 67789000 | 2.815 | 291190 | 2.815 | 1621360 | 2.715 | 485810 | 2.705 | 7021220 | 2.775 | 2363590 | 2.740 | 624870 | 2.800 | 16270 | 2.905 | 190 | 2.865 | 80213500 |
| 2019-11-04 | 68402650 | 2.550 | 771660 | 2.510 | 944640 | 2.625 | 347810 | 2.600 | 10951820 | 2.700 | 1801500 | 2.735 | 1868800 | 2.760 | 18780 | 2.910 | 3030 | 3.060 | 85110690 |
| 2019-11-05 | 64499930 | 2.180 | 622980 | 2.110 | 288650 | 2.230 | 518540 | 2.220 | 17091690 | 2.505 | 3381010 | 2.555 | 2886650 | 2.580 | 38280 | 2.880 | 1270 | 2.855 | 89329000 |
| 2019-11-06 | 64011810 | 2.000 | 500350 | 2.040 | 302690 | 2.030 | 462540 | 2.065 | 9950460 | 2.320 | 2795900 | 2.470 | 1034720 | 2.645 | 31500 | 2.885 | 450 | 2.820 | 79090420 |
| 2019-11-07 | 63744410 | 2.135 | 881950 | 2.040 | 727140 | 2.065 | 909940 | 2.075 | 8139270 | 2.395 | 1564460 | 2.590 | 1881800 | 2.720 | 24620 | 2.895 | 250 | 2.820 | 77873840 |
| 2019-11-08 | 63484140 | 2.225 | 226010 | 2.215 | 1445100 | 2.170 | 399830 | 2.285 | 6650860 | 2.495 | 758570 | 2.615 | 447870 | 2.700 | 17000 | 2.880 | 180 | 2.815 | 73429560 |
| 2019-11-11 | 65606670 | 2.430 | 1065140 | 2.480 | 1216010 | 2.410 | 567190 | 2.515 | 10354210 | 2.595 | 1984030 | 2.685 | 1252060 | 2.760 | 16980 | 2.865 | 240 | 2.820 | 82062530 |
| 2019-11-12 | 66820460 | 2.735 | 675540 | 2.765 | 665960 | 2.775 | 409400 | 2.760 | 15104980 | 2.845 | 1912420 | 2.835 | 913060 | 2.840 | 8430 | 2.900 | 240 | 2.815 | 86510490 |
| 2019-11-13 | 65581960 | 2.775 | 683070 | 2.780 | 562140 | 2.780 | 242460 | 2.790 | 10330330 | 2.820 | 2359160 | 2.780 | 757400 | 2.820 | 5630 | 2.900 | 230 | 2.615 | 80522380 |
| 2019-11-14 | 66152710 | 2.830 | 1202790 | 2.805 | 382730 | 2.805 | 920470 | 2.795 | 8609470 | 2.870 | 1438450 | 2.820 | 741830 | 2.800 | 9070 | 2.840 | 210 | 2.820 | 79457730 |
| 2019-11-15 | 71668830 | 2.985 | 423830 | 2.935 | 1675910 | 2.955 | 749060 | 2.940 | 5691680 | 2.895 | 485400 | 2.885 | 463700 | 2.815 | 9690 | 2.900 | 110 | 2.820 | 81168210 |
| 2019-11-18 | 74415160 | 2.990 | 1057760 | 2.975 | 950800 | 2.935 | 674220 | 2.925 | 8989240 | 2.940 | 1980750 | 2.880 | 650530 | 2.815 | 2040 | 2.880 | 70 | 2.820 | 88720570 |
| 2019-11-19 | 72657920 | 2.945 | 810270 | 2.915 | 462850 | 2.885 | 379460 | 2.870 | 14819230 | 2.875 | 2964460 | 2.870 | 599330 | 2.815 | 8780 | 2.925 | 130 | 2.825 | 92702430 |
| 2019-11-20 | 70364010 | 2.875 | 579030 | 2.790 | 621510 | 2.750 | 590680 | 2.845 | 11793040 | 2.770 | 2056990 | 2.795 | 331150 | 2.825 | 8030 | 2.900 | 280 | 2.825 | 86344720 |
| 2019-11-21 | 68946540 | 2.720 | 937710 | 2.680 | 693500 | 2.605 | 1155340 | 2.705 | 9599900 | 2.745 | 2074590 | 2.775 | 351660 | 2.715 | 12770 | 2.860 | 180 | 2.825 | 83772190 |
| 2019-11-22 | 67276620 | 2.795 | 228690 | 2.790 | 1654340 | 2.755 | 925240 | 2.755 | 6369140 | 2.835 | 1264530 | 2.805 | 303900 | 2.745 | 9500 | 2.875 | 620 | 2.825 | 78032580 |
| 2019-11-25 | 67948750 | 2.795 | 918440 | 2.820 | 1108690 | 2.825 | 557260 | 2.880 | 12175240 | 2.890 | 2350000 | 2.815 | 513060 | 2.815 | 6760 | 2.910 | 460 | 2.825 | 85578660 |
| 2019-11-26 | 65501830 | 2.735 | 873620 | 2.775 | 404640 | 2.750 | 667010 | 2.835 | 14709240 | 2.860 | 2905970 | 2.780 | 396500 | 2.800 | 10500 | 2.900 | 390 | 2.825 | 85469700 |
| 2019-11-27 | 66241000 | 2.655 | 572380 | 2.685 | 691290 | 2.725 | 330160 | 2.730 | 10613940 | 2.790 | 2740960 | 2.745 | 212930 | 2.775 | 10290 | 2.905 | 500 | 2.820 | 81413450 |

续表

| 交易日期 | GC001 | | GC002 | | GC003 | | GC004 | | GC007 | | GC014 | | GC028 | | GC091 | | GC182 | | 合计 |
|---|---|---|---|---|---|---|---|---|---|---|---|---|---|---|---|---|---|---|---|
| | 成交量 | 收盘价 | 成交量 | 收盘价 | 成交量 | 收盘价 | 成交量 | 收盘价 | 成交量 | 收盘价 | 成交量 | 收盘价 | 成交量 | 收盘价 | 成交量 | 收盘价 | 成交量 | 收盘价 | |
| 2019－11－28 | 66752760 | 2.855 | 1197740 | 2.805 | 896390 | 2.780 | 896290 | 2.775 | 9159050 | 2.800 | 2195090 | 2.740 | 571150 | 2.785 | 4670 | 2.900 | 90 | 2.820 | 81673230 |
| 2019－11－29 | 65724390 | 2.805 | 231280 | 2.800 | 1887480 | 2.825 | 542180 | 2.775 | 6062610 | 2.805 | 878100 | 2.740 | 305720 | 2.800 | 11070 | 2.905 | 170 | 2.825 | 75643000 |
| 2019－12－02 | 68971020 | 2.755 | 1003870 | 2.705 | 820680 | 2.675 | 377130 | 2.715 | 12747370 | 2.700 | 2175270 | 2.690 | 1933160 | 2.805 | 12710 | 2.895 | 540 | 2.825 | 88041750 |
| 2019－12－03 | 66606270 | 2.625 | 664730 | 2.670 | 484540 | 2.640 | 568450 | 2.670 | 16342130 | 2.690 | 3900740 | 2.735 | 1404240 | 3.295 | 28350 | 2.985 | 100 | 2.825 | 89999550 |
| 2019－12－04 | 64573100 | 2.360 | 665000 | 2.450 | 371480 | 2.460 | 333770 | 2.480 | 10514320 | 2.570 | 2334490 | 2.690 | 1581370 | 3.305 | 14360 | 2.995 | 270 | 2.855 | 80388160 |
| 2019－12－05 | 63489730 | 2.145 | 1342130 | 2.190 | 406540 | 2.165 | 701380 | 2.180 | 9246710 | 2.385 | 2675240 | 2.585 | 1426040 | 3.270 | 19300 | 3.015 | 300 | 2.855 | 79307370 |
| 2019－12－06 | 62045500 | 2.305 | 254190 | 2.290 | 1591310 | 2.255 | 680120 | 2.390 | 6367110 | 2.555 | 1242920 | 2.675 | 542230 | 3.225 | 9020 | 2.995 | 400 | 2.855 | 72732800 |
| 2019－12－09 | 66356640 | 2.610 | 713700 | 2.610 | 932200 | 2.585 | 471830 | 2.645 | 11678420 | 2.695 | 2522460 | 2.715 | 954090 | 3.235 | 10490 | 2.980 | 140 | 2.825 | 83639970 |
| 2019－12－10 | 67286950 | 2.700 | 505970 | 2.690 | 669560 | 2.685 | 642460 | 2.680 | 15626550 | 2.765 | 3104800 | 2.755 | 1302950 | 3.200 | 8210 | 3.055 | 300 | 2.895 | 89147750 |
| 2019－12－11 | 66995810 | 2.705 | 675810 | 2.720 | 810980 | 2.700 | 335320 | 2.740 | 10786810 | 2.750 | 2241100 | 2.785 | 604810 | 3.270 | 2210 | 3.045 | 100 | 2.870 | 82452950 |
| 2019－12－12 | 66030930 | 2.570 | 765020 | 2.535 | 649250 | 2.595 | 1445420 | 2.600 | 10163840 | 2.710 | 2145720 | 2.750 | 687220 | 3.220 | 4040 | 3.040 | 80 | 2.855 | 81891520 |
| 2019－12－13 | 64704930 | 2.850 | 309190 | 2.745 | 1766970 | 2.775 | 718890 | 2.775 | 7060850 | 2.840 | 949760 | 2.835 | 179550 | 3.235 | 4280 | 2.980 | 780 | 2.860 | 75695200 |
| 2019－12－16 | 69286070 | 2.960 | 2114700 | 2.955 | 620520 | 2.915 | 457900 | 2.930 | 11749420 | 2.950 | 1966600 | 2.925 | 355150 | 3.220 | 8630 | 2.970 | 80 | 2.855 | 86559070 |
| 2019－12－17 | 64757160 | 2.755 | 647060 | 2.800 | 506070 | 2.810 | 288280 | 2.790 | 14502690 | 2.895 | 11756510 | 3.000 | 419450 | 2.940 | 5370 | 2.880 | 2330 | 3.000 | 92884920 |
| 2019－12－18 | 58249150 | 2.230 | 514610 | 2.390 | 389690 | 2.430 | 175530 | 2.535 | 8408500 | 2.745 | 15968070 | 3.000 | 544760 | 3.195 | 2510 | 2.875 | 180 | 2.860 | 84253000 |
| 2019－12－19 | 58245370 | 2.020 | 889670 | 1.960 | 480740 | 1.950 | 727690 | 2.015 | 7620820 | 2.430 | 8044210 | 3.000 | 237640 | 3.010 | 4970 | 2.960 | 170 | 2.820 | 76251280 |
| 2019－12－20 | 59183620 | 2.535 | 179730 | 2.335 | 1505880 | 2.330 | 673710 | 2.380 | 4954750 | 2.645 | 5652480 | 3.000 | 210300 | 2.960 | 2440 | 2.920 | 20 | 2.810 | 72362930 |
| 2019－12－23 | 61137040 | 2.635 | 1233580 | 2.650 | 1455730 | 2.645 | 498770 | 2.685 | 9031880 | 2.795 | 4665820 | 3.070 | 222810 | 3.045 | 4280 | 2.915 | 800 | 2.845 | 78250710 |
| 2019－12－24 | 64389020 | 2.560 | 867910 | 2.600 | 1049600 | 2.610 | 874300 | 2.745 | 10753140 | 3.070 | 3484850 | 3.000 | 210640 | 2.980 | 3710 | 2.870 | 270 | 2.845 | 81633440 |
| 2019－12－25 | 63949820 | 2.580 | 794370 | 2.605 | 477350 | 2.650 | 348740 | 2.640 | 12044170 | 3.090 | 1962930 | 2.835 | 181800 | 2.810 | 7110 | 2.800 | 610 | 2.135 | 79766900 |
| 2019－12－26 | 64158790 | 2.670 | 999280 | 2.675 | 680270 | 2.640 | 712040 | 2.580 | 9510760 | 3.090 | 1658000 | 2.905 | 236330 | 2.820 | 4760 | 2.800 | 590 | 2.710 | 77960820 |
| 2019－12－27 | 62668580 | 2.865 | 217780 | 2.820 | 1345510 | 2.920 | 1038240 | 3.000 | 10909160 | 3.090 | 751040 | 2.935 | 176010 | 2.590 | 12940 | 3.015 | 1240 | 2.780 | 77120500 |
| 2019－12－30 | 69501890 | 3.055 | 2092750 | 3.065 | 1782110 | 3.090 | 959930 | 3.050 | 10465320 | 3.015 | 1129210 | 2.815 | 153520 | 2.810 | 4340 | 2.800 | 880 | 2.750 | 86089950 |
| 2019－12－31 | 80185810 | 2.945 | 1652180 | 2.955 | 820210 | 2.895 | 449830 | 2.825 | 10314910 | 2.725 | 1125570 | 2.725 | 150600 | 2.815 | 8120 | 2.800 | 540 | 2.795 | 94707770 |
| 合计 | | | | | | | | | | | | | | | | | | | 20968459200 |

数据来源：上海证券交易所。

# 2019年上海证券交易所机构投资者国债质押式回购交易额排名

单位：元

| 排名 | 会员名称 | 成交金额 |
|---|---|---|
| 1 | 易方达基金管理有限公司 | 20977315200000.00 |
| 2 | 中信证券股份有限公司 | 13070994500000.00 |
| 3 | 华泰证券股份有限公司 | 10742001800000.00 |
| 4 | 国泰君安证券股份有限公司 | 10083460600000.00 |
| 5 | 华夏基金管理有限公司 | 9322927000000.00 |
| 6 | 泰康资产管理有限责任公司 | 9009838500000.00 |
| 7 | 南方基金管理股份有限公司 | 8663568900000.00 |
| 8 | 平安资产管理有限责任公司 | 7498094100000.00 |
| 9 | 汇添富基金管理股份有限公司 | 7369316200000.00 |
| 10 | 工银瑞信基金管理有限公司 | 7122082500000.00 |
| 11 | 东方证券股份有限公司 | 7039066400000.00 |
| 12 | 博时基金管理有限公司 | 6966097200000.00 |
| 13 | 中银基金管理有限公司 | 6866597800000.00 |
| 14 | 嘉实基金管理有限公司 | 6849453900000.00 |
| 15 | 建信基金管理有限责任公司 | 6799805300000.00 |
| 16 | 招商证券股份有限公司 | 6614499100000.00 |
| 17 | 鹏华基金管理有限公司 | 6520758900000.00 |
| 18 | 中信建投证券股份有限公司 | 6342406100000.00 |
| 19 | 申万宏源证券有限公司 | 5976319400000.00 |
| 20 | 广发证券股份有限公司 | 5527994000000.00 |
| 21 | 安邦资产管理有限责任公司 | 5476159200000.00 |
| 22 | 新华资产管理股份有限公司 | 5141059700000.00 |
| 23 | 银华基金管理股份有限公司 | 5055666800000.00 |
| 24 | 中国国际金融股份有限公司 | 5045641200000.00 |
| 25 | 平安证券股份有限公司 | 4722004100000.00 |
| 26 | 中国银河证券股份有限公司 | 4623658200000.00 |
| 27 | 海通证券股份有限公司 | 4312311600000.00 |
| 28 | 中泰证券股份有限公司 | 4040940800000.00 |
| 29 | 安信证券股份有限公司 | 3957436500000.00 |
| 30 | 富国基金管理有限公司 | 3779133100000.00 |
| 31 | 中欧基金管理有限公司 | 3735091800000.00 |
| 32 | 国信证券股份有限公司 | 3602406200000.00 |
| 33 | 创金合信基金管理有限公司 | 3273441400000.00 |
| 34 | 中国人保资产管理有限公司 | 3119238800000.00 |
| 35 | 广发基金管理有限公司 | 2690341600000.00 |
| 36 | 西南证券股份有限公司 | 2674852400000.00 |

续表

| 排名 | 会员名称 | 成交金额 |
|---|---|---|
| 37 | 兴业证券股份有限公司 | 2672975300000.00 |
| 38 | 中再资产管理股份有限公司 | 2670148400000.00 |
| 39 | 光大证券股份有限公司 | 2528974600000.00 |
| 40 | 上投摩根基金管理有限公司 | 2426380000000.00 |
| 41 | 招商基金管理有限公司 | 2215625100000.00 |
| 42 | 中国证券金融股份有限公司 | 2082781800000.00 |
| 43 | 中国人寿养老保险股份有限公司 | 2021811600000.00 |
| 44 | 中信建投基金管理有限公司 | 1986337200000.00 |
| 45 | 海富通基金管理有限公司 | 1846177200000.00 |
| 46 | 长江证券股份有限公司 | 1815116000000.00 |
| 47 | 财通证券股份有限公司 | 1741759000000.00 |
| 48 | 华西证券股份有限公司 | 1684232600000.00 |
| 49 | 华泰资产管理有限公司 | 1646734100000.00 |
| 50 | 方正证券股份有限公司 | 1587029100000.00 |
| 51 | 中银国际证券股份有限公司 | 1513365400000.00 |
| 52 | 平安养老保险股份有限公司 | 1465748400000.00 |
| 53 | 华夏久盈资产管理有限责任公司 | 1461505500000.00 |
| 54 | 中国人寿资产管理有限公司 | 1447536100000.00 |
| 55 | 农银汇理基金管理有限公司 | 1423112400000.00 |
| 56 | 天风证券股份有限公司 | 1402268400000.00 |
| 57 | 交银施罗德基金管理有限公司 | 1397444700000.00 |
| 58 | 长江养老保险股份有限公司 | 1372906000000.00 |
| 59 | 华融证券股份有限公司 | 1277521600000.00 |
| 60 | 浙商证券股份有限公司 | 1276813300000.00 |
| 61 | 西部证券股份有限公司 | 1264383100000.00 |
| 62 | 太平养老保险股份有限公司 | 1225275800000.00 |
| 63 | 第一创业证券股份有限公司 | 1221351700000.00 |
| 64 | 太平洋资产管理有限责任公司 | 1215978400000.00 |
| 65 | 中油财务有限责任公司 | 1210726300000.00 |
| 66 | 兴业基金管理有限公司 | 1185507900000.00 |
| 67 | 华宝基金管理有限公司 | 1181537000000.00 |
| 68 | 天弘基金管理有限公司 | 1176834200000.00 |
| 69 | 万家基金管理有限公司 | 1116350000000.00 |
| 70 | 长城证券股份有限公司 | 1108226000000.00 |
| 71 | 鹏扬基金管理有限公司 | 1085624800000.00 |
| 72 | 华安证券股份有限公司 | 1051826400000.00 |
| 73 | 生命保险资产管理有限公司 | 1016174300000.00 |
| 74 | 平安基金管理有限公司 | 977446900000.00 |
| 75 | 信达证券股份有限公司 | 973092100000.00 |

续表

| 排名 | 会员名称 | 成交金额 |
|---|---|---|
| 76 | 兴全基金管理有限公司 | 941046100000.00 |
| 77 | 汇丰晋信基金管理有限公司 | 929967000000.00 |
| 78 | 江海证券有限公司 | 922474800000.00 |
| 79 | 民生加银基金管理有限公司 | 917096500000.00 |
| 80 | 天安人寿保险股份有限公司 | 909757000000.00 |
| 81 | 国金证券股份有限公司 | 896872000000.00 |
| 82 | 国元证券股份有限公司 | 888947400000.00 |
| 83 | 万联证券股份有限公司 | 875986900000.00 |
| 84 | 太平资产管理有限公司 | 871774000000.00 |
| 85 | 渤海证券股份有限公司 | 858484700000.00 |
| 86 | 东兴证券股份有限公司 | 829524900000.00 |
| 87 | 民生通惠资产管理有限公司 | 827132100000.00 |
| 88 | 华福证券有限责任公司 | 823761800000.00 |
| 89 | 国泰基金管理有限公司 | 813594900000.00 |
| 90 | 财达证券股份有限公司 | 787147100000.00 |
| 91 | 大成基金管理有限公司 | 778353500000.00 |
| 92 | 开源证券股份有限公司 | 750321400000.00 |
| 93 | 融通基金管理有限公司 | 738525900000.00 |
| 94 | 华宝证券有限责任公司 | 732201100000.00 |
| 95 | 中国中投证券有限责任公司 | 729778200000.00 |
| 96 | 东吴证券股份有限公司 | 726837200000.00 |
| 97 | 摩根士丹利华鑫基金管理有限公司 | 702517100000.00 |
| 98 | 浦银安盛基金管理有限公司 | 691765800000.00 |
| 99 | 华创证券有限责任公司 | 666479800000.00 |
| 100 | 安信基金管理有限责任公司 | 644403500000.00 |
| 101 | 国海证券股份有限公司 | 643539500000.00 |
| 102 | 前海人寿保险股份有限公司 | 640484600000.00 |
| 103 | 东北证券股份有限公司 | 622464900000.00 |
| 104 | 恒泰证券股份有限公司 | 620110500000.00 |
| 105 | 前海开源基金管理有限公司 | 576953100000.00 |
| 106 | 中华联合财产保险股份有限公司 | 564354400000.00 |
| 107 | 国开证券股份有限公司 | 553213400000.00 |
| 108 | 国盛证券有限责任公司 | 552579800000.00 |
| 109 | 华安基金管理有限公司 | 539197900000.00 |
| 110 | 上银基金管理有限公司 | 537804500000.00 |
| 111 | 东莞证券股份有限公司 | 526317500000.00 |
| 112 | 华富基金管理有限公司 | 525398200000.00 |
| 113 | 银河基金管理有限公司 | 518000400000.00 |
| 114 | 太平洋证券股份有限公司 | 501596300000.00 |

续表

| 排名 | 会员名称 | 成交金额 |
|---|---|---|
| 115 | 长盛基金管理有限公司 | 480581800000.00 |
| 116 | 中国人民养老保险有限责任公司 | 478740500000.00 |
| 117 | 中信保诚基金管理有限公司 | 476953500000.00 |
| 118 | 长城财富资产管理股份有限公司 | 468927000000.00 |
| 119 | 国寿安保基金管理有限公司 | 460716400000.00 |
| 120 | 南京证券股份有限公司 | 442595000000.00 |
| 121 | 万和证券股份有限公司 | 438615700000.00 |
| 122 | 中加基金管理有限公司 | 423250100000.00 |
| 123 | 金元顺安基金管理有限公司 | 421522700000.00 |
| 124 | 诺安基金管理有限公司 | 410991200000.00 |
| 125 | 金元证券股份有限公司 | 403540300000.00 |
| 126 | 财富证券有限责任公司 | 399400400000.00 |
| 127 | 广州证券股份有限公司 | 390660800000.00 |
| 128 | 山西证券股份有限公司 | 369571600000.00 |
| 129 | 申万菱信基金管理有限公司 | 360841700000.00 |
| 130 | 鑫元基金管理有限公司 | 360076700000.00 |
| 131 | 长信基金管理有限责任公司 | 357216500000.00 |
| 132 | 友邦保险有限公司上海分公司 | 348432300000.00 |
| 133 | 宏信证券有限责任公司 | 340507300000.00 |
| 134 | 华泰柏瑞基金管理有限公司 | 326620100000.00 |
| 135 | 首创证券有限责任公司 | 302142800000.00 |
| 136 | 中山证券有限责任公司 | 292981800000.00 |
| 137 | 湘财证券股份有限公司 | 292600600000.00 |
| 138 | 国融证券股份有限公司 | 288889400000.00 |
| 139 | 申万宏源西部证券有限公司 | 286272700000.00 |
| 140 | 西藏东方财富证券股份有限公司 | 279158600000.00 |
| 141 | 国都证券股份有限公司 | 277128800000.00 |
| 142 | 永赢基金管理有限公司 | 265469600000.00 |
| 143 | 长安基金管理有限公司 | 262946400000.00 |
| 144 | 景顺长城基金管理有限公司 | 262038900000.00 |
| 145 | 五矿证券有限公司 | 259580600000.00 |
| 146 | 红塔证券股份有限公司 | 255321200000.00 |
| 147 | 中信证券（山东）有限责任公司 | 251492200000.00 |
| 148 | 民生证券股份有限公司 | 250592700000.00 |
| 149 | 建信保险资产管理有限公司 | 249646700000.00 |
| 150 | 阳光资产管理股份有限公司 | 246327100000.00 |
| 151 | 大同证券有限责任公司 | 240231000000.00 |
| 152 | 中邮创业基金管理股份有限公司 | 237354200000.00 |
| 153 | 泰达宏利基金管理有限公司 | 227479200000.00 |

续表

| 排名 | 会员名称 | 成交金额 |
| --- | --- | --- |
| 154 | 东方基金管理有限责任公司 | 226252800000.00 |
| 155 | 国投瑞银基金管理有限公司 | 224910300000.00 |
| 156 | 上海证券有限责任公司 | 224031000000.00 |
| 157 | 招商银行股份有限公司 | 221977200000.00 |
| 158 | 合众资产管理股份有限公司 | 220996900000.00 |
| 159 | 中融基金管理有限公司 | 220764800000.00 |
| 160 | 东海证券股份有限公司 | 216285200000.00 |
| 161 | 光大保德信基金管理有限公司 | 216272100000.00 |
| 162 | 国联安基金管理有限公司 | 212026700000.00 |
| 163 | 华安财保资产管理有限责任公司 | 210982700000.00 |
| 164 | 圆信永丰基金管理有限公司 | 208401900000.00 |
| 165 | 华泰保兴基金管理有限公司 | 203133400000.00 |
| 166 | 华龙证券股份有限公司 | 201448400000.00 |
| 167 | 宝钢集团财务有限责任公司 | 201445600000.00 |
| 168 | 兴银基金管理有限责任公司 | 197889700000.00 |
| 169 | 中英益利资产管理股份有限公司 | 193586500000.00 |
| 170 | 华鑫证券有限责任公司 | 187459900000.00 |
| 171 | 中金基金管理有限公司 | 182205200000.00 |
| 172 | 中航证券有限公司 | 181201500000.00 |
| 173 | 新时代证券股份有限公司 | 177769400000.00 |
| 174 | 财通基金管理有限公司 | 176654700000.00 |
| 175 | 德邦证券股份有限公司 | 175364400000.00 |
| 176 | 东吴基金管理有限公司 | 172982300000.00 |
| 177 | 大家资产管理有限责任公司 | 172378800000.00 |
| 178 | 新华基金管理股份有限公司 | 172334800000.00 |
| 179 | 金鹰基金管理有限公司 | 169032900000.00 |
| 180 | 中意资产管理有限责任公司 | 168276500000.00 |
| 181 | 国联证券股份有限公司 | 167022900000.00 |
| 182 | 中原证券股份有限公司 | 160373100000.00 |
| 183 | 信达澳银基金管理有限公司 | 160254700000.00 |
| 184 | 长城基金管理有限公司 | 159161000000.00 |
| 185 | 一汽财务有限公司 | 158998500000.00 |
| 186 | 泓德基金管理有限公司 | 157992200000.00 |
| 187 | 爱建证券有限责任公司 | 157098000000.00 |
| 188 | 嘉合基金管理有限公司 | 152716000000.00 |
| 189 | 浙商基金管理有限公司 | 141040400000.00 |
| 190 | 太平基金管理有限公司 | 132201400000.00 |
| 191 | 九泰基金管理有限公司 | 131306700000.00 |
| 192 | 国海富兰克林基金管理有限公司 | 127054900000.00 |

续表

| 排名 | 会员名称 | 成交金额 |
| --- | --- | --- |
| 193 | 光大永明资产管理股份有限公司 | 125807800000.00 |
| 194 | 东亚前海证券有限责任公司 | 125773700000.00 |
| 195 | 幸福人寿保险股份有限公司 | 120578700000.00 |
| 196 | 华林证券股份有限公司 | 109836300000.00 |
| 197 | 华金证券股份有限公司 | 103421300000.00 |
| 198 | 联讯证券股份有限公司 | 97905800000.00 |
| 199 | 英大证券有限责任公司 | 95596900000.00 |
| 200 | 汇安基金管理有限责任公司 | 94971600000.00 |
| 201 | 德邦基金管理有限公司 | 93303400000.00 |
| 202 | 南华基金管理有限公司 | 91602400000.00 |
| 203 | 川财证券有限责任公司 | 90352400000.00 |
| 204 | 新疆前海联合基金管理有限公司 | 89658600000.00 |
| 205 | 信泰人寿保险股份有限公司 | 84165800000.00 |
| 206 | 永安财产保险股份有限公司 | 82550000000.00 |
| 207 | 大通证券股份有限公司 | 81143800000.00 |
| 208 | 申港证券股份有限公司 | 77995700000.00 |
| 209 | 中国中金财富证券有限公司 | 76219000000.00 |
| 210 | 中国民族证券有限责任公司 | 74229800000.00 |
| 211 | 华商基金管理有限公司 | 73541700000.00 |
| 212 | 西部利得基金管理有限公司 | 69910000000.00 |
| 213 | 长城国瑞证券有限公司 | 69516400000.00 |
| 214 | 中天证券股份有限公司 | 68463200000.00 |
| 215 | 北信瑞丰基金管理有限公司 | 63918200000.00 |
| 216 | 联储证券有限责任公司 | 61298800000.00 |
| 217 | 国金基金管理有限公司 | 60370300000.00 |
| 218 | 诺德基金管理有限公司 | 60205100000.00 |
| 219 | 中邮证券有限责任公司 | 52586900000.00 |
| 220 | 上海东方证券资产管理有限公司 | 51205400000.00 |
| 221 | 工银安盛人寿保险有限公司 | 48979900000.00 |
| 222 | 九州证券股份有限公司 | 48861000000.00 |
| 223 | 富荣基金管理有限公司 | 47727000000.00 |
| 224 | 北京高华证券有限责任公司 | 44002900000.00 |
| 225 | 瑞银证券有限责任公司 | 42417200000.00 |
| 226 | 建信养老金管理有限责任公司 | 40197800000.00 |
| 227 | 国开泰富基金管理有限责任公司 | 39870700000.00 |
| 228 | 银泰证券有限责任公司 | 35220300000.00 |
| 229 | 中国航空集团财务有限责任公司 | 33700000000.00 |
| 230 | 东吴人寿保险股份有限公司 | 32618800000.00 |
| 231 | 格林基金管理有限公司 | 30937300000.00 |

续表

| 排名 | 会员名称 | 成交金额 |
|---|---|---|
| 232 | 中海基金管理有限公司 | 30715400000.00 |
| 233 | 世纪证券有限责任公司 | 29843200000.00 |
| 234 | 华润元大基金管理有限公司 | 28376400000.00 |
| 235 | 华菁证券有限公司 | 26756100000.00 |
| 236 | 宝盈基金管理有限公司 | 25064200000.00 |
| 237 | 金信基金管理有限公司 | 23898900000.00 |
| 238 | 东海基金管理有限责任公司 | 23831200000.00 |
| 239 | 先锋基金管理有限公司 | 22425000000.00 |
| 240 | 新沃基金管理有限公司 | 22009400000.00 |
| 241 | 富安达基金管理有限公司 | 20549200000.00 |
| 242 | 江信基金管理有限公司 | 19479300000.00 |
| 243 | 华泰联合证券有限责任公司 | 18448800000.00 |
| 244 | 红土创新基金管理有限公司 | 17338900000.00 |
| 245 | 恒大人寿保险有限公司 | 16374700000.00 |
| 246 | 泰信基金管理有限公司 | 16319100000.00 |
| 247 | 亚太财产保险有限公司 | 15239100000.00 |
| 248 | 英大保险资产管理有限公司 | 14057500000.00 |
| 249 | 中科沃土基金管理有限公司 | 11505900000.00 |
| 250 | 恒生前海基金管理有限公司 | 11389700000.00 |
| 251 | 英大基金管理有限公司 | 9766700000.00 |
| 252 | 方正富邦基金管理有限公司 | 9136900000.00 |
| 253 | 红塔红土基金管理有限公司 | 8830900000.00 |
| 254 | 国联人寿保险股份有限公司 | 8804800000.00 |
| 255 | 益民基金管理有限公司 | 8329800000.00 |
| 256 | 交银康联人寿保险有限公司 | 7869200000.00 |
| 257 | 天治基金管理有限公司 | 6671300000.00 |
| 258 | 上海人寿保险股份有限公司 | 5984900000.00 |
| 259 | 华宸未来基金管理有限公司 | 5828600000.00 |
| 260 | 国融基金管理有限公司 | 5131800000.00 |
| 261 | 财通证券资产管理有限公司 | 2990300000.00 |
| 262 | 中航基金管理有限公司 | 1990900000.00 |
| 263 | 阳光财产保险股份有限公司 | 1692700000.00 |
| 264 | 上海华信证券有限责任公司 | 848400000.00 |
| 265 | 网信证券有限责任公司 | 846000000.00 |
| 266 | 中天国富证券有限公司 | 384000000.00 |
| 267 | 恒安标准人寿保险有限公司 | 174300000.00 |
| 268 | 汇丰前海证券有限责任公司 | 3000000.00 |

数据来源：上海证券交易所。

## 2019年深圳证券交易所国债现券交易情况月度统计表

| 月份 | 债券种类 | 现券交易额（元） |
|---|---|---|
| 1 | 国债 | 25238274.88 |
| 2 | 国债 | 20762200.86 |
| 3 | 国债 | 43664270.75 |
| 4 | 国债 | 65565543.76 |
| 5 | 国债 | 51134267.31 |
| 6 | 国债 | 54557364.22 |
| 7 | 国债 | 41831290.14 |
| 8 | 国债 | 59239014.60 |
| 9 | 国债 | 31247384.93 |
| 10 | 国债 | 219297647.93 |
| 11 | 国债 | 49114797.93 |
| 12 | 国债 | 230849867.40 |
| 小计 | | 892501924.71 |

注：不含地方政府债券。

# 2019年深圳证券交易所机构投资者国债现券交易额排名

| 序号 | 会员单位 | 记账式附息国债现券交易量（元） | 记账式贴现国债现券交易量（元） | 合计（元） |
|---|---|---|---|---|
| 1 | 中国国际金融股份有限公司 | 160074003.36 | 0.00 | 160074003.36 |
| 2 | 申万宏源证券有限公司 | 112266159.54 | 0.00 | 112266159.54 |
| 3 | 华泰证券股份有限公司 | 94156065.41 | 0.00 | 94156065.41 |
| 4 | 中信建投证券股份有限公司 | 92149936.95 | 0.00 | 92149936.95 |
| 5 | 申万宏源西部证券有限公司 | 65674317.73 | 0.00 | 65674317.73 |
| 6 | 第一创业证券股份有限公司 | 53179849.05 | 0.00 | 53179849.05 |
| 7 | 东方证券股份有限公司 | 34007273.29 | 0.00 | 34007273.29 |
| 8 | 广发证券股份有限公司 | 29008515.49 | 0.00 | 29008515.49 |
| 9 | 中信证券华南股份有限公司 | 24652347.32 | 0.00 | 24652347.32 |
| 10 | 国金证券股份有限公司 | 24453375.99 | 0.00 | 24453375.99 |
| 11 | 中信证券股份有限公司 | 23758504.93 | 0.00 | 23758504.93 |
| 12 | 中山证券有限责任公司 | 22858995.69 | 0.00 | 22858995.69 |
| 13 | 首创证券有限责任公司 | 19462700.00 | 0.00 | 19462700.00 |
| 14 | 华创证券有限责任公司 | 13010376.62 | 0.00 | 13010376.62 |
| 15 | 浙商证券股份有限公司 | 11258772.19 | 0.00 | 11258772.19 |
| 16 | 国元证券股份有限公司 | 9008471.39 | 0.00 | 9008471.39 |
| 17 | 东吴证券股份有限公司 | 8459517.80 | 0.00 | 8459517.80 |
| 18 | 中国银河证券股份有限公司 | 8246704.88 | 0.00 | 8246704.88 |
| 19 | 国泰君安证券股份有限公司 | 6053239.75 | 0.00 | 6053239.75 |
| 20 | 中信证券（山东）有限责任公司 | 6017463.01 | 0.00 | 6017463.01 |
| 21 | 海通证券股份有限公司 | 4814096.53 | 0.00 | 4814096.53 |
| 22 | 国信证券股份有限公司 | 3800781.77 | 0.00 | 3800781.77 |
| 23 | 中国中金财富证券有限公司 | 3736290.62 | 0.00 | 3736290.62 |
| 24 | 南京证券股份有限公司 | 3621774.78 | 0.00 | 3621774.78 |
| 25 | 安信证券股份有限公司 | 3328473.65 | 0.00 | 3328473.65 |
| 26 | 招商证券股份有限公司 | 3118881.67 | 0.00 | 3118881.67 |
| 27 | 湘财证券股份有限公司 | 2886518.23 | 0.00 | 2886518.23 |
| 28 | 平安证券股份有限公司 | 2790003.43 | 0.00 | 2790003.43 |
| 29 | 江海证券有限公司 | 2677336.26 | 0.00 | 2677336.26 |
| 30 | 东方财富证券股份有限公司 | 2520791.10 | 0.00 | 2520791.10 |
| 31 | 中泰证券股份有限公司 | 2435724.48 | 0.00 | 2435724.48 |
| 32 | 光大证券股份有限公司 | 2396232.52 | 0.00 | 2396232.52 |
| 33 | 国盛证券有限责任公司 | 2334050.95 | 0.00 | 2334050.95 |
| 34 | 联储证券有限责任公司 | 1964174.82 | 0.00 | 1964174.82 |
| 35 | 长江证券股份有限公司 | 1925665.94 | 0.00 | 1925665.94 |
| 36 | 方正证券股份有限公司 | 1913467.81 | 0.00 | 1913467.81 |

续表

| 序号 | 会员单位 | 记账式附息国债现券交易量（元） | 记账式贴现国债现券交易量（元） | 合计（元） |
|---|---|---|---|---|
| 37 | 东北证券股份有限公司 | 1878089.06 | 0.00 | 1878089.06 |
| 38 | 东莞证券股份有限公司 | 1623682.07 | 0.00 | 1623682.07 |
| 39 | 华福证券有限责任公司 | 1611380.39 | 0.00 | 1611380.39 |
| 40 | 恒泰证券股份有限公司 | 1521526.20 | 0.00 | 1521526.20 |
| 41 | 中原证券股份有限公司 | 1384943.47 | 0.00 | 1384943.47 |
| 42 | 华林证券股份有限公司 | 1222496.98 | 0.00 | 1222496.98 |
| 43 | 国联证券股份有限公司 | 1111788.96 | 0.00 | 1111788.96 |
| 44 | 西部证券股份有限公司 | 1046398.88 | 0.00 | 1046398.88 |
| 45 | 华西证券股份有限公司 | 1030709.44 | 0.00 | 1030709.44 |
| 46 | 财达证券股份有限公司 | 877679.00 | 0.00 | 877679.00 |
| 47 | 新时代证券股份有限公司 | 849622.70 | 0.00 | 849622.70 |
| 48 | 德邦证券股份有限公司 | 817832.80 | 0.00 | 817832.80 |
| 49 | 中银国际证券股份有限公司 | 765416.49 | 0.00 | 765416.49 |
| 50 | 东兴证券股份有限公司 | 757551.43 | 0.00 | 757551.43 |
| 51 | 兴业证券股份有限公司 | 742110.16 | 0.00 | 742110.16 |
| 52 | 宏信证券有限责任公司 | 713201.54 | 0.00 | 713201.54 |
| 53 | 万联证券股份有限公司 | 707603.13 | 0.00 | 707603.13 |
| 54 | 信达证券股份有限公司 | 696727.35 | 0.00 | 696727.35 |
| 55 | 中邮证券有限责任公司 | 694744.80 | 0.00 | 694744.80 |
| 56 | 太平洋证券股份有限公司 | 641774.63 | 0.00 | 641774.63 |
| 57 | 华鑫证券有限责任公司 | 626441.18 | 0.00 | 626441.18 |
| 58 | 上海证券有限责任公司 | 459136.57 | 0.00 | 459136.57 |
| 59 | 长城证券股份有限公司 | 454021.89 | 0.00 | 454021.89 |
| 60 | 方正证券承销保荐有限责任公司 | 443820.77 | 0.00 | 443820.77 |
| 61 | 渤海证券股份有限公司 | 435892.72 | 0.00 | 435892.72 |
| 62 | 西南证券股份有限公司 | 430607.60 | 0.00 | 430607.60 |
| 63 | 华金证券股份有限公司 | 429286.73 | 0.00 | 429286.73 |
| 64 | 大同证券有限责任公司 | 419421.90 | 0.00 | 419421.90 |
| 65 | 财信证券有限责任公司 | 392605.50 | 0.00 | 392605.50 |
| 66 | 华融证券股份有限公司 | 391998.04 | 0.00 | 391998.04 |
| 67 | 大通证券股份有限公司 | 386063.56 | 0.00 | 386063.56 |
| 68 | 华安证券股份有限公司 | 306151.37 | 0.00 | 306151.37 |
| 69 | 红塔证券股份有限公司 | 246060.22 | 0.00 | 246060.22 |
| 70 | 中天证券股份有限公司 | 233833.05 | 0.00 | 233833.05 |
| 71 | 国海证券股份有限公司 | 217226.07 | 0.00 | 217226.07 |
| 72 | 上海华信证券有限责任公司 | 210794.44 | 0.00 | 210794.44 |
| 73 | 山西证券股份有限公司 | 188738.14 | 0.00 | 188738.14 |
| 74 | 粤开证券股份有限公司 | 179546.74 | 0.00 | 179546.74 |

续表

| 序号 | 会员单位 | 记账式附息国债现券交易量（元） | 记账式贴现国债现券交易量（元） | 合计（元） |
|---|---|---|---|---|
| 75 | 国开证券股份有限公司 | 159195.27 | 0.00 | 159195.27 |
| 76 | 东海证券股份有限公司 | 146016.53 | 0.00 | 146016.53 |
| 77 | 爱建证券有限责任公司 | 134975.95 | 0.00 | 134975.95 |
| 78 | 天风证券股份有限公司 | 133384.88 | 0.00 | 133384.88 |
| 79 | 华龙证券股份有限公司 | 121493.44 | 0.00 | 121493.44 |
| 80 | 川财证券有限责任公司 | 98682.10 | 0.00 | 98682.10 |
| 81 | 银泰证券有限责任公司 | 94939.06 | 0.00 | 94939.06 |
| 82 | 中航证券有限公司 | 83007.91 | 0.00 | 83007.91 |
| 83 | 国都证券股份有限公司 | 80384.58 | 0.00 | 80384.58 |
| 84 | 民生证券股份有限公司 | 76362.86 | 0.00 | 76362.86 |
| 85 | 世纪证券有限责任公司 | 50950.92 | 0.00 | 50950.92 |
| 86 | 财通证券股份有限公司 | 46397.07 | 0.00 | 46397.07 |
| 87 | 华宝证券有限责任公司 | 31804.79 | 0.00 | 31804.79 |
| 88 | 长城国瑞证券有限公司 | 29124.00 | 0.00 | 29124.00 |
| 89 | 中天国富证券有限公司 | 20267.20 | 0.00 | 20267.20 |
| 90 | 国融证券股份有限公司 | 12085.07 | 0.00 | 12085.07 |
| 91 | 开源证券股份有限公司 | 9040.29 | 0.00 | 9040.29 |
| 92 | 英大证券有限责任公司 | 6031.85 | 0.00 | 6031.85 |
| 合计 | | 892501924.71 | | 892501924.71 |

注：不含地方政府债券。

# 2019 年国债期货市场统计数据

## 2019 年国债期货主力合约价格情况

| 品种 | 开盘价（元） | 最高价（元） | 最低价（元） | 收盘价（元） |
|---|---|---|---|---|
| 2 年期国债期货 | 100.250 | 100.690 | 99.675 | 100.420 |
| 5 年期国债期货 | 99.415 | 100.400 | 98.335 | 99.950 |
| 10 年期国债期货 | 97.825 | 99.490 | 95.820 | 98.135 |

## 2019 年国债期货持仓情况

| 品种 | 总成交金额（万亿元） | 日均成交金额（亿元） | 总成交量 | 日均成交量 | 日均持仓量 | 成交持仓比 |
|---|---|---|---|---|---|---|
| 2 年期国债期货 | 3.985 | 163.308 | 1987566 | 8146 | 6553 | 1.243 |
| 5 年期国债期货 | 1.791 | 73.392 | 1798330 | 7370 | 24088 | 0.306 |
| 10 年期国债期货 | 9.040 | 370.506 | 9246206 | 37894 | 72446 | 0.523 |

## 2019 年国债期货合约交割情况

| 合约 | 滚动交割量 | 集中交割量 | 合计交割数量 | 交割率 |
|---|---|---|---|---|
| TS1903 | 105 | 108 | 213 | 20.923% |
| TS1906 | 10 | 298 | 308 | 32.319% |
| TS1909 | 487 | 48 | 535 | 9.641% |
| TS1912 | 6 | 156 | 162 | 1.212% |
| TF1903 | 200 | 15 | 215 | 1.185% |
| TF1906 | 500 | 17 | 517 | 2.463% |
| TF1909 | 282 | 41 | 323 | 1.263% |
| TF1912 | 2 | 3168 | 3170 | 8.719% |
| T1903 | 637 | 770 | 1407 | 2.136% |
| T1906 | 120 | 233 | 353 | 0.509% |
| T1909 | 47 | 563 | 610 | 0.808% |
| T1912 | 13 | 78 | 91 | 0.103% |

# 二、地方政府债券发行、兑付数据

## 2019 年地方政府一般债务余额决算表

单位：亿元

| 项　　目 | 预算数 | 决算数 |
|---|---|---|
| 一、2018 年末地方政府一般债务余额实际数 | | 110484.51 |
| 二、2019 年末地方政府一般债务余额限额 | 133089.22 | |
| 三、2019 年地方政府一般债务发行额 | | 17877.79 |
| 中央转贷地方的国际金融组织和外国政府贷款 | | 135.77 |
| 2019 年地方政府一般债券发行额 | | 17742.02 |
| 四、2019 年地方政府一般债务还本额 | | 9691.51 |
| 五、2019 年末地方政府一般债务余额实际数 | | 118670.79 |

## 2019 年地方政府专项债务余额决算表

单位：亿元

| 项　　目 | 预算数 | 决算数 |
|---|---|---|
| 一、2018 年末地方政府专项债务余额实际数 | | 74134.16 |
| 二、2019 年末地方政府专项债务余额限额 | 107685.08 | |
| 三、2019 年地方政府专项债务发行额 | | 25882.25 |
| 四、2019 年地方政府专项债务还本额 | | 5589.42 |
| 五、2019 年末地方政府专项债务余额实际数 | | 94426.99 |

# 2019 年地方政府债券发行情况表

| 债券名称 | 债券期限 | 发行面值（亿元） | 发行日期 | 发行方式 | 票面利率（%） |
|---|---|---|---|---|---|
| 2019 年新疆维吾尔自治区政府一般债券（一期） | 10 年 | 100.0000 | 2019-01-21 | 公开发行 | 3.50 |
| 2019 年河南省政府一般债券（一期） | 3 年 | 165.0000 | 2019-01-22 | 公开发行 | 3.13 |
| 2019 年河南省（地市级）棚改专项债券（一期）——2019 年河南省政府专项债券（一期） | 5 年 | 139.0000 | 2019-01-22 | 公开发行 | 3.33 |
| 2019 年河南省（地市级）土地储备专项债券 1 期——2019 年河南省政府专项债券（二期） | 3 年 | 9.4000 | 2019-01-22 | 公开发行 | 3.13 |
| 2019 年河南省（地市级）土地储备专项债券 2 期——2019 年河南省政府专项债券（三期） | 5 年 | 113.3400 | 2019-01-22 | 公开发行 | 3.33 |
| 2019 年河南省（省本级）区域医疗中心专项债券 1 期——2019 年河南省政府专项债券 4 期 | 3 年 | 2.1100 | 2019-01-22 | 公开发行 | 3.13 |
| 2019 年河南省（省本级）区域医疗中心专项债券 2 期——2019 年河南省政府专项债券 5 期 | 5 年 | 11.3900 | 2019-01-22 | 公开发行 | 3.33 |
| 2019 年河南省洛阳市城市轨道交通 1 号线专项债券——2019 年河南省政府专项债券 6 期 | 15 年 | 13.0000 | 2019-01-22 | 公开发行 | 3.79 |
| 2019 年新疆维吾尔自治区（新疆生产建设兵团）一般债券（一期） | 5 年 | 11.2000 | 2019-01-23 | 公开发行 | 3.33 |
| 2019 年新疆维吾尔自治区（新疆生产建设兵团）一般债券（二期） | 10 年 | 16.8000 | 2019-01-23 | 公开发行 | 3.49 |
| 2019 年新疆维吾尔自治区（新疆生产建设兵团）专项债券（一期） | 10 年 | 2.0000 | 2019-01-23 | 公开发行 | 3.49 |
| 2019 兵团土储专项债 1 期——2019 新疆维吾尔自治区（新疆生产建设兵团）专项债 2 期 | 10 年 | 10.0000 | 2019-01-23 | 公开发行 | 3.49 |
| 2019 年福建省政府一般债券（一期） | 5 年 | 42.8000 | 2019-01-24 | 公开发行 | 3.33 |
| 2019 年福建省政府一般债券（二期） | 7 年 | 32.1000 | 2019-01-24 | 公开发行 | 3.47 |
| 2019 年福建省政府一般债券（三期） | 10 年 | 32.1000 | 2019-01-24 | 公开发行 | 3.50 |
| 2019 年山东省政府棚改专项债券（一期）——2019 年山东省政府专项债券（一期） | 5 年 | 39.5100 | 2019-01-24 | 公开发行 | 3.33 |
| 2019 年山东省政府土储专项债券（一期）——2019 年山东省政府专项债券（二期） | 3 年 | 17.7400 | 2019-01-24 | 公开发行 | 3.11 |
| 2019 年山东省政府专项债券（三期） | 10 年 | 75.1100 | 2019-01-24 | 公开发行 | 3.50 |
| 2019 年山东省政府专项债券（四期） | 10 年 | 8.2300 | 2019-01-24 | 公开发行 | 3.50 |
| 2019 年山东省政府一般债券（一期） | 10 年 | 104.5900 | 2019-01-24 | 公开发行 | 3.50 |
| 2019 年天津市政府一般债券（一期） | 2 年 | 19.2000 | 2019-01-25 | 公开发行 | 2.94 |
| 2019 年天津市政府一般债券（二期） | 5 年 | 12.8000 | 2019-01-25 | 公开发行 | 3.34 |
| 2019 年天津市政府一般债券（三期） | 20 年 | 14.0000 | 2019-01-25 | 公开发行 | 3.84 |

续表

| 债券名称 | 债券期限 | 发行面值（亿元） | 发行日期 | 发行方式 | 票面利率（%） |
|---|---|---|---|---|---|
| 2019年天津市政府棚户区改造专项债券（一期）——2019年天津市政府专项债券（一期） | 5年 | 63.0000 | 2019-01-25 | 公开发行 | 3.34 |
| 2019年天津市政府收费公路专项债券（一期）——2019年天津市政府专项债券（二期） | 15年 | 4.0000 | 2019-01-25 | 公开发行 | 3.81 |
| 2019年天津市政府生态保护专项债券（一期）——2019年天津市政府专项债券（三期） | 5年 | 4.0000 | 2019-01-25 | 公开发行 | 3.34 |
| 2019年天津市政府生态保护专项债券（二期）——2019年天津市政府专项债券（四期） | 10年 | 10.0000 | 2019-01-25 | 公开发行 | 3.51 |
| 2019年天津市政府土地储备专项债券（一期）——2019年天津市政府专项债券（五期） | 3年 | 5.0000 | 2019-01-25 | 公开发行 | 3.12 |
| 2019年天津市政府土地储备专项债券（二期）——2019年天津市政府专项债券（六期） | 5年 | 132.0000 | 2019-01-25 | 公开发行 | 3.34 |
| 2019年天津市政府城乡发展专项债券（一期）——2019年天津市政府专项债券（七期） | 5年 | 27.0000 | 2019-01-25 | 公开发行 | 3.34 |
| 2019年天津市政府旧城区改建专项债券（一期）——2019年天津市政府专项债券（八期） | 5年 | 6.0000 | 2019-01-25 | 公开发行 | 3.34 |
| 2019年河北省本级收费公路专项债券（一期）——2019年河北省政府专项债券（一期） | 7年 | 30.0000 | 2019-01-25 | 公开发行 | 3.47 |
| 2019年河北省政府专项债券（二期） | 10年 | 23.1500 | 2019-01-25 | 公开发行 | 3.51 |
| 2019年青岛市政府一般债券（一期） | 5年 | 22.0000 | 2019-01-28 | 公开发行 | 3.34 |
| 2019年青岛市政府一般债券（二期） | 7年 | 35.0000 | 2019-01-28 | 公开发行 | 3.47 |
| 2019年云南省政府一般债券（一期） | 3年 | 25.5000 | 2019-01-28 | 公开发行 | 3.13 |
| 2019年云南省政府一般债券（二期） | 5年 | 76.5000 | 2019-01-28 | 公开发行 | 3.34 |
| 2019年云南省政府一般债券（三期） | 7年 | 76.5000 | 2019-01-28 | 公开发行 | 3.47 |
| 2019年云南省政府一般债券（四期） | 10年 | 76.5000 | 2019-01-28 | 公开发行 | 3.52 |
| 2019年云南省土地储备专项债券（一期）——2019年云南省政府专项债券（一期） | 5年 | 150.0000 | 2019-01-28 | 公开发行 | 3.34 |
| 2019年云南省棚户区改造专项债券（一期）——2019年云南省政府专项债券（二期） | 7年 | 41.0000 | 2019-01-28 | 公开发行 | 3.47 |
| 2019年贵州省政府一般债券（一期） | 5年 | 51.0000 | 2019-01-28 | 公开发行 | 3.34 |
| 2019年江西省政府一般债券（一期） | 3年 | 28.4657 | 2019-01-29 | 公开发行 | 2.99 |
| 2019年江西省政府一般债券（二期） | 5年 | 63.0000 | 2019-01-29 | 公开发行 | 3.19 |
| 2019年江西省政府一般债券（三期） | 7年 | 63.0000 | 2019-01-29 | 公开发行 | 3.32 |
| 2019年江西省政府一般债券（四期） | 10年 | 63.0000 | 2019-01-29 | 公开发行 | 3.38 |
| 2019年江西省政府专项债券（一期） | 3年 | 26.6970 | 2019-01-29 | 公开发行 | 2.99 |
| 2019年四川省政府一般债券（一期） | 5年 | 20.0000 | 2019-01-29 | 公开发行 | 3.19 |
| 2019年四川省政府一般债券（二期） | 10年 | 80.0000 | 2019-01-29 | 公开发行 | 3.38 |

续表

| 债券名称 | 债券期限 | 发行面值（亿元） | 发行日期 | 发行方式 | 票面利率（%） |
|---|---|---|---|---|---|
| 2019 年四川省土地储备专项债券（一期）——2019 年四川省政府专项债券（一期） | 3 年 | 5.2800 | 2019-01-29 | 公开发行 | 2.99 |
| 2019 年四川省土地储备专项债券（二期）——2019 年四川省政府专项债券（二期） | 5 年 | 46.8400 | 2019-01-29 | 公开发行 | 3.19 |
| 2019 年四川省棚户区改造专项债券（一期）——2019 年四川省政府专项债券（三期） | 5 年 | 4.7500 | 2019-01-29 | 公开发行 | 3.19 |
| 2019 年四川省棚户区改造专项债券（二期）——2019 年四川省政府专项债券（四期） | 7 年 | 16.8000 | 2019-01-29 | 公开发行 | 3.32 |
| 2019 年四川省收费公路专项债券（一期）——2019 年四川省政府专项债券（五期） | 10 年 | 1.0500 | 2019-01-29 | 公开发行 | 3.38 |
| 2019 年四川省水务建设专项债券（一期）——2019 年四川省政府专项债券（六期） | 7 年 | 3.0000 | 2019-01-29 | 公开发行 | 3.32 |
| 2019 年四川省水务建设专项债券（二期）——2019 年四川省政府专项债券（七期） | 10 年 | 2.8500 | 2019-01-29 | 公开发行 | 3.38 |
| 2019 年四川省工业园区建设专项债券（一期）——2019 年四川省政府专项债券（八期） | 7 年 | 4.4600 | 2019-01-29 | 公开发行 | 3.32 |
| 2019 年四川省医疗养老专项债券（一期）——2019 年四川省政府专项债券（九期） | 7 年 | 0.9000 | 2019-01-29 | 公开发行 | 3.32 |
| 2019 年四川省城乡基础设施建设专项债券 1 期——2019 年四川省政府专项债券 10 期 | 10 年 | 1.1500 | 2019-01-29 | 公开发行 | 3.38 |
| 2019 年四川省学校建设专项债券（一期）——2019 年四川省政府专项债券（十一期） | 10 年 | 0.6000 | 2019-01-29 | 公开发行 | 3.38 |
| 2019 年四川省成都市锦江绿道专项债券（1 期）——2019 年四川省政府专项债券（12 期） | 7 年 | 4.0000 | 2019-01-29 | 公开发行 | 3.32 |
| 2019 四川成都天府空港新城地下综合管廊建设专项债 1 期——2019 四川省政府专项债 13 期 | 10 年 | 8.0000 | 2019-01-29 | 公开发行 | 3.38 |
| 2019 年四川省泸县乡村振兴专项债券（1 期）——2019 年四川省政府专项债券（14 期） | 5 年 | 3.0000 | 2019-01-29 | 公开发行 | 3.19 |
| 2019 四川眉山市东坡区乡村振兴示范项目专项债券 1 期——2019 四川省政府专项债券 15 期 | 7 年 | 0.4000 | 2019-01-29 | 公开发行 | 3.32 |
| 2019 四川绵阳游仙（含游仙军民融合产业园）专项债 1 期——2019 四川政府专项债 16 期 | 7 年 | 3.0000 | 2019-01-29 | 公开发行 | 3.32 |
| 2019 四川宣汉县巴山大峡谷旅游扶贫开发建设专项债 1 期——2019 年四川政府专项债 17 期 | 10 年 | 1.1000 | 2019-01-29 | 公开发行 | 3.38 |
| 2019 年湖北省政府一般债券（一期） | 10 年 | 179.6250 | 2019-01-29 | 公开发行 | 3.38 |
| 2019 年湖北省政府（武汉市）轨道交通专项债券 1 期——2019 年湖北省政府专项债券 1 期 | 5 年 | 18.0000 | 2019-01-29 | 公开发行 | 3.19 |
| 2019 年安徽省政府一般债券（一期） | 7 年 | 150.1766 | 2019-01-30 | 公开发行 | 3.37 |

续表

| 债券名称 | 债券期限 | 发行面值（亿元） | 发行日期 | 发行方式 | 票面利率（%） |
|---|---|---|---|---|---|
| 2019年深圳市政府一般债券（一期） | 2年 | 9.0000 | 2019-01-30 | 公开发行 | 2.83 |
| 2019年厦门市政府一般债券（一期） | 5年 | 12.0000 | 2019-01-30 | 公开发行 | 3.19 |
| 2019年厦门市政府一般债券（二期） | 7年 | 2.0000 | 2019-01-30 | 公开发行 | 3.32 |
| 2019年厦门市政府一般债券（三期） | 10年 | 15.0000 | 2019-01-30 | 公开发行 | 3.38 |
| 2019年陕西省政府一般债券（一期） | 10年 | 35.0000 | 2019-01-30 | 公开发行 | 3.38 |
| 2019年甘肃省政府一般债券（一期） | 7年 | 57.0000 | 2019-01-30 | 公开发行 | 3.32 |
| 2019年甘肃省本级收费公路专项债券（一期）——2019年甘肃省政府专项债券（一期） | 10年 | 20.0000 | 2019-01-30 | 公开发行 | 3.38 |
| 2019年海南省政府一般债券（一期） | 5年 | 41.0000 | 2019-01-31 | 公开发行 | 3.19 |
| 2019年海南省政府一般债券（二期） | 10年 | 40.0000 | 2019-01-31 | 公开发行 | 3.38 |
| 2019年广东省政府一般债券（一期） | 5年 | 57.6000 | 2019-01-31 | 公开发行 | 3.19 |
| 2019年广东省政府一般债券（二期） | 10年 | 86.4000 | 2019-01-31 | 公开发行 | 3.38 |
| 2019广东省本级珠江三角洲水资源配置工程专项债1期——2019年广东省政府专项债1期 | 10年 | 26.0000 | 2019-01-31 | 公开发行 | 3.38 |
| 2019年广东省土地储备专项债券（一期）——2019年广东省政府专项债券（二期） | 7年 | 46.5000 | 2019-01-31 | 公开发行 | 3.32 |
| 2019年广东省政府专项债券（三期） | 5年 | 53.5000 | 2019-01-31 | 公开发行 | 3.19 |
| 2019年广东省政府专项债券（四期） | 7年 | 40.0000 | 2019-01-31 | 公开发行 | 3.32 |
| 2019年广东省政府专项债券（五期） | 10年 | 40.0000 | 2019-01-31 | 公开发行 | 3.38 |
| 2019年北京市政府一般债券（一期） | 3年 | 20.7500 | 2019-01-31 | 公开发行 | 2.97 |
| 2019年北京市政府一般债券（二期） | 5年 | 22.0000 | 2019-01-31 | 公开发行 | 3.19 |
| 2019年北京市政府一般债券（三期） | 7年 | 63.0000 | 2019-01-31 | 公开发行 | 3.32 |
| 2019年北京市政府一般债券（四期） | 10年 | 28.2000 | 2019-01-31 | 公开发行 | 3.38 |
| 2019年内蒙古自治区政府一般债券（一期） | 5年 | 100.0000 | 2019-01-31 | 公开发行 | 3.19 |
| 2019年江苏省政府一般债券（一期） | 10年 | 195.0000 | 2019-01-31 | 公开发行 | 3.38 |
| 2019年浙江省政府一般债券（一期） | 5年 | 52.0000 | 2019-01-31 | 公开发行 | 3.19 |
| 2019年浙江省政府一般债券（二期） | 10年 | 180.0000 | 2019-01-31 | 公开发行 | 3.38 |
| 2019年浙江省土地储备专项债券（一期）——2019年浙江省政府专项债券（一期） | 5年 | 231.0000 | 2019-01-31 | 公开发行 | 3.19 |
| 2019年广西壮族自治区政府一般债券（一期） | 7年 | 58.0000 | 2019-01-31 | 公开发行 | 3.32 |
| 2019年广东省政府一般债券（三期） | 5年 | 29.6000 | 2019-02-20 | 公开发行 | 3.14 |
| 2019年广东省政府一般债券（四期） | 10年 | 44.4000 | 2019-02-20 | 公开发行 | 3.34 |
| 2019年广东省土地储备专项债券（二期）——2019年广东省政府专项债券（六期） | 5年 | 20.0000 | 2019-02-20 | 公开发行 | 3.14 |
| 2019年广东省土地储备专项债券（三期）——2019年广东省政府专项债券（七期） | 5年 | 123.6800 | 2019-02-20 | 公开发行 | 3.14 |
| 2019年广东省土地储备专项债券（四期）——2019年广东省政府专项债券（八期） | 7年 | 47.7800 | 2019-02-20 | 公开发行 | 3.30 |

续表

| 债券名称 | 债券期限 | 发行面值（亿元） | 发行日期 | 发行方式 | 票面利率（%） |
| --- | --- | --- | --- | --- | --- |
| 2019年广东省棚改专项债券（一期）——2019年广东省政府专项债券（九期） | 10年 | 1.4500 | 2019-02-20 | 公开发行 | 3.34 |
| 2019年广东省政府专项债券（十期） | 5年 | 25.9208 | 2019-02-20 | 公开发行 | 3.14 |
| 2019年广东省政府专项债券（十一期） | 7年 | 1.9592 | 2019-02-20 | 公开发行 | 3.30 |
| 2019年广东省政府专项债券（十二期） | 10年 | 102.8550 | 2019-02-20 | 公开发行 | 3.34 |
| 2019年广东省政府专项债券（十三期） | 15年 | 14.0000 | 2019-02-20 | 公开发行 | 3.65 |
| 2019年广东省政府专项债券（十四期） | 20年 | 4.3550 | 2019-02-20 | 公开发行 | 3.68 |
| 2019年湖南省政府一般债券（一期） | 10年 | 200.0000 | 2019-02-21 | 公开发行 | 3.35 |
| 2019年山西省政府一般债券（一期） | 5年 | 28.7000 | 2019-02-21 | 公开发行 | 3.15 |
| 2019年山西省政府一般债券（二期） | 7年 | 45.0000 | 2019-02-21 | 公开发行 | 3.30 |
| 2019年山西省政府一般债券（三期） | 10年 | 45.0000 | 2019-02-21 | 公开发行 | 3.35 |
| 2019年山西省政府专项债券（一期） | 3年 | 1.3100 | 2019-02-21 | 公开发行 | 2.92 |
| 2019年山西省政府专项债券（二期） | 5年 | 4.6300 | 2019-02-21 | 公开发行 | 3.15 |
| 2019年山西省政府专项债券（三期） | 7年 | 2.3000 | 2019-02-21 | 公开发行 | 3.30 |
| 2019年山西省政府专项债券（四期） | 10年 | 11.4700 | 2019-02-21 | 公开发行 | 3.35 |
| 2019年山西省政府土地储备专项债券（一期）——2019年山西省政府专项债券（五期） | 5年 | 14.4400 | 2019-02-21 | 公开发行 | 3.15 |
| 2019年山西省政府棚户区改造专项债券（一期）——2019年山西省政府专项债券（六期） | 3年 | 3.2000 | 2019-02-21 | 公开发行 | 2.92 |
| 2019年山西省政府棚户区改造专项债券（二期）——2019年山西省政府专项债券（七期） | 5年 | 2.9000 | 2019-02-21 | 公开发行 | 3.15 |
| 2019年山西省政府棚户区改造专项债券（三期）——2019年山西省政府专项债券（八期） | 10年 | 5.5600 | 2019-02-21 | 公开发行 | 3.35 |
| 2019年上海市政府一般债券（一期） | 10年 | 209.0000 | 2019-02-21 | 公开发行 | 3.35 |
| 2019年上海市政府土地储备专项债券（一期）——2019年上海市政府专项债券（一期） | 5年 | 156.1000 | 2019-02-21 | 公开发行 | 3.15 |
| 2019年上海市政府棚改专项债券（一期）——2019年上海市政府专项债券（二期） | 10年 | 19.9000 | 2019-02-21 | 公开发行 | 3.35 |
| 2019年新疆维吾尔自治区政府一般债券（二期） | 5年 | 39.9000 | 2019-02-21 | 公开发行 | 3.30 |
| 2019年新疆维吾尔自治区棚改专项债1期——2019年新疆维吾尔自治区政府专项债券1期 | 10年 | 57.0000 | 2019-02-21 | 公开发行 | 3.50 |
| 2019年新疆维吾尔自治区土储专项债1期——2019年新疆维吾尔自治区政府专项债券2期 | 5年 | 32.0000 | 2019-02-21 | 公开发行 | 3.30 |
| 2019年新疆维吾尔自治区政府专项债券（三期） | 10年 | 11.4000 | 2019-02-21 | 公开发行 | 3.50 |
| 2019年辽宁省政府一般债券（一期） | 10年 | 249.7855 | 2019-02-22 | 公开发行 | 3.36 |
| 2019年辽宁省土地储备专项债券（一期）——2019年辽宁省政府专项债券（一期） | 5年 | 9.0000 | 2019-02-22 | 公开发行 | 3.16 |

续表

| 债券名称 | 债券期限 | 发行面值（亿元） | 发行日期 | 发行方式 | 票面利率（%） |
|---|---|---|---|---|---|
| 2019 年山东省政府棚改专项债券（二期）——2019 年山东省政府专项债券（五期） | 5 年 | 169.1500 | 2019-02-22 | 公开发行 | 3.16 |
| 2019 年山东省政府土储专项债券（二期）——2019 年山东省政府专项债券（六期） | 3 年 | 69.7300 | 2019-02-22 | 公开发行 | 2.93 |
| 2019 年山东省政府跨黄河桥梁隧道建设专项债券 1 期——2019 年山东省政府专项债券 7 期 | 10 年 | 10.0000 | 2019-02-22 | 公开发行 | 3.36 |
| 2019 年山东省政府乡村振兴专项债券（一期）——2019 年山东省政府专项债券（八期） | 5 年 | 1.3800 | 2019-02-22 | 公开发行 | 3.16 |
| 2019 年山东省政府市政发展专项债券（一期）——2019 年山东省政府专项债券（九期） | 5 年 | 6.6800 | 2019-02-22 | 公开发行 | 3.16 |
| 2019 年山东省政府一般债券（二期） | 10 年 | 106.0000 | 2019-02-22 | 公开发行 | 3.36 |
| 2019 年山东省政府一般债券（三期） | 10 年 | 48.7300 | 2019-02-22 | 公开发行 | 3.36 |
| 2019 年四川省政府一般债券（三期） | 10 年 | 100.0000 | 2019-02-25 | 公开发行 | 3.38 |
| 2019 年四川省政府一般债券（四期） | 10 年 | 16.3403 | 2019-02-25 | 公开发行 | 3.38 |
| 2019 年四川省政府专项债券（十八期） | 10 年 | 49.8775 | 2019-02-25 | 公开发行 | 3.38 |
| 2019 年四川省土地储备专项债券（三期）——2019 年四川省政府专项债券（十九期） | 3 年 | 12.8200 | 2019-02-25 | 公开发行 | 2.94 |
| 2019 年四川省土地储备专项债券（四期）——2019 年四川省政府专项债券（二十期） | 5 年 | 69.6400 | 2019-02-25 | 公开发行 | 3.16 |
| 2019 年四川省棚户区改造专项债券（三期）——2019 年四川省政府专项债券（二十一期） | 5 年 | 1.4600 | 2019-02-25 | 公开发行 | 3.16 |
| 2019 年四川省棚户区改造专项债券（四期）——2019 年四川省政府专项债券（二十二期） | 7 年 | 2.6200 | 2019-02-25 | 公开发行 | 3.32 |
| 2019 年四川省收费公路专项债券（二期）——2019 年四川省政府专项债券（二十三期） | 10 年 | 2.9800 | 2019-02-25 | 公开发行 | 3.38 |
| 2019 年四川省城乡基础设施建设专项债券 2 期——2019 年四川省政府专项债券（二十四期） | 10 年 | 0.3000 | 2019-02-25 | 公开发行 | 3.38 |
| 2019 年四川省生态环保建设专项债券（一期）——2019 年四川省政府专项债券（二十五期） | 7 年 | 1.0000 | 2019-02-25 | 公开发行 | 3.32 |
| 2019 年四川省水务建设专项债券（三期）——2019 年四川省政府专项债券（二十六期） | 10 年 | 10.9000 | 2019-02-25 | 公开发行 | 3.38 |
| 2019 年四川省土地整理专项债券（一期）——2019 年四川省政府专项债券（二十七期） | 5 年 | 0.5000 | 2019-02-25 | 公开发行 | 3.16 |
| 2019 年四川省文化旅游专项债券（一期）——2019 年四川省政府专项债券（二十八期） | 10 年 | 2.0100 | 2019-02-25 | 公开发行 | 3.38 |
| 2019 年四川省学校建设专项债券（二期）——2019 年四川省政府专项债券（二十九期） | 10 年 | 0.6100 | 2019-02-25 | 公开发行 | 3.38 |

续表

| 债券名称 | 债券期限 | 发行面值（亿元） | 发行日期 | 发行方式 | 票面利率（%） |
|---|---|---|---|---|---|
| 2019年四川省泸县乡村振兴专项债券2期——2019年四川省政府专项债券（三十期） | 5年 | 0.4600 | 2019-02-25 | 公开发行 | 3.16 |
| 2019年重庆市政府一般债券（一期） | 5年 | 26.0000 | 2019-02-26 | 公开发行 | 3.18 |
| 2019年重庆市政府一般债券（二期） | 10年 | 60.0000 | 2019-02-26 | 公开发行 | 3.39 |
| 2019年重庆市政府专项债券（一期） | 30年 | 70.0000 | 2019-02-26 | 公开发行 | 3.98 |
| 2019年重庆市区县级土地储备专项债券（一期）——2019年重庆市政府专项债券（二期） | 5年 | 78.0000 | 2019-02-26 | 公开发行 | 3.18 |
| 2019年重庆市政府专项债券（三期） | 7年 | 22.0000 | 2019-02-26 | 公开发行 | 3.34 |
| 2019年青海省政府一般债券（一期） | 10年 | 50.0000 | 2019-02-26 | 公开发行 | 3.39 |
| 2019年陕西省政府一般债券（二期） | 7年 | 102.0000 | 2019-02-26 | 公开发行 | 3.34 |
| 2019年陕西省政府一般债券（三期） | 10年 | 102.0000 | 2019-02-26 | 公开发行 | 3.39 |
| 2019年广西壮族自治区政府一般债券（二期） | 7年 | 105.0000 | 2019-02-26 | 公开发行 | 3.34 |
| 2019年广西棚户区改造专项债券（一期）——2019年广西壮族自治区政府专项债券（一期） | 7年 | 50.0000 | 2019-02-26 | 公开发行 | 3.34 |
| 2019年广西土地储备专项债券（一期）——2019年广西壮族自治区政府专项债券（二期） | 5年 | 45.0000 | 2019-02-26 | 公开发行 | 3.18 |
| 2019年甘肃省政府一般债券（二期） | 10年 | 88.8900 | 2019-02-27 | 公开发行 | 3.40 |
| 2019年宁波市政府一般债券（一期） | 10年 | 8.0000 | 2019-02-27 | 公开发行 | 3.40 |
| 2019年宁波市棚改专项债券（一期）——2019年宁波市政府专项债券（一期） | 10年 | 20.0000 | 2019-02-27 | 公开发行 | 3.40 |
| 2019年内蒙古自治区政府一般债券（二期） | 5年 | 136.0000 | 2019-02-28 | 公开发行 | 3.23 |
| 2019年湖北省（武汉市）棚改专项债券（一期）——2019年湖北省政府专项债券（二期） | 5年 | 41.4800 | 2019-02-28 | 公开发行 | 3.23 |
| 2019年湖北省（武汉市）棚改专项债券（二期）——2019年湖北省政府专项债券（三期） | 10年 | 29.1645 | 2019-02-28 | 公开发行 | 3.41 |
| 2019年湖北省（武汉市）土地储备专项债券1期——2019年湖北省政府专项债券（四期） | 5年 | 51.1355 | 2019-02-28 | 公开发行 | 3.23 |
| 2019年湖北省（武汉市）收费公路专项债券1期——2019年湖北省政府专项债券（五期） | 10年 | 10.0000 | 2019-02-28 | 公开发行 | 3.41 |
| 2019年湖北省（武汉市）两湖隧道专项债券1期——2019年湖北省政府专项债券（六期） | 10年 | 25.0000 | 2019-02-28 | 公开发行 | 3.41 |
| 2019年湖北省武汉宜昌孝感基础设施建设专项债1期——2019年湖北省政府专项债券7期 | 10年 | 36.6822 | 2019-02-28 | 公开发行 | 3.41 |
| 2019年湖北省武汉襄阳基础设施建设专项债券2期——2019年湖北省政府专项债券8期 | 15年 | 22.0000 | 2019-02-28 | 公开发行 | 3.69 |
| 2019湖北武汉孝感黄冈咸宁仙桃医疗卫生专项债1期——2019年湖北省政府专项债券9期 | 10年 | 11.2650 | 2019-02-28 | 公开发行 | 3.41 |

续表

| 债券名称 | 债券期限 | 发行面值（亿元） | 发行日期 | 发行方式 | 票面利率（%） |
| --- | --- | --- | --- | --- | --- |
| 2019 湖北黄石荆州宜昌襄阳孝感黄冈恩施棚改专项债 3 期——2019 湖北省政府专项债 10 期 | 7 年 | 28.5365 | 2019-02-28 | 公开发行 | 3.37 |
| 2019 年湖北省鄂州荆门咸宁仙桃潜江棚改专项债 4 期——2019 年湖北省政府专项债券 11 期 | 10 年 | 23.1730 | 2019-02-28 | 公开发行 | 3.41 |
| 2019 湖北黄石荆州宜昌襄阳荆门黄冈咸宁恩施天门土储 2 期——2019 湖北省政府专项 12 期 | 5 年 | 67.6076 | 2019-02-28 | 公开发行 | 3.23 |
| 2019 年宁夏回族自治区政府一般债券（一期） | 5 年 | 40.0000 | 2019-02-28 | 公开发行 | 3.28 |
| 2019 年宁夏回族自治区政府一般债券（二期） | 10 年 | 45.0000 | 2019-02-28 | 公开发行 | 3.46 |
| 2019 年天津市政府一般债券（四期） | 3 年 | 7.0000 | 2019-03-07 | 公开发行 | 3.06 |
| 2019 天津市政府污水处理厂管网配套工程专项债 1 期——2019 年天津市政府专项债券 9 期 | 10 年 | 7.0000 | 2019-03-07 | 公开发行 | 3.45 |
| 2019 年内蒙古自治区政府一般债券（三期） | 7 年 | 62.7917 | 2019-03-12 | 公开发行 | 3.43 |
| 2019 年河南省政府一般债券（二期） | 7 年 | 195.8670 | 2019-03-13 | 公开发行 | 3.43 |
| 2019 年河南省（地市级）棚改专项债券（二期）　2019 年河南省政府专项债券（七期） | 5 年 | 13.1440 | 2019-03-13 | 公开发行 | 3.30 |
| 2019 年河南省（地市级）土地储备专项债券 3 期——2019 年河南省政府专项债券（八期） | 5 年 | 7.5560 | 2019-03-13 | 公开发行 | 3.30 |
| 2019 年河南省省属公办高校专项债券（一期）——2019 年河南省政府专项债券（九期） | 5 年 | 5.0000 | 2019-03-13 | 公开发行 | 3.30 |
| 2019 年河南省省属公办高校专项债券（二期）——2019 年河南省政府专项债券（十期） | 10 年 | 3.0000 | 2019-03-13 | 公开发行 | 3.41 |
| 2019 年河南省（省本级）收费公路专项债券 1 期——2019 年河南省政府专项债券（十一期） | 15 年 | 50.0000 | 2019-03-13 | 公开发行 | 3.69 |
| 2019 年福建省福州泉州漳州宁德土储专项债券 1 期——2019 年福建省政府专项债券 1 期 | 5 年 | 179.5000 | 2019-03-14 | 公开发行 | 3.29 |
| 2019 年河北省政府一般债券（一期） | 15 年 | 88.6000 | 2019-03-14 | 公开发行 | 3.68 |
| 2019 年河北省政府土地储备专项债券（一期）——2019 年河北省政府专项债券（三期） | 5 年 | 123.1400 | 2019-03-14 | 公开发行 | 3.29 |
| 2019 年河北省政府棚改专项债券（一期）——2019 年河北省政府专项债券（四期） | 15 年 | 65.5400 | 2019-03-14 | 公开发行 | 3.68 |
| 2019 年新疆维吾尔自治区政府一般债券（三期） | 10 年 | 102.1000 | 2019-03-14 | 公开发行 | 3.44 |
| 2019 年新疆维吾尔自治区政府一般债券（四期） | 10 年 | 80.2000 | 2019-03-14 | 公开发行 | 3.44 |
| 2019 年新疆维吾尔自治区棚改专项债 2 期——2019 年新疆维吾尔自治区政府专项债券 4 期 | 10 年 | 43.2000 | 2019-03-14 | 公开发行 | 3.44 |
| 2019 年新疆维吾尔自治区政府专项债券（五期） | 10 年 | 14.4000 | 2019-03-14 | 公开发行 | 3.44 |
| 2019 年新疆维吾尔自治区政府专项债券（六期） | 7 年 | 16.2000 | 2019-03-14 | 公开发行 | 3.47 |
| 2019 年黑龙江省政府一般债券（一期） | 10 年 | 225.2771 | 2019-03-15 | 公开发行 | 3.39 |
| 2019 年黑龙江省政府一般债券（二期） | 20 年 | 80.0000 | 2019-03-15 | 公开发行 | 3.86 |

续表

| 债券名称 | 债券期限 | 发行面值（亿元） | 发行日期 | 发行方式 | 票面利率（%） |
|---|---|---|---|---|---|
| 2019 年黑龙江省政府专项债券（一期） | 10 年 | 25.9999 | 2019－03－15 | 公开发行 | 3.39 |
| 2019 年江苏省土地储备专项债券（一期）——2019 年江苏省政府专项债券（一期） | 3 年 | 30.7000 | 2019－03－15 | 公开发行 | 3.07 |
| 2019 年江苏省土地储备专项债券（二期）——2019 年江苏省政府专项债券（二期） | 5 年 | 297.2000 | 2019－03－15 | 公开发行 | 3.30 |
| 2019 年江苏省棚改专项债券（一期）——2019 年江苏省政府专项债券（三期） | 5 年 | 105.4000 | 2019－03－15 | 公开发行 | 3.30 |
| 2019 年江苏省城乡建设专项债券（一期）——2019 年江苏省政府专项债券（四期） | 5 年 | 35.6000 | 2019－03－15 | 公开发行 | 3.30 |
| 2019 年江苏省城乡建设专项债券（二期）——2019 年江苏省政府专项债券（五期） | 7 年 | 37.4000 | 2019－03－15 | 公开发行 | 3.42 |
| 2019 年江苏省城乡建设专项债券（三期）——2019 年江苏省政府专项债券（六期） | 10 年 | 311.7000 | 2019－03－15 | 公开发行 | 3.39 |
| 2019 年湖北省政府一般债券（二期） | 10 年 | 93.9318 | 2019－03－15 | 公开发行 | 3.39 |
| 2019 年云南省政府一般债券（五期） | 5 年 | 7.4000 | 2019－03－19 | 公开发行 | 3.31 |
| 2019 年云南省政府专项债券（三期） | 5 年 | 12.8000 | 2019－03－19 | 公开发行 | 3.31 |
| 2019 年大连市政府一般债券（一期） | 7 年 | 18.0000 | 2019－03－19 | 公开发行 | 3.42 |
| 2019 年大连市政府专项债券（一期） | 7 年 | 2.0000 | 2019－03－19 | 公开发行 | 3.42 |
| 2019 年天津市政府一般债券（五期） | 10 年 | 14.9700 | 2019－03－19 | 公开发行 | 3.39 |
| 2019 年天津市政府生态保护专项债券（三期）——2019 年天津市政府专项债券（十期） | 10 年 | 45.0000 | 2019－03－19 | 公开发行 | 3.39 |
| 2019 天津津南国家会展中心周边配套设施建设专项 1 期——2019 年天津市政府专项债 11 期 | 3 年 | 21.0000 | 2019－03－19 | 公开发行 | 3.06 |
| 2019 年天津市政府旧城区改建专项债券（二期）——2019 年天津市政府专项债券（十二期） | 5 年 | 6.0000 | 2019－03－19 | 公开发行 | 3.31 |
| 2019 年天津市政府土地储备专项债券（三期）——2019 年天津市政府专项债券（十三期） | 5 年 | 7.3000 | 2019－03－19 | 公开发行 | 3.31 |
| 2019 年江西省政府一般债券（五期） | 10 年 | 21.2591 | 2019－03－20 | 公开发行 | 3.39 |
| 2019 年江西省政府土地储备专项债券（一期）——2019 年江西省政府专项债券（二期） | 5 年 | 101.8129 | 2019－03－20 | 公开发行 | 3.32 |
| 2019 年江西省政府棚户区改造专项债券（一期）——2019 年江西省政府专项债券（三期） | 5 年 | 140.1871 | 2019－03－20 | 公开发行 | 3.32 |
| 2019 年江西省政府（南昌市）轨道交通专项债券 1 期——2019 年江西省政府专项债券 4 期 | 5 年 | 20.0000 | 2019－03－20 | 公开发行 | 3.32 |
| 2019 年江西省政府专项债券（五期） | 10 年 | 20.0772 | 2019－03－20 | 公开发行 | 3.39 |
| 2019 年贵州省棚户区改造专项债券（一期）——2019 年贵州省政府专项债券（一期） | 7 年 | 7.0000 | 2019－03－21 | 公开发行 | 3.42 |

续表

| 债券名称 | 债券期限 | 发行面值（亿元） | 发行日期 | 发行方式 | 票面利率（%） |
| --- | --- | --- | --- | --- | --- |
| 2019年厦门市轨道交通项目专项债券（一期）——2019年厦门市政府专项债券（一期） | 15年 | 35.0000 | 2019-03-21 | 公开发行 | 3.68 |
| 2019年湖南省政府一般债券（二期） | 10年 | 103.0000 | 2019-03-21 | 公开发行 | 3.39 |
| 2019年湖南省土地储备专项债券（一期）——2019年湖南省政府专项债券（一期） | 5年 | 50.0000 | 2019-03-21 | 公开发行 | 3.32 |
| 2019年宁夏回族自治区政府一般债券（三期） | 7年 | 20.6221 | 2019-03-22 | 公开发行 | 3.43 |
| 2019宁夏回族自治区政府收费公路专项债1期——2019年宁夏回族自治区政府专项债1期 | 10年 | 21.0000 | 2019-03-22 | 公开发行 | 3.44 |
| 2019年宁夏回族自治区土储专项债券1期——2019年宁夏回族自治区政府专项债券2期 | 5年 | 7.0000 | 2019-03-22 | 公开发行 | 3.37 |
| 2019年宁夏回族自治区棚改专项债券1期——2019年宁夏回族自治区政府专项债券3期 | 5年 | 9.6200 | 2019-03-22 | 公开发行 | 3.37 |
| 2019年宁夏回族自治区棚改专项债券2期——2019年宁夏回族自治区政府专项债券4期 | 10年 | 8.3207 | 2019-03-22 | 公开发行 | 3.44 |
| 2019年宁夏回族自治区医疗卫生专项债券1期——2019年宁夏回族自治区政府专项债5期 | 5年 | 0.4793 | 2019-03-22 | 公开发行 | 3.37 |
| 2019年宁夏回族自治区水处理专项债券1期——2019年宁夏回族自治区政府专项债券6期 | 10年 | 0.5900 | 2019-03-22 | 公开发行 | 3.44 |
| 2019宁夏回族自治区基础设施建设专项债1期——2019年宁夏回族自治区政府专项债7期 | 5年 | 4.8400 | 2019-03-22 | 公开发行 | 3.37 |
| 2019宁夏回族自治区基础设施建设专项债2期——2019年宁夏回族自治区政府专项债8期 | 5年 | 1.1500 | 2019-03-22 | 公开发行 | 3.37 |
| 2019年浙江省棚改专项债券（一期）——2019年浙江省政府专项债券（二期） | 5年 | 22.0000 | 2019-03-22 | 公开发行 | 3.32 |
| 2019年宁波市土地储备专项债券（一期）——2019年宁波市政府专项债券（二期） | 3年 | 8.4000 | 2019-03-22 | 公开发行 | 3.04 |
| 2019年宁波市土地储备专项债券（二期）——2019年宁波市政府专项债券（三期） | 5年 | 11.6000 | 2019-03-22 | 公开发行 | 3.32 |
| 2019年河北省基础设施专项债券（二期）——2019年河北省政府专项债券（五期） | 7年 | 31.9300 | 2019-03-22 | 公开发行 | 3.42 |
| 2019年河北省医疗卫生专项债券（一期）——2019年河北省政府专项债券（六期） | 5年 | 13.7000 | 2019-03-22 | 公开发行 | 3.32 |
| 2019年河北省园区建设专项债券（一期）——2019年河北省政府专项债券（七期） | 5年 | 7.7400 | 2019-03-22 | 公开发行 | 3.32 |
| 2019年河北省乡村振兴专项债券（一期）——2019年河北省政府专项债券（八期） | 10年 | 4.1300 | 2019-03-22 | 公开发行 | 3.39 |
| 2019年河北省基础设施专项债券（一期）——2019年河北省政府专项债券（九期） | 5年 | 16.9200 | 2019-03-22 | 公开发行 | 3.32 |

续表

| 债券名称 | 债券期限 | 发行面值（亿元） | 发行日期 | 发行方式 | 票面利率（%） |
| --- | --- | --- | --- | --- | --- |
| 2019年甘肃省政府一般债券（三期） | 10年 | 23.1100 | 2019-03-25 | 公开发行 | 3.38 |
| 2019年甘肃省政府棚户区改造专项债券（一期）——2019年甘肃省政府专项债券（三期） | 7年 | 34.1500 | 2019-03-25 | 公开发行 | 3.41 |
| 2019年青岛市（区市级）棚改专项债券（一期）——2019年青岛市政府专项债券（一期） | 5年 | 13.0000 | 2019-03-25 | 公开发行 | 3.31 |
| 2019年青岛市（区市级）棚改专项债券（二期）——2019年青岛市政府专项债券（二期） | 7年 | 10.0000 | 2019-03-25 | 公开发行 | 3.41 |
| 2019年青岛市（区市级）棚改专项债券（三期）——2019年青岛市政府专项债券（三期） | 10年 | 4.0000 | 2019-03-25 | 公开发行 | 3.38 |
| 2019年青岛市（区市级）供热设施专项债券1期——2019年青岛市政府专项债券（四期） | 7年 | 8.0000 | 2019-03-25 | 公开发行 | 3.41 |
| 2019青岛区市胶东临空经济示范区配套建设项目专项1期——2019青岛市政府专项债5期 | 7年 | 6.0000 | 2019-03-25 | 公开发行 | 3.41 |
| 2019年青岛市（区市级）公立医院建设专项债券1期——2019年青岛市政府专项债券6期 | 7年 | 4.0000 | 2019-03-25 | 公开发行 | 3.41 |
| 2019年四川省政府一般债券（五期） | 7年 | 111.0000 | 2019-03-25 | 公开发行 | 3.41 |
| 2019年四川省政府一般债券（六期） | 7年 | 134.3265 | 2019-03-25 | 公开发行 | 3.41 |
| 2019年四川省土地储备专项债券（五期）——2019年四川省政府专项债券（三十一期） | 5年 | 59.2900 | 2019-03-25 | 公开发行 | 3.31 |
| 2019年四川省棚户区改造专项债券（五期）——2019年四川省政府专项债券（三十二期） | 5年 | 3.4900 | 2019-03-25 | 公开发行 | 3.31 |
| 2019年四川省棚户区改造专项债券（六期）——2019年四川省政府专项债券（三十三期） | 7年 | 7.4400 | 2019-03-25 | 公开发行 | 3.41 |
| 2019年四川省城乡基础设施建设专项债券3期——2019年四川省政府专项债券（三十四期） | 5年 | 1.0000 | 2019-03-25 | 公开发行 | 3.31 |
| 2019年四川省城乡基础设施建设专项债券4期——2019年四川省政府专项债券（三十五期） | 7年 | 12.4100 | 2019-03-25 | 公开发行 | 3.41 |
| 2019年四川省城乡基础设施建设专项债券5期——2019年四川省政府专项债券（三十六期） | 10年 | 8.0000 | 2019-03-25 | 公开发行 | 3.38 |
| 2019年四川省工业园区建设专项债券（二期）——2019年四川省政府专项债券（三十七期） | 7年 | 20.1100 | 2019-03-25 | 公开发行 | 3.41 |
| 2019年四川省生态环保建设专项债券（二期）——2019年四川省政府专项债券（三十八期） | 7年 | 3.7800 | 2019-03-25 | 公开发行 | 3.41 |
| 2019年四川省生态环保建设专项债券（三期）——2019年四川省政府专项债券（三十九期） | 10年 | 3.8200 | 2019-03-25 | 公开发行 | 3.38 |
| 2019年四川省水务建设专项债券（四期）——2019年四川省政府专项债券（四十期） | 7年 | 2.8000 | 2019-03-25 | 公开发行 | 3.41 |

续表

| 债券名称 | 债券期限 | 发行面值（亿元） | 发行日期 | 发行方式 | 票面利率（%） |
|---|---|---|---|---|---|
| 2019年四川省水务建设专项债券（五期）——2019年四川省政府专项债券（四十一期） | 10年 | 1.1100 | 2019-03-25 | 公开发行 | 3.38 |
| 2019年四川省文化旅游专项债券（二期）——2019年四川省政府专项债券（四十二期） | 5年 | 1.5000 | 2019-03-25 | 公开发行 | 3.31 |
| 2019年四川省文化旅游专项债券（三期）——2019年四川省政府专项债券（四十三期） | 7年 | 5.5000 | 2019-03-25 | 公开发行 | 3.41 |
| 2019年四川省文化旅游专项债券（四期）——2019年四川省政府专项债券（四十四期） | 10年 | 8.3200 | 2019-03-25 | 公开发行 | 3.38 |
| 2019年四川省乡村振兴专项债券（一期）——2019年四川省政府专项债券（四十五期） | 7年 | 1.1600 | 2019-03-25 | 公开发行 | 3.41 |
| 2019年四川省乡村振兴专项债券（二期）——2019年四川省政府专项债券（四十六期） | 10年 | 1.9500 | 2019-03-25 | 公开发行 | 3.38 |
| 2019年四川省医疗养老专项债券（二期）——2019年四川省政府专项债券（四十七期） | 7年 | 1.3800 | 2019-03-25 | 公开发行 | 3.41 |
| 2019年四川省医院建设专项债券（一期）——2019年四川省政府专项债券（四十八期） | 5年 | 0.4500 | 2019-03-25 | 公开发行 | 3.31 |
| 2019年四川省医院建设专项债券（二期）——2019年四川省政府专项债券（四十九期） | 7年 | 11.5700 | 2019-03-25 | 公开发行 | 3.41 |
| 2019年四川省医院建设专项债券（三期）——2019年四川省政府专项债券（五十期） | 10年 | 3.7200 | 2019-03-25 | 公开发行 | 3.38 |
| 2019年四川"8.8"九寨沟地震恢复重建专项债1期——2019年四川省政府专项债券51期 | 10年 | 2.6900 | 2019-03-25 | 公开发行 | 3.38 |
| 2019四川宣汉巴山大峡谷旅游扶贫开发建设专项债2期——2019年四川省政府专项债52期 | 10年 | 1.4900 | 2019-03-25 | 公开发行 | 3.38 |
| 2019四川巴中巴州城区二期防洪工程建设专项债1期——2019年四川省政府专项债券53期 | 5年 | 0.5400 | 2019-03-25 | 公开发行 | 3.31 |
| 2019年吉林省政府一般债券（一期） | 7年 | 85.0000 | 2019-03-26 | 公开发行 | 3.40 |
| 2019年吉林省政府一般债券（二期） | 10年 | 120.0000 | 2019-03-26 | 公开发行 | 3.47 |
| 2019年福建省莆田三明南平龙岩土储专项债券2期——2019年福建省政府专项债券2期 | 5年 | 39.4217 | 2019-03-26 | 公开发行 | 3.30 |
| 2019福建福州三明泉州南平龙岩宁德棚改专项债1期——2019年福建省政府专项债券3期 | 5年 | 29.7183 | 2019-03-26 | 公开发行 | 3.30 |
| 2019年福建省莆田漳州龙岩棚户区改造专项债券2期——2019年福建省政府专项债券4期 | 7年 | 6.7600 | 2019-03-26 | 公开发行 | 3.40 |
| 2019年福建省龙岩市收费公路专项债券（一期）——2019年福建省政府专项债券（五期） | 15年 | 3.0000 | 2019-03-26 | 公开发行 | 3.66 |
| 2019福建莆田三明泉州漳州南平龙岩宁德民生保障专项1期——2019福建省政府专项6期 | 10年 | 17.2000 | 2019-03-26 | 公开发行 | 3.37 |

续表

| 债券名称 | 债券期限 | 发行面值（亿元） | 发行日期 | 发行方式 | 票面利率（%） |
|---|---|---|---|---|---|
| 2019 年福建省莆田三明龙岩宁德产业集群专项债 1 期——2019 年福建省政府专项债券 7 期 | 10 年 | 8.0600 | 2019-03-26 | 公开发行 | 3.37 |
| 2019 年福建省福州莆田南平宁德市政发展专项债 1 期——2019 年福建省政府专项债券 8 期 | 10 年 | 6.3400 | 2019-03-26 | 公开发行 | 3.37 |
| 2019 年青海省政府一般债券（二期） | 10 年 | 100.0000 | 2019-03-27 | 公开发行 | 3.46 |
| 2019 年青海省政府一般债券（三期） | 5 年 | 35.9546 | 2019-03-27 | 公开发行 | 3.28 |
| 2019 年青海省格尔木市棚户区改造专项债券 1 期——2019 年青海省政府专项债券（一期） | 7 年 | 6.0000 | 2019-03-27 | 公开发行 | 3.39 |
| 2019 年陕西省棚户区改造专项债券（一期）——2019 年陕西省政府专项债券（一期） | 3 年 | 17.6600 | 2019-03-27 | 公开发行 | 3.06 |
| 2019 年陕西省棚户区改造专项债券（二期）——2019 年陕西省政府专项债券（二期） | 5 年 | 55.0000 | 2019-03-27 | 公开发行 | 3.33 |
| 2019 年陕西省棚户区改造专项债券（三期）——2019 年陕西省政府专项债券（三期） | 7 年 | 48.5000 | 2019-03-27 | 公开发行 | 3.44 |
| 2019 年陕西省棚户区改造专项债券（四期）——2019 年陕西省政府专项债券（四期） | 10 年 | 8.1000 | 2019-03-27 | 公开发行 | 3.41 |
| 2019 年陕西省土地储备专项债券（一期）——2019 年陕西省政府专项债券（五期） | 3 年 | 23.7400 | 2019-03-27 | 公开发行 | 3.06 |
| 2019 年陕西省土地储备专项债券（二期）——2019 年陕西省政府专项债券（六期） | 5 年 | 2.0000 | 2019-03-27 | 公开发行 | 3.33 |
| 2019 年山东省政府棚改专项债券（三期）——2019 年山东省政府专项债券（十期） | 5 年 | 26.1200 | 2019-03-27 | 公开发行 | 3.28 |
| 2019 年山东省政府土储专项债券（三期）——2019 年山东省政府专项债券（十一期） | 3 年 | 23.6900 | 2019-03-27 | 公开发行 | 3.01 |
| 2019 年山东省政府机场建设专项债券（一期）——2019 年山东省政府专项债券（十二期） | 10 年 | 2.6000 | 2019-03-27 | 公开发行 | 3.36 |
| 2019 年山东省政府灾后重建专项债券（一期）——2019 年山东省政府专项债券（十三期） | 5 年 | 5.5000 | 2019-03-27 | 公开发行 | 3.28 |
| 2019 年山东省政府市政发展专项债券（二期）——2019 年山东省政府专项债券（十四期） | 5 年 | 11.4200 | 2019-03-27 | 公开发行 | 3.28 |
| 2019 年山东省政府医疗与教育发展专项债券 1 期——2019 年山东省政府专项债券（十五期） | 5 年 | 3.9800 | 2019-03-27 | 公开发行 | 3.28 |
| 2019 年山东省政府乡村振兴专项债券（二期）——2019 年山东省政府专项债券（十六期） | 5 年 | 4.1200 | 2019-03-27 | 公开发行 | 3.28 |
| 2019 年山东省政府一般债券（四期） | 7 年 | 77.6200 | 2019-03-27 | 公开发行 | 3.39 |
| 2019 年深圳市（本级）污水处理专项债券（一期）——2019 年深圳市政府专项债券（一期） | 3 年 | 4.0000 | 2019-03-28 | 公开发行 | 3.00 |

续表

| 债券名称 | 债券期限 | 发行面值（亿元） | 发行日期 | 发行方式 | 票面利率（%） |
|---|---|---|---|---|---|
| 2019年深圳市（本级）轨道交通专项债券（一期）——2019年深圳市政府专项债券（二期） | 5年 | 30.0000 | 2019-03-28 | 公开发行 | 3.27 |
| 2019年深圳市（本级）机场专项债券（一期）——2019年深圳市政府专项债券（三期） | 10年 | 18.5000 | 2019-03-28 | 公开发行 | 3.34 |
| 2019年深圳市（福田区）保障性住房专项债券1期——2019年深圳市政府专项债券（四期） | 10年 | 5.0000 | 2019-03-28 | 公开发行 | 3.34 |
| 2019年深圳市（福田区）公立医院专项债券1期——2019年深圳市政府专项债券（五期） | 7年 | 3.0000 | 2019-03-28 | 公开发行 | 3.37 |
| 2019年深圳市（福田区）治水提质专项债券1期——2019年深圳市政府专项债券（六期） | 5年 | 2.0000 | 2019-03-28 | 公开发行 | 3.27 |
| 2019年深圳市（罗湖区）治水提质专项债券1期——2019年深圳市政府专项债券（七期） | 7年 | 8.0000 | 2019-03-28 | 公开发行 | 3.37 |
| 2019深圳盐田区盐田三村四村西山吓村整体搬迁专项1期——2019深圳市政府专项债8期 | 7年 | 2.0000 | 2019-03-28 | 公开发行 | 3.37 |
| 2019年深圳市（龙华区）公立医院专项债券1期——2019年深圳市政府专项债券（九期） | 15年 | 7.0000 | 2019-03-28 | 公开发行 | 3.64 |
| 2019年深圳市（龙华区）保障性住房专项债券1期——2019年深圳市政府专项债券（十期） | 7年 | 1.0000 | 2019-03-28 | 公开发行 | 3.37 |
| 2019年深圳市（坪山区）产业园区专项债券1期——2019年深圳市政府专项债券（十一期） | 15年 | 15.0000 | 2019-03-28 | 公开发行 | 3.64 |
| 2019年深圳市（坪山区）治水提质专项债券1期——2019年深圳市政府专项债券（十二期） | 5年 | 3.5000 | 2019-03-28 | 公开发行 | 3.27 |
| 2019年深圳市（光明区）治水提质专项债券1期——2019年深圳市政府专项债券（十三期） | 7年 | 27.0000 | 2019-03-28 | 公开发行 | 3.37 |
| 2019年广西壮族自治区政府一般债券（三期） | 7年 | 110.3700 | 2019-03-28 | 公开发行 | 3.37 |
| 2019广西壮族自治区政府高等学校专项债1期——2019年广西壮族自治区政府专项债3期 | 7年 | 8.1500 | 2019-03-28 | 公开发行 | 3.37 |
| 2019广西壮族自治区政府社会领域专项债1期——2019年广西壮族自治区政府专项债4期 | 7年 | 9.8500 | 2019-03-28 | 公开发行 | 3.37 |
| 2019广西壮族自治区政府土地储备专项债2期——2019广西壮族自治区政府专项债5期 | 5年 | 55.0000 | 2019-03-28 | 公开发行 | 3.27 |
| 2019广西壮族自治区政府产业园区专项债1期——2019广西壮族自治区政府专项债6期 | 7年 | 13.3000 | 2019-03-28 | 公开发行 | 3.37 |
| 2019广西壮族自治区政府公立医院专项债1期——2019广西壮族自治区政府专项债7期 | 7年 | 6.7000 | 2019-03-28 | 公开发行 | 3.37 |
| 2019年辽宁省政府一般债券（二期） | 10年 | 68.9173 | 2019-03-28 | 公开发行 | 3.44 |
| 2019年辽宁省政府专项债券（二期） | 10年 | 96.4765 | 2019-03-28 | 公开发行 | 3.44 |
| 2019年西藏自治区政府一般债券（一期） | 5年 | 3.0000 | 2019-03-28 | 公开发行 | 3.27 |

续表

| 债券名称 | 债券期限 | 发行面值（亿元） | 发行日期 | 发行方式 | 票面利率（%） |
|---|---|---|---|---|---|
| 2019年西藏自治区政府一般债券（二期） | 7年 | 10.0000 | 2019-03-28 | 公开发行 | 3.37 |
| 2019年西藏自治区土地储备专项债券（一期）——2019年西藏自治区政府专项债券（一期） | 5年 | 7.0000 | 2019-03-28 | 公开发行 | 3.27 |
| 2019年浙江省政府一般债券（三期） | 10年 | 29.0000 | 2019-03-29 | 公开发行 | 3.33 |
| 2019年浙江省棚改专项债券（二期）——2019年浙江省政府专项债券（三期） | 7年 | 144.0000 | 2019-03-29 | 公开发行 | 3.36 |
| 2019年浙江省生态环保专项债券（一期）——2019年浙江省政府专项债券（四期） | 10年 | 10.0000 | 2019-03-29 | 公开发行 | 3.33 |
| 2019年浙江省政府专项债券（五期） | 10年 | 156.7000 | 2019-03-29 | 公开发行 | 3.33 |
| 2019年湖北省政府一般债券（三期） | 7年 | 125.5163 | 2019-03-29 | 公开发行 | 3.36 |
| 2019年湖北省政府一般债券（四期） | 10年 | 180.0547 | 2019-03-29 | 公开发行 | 3.48 |
| 2019年安徽省棚改专项债券（一期）——2019年安徽省政府专项债券（一期） | 5年 | 401.2280 | 2019-03-29 | 公开发行 | 3.30 |
| 2019年安徽省棚改专项债券（二期）——2019年安徽省政府专项债券（二期） | 7年 | 70.2037 | 2019-03-29 | 公开发行 | 3.41 |
| 2019年安徽省收费公路专项债券（一期）——2019年安徽省政府专项债券（三期） | 10年 | 42.7600 | 2019-03-29 | 公开发行 | 3.38 |
| 2019年北京市土地储备专项债券（一期）——2019年北京市政府专项债券（一期） | 5年 | 26.0000 | 2019-03-29 | 公开发行 | 3.25 |
| 2019年北京市棚改专项债券（一期）——2019年北京市政府专项债券（二期） | 5年 | 33.0000 | 2019-03-29 | 公开发行 | 3.25 |
| 2019年北京市棚改专项债券（二期）——2019年北京市政府专项债券（三期） | 5年 | 22.0000 | 2019-03-29 | 公开发行 | 3.25 |
| 2019年北京市棚改专项债券（三期）——2019年北京市政府专项债券（四期） | 7年 | 26.0000 | 2019-03-29 | 公开发行 | 3.36 |
| 2019年北京市棚改专项债券（四期）——2019年北京市政府专项债券（五期） | 10年 | 55.0000 | 2019-03-29 | 公开发行 | 3.33 |
| 2019年贵州省政府一般债券（二期） | 5年 | 100.00 | 2019-04-01 | 公开发行 | 3.2300 |
| 2019年贵州省政府专项债券（二期） | 5年 | 60.00 | 2019-04-01 | 公开发行 | 3.2300 |
| 2019年内蒙古自治区棚改专项债券（一期）——2019年内蒙古自治区政府专项债券（一期） | 3年 | 3.90 | 2019-04-09 | 公开发行 | 3.0900 |
| 2019年内蒙古自治区棚改专项债券（二期）——2019年内蒙古自治区政府专项债券（二期） | 5年 | 6.60 | 2019-04-09 | 公开发行 | 3.3400 |
| 2019年内蒙古自治区棚改专项债券（三期）——2019年内蒙古自治区政府专项债券（三期） | 7年 | 9.10 | 2019-04-09 | 公开发行 | 3.6500 |
| 2019年内蒙古自治区棚改专项债券（四期）——2019年内蒙古自治区政府专项债券（四期） | 10年 | 25.30 | 2019-04-09 | 公开发行 | 3.6100 |

续表

| 债券名称 | 债券期限 | 发行面值（亿元） | 发行日期 | 发行方式 | 票面利率（%） |
|---|---|---|---|---|---|
| 2019年内蒙古自治区棚改专项债券（五期）——2019年内蒙古自治区政府专项债券（五期） | 15年 | 5.10 | 2019-04-09 | 公开发行 | 3.8800 |
| 2019年内蒙古自治区土地储备专项债券1期——2019年内蒙古自治区政府专项债券（六期） | 5年 | 12.90 | 2019-04-09 | 公开发行 | 3.3400 |
| 2019年内蒙古自治区土地储备专项债券2期——2019年内蒙古自治区政府专项债券（七期） | 10年 | 1.10 | 2019-04-09 | 公开发行 | 3.7100 |
| 2019年内蒙古自治区收费公路专项债券1期——2019年内蒙古自治区政府专项债券（八期） | 10年 | 25.00 | 2019-04-09 | 公开发行 | 3.7100 |
| 2019年河北省政府一般债券（二期） | 7年 | 40.00 | 2019-04-09 | 公开发行 | 3.5000 |
| 2019年河北省政府一般债券（三期） | 20年 | 222.00 | 2019-04-09 | 公开发行 | 3.9100 |
| 2019年山西省政府一般债券（四期） | 3年 | 12.71 | 2019-04-11 | 公开发行 | 3.1600 |
| 2019年山西省政府一般债券（五期） | 7年 | 24.00 | 2019-04-11 | 公开发行 | 3.5400 |
| 2019年山西省政府一般债券（六期） | 10年 | 24.00 | 2019-04-11 | 公开发行 | 3.5200 |
| 2019年山西省政府专项债券（九期） | 3年 | 1.48 | 2019-04-11 | 公开发行 | 3.1600 |
| 2019年山西省政府专项债券（十期） | 5年 | 8.94 | 2019-04-11 | 公开发行 | 3.4100 |
| 2019年山西省政府专项债券（十一期） | 7年 | 9.97 | 2019-04-11 | 公开发行 | 3.5400 |
| 2019年山西省政府专项债券（十二期） | 10年 | 20.76 | 2019-04-11 | 公开发行 | 3.5200 |
| 2019年山西省政府土地储备专项债券（二期）——2019年山西省政府专项债券（十三期） | 3年 | 4.90 | 2019-04-11 | 公开发行 | 3.1600 |
| 2019年山西省政府土地储备专项债券（三期）——2019年山西省政府专项债券（十四期） | 5年 | 32.50 | 2019-04-11 | 公开发行 | 3.4100 |
| 2019年山西省政府棚户区改造专项债券（四期）——2019年山西省政府专项债券（十五期） | 5年 | 7.20 | 2019-04-11 | 公开发行 | 3.4100 |
| 2019年山西省政府棚户区改造专项债券（五期）——2019年山西省政府专项债券（十六期） | 7年 | 2.73 | 2019-04-11 | 公开发行 | 3.5400 |
| 2019年山西省政府棚户区改造专项债券（六期）——2019年山西省政府专项债券（十七期） | 10年 | 6.71 | 2019-04-11 | 公开发行 | 3.5200 |
| 2019年甘肃省政府一般债券（四期） | 5年 | 44.00 | 2019-04-12 | 公开发行 | 3.4300 |
| 2019年黑龙江省政府一般债券（三期） | 10年 | 120.00 | 2019-04-15 | 公开发行 | 3.7900 |
| 2019年江苏省政府一般债券（二期） | 3年 | 172.70 | 2019-04-16 | 公开发行 | 3.2000 |
| 2019年江苏省政府专项债券（七期） | 10年 | 171.90 | 2019-04-16 | 公开发行 | 3.5600 |
| 2019年吉林省土地储备专项债券（一期）——2019年吉林省政府专项债券（一期） | 5年 | 59.09 | 2019-04-16 | 公开发行 | 3.4600 |
| 2019年吉林省棚改专项债券（一期）——2019年吉林省政府专项债券（二期） | 5年 | 5.60 | 2019-04-16 | 公开发行 | 3.4600 |
| 2019年吉林省棚改专项债券（二期）——2019年吉林省政府专项债券（三期） | 7年 | 9.70 | 2019-04-16 | 公开发行 | 3.8000 |

续表

| 债券名称 | 债券期限 | 发行面值（亿元） | 发行日期 | 发行方式 | 票面利率（%） |
|---|---|---|---|---|---|
| 2019年吉林省棚改专项债券（三期）——2019年吉林省政府专项债券（四期） | 10年 | 36.90 | 2019-04-16 | 公开发行 | 3.8100 |
| 2019年吉林省省属公办高校校区建设项目专项债1期——2019年吉林省政府专项债券5期 | 10年 | 3.30 | 2019-04-16 | 公开发行 | 3.8100 |
| 2019吉林省级医疗机构基础设施建设项目专项债1期——2019年吉林省政府专项债券6期 | 10年 | 1.50 | 2019-04-16 | 公开发行 | 3.8100 |
| 2019年陕西省政府一般债券（四期） | 5年 | 73.80 | 2019-04-23 | 公开发行 | 3.5800 |
| 2019年陕西省政府一般债券（五期） | 7年 | 147.00 | 2019-04-23 | 公开发行 | 3.8000 |
| 2019年陕西省政府一般债券（六期） | 10年 | 148.00 | 2019-04-23 | 公开发行 | 3.8800 |
| 2019年湖南省政府一般债券（三期） | 7年 | 39.33 | 2019-04-25 | 公开发行 | 3.8000 |
| 2019年湖南省棚户区改造专项债券（一期）——2019年湖南省政府专项债券（二期） | 5年 | 70.19 | 2019-04-25 | 公开发行 | 3.4800 |
| 2019年湖南省棚户区改造专项债券（二期）——2019年湖南省政府专项债券（三期） | 7年 | 38.49 | 2019-04-25 | 公开发行 | 3.8100 |
| 2019年湖南省棚户区改造专项债券（三期）——2019年湖南省政府专项债券（四期） | 10年 | 9.88 | 2019-04-25 | 公开发行 | 3.8900 |
| 2019年辽宁省政府一般债券（三期） | 20年 | 32.82 | 2019-04-25 | 公开发行 | 4.1900 |
| 2019年辽宁省政府专项债券（三期） | 20年 | 60.99 | 2019-04-25 | 公开发行 | 4.2400 |
| 2019年广东省政府一般债券（五期） | 5年 | 38.07 | 2019-04-25 | 公开发行 | 3.4800 |
| 2019年广东省政府一般债券（六期） | 10年 | 37.10 | 2019-04-25 | 公开发行 | 3.6500 |
| 2019年海南省政府一般债券（三期） | 7年 | 39.96 | 2019-04-26 | 公开发行 | 3.8100 |
| 2019年海南省棚户区改造专项债券（一期）——2019年海南省政府专项债券（一期） | 5年 | 8.00 | 2019-04-26 | 公开发行 | 3.4900 |
| 2019年海南省土地储备专项债券（一期）——2019年海南省政府专项债券（二期） | 5年 | 9.00 | 2019-04-26 | 公开发行 | 3.4900 |
| 2019年海南省基础设施专项债券（一期）——2019年海南省政府专项债券（三期） | 5年 | 36.00 | 2019-04-26 | 公开发行 | 3.4900 |
| 2019年海南省政府专项债券（四期） | 10年 | 15.86 | 2019-04-26 | 公开发行 | 3.9000 |
| 2019年黑龙江省棚改专项债券（一期）——2019年黑龙江省政府专项债券（二期） | 5年 | 104.15 | 2019-04-26 | 公开发行 | 3.4900 |
| 2019年大连市政府一般债券（二期） | 5年 | 6.00 | 2019-04-29 | 公开发行 | 3.4900 |
| 2019年大连市政府专项债券（二期） | 3年 | 15.00 | 2019-04-29 | 公开发行 | 3.2800 |
| 2019年甘肃省政府棚户区改造专项债券（二期）——2019年甘肃省政府专项债券（四期） | 7年 | 45.53 | 2019-04-30 | 公开发行 | 3.8400 |
| 2019年四川省政府一般债券（七期） | 20年 | 58.41 | 2019-05-06 | 公开发行 | 4.1000 |
| 2019年四川省政府专项债券（五十四期） | 20年 | 110.00 | 2019-05-06 | 公开发行 | 4.1100 |
| 2019年四川省土地储备专项债券（六期）——2019年四川省政府专项债券（五十五期） | 5年 | 28.16 | 2019-05-06 | 公开发行 | 3.4600 |

续表

| 债券名称 | 债券期限 | 发行面值（亿元） | 发行日期 | 发行方式 | 票面利率（%） |
|---|---|---|---|---|---|
| 2019 年四川省城乡基础设施建设专项债券 6 期——2019 年四川省政府专项债券（五十六期） | 7 年 | 28.31 | 2019－05－06 | 公开发行 | 3.7600 |
| 2019 年四川省城乡基础设施建设专项债券 7 期——2019 年四川省政府专项债券（五十七期） | 10 年 | 29.86 | 2019－05－06 | 公开发行 | 3.8900 |
| 2019 年四川省城乡基础设施建设专项债券 8 期——2019 年四川省政府专项债券（五十八期） | 30 年 | 10.00 | 2019－05－06 | 公开发行 | 4.2200 |
| 2019 年四川省收费公路专项债券（三期）——2019 年四川省政府专项债券（五十九期） | 10 年 | 8.40 | 2019－05－06 | 公开发行 | 3.8000 |
| 2019 年四川省收费公路专项债券（四期）——2019 年四川省政府专项债券（六十期） | 15 年 | 1.25 | 2019－05－06 | 公开发行 | 4.1800 |
| 2019 年四川省棚户区改造专项债券（七期）——2019 年四川省政府专项债券（六十一期） | 5 年 | 11.29 | 2019－05－06 | 公开发行 | 3.4600 |
| 2019 年四川省棚户区改造专项债券（八期）——2019 年四川省政府专项债券（六十二期） | 7 年 | 38.71 | 2019－05－06 | 公开发行 | 3.7200 |
| 2019 年四川省棚户区改造专项债券（九期）——2019 年四川省政府专项债券（六十三期） | 10 年 | 23.70 | 2019－05－06 | 公开发行 | 3.9000 |
| 2019 年四川省工业园区建设专项债券（三期）——2019 年四川省政府专项债券（六十四期） | 7 年 | 9.16 | 2019－05－06 | 公开发行 | 3.7200 |
| 2019 年四川省工业园区建设专项债券（四期）——2019 年四川省政府专项债券（六十五期） | 10 年 | 12.88 | 2019－05－06 | 公开发行 | 3.9900 |
| 2019 年四川省生态环保建设专项债券（四期）——2019 年四川省政府专项债券（六十六期） | 7 年 | 8.13 | 2019－05－06 | 公开发行 | 3.8000 |
| 2019 年四川省生态环保建设专项债券（五期）——2019 年四川省政府专项债券（六十七期） | 10 年 | 16.00 | 2019－05－06 | 公开发行 | 3.7500 |
| 2019 年四川省水务建设专项债券（六期）——2019 年四川省政府专项债券（六十八期） | 10 年 | 18.29 | 2019－05－06 | 公开发行 | 3.9900 |
| 2019 年四川省文化旅游专项债券（5 期）——2019 年四川省政府专项债券（69 期） | 7 年 | 2.10 | 2019－05－06 | 公开发行 | 3.7300 |
| 2019 年四川省文化旅游专项债券（6 期）——2019 年四川省政府专项债券（70 期） | 10 年 | 12.22 | 2019－05－06 | 公开发行 | 3.9500 |
| 2019 年四川省乡村振兴专项债券（3 期）——2019 年四川省政府专项债券（71 期） | 5 年 | 2.60 | 2019－05－06 | 公开发行 | 3.4600 |
| 2019 年四川省乡村振兴专项债券（4 期）——2019 年四川省政府专项债券（72 期） | 7 年 | 1.60 | 2019－05－06 | 公开发行 | 3.7600 |
| 2019 年四川省乡村振兴专项债券（5 期）——2019 年四川省政府专项债券（73 期） | 10 年 | 17.29 | 2019－05－06 | 公开发行 | 3.8600 |
| 2019 年四川省学校建设专项债券（3 期）——2019 年四川省政府专项债券（74 期） | 7 年 | 2.00 | 2019－05－06 | 公开发行 | 3.6800 |

续表

| 债券名称 | 债券期限 | 发行面值（亿元） | 发行日期 | 发行方式 | 票面利率（%） |
|---|---|---|---|---|---|
| 2019年四川省学校建设专项债券（4期）——2019年四川省政府专项债券（75期） | 10年 | 4.64 | 2019-05-06 | 公开发行 | 3.9500 |
| 2019年四川省医院建设专项债券（4期）——2019年四川省政府专项债券（76期） | 7年 | 10.23 | 2019-05-06 | 公开发行 | 3.7200 |
| 2019年四川省医院建设专项债券（5期）——2019年四川省政府专项债券（77期） | 10年 | 6.19 | 2019-05-06 | 公开发行 | 3.9000 |
| 2019年天津市政府一般债券（六期） | 3年 | 67.83 | 2019-05-10 | 公开发行 | 3.2600 |
| 2019年天津市政府棚户区改造专项债券（二期）——2019年天津市政府专项债券（十四期） | 5年 | 28.00 | 2019-05-10 | 公开发行 | 3.4100 |
| 2019年天津市政府棚户区改造专项债券（三期）——2019年天津市政府专项债券（十五期） | 5年 | 28.00 | 2019-05-10 | 公开发行 | 3.4100 |
| 2019年天津市政府棚户区改造专项债券（四期）——2019年天津市政府专项债券（十六期） | 5年 | 13.00 | 2019-05-10 | 公开发行 | 3.4100 |
| 2019年天津市政府棚户区改造专项债券（五期）——2019年天津市政府专项债券（十七期） | 7年 | 5.00 | 2019-05-10 | 公开发行 | 3.6400 |
| 2019年天津市政府棚户区改造专项债券（六期）——2019年天津市政府专项债券（十八期） | 7年 | 11.00 | 2019-05-10 | 公开发行 | 3.6400 |
| 2019年河北省政府一般债券（四期） | 10年 | 144.60 | 2019-05-13 | 公开发行 | 3.7300 |
| 2019年青海省政府一般债券（四期） | 5年 | 58.60 | 2019-05-14 | 公开发行 | 3.4000 |
| 2019年青海省收费公路专项债券（一期）——2019年青海省政府专项债券（二期） | 7年 | 22.00 | 2019-05-14 | 公开发行 | 3.6600 |
| 2019年青海省政府专项债券（三期） | 5年 | 4.42 | 2019-05-14 | 公开发行 | 3.4000 |
| 2019年宁夏回族自治区政府一般债券（四期） | 7年 | 4.93 | 2019-05-15 | 公开发行 | 3.6300 |
| 2019年宁夏回族自治区政府专项债券（九期） | 10年 | 13.90 | 2019-05-15 | 公开发行 | 3.6300 |
| 2019年福建省政府一般债券（四期） | 10年 | 112.94 | 2019-05-16 | 公开发行 | 3.6300 |
| 2019年山东省政府棚改专项债券（四期）——2019年山东省政府专项债券（十七期） | 5年 | 182.38 | 2019-05-16 | 公开发行 | 3.4000 |
| 2019年山东省政府专项债券（十八期） | 10年 | 92.30 | 2019-05-16 | 公开发行 | 3.7800 |
| 2019年山东省政府一般债券（五期） | 7年 | 9.14 | 2019-05-16 | 公开发行 | 3.5900 |
| 2019年青岛市政府一般债券（三期） | 7年 | 16.40 | 2019-05-20 | 公开发行 | 3.5700 |
| 2019年青岛市（区市级）棚改专项债券（四期）——2019年青岛市政府专项债券（七期） | 5年 | 12.40 | 2019-05-20 | 公开发行 | 3.3900 |
| 2019年青岛市（区市级）供水设施专项债券1期——2019年青岛市政府专项债券（八期） | 7年 | 10.00 | 2019-05-20 | 公开发行 | 3.5700 |
| 2019青岛重点功能区蓝谷国际陆港配套设施建设专项债1期——2019青岛政府专项9期 | 7年 | 7.00 | 2019-05-20 | 公开发行 | 3.5700 |
| 2019年宁波市政府一般债券（二期） | 5年 | 17.52 | 2019-05-22 | 公开发行 | 3.3900 |
| 2019年宁波市政府一般债券（三期） | 10年 | 17.62 | 2019-05-22 | 公开发行 | 3.5300 |

续表

| 债券名称 | 债券期限 | 发行面值（亿元） | 发行日期 | 发行方式 | 票面利率（%） |
|---|---|---|---|---|---|
| 2019 年宁波市政府专项债券（四期） | 5 年 | 12.32 | 2019-05-22 | 公开发行 | 3.3900 |
| 2019 年宁波市政府专项债券（五期） | 10 年 | 12.54 | 2019-05-22 | 公开发行 | 3.5300 |
| 2019 年宁波市政府专项债券（六期） | 10 年 | 7.00 | 2019-05-22 | 公开发行 | 3.5300 |
| 2019 年新疆维吾尔自治区政府一般债券（五期） | 15 年 | 31.00 | 2019-05-23 | 公开发行 | 3.9800 |
| 2019 年新疆维吾尔自治区棚改专项债 3 期——2019 年新疆维吾尔自治区政府专项债券 7 期 | 15 年 | 170.00 | 2019-05-23 | 公开发行 | 4.0200 |
| 2019 年内蒙古自治区政府一般债券（四期） | 3 年 | 45.34 | 2019-05-23 | 公开发行 | 3.2200 |
| 2019 年河南省政府一般债券（三期） | 7 年 | 111.26 | 2019-05-24 | 公开发行 | 3.5800 |
| 2019 年河南省政府专项债券（十二期） | 7 年 | 32.24 | 2019-05-24 | 公开发行 | 3.5800 |
| 2019 年辽宁省政府一般债券（四期） | 30 年 | 137.91 | 2019-05-28 | 公开发行 | 4.2800 |
| 2019 年贵州省政府一般债券（三期） | 30 年 | 114.32 | 2019-05-28 | 公开发行 | 4.2000 |
| 2019 年广西壮族自治区政府一般债券（四期） | 10 年 | 195.21 | 2019-05-28 | 公开发行 | 3.7700 |
| 2019 年广西壮族自治区政府棚改专项债 2 期——2019 年广西壮族自治区政府专项债券 8 期 | 10 年 | 150.00 | 2019-05-28 | 公开发行 | 3.7700 |
| 2019 年广东省政府一般债券（四期） | 10 年 | 117.20 | 2019-05-29 | 公开发行 | 3.3400 |
| 2019 年广东省土地储备专项债券（五期）——2019 年广东省政府专项债券（十五期） | 5 年 | 28.69 | 2019-05-29 | 公开发行 | 3.3800 |
| 2019 年广东省土地储备专项债券（六期）——2019 年广东省政府专项债券（十六期） | 7 年 | 26.27 | 2019-05-29 | 公开发行 | 3.6000 |
| 2019 年粤港澳大湾区土地储备专项债券（一期）——2019 年广东省政府专项债券（十七期） | 5 年 | 88.38 | 2019-05-29 | 公开发行 | 3.3800 |
| 2019 年粤港澳大湾区土地储备专项债券（二期）——2019 年广东省政府专项债券（十八期） | 7 年 | 28.67 | 2019-05-29 | 公开发行 | 3.6000 |
| 2019 年广东省北部生态发展区生态环保建设专项债 1 期——2019 年广东省政府专项债 19 期 | 10 年 | 4.55 | 2019-05-29 | 公开发行 | 3.5700 |
| 2019 年粤港澳大湾区城市综合发展专项债券 1 期——2019 年广东省政府专项债券 20 期 | 10 年 | 20.52 | 2019-05-29 | 公开发行 | 3.5700 |
| 2019 年粤港澳大湾区城市综合发展专项债券 2 期——2019 年广东省政府专项债券 21 期 | 20 年 | 4.65 | 2019-05-29 | 公开发行 | 3.9100 |
| 2019 年粤港澳大湾区基础设施互联互通建设专项债 1 期——2019 年广东省政府专项债 22 期 | 10 年 | 14.74 | 2019-05-29 | 公开发行 | 3.5700 |
| 2019 年粤港澳大湾区生态环保建设专项债券 1 期——2019 年广东省政府专项债券 23 期 | 10 年 | 6.00 | 2019-05-29 | 公开发行 | 3.5700 |
| 2019 年粤港澳大湾区生态环保建设专项债券 2 期——2019 年广东省政府专项债券 24 期 | 15 年 | 9.09 | 2019-05-29 | 公开发行 | 3.8800 |
| 2019 年粤港澳大湾区生态环保建设专项债券 3 期——2019 年广东省政府专项债券 25 期 | 20 年 | 3.10 | 2019-05-29 | 公开发行 | 3.9100 |
| 2019 年广东省政府专项债券（二十六期） | 10 年 | 94.73 | 2019-05-29 | 公开发行 | 3.5700 |

续表

| 债券名称 | 债券期限 | 发行面值（亿元） | 发行日期 | 发行方式 | 票面利率（%） |
|---|---|---|---|---|---|
| 2019 年广东省政府专项债券（二十七期） | 15 年 | 12.61 | 2019 - 05 - 29 | 公开发行 | 3.8800 |
| 2019 年广东省政府专项债券（二十八期） | 20 年 | 10.94 | 2019 - 05 - 29 | 公开发行 | 3.9100 |
| 2019 年黑龙江省政府一般债券（四期） | 30 年 | 100.60 | 2019 - 05 - 30 | 公开发行 | 4.1900 |
| 2019 年湖北省政府一般债券（五期） | 7 年 | 71.73 | 2019 - 05 - 31 | 公开发行 | 3.5900 |
| 2019 年湖北省政府一般债券（六期） | 30 年 | 31.24 | 2019 - 05 - 31 | 公开发行 | 4.1900 |
| 2019 年四川省政府一般债券（八期） | 5 年 | 64.8895 | 2019 - 06 - 03 | 公开发行 | 3.36 |
| 2019 年四川省政府一般债券（九期） | 30 年 | 70.0000 | 2019 - 06 - 03 | 公开发行 | 4.19 |
| 2019 年四川省政府一般债券（十期） | 7 年 | 153.9057 | 2019 - 06 - 03 | 公开发行 | 3.58 |
| 2019 年四川省棚户区改造专项债券（十期）——2019 年四川省政府专项债券（七十八期） | 7 年 | 29.0400 | 2019 - 06 - 03 | 公开发行 | 3.58 |
| 2019 年四川省收费公路专项债券（五期）——2019 年四川省政府专项债券（七十九期） | 5 年 | 4.0000 | 2019 - 06 - 03 | 公开发行 | 3.36 |
| 2019 年四川省收费公路专项债券（六期）——2019 年四川省政府专项债券（八十期） | 10 年 | 2.3200 | 2019 - 06 - 03 | 公开发行 | 3.55 |
| 2019 年四川省文化旅游专项债券（七期）——2019 年四川省政府专项债券（八十一期） | 20 年 | 3.0000 | 2019 - 06 - 03 | 公开发行 | 3.90 |
| 2019 年四川省乡村振兴专项债券（六期）——2019 年四川省政府专项债券（八十二期） | 5 年 | 0.5000 | 2019 - 06 - 03 | 公开发行 | 3.46 |
| 2019 年四川省乡村振兴专项债券（七期）——2019 年四川省政府专项债券（八十三期） | 7 年 | 2.8200 | 2019 - 06 - 03 | 公开发行 | 3.58 |
| 2019 年四川省乡村振兴专项债券（八期）——2019 年四川省政府专项债券（八十四期） | 10 年 | 3.6500 | 2019 - 06 - 03 | 公开发行 | 3.65 |
| 2019 年四川省乡村振兴专项债券（九期）——2019 年四川省政府专项债券（八十五期） | 20 年 | 1.0000 | 2019 - 06 - 03 | 公开发行 | 3.90 |
| 2019 年四川省医院建设专项债券（六期）——2019 年四川省政府专项债券（八十六期） | 7 年 | 1.4700 | 2019 - 06 - 03 | 公开发行 | 3.58 |
| 2019 年甘肃省政府一般债券（五期） | 7 年 | 53.4264 | 2019 - 06 - 04 | 公开发行 | 3.56 |
| 2019 年甘肃省政府一般债券（六期） | 30 年 | 82.1000 | 2019 - 06 - 04 | 公开发行 | 4.18 |
| 2019 年河北省政府一般债券（五期） | 5 年 | 108.7388 | 2019 - 06 - 06 | 公开发行 | 3.31 |
| 2019 年河北省政府一般债券（六期） | 30 年 | 65.0000 | 2019 - 06 - 06 | 公开发行 | 4.15 |
| 2019 年天津市政府一般债券（七期） | 3 年 | 5.0000 | 2019 - 06 - 06 | 公开发行 | 3.19 |
| 2019 年天津市政府土地储备专项债券（四期）——2019 年天津市政府专项债券（十九期） | 5 年 | 40.0000 | 2019 - 06 - 06 | 公开发行 | 3.31 |
| 2019 年天津市政府土地储备专项债券（五期）——2019 年天津市政府专项债券（二十期） | 5 年 | 44.0000 | 2019 - 06 - 06 | 公开发行 | 3.31 |
| 2019 年天津市政府土地储备专项债券（六期）——2019 年天津市政府专项债券（二十一期） | 3 年 | 8.0000 | 2019 - 06 - 06 | 公开发行 | 3.19 |

续表

| 债券名称 | 债券期限 | 发行面值（亿元） | 发行日期 | 发行方式 | 票面利率（%） |
|---|---|---|---|---|---|
| 2019 年天津市政府棚户区改造专项债券（七期）——2019 年天津市政府专项债券（22 期） | 5 年 | 14.0000 | 2019－06－06 | 公开发行 | 3.31 |
| 2019 年天津市政府生态保护专项债券（四期）——2019 年天津市政府专项债券（二十三期） | 5 年 | 4.0000 | 2019－06－06 | 公开发行 | 3.31 |
| 2019 年天津市政府生态保护专项债券（五期）——2019 年天津市政府专项债券（二十四期） | 7 年 | 1.0000 | 2019－06－06 | 公开发行 | 3.53 |
| 2019 年天津市政府生态保护专项债券（六期）——2019 年天津市政府专项债券（二十五期） | 10 年 | 37.0000 | 2019－06－06 | 公开发行 | 3.49 |
| 2019 年天津市政府城乡发展专项债券（二期）——2019 年天津市政府专项债券（二十六期） | 5 年 | 2.0000 | 2019－06－06 | 公开发行 | 3.31 |
| 2019 年天津市政府示范镇专项债券（一期）——2019 年天津市政府专项债券（二十七期） | 5 年 | 10.0000 | 2019－06－06 | 公开发行 | 3.31 |
| 2019 年吉林省政府一般债券（三期） | 10 年 | 111.7929 | 2019－06－11 | 公开发行 | 3.47 |
| 2019 年吉林省土地储备专项债券（二期）——2019 年吉林省政府专项债券（七期） | 5 年 | 5.0000 | 2019－06－11 | 公开发行 | 3.31 |
| 2019 年吉林省省属公办高校校区建设项目专项债 2 期——2019 年吉林省政府专项债券 8 期 | 10 年 | 0.6000 | 2019－06－11 | 公开发行 | 3.47 |
| 2019 吉林省省级医疗机构基础设施建设项目专项债 2 期——2019 年吉林省政府专项债 9 期 | 10 年 | 2.0000 | 2019－06－11 | 公开发行 | 3.47 |
| 2019 年甘肃省政府棚户区改造专项债券（三期）——2019 年甘肃省政府专项债券（五期） | 7 年 | 67.7170 | 2019－06－11 | 公开发行 | 3.52 |
| 2019 年甘肃省政府收费公路专项债券（二期）——2019 年甘肃省政府专项债券（六期） | 10 年 | 63.0000 | 2019－06－11 | 公开发行 | 3.47 |
| 2019 年甘肃省政府收费公路专项债券（三期）——2019 年甘肃省政府专项债券（七期） | 20 年 | 55.0000 | 2019－06－11 | 公开发行 | 3.82 |
| 2019 年北京市政府一般债券（八期） | 5 年 | 98.3490 | 2019－06－11 | 公开发行 | 3.31 |
| 2019 年北京市政府专项债券（六期） | 2 年 | 35.3120 | 2019－06－11 | 公开发行 | 3.04 |
| 2019 年北京市政府专项债券（七期） | 5 年 | 4.0000 | 2019－06－11 | 公开发行 | 3.31 |
| 2019 年北京市政府专项债券（八期） | 7 年 | 3.5250 | 2019－06－11 | 公开发行 | 3.52 |
| 2019 年湖南省政府专项债券（五期） | 7 年 | 299.9995 | 2019－06－11 | 公开发行 | 3.52 |
| 2019 年宁夏回族自治区政府一般债券（五期） | 10 年 | 20.0000 | 2019－06－12 | 公开发行 | 3.47 |
| 2019 年重庆市政府一般债券（三期） | 3 年 | 40.6600 | 2019－06－12 | 公开发行 | 3.21 |
| 2019 年重庆市政府一般债券（四期） | 30 年 | 106.0000 | 2019－06－12 | 公开发行 | 4.11 |
| 2019 年重庆市政府专项债券（四期） | 10 年 | 104.3400 | 2019－06－12 | 公开发行 | 3.47 |
| 2019 年重庆市本级土地储备专项债券（一期）——2019 年重庆市政府专项债券（五期） | 5 年 | 100.0000 | 2019－06－12 | 公开发行 | 3.32 |
| 2019 年重庆市区县级土地储备专项债券（二期）——2019 年重庆市政府专项债券（六期） | 5 年 | 91.3000 | 2019－06－12 | 公开发行 | 3.32 |

续表

| 债券名称 | 债券期限 | 发行面值（亿元） | 发行日期 | 发行方式 | 票面利率（%） |
|---|---|---|---|---|---|
| 2019年山西省政府一般债券（七期） | 3年 | 3.3000 | 2019-06-13 | 公开发行 | 3.22 |
| 2019年山西省政府一般债券（八期） | 5年 | 44.0500 | 2019-06-13 | 公开发行 | 3.33 |
| 2019年山西省政府一般债券（九期） | 7年 | 61.0000 | 2019-06-13 | 公开发行 | 3.53 |
| 2019年山西省政府土地储备专项债券（四期）——2019年山西省政府专项债券（十八期） | 3年 | 1.1300 | 2019-06-13 | 公开发行 | 3.22 |
| 2019年山西省政府土地储备专项债券（五期）——2019年山西省政府专项债券（十九期） | 5年 | 7.7300 | 2019-06-13 | 公开发行 | 3.33 |
| 2019年山西省政府棚户区改造专项债券（七期）——2019年山西省政府专项债券（二十期） | 5年 | 1.6900 | 2019-06-13 | 公开发行 | 3.33 |
| 2019年山西省政府棚户区改造专项债券8期——2019年山西省政府专项债券（二十一期） | 7年 | 2.2000 | 2019-06-13 | 公开发行 | 3.53 |
| 2019年山西省政府棚户区改造专项债券9期——2019年山西省政府专项债券（二十二期） | 10年 | 12.9500 | 2019-06-13 | 公开发行 | 3.48 |
| 2019年山西省政府天然气管网基础设施建设专项债1期——2019年山西省政府专项债23期 | 10年 | 7.0000 | 2019-06-13 | 公开发行 | 3.49 |
| 2019年山西省政府专项债券（二十四期） | 7年 | 11.6900 | 2019-06-13 | 公开发行 | 3.53 |
| 2019年山西省政府专项债券（二十五期） | 10年 | 5.6250 | 2019-06-13 | 公开发行 | 3.48 |
| 2019年海南省政府一般债券（四期） | 3年 | 35.0000 | 2019-06-13 | 公开发行 | 3.22 |
| 2019年海南省政府一般债券（五期） | 10年 | 20.0000 | 2019-06-13 | 公开发行 | 3.49 |
| 2019年海南省收费公路专项债券（一期）——2019年海南省政府专项债券（五期） | 3年 | 8.0000 | 2019-06-13 | 公开发行 | 3.22 |
| 2019年海南省收费公路专项债券（二期）——2019年海南省政府专项债券（六期） | 7年 | 10.5000 | 2019-06-13 | 公开发行 | 3.53 |
| 2019年海南省旅游轨道交通专项债券（一期）——2019年海南省政府专项债券（七期） | 10年 | 15.0000 | 2019-06-13 | 公开发行 | 3.49 |
| 2019年海南省土地储备专项债券（二期）——2019年海南省政府专项债券（八期） | 5年 | 15.0000 | 2019-06-13 | 公开发行 | 3.33 |
| 2019年海南省基础设施专项债券（二期）——2019年海南省政府专项债券（九期） | 5年 | 20.0000 | 2019-06-13 | 公开发行 | 3.33 |
| 2019年大连市政府一般债券（三期） | 10年 | 6.6688 | 2019-06-13 | 公开发行 | 3.48 |
| 2019年大连市政府专项债券（三期） | 10年 | 6.5109 | 2019-06-13 | 公开发行 | 3.48 |
| 2019年河南省政府一般债券（四期） | 5年 | 66.7443 | 2019-06-14 | 公开发行 | 3.34 |
| 2019年河南省政府一般债券（五期） | 30年 | 134.8116 | 2019-06-14 | 公开发行 | 4.12 |
| 2019年河南省（地市级）棚改专项债券（三期）——2019年河南省政府专项债券（十三期） | 5年 | 262.6460 | 2019-06-14 | 公开发行 | 3.34 |
| 2019年河南省（省本级）收费公路专项债券2期——2019年河南省政府专项债券14期 | 15年 | 51.0000 | 2019-06-14 | 公开发行 | 3.80 |
| 2019年深圳市政府一般债券（二期） | 5年 | 2.0000 | 2019-06-17 | 公开发行 | 3.34 |

续表

| 债券名称 | 债券期限 | 发行面值（亿元） | 发行日期 | 发行方式 | 票面利率（%） |
|---|---|---|---|---|---|
| 2019 年深圳市（宝安区）水污染治理专项债券 1 期——2019 年深圳市政府专项债券 14 期 | 10 年 | 80.0000 | 2019-06-17 | 公开发行 | 3.50 |
| 2019 年深圳市（龙岗区）水污染治理专项债券 1 期——2019 年深圳市政府专项债券 15 期 | 10 年 | 64.0000 | 2019-06-17 | 公开发行 | 3.50 |
| 2019 年安徽省政府一般债券（二期） | 30 年 | 43.9782 | 2019-06-17 | 公开发行 | 4.11 |
| 2019 年安徽省政府一般债券（三期） | 7 年 | 136.9323 | 2019-06-17 | 公开发行 | 3.63 |
| 2019 年安徽省收费公路专项债券（二期）——2019 年安徽省政府专项债券（四期） | 10 年 | 12.2400 | 2019-06-17 | 公开发行 | 3.60 |
| 2019 广东省土地储备专项债券（七期）——2019 年广东省政府专项债券（二十九期） | 5 年 | 24.1000 | 2019-06-17 | 公开发行 | 3.34 |
| 2019 广东省土地储备专项债券（八期）——2019 年广东省政府专项债券（三十期） | 7 年 | 71.0000 | 2019-06-17 | 公开发行 | 3.53 |
| 2019 年粤港澳大湾区土地储备专项债券 3 期——2019 年广东省政府专项债券（三十一期） | 5 年 | 132.2200 | 2019-06-17 | 公开发行 | 3.34 |
| 2019 年粤港澳大湾区土地储备专项债券 4 期——2019 年广东省政府专项债券（三十二期） | 7 年 | 48.7100 | 2019-06-17 | 公开发行 | 3.53 |
| 2019 年广东省棚改专项债券（二期）——2019 年广东省政府专项债券（三十三期） | 10 年 | 7.8500 | 2019-06-17 | 公开发行 | 3.50 |
| 2019 年粤港澳大湾区城市综合发展专项债券 3 期——2019 年广东省政府专项债券 34 期 | 10 年 | 24.9700 | 2019-06-17 | 公开发行 | 3.50 |
| 2019 年粤港澳大湾区城市综合发展专项债券 4 期——2019 年广东省政府专项债券 35 期 | 15 年 | 1.8632 | 2019-06-17 | 公开发行 | 3.80 |
| 2019 粤港澳大湾区基础设施互联互通建设专项债 2 期——2019 年广东省政府专项债券 36 期 | 10 年 | 40.7933 | 2019-06-17 | 公开发行 | 3.50 |
| 2019 粤港澳大湾区基础设施互联互通建设专项债 3 期——2019 年广东省政府专项债券 37 期 | 15 年 | 3.5900 | 2019-06-17 | 公开发行 | 3.80 |
| 2019 年粤港澳大湾区科创平台建设专项债券 1 期——2019 年广东省政府专项债券 38 期 | 10 年 | 6.7300 | 2019-06-17 | 公开发行 | 3.50 |
| 2019 年粤港澳大湾区生态环保建设专项债券 4 期——2019 年广东省政府专项债券 39 期 | 5 年 | 27.6165 | 2019-06-17 | 公开发行 | 3.34 |
| 2019 年粤港澳大湾区生态环保建设专项债券 5 期——2019 年广东省政府专项债券 40 期 | 10 年 | 33.7849 | 2019-06-17 | 公开发行 | 3.50 |
| 2019 年粤港澳大湾区生态环保建设专项债券 6 期——2019 年广东省政府专项债券 41 期 | 15 年 | 5.4370 | 2019-06-17 | 公开发行 | 3.80 |
| 2019 年广东省沿海经济带产业发展专项债券 1 期——2019 年广东省政府专项债券 42 期 | 15 年 | 4.2109 | 2019-06-17 | 公开发行 | 3.80 |
| 2019 年广东省沿海经济带产业发展专项债券 2 期——2019 年广东省政府专项债券 43 期 | 20 年 | 3.9900 | 2019-06-17 | 公开发行 | 3.84 |

续表

| 债券名称 | 债券期限 | 发行面值（亿元） | 发行日期 | 发行方式 | 票面利率（%） |
|---|---|---|---|---|---|
| 2019年广东省政府专项债券（四十四期） | 10年 | 124.5565 | 2019-06-17 | 公开发行 | 3.50 |
| 2019年广东省政府专项债券（四十五期） | 15年 | 13.5191 | 2019-06-17 | 公开发行 | 3.80 |
| 2019年广东省政府专项债券（四十六期） | 20年 | 36.1235 | 2019-06-17 | 公开发行 | 3.84 |
| 2019年上海市政府一般债券（二期） | 3年 | 33.0000 | 2019-06-17 | 公开发行 | 3.22 |
| 2019年上海市政府专项债券（三期） | 5年 | 3.0000 | 2019-06-17 | 公开发行 | 3.34 |
| 2019年上海市政府土地储备专项债券（二期）——2019年上海市政府专项债券（四期） | 3年 | 25.3000 | 2019-06-17 | 公开发行 | 3.22 |
| 2019年上海市政府土地储备专项债券（三期）——2019年上海市政府专项债券（五期） | 5年 | 432.6000 | 2019-06-17 | 公开发行 | 3.34 |
| 2019年上海市政府棚改专项债券（二期）——2019年上海市政府专项债券（六期） | 7年 | 15.0000 | 2019-06-17 | 公开发行 | 3.53 |
| 2019年上海市政府棚改专项债券（三期）——2019年上海市政府专项债券（七期） | 10年 | 23.1000 | 2019-06-17 | 公开发行 | 3.50 |
| 2019年深圳市（坪山区）水污染治理专项债券1期——2019年深圳市政府专项债券16期 | 5年 | 5.0000 | 2019-06-17 | 公开发行 | 3.34 |
| 2019年深圳市（光明区）水污染治理专项债券1期——2019年深圳市政府专项债券17期 | 7年 | 6.0000 | 2019-06-17 | 公开发行 | 3.53 |
| 2019年深圳市（龙华区）水污染治理专项债券1期——2019年深圳市政府专项债券18期 | 5年 | 3.0000 | 2019-06-17 | 公开发行 | 3.34 |
| 2019年江西省政府一般债券（六期） | 10年 | 13.2722 | 2019-06-18 | 公开发行 | 3.50 |
| 2019年江西省政府一般债券（七期） | 30年 | 97.1556 | 2019-06-18 | 公开发行 | 4.11 |
| 2019年江西省政府棚户区改造专项债券（二期）——2019年江西省政府专项债券（六期） | 5年 | 134.3742 | 2019-06-18 | 公开发行 | 3.34 |
| 2019年江西省赣江新区绿色市政专项债券（一期）——2019年江西省政府专项债券（七期） | 30年 | 3.0000 | 2019-06-18 | 公开发行 | 4.11 |
| 2019年江西省瑞金红色旅游专项债券（一期）——2019年江西省政府专项债券（八期） | 10年 | 2.0766 | 2019-06-18 | 公开发行 | 3.50 |
| 2019江西省赣西经济转型（宜春旅游）专项债1期——2019年江西省政府专项债券9期 | 10年 | 5.0000 | 2019-06-18 | 公开发行 | 3.51 |
| 2019年内蒙古自治区政府一般债券（五期） | 20年 | 106.8856 | 2019-06-18 | 公开发行 | 3.84 |
| 2019年内蒙古自治区政府专项债券（九期） | 20年 | 32.0025 | 2019-06-18 | 公开发行 | 3.84 |
| 2019年广西壮族自治区政府土储专项债3期——2019年广西壮族自治区政府专项债券9期 | 10年 | 78.0000 | 2019-06-19 | 公开发行 | 3.50 |
| 2019广西壮族自治区政府公立医院专项债2期——2019年广西壮族自治区政府专项债11期 | 30年 | 9.5100 | 2019-06-19 | 公开发行 | 4.11 |
| 2019广西壮族自治区政府高等学校专项债2期——2019年广西壮族自治区政府专项债12期 | 30年 | 20.6200 | 2019-06-19 | 公开发行 | 4.11 |

续表

| 债券名称 | 债券期限 | 发行面值（亿元） | 发行日期 | 发行方式 | 票面利率（%） |
|---|---|---|---|---|---|
| 2019 广西壮族自治区政府产业园区专项债 2 期——2019 广西壮族自治区政府专项债 13 期 | 30 年 | 5.8500 | 2019-06-19 | 公开发行 | 4.11 |
| 2019 广西壮族自治区政府社会领域专项债 2 期——2019 年广西壮族自治区政府专项债 14 期 | 30 年 | 5.0200 | 2019-06-19 | 公开发行 | 4.11 |
| 2019 广西壮族自治区政府收费公路专项债 1 期——2019 年广西壮族自治区政府专项债 15 期 | 30 年 | 65.0000 | 2019-06-19 | 公开发行 | 4.10 |
| 2019 年广西壮族自治区政府土储专项债 4 期——2019 年广西壮族自治区政府专项债券 10 期 | 3 年 | 4.0000 | 2019-06-19 | 公开发行 | 3.43 |
| 2019 年浙江省政府一般债券（四期） | 10 年 | 112.5000 | 2019-06-20 | 公开发行 | 3.48 |
| 2019 年浙江省政府一般债券（五期） | 20 年 | 158.0000 | 2019-06-20 | 公开发行 | 3.82 |
| 2019 年浙江省土地储备专项债券（二期）——2019 年浙江省政府专项债券（六期） | 3 年 | 22.5000 | 2019-06-20 | 公开发行 | 3.19 |
| 2019 年浙江省土地储备专项债券（三期）——2019 年浙江省政府专项债券（七期） | 5 年 | 121.5000 | 2019-06-20 | 公开发行 | 3.32 |
| 2019 年浙江省收费公路专项债券（一期）——2019 年浙江省政府专项债券（八期） | 10 年 | 69.0000 | 2019-06-20 | 公开发行 | 3.48 |
| 2019 年浙江省收费公路专项债券（二期）——2019 年浙江省政府专项债券（九期） | 15 年 | 107.0000 | 2019-06-20 | 公开发行 | 3.79 |
| 2019 年河北省土地储备专项债券（二期）——2019 年河北省政府专项债券（十期） | 3 年 | 4.3900 | 2019-06-20 | 公开发行 | 3.19 |
| 2019 年河北省土地储备专项债券（三期）——2019 年河北省政府专项债券（十一期） | 5 年 | 85.4900 | 2019-06-20 | 公开发行 | 3.32 |
| 2019 年河北省棚改专项债券（二期）——2019 年河北省政府专项债券（十二期） | 10 年 | 148.5300 | 2019-06-20 | 公开发行 | 3.63 |
| 2019 年河北省棚改专项债券（三期）——2019 年河北省政府专项债券（十三期） | 10 年 | 25.4600 | 2019-06-20 | 公开发行 | 3.63 |
| 2019 年福建省政府一般债券（五期） | 30 年 | 67.8678 | 2019-06-20 | 公开发行 | 4.10 |
| 2019 福建省本级福州泉州漳州宁德收费公路专项债 2 期——2019 年福建省政府专项债 9 期 | 15 年 | 75.8000 | 2019-06-20 | 公开发行 | 3.79 |
| 2019 年福建省龙岩市收费公路专项债券（三期）——2019 年福建省政府专项债券（十期） | 15 年 | 36.2000 | 2019-06-20 | 公开发行 | 3.79 |
| 2019 年陕西省政府一般债券（七期） | 30 年 | 110.6006 | 2019-06-24 | 公开发行 | 4.10 |
| 2019 年陕西省收费公路专项债券（一期）——2019 年陕西省政府专项债券（七期） | 15 年 | 90.0000 | 2019-06-24 | 公开发行 | 3.84 |
| 2019 年陕西省公立医院建设专项债券（一期）——2019 年陕西省政府专项债券（八期） | 10 年 | 21.4200 | 2019-06-24 | 公开发行 | 3.54 |
| 2019 年陕西省省属公立高校建设专项债券（一期）——2019 年陕西省政府专项债券（九期） | 10 年 | 6.0000 | 2019-06-24 | 公开发行 | 3.58 |

续表

| 债券名称 | 债券期限 | 发行面值（亿元） | 发行日期 | 发行方式 | 票面利率（%） |
|---|---|---|---|---|---|
| 2019 年黑龙江省政府一般债券（五期） | 30 年 | 102.3837 | 2019-06-24 | 公开发行 | 4.18 |
| 2019 年辽宁省政府一般债券（五期） | 30 年 | 29.9994 | 2019-06-24 | 公开发行 | 4.15 |
| 2019 年辽宁省医疗卫生专项债券（一期）——2019 年辽宁省政府专项债券（四期） | 10 年 | 1.2600 | 2019-06-24 | 公开发行 | 3.68 |
| 2019 年湖北省政府一般债券（七期） | 5 年 | 63.6985 | 2019-06-24 | 公开发行 | 3.30 |
| 2019 年湖北省十堰襄阳随州棚改专项债券 5 期——2019 年湖北省政府专项债券 13 期 | 10 年 | 14.6677 | 2019-06-24 | 公开发行 | 3.48 |
| 2019 年湖北省（襄阳市）基础设施建设专项债券 1 期——2019 年湖北省政府专项债券 14 期 | 15 年 | 15.0000 | 2019-06-24 | 公开发行 | 3.84 |
| 2019 年云南省政府一般债券（六期） | 30 年 | 111.9000 | 2019-06-24 | 公开发行 | 4.10 |
| 2019 年山东省政府一般债券（六期） | 7 年 | 53.5100 | 2019-06-25 | 公开发行 | 3.51 |
| 2019 年山东省政府一般债券（七期） | 5 年 | 41.5100 | 2019-06-25 | 公开发行 | 3.31 |
| 2019 年山东省政府棚改专项债券（五期）——2019 年山东省政府专项债券（十九期） | 5 年 | 218.6500 | 2019-06-25 | 公开发行 | 3.31 |
| 2019 年山东省政府土储专项债券（四期）——2019 年山东省政府专项债券（二十期） | 3 年 | 31.4800 | 2019-06-25 | 公开发行 | 3.17 |
| 2019 年山东省政府鲁南高铁建设专项债券 1 期——2019 年山东省政府专项债券 21 期 | 20 年 | 31.2800 | 2019-06-25 | 公开发行 | 3.83 |
| 2019 年山东省政府黄水东调专项债券（一期）——2019 年山东省政府专项债券（二十二期） | 10 年 | 1.7600 | 2019-06-25 | 公开发行 | 3.64 |
| 2019 年山东省政府市政发展专项债券（三期）——2019 年山东省政府专项债券（二十三期） | 5 年 | 10.0000 | 2019-06-25 | 公开发行 | 3.31 |
| 2019 年山东省政府灾后重建专项债券（二期）——2019 年山东省政府专项债券（二十四期） | 10 年 | 16.6200 | 2019-06-25 | 公开发行 | 3.49 |
| 2019 年贵州省政府一般债券（四期） | 5 年 | 195.6900 | 2019-06-25 | 公开发行 | 3.31 |
| 2019 年贵州省政府一般债券（五期） | 10 年 | 50.0200 | 2019-06-25 | 公开发行 | 3.59 |
| 2019 年贵州省政府专项债券（三期） | 30 年 | 64.6500 | 2019-06-25 | 公开发行 | 4.11 |
| 2019 年湖南省政府一般债券（四期） | 30 年 | 64.3710 | 2019-06-25 | 公开发行 | 4.11 |
| 2019 年湖南省土地储备专项债券（二期）——2019 年湖南省政府专项债券（六期） | 5 年 | 52.8060 | 2019-06-25 | 公开发行 | 3.31 |
| 2019 年湖南省棚户区改造专项债券（四期）——2019 年湖南省政府专项债券（七期） | 5 年 | 4.9400 | 2019-06-25 | 公开发行 | 3.31 |
| 2019 年湖南省棚户区改造专项债券（五期）——2019 年湖南省政府专项债券（八期） | 7 年 | 16.5600 | 2019-06-25 | 公开发行 | 3.51 |
| 2019 年湖南省棚户区改造专项债券（六期）——2019 年湖南省政府专项债券（九期） | 10 年 | 1.1300 | 2019-06-25 | 公开发行 | 3.72 |
| 2019 宁夏回族自治区政府收费公路专项债 2 期——2019 年宁夏回族自治区政府专项债 10 期 | 10 年 | 24.3845 | 2019-06-27 | 公开发行 | 3.49 |

续表

| 债券名称 | 债券期限 | 发行面值（亿元） | 发行日期 | 发行方式 | 票面利率（%） |
|---|---|---|---|---|---|
| 2019 年新疆维吾尔自治区政府一般债券（六期） | 15 年 | 36.0000 | 2019-06-27 | 公开发行 | 3.85 |
| 2019 年新疆维吾尔自治区政府一般债券（七期） | 30 年 | 68.0000 | 2019-06-27 | 公开发行 | 4.17 |
| 2019 年新疆维吾尔自治区政府专项债券（八期） | 20 年 | 48.0000 | 2019-06-27 | 公开发行 | 3.88 |
| 2019 年新疆维吾尔自治区棚改专项债 4 期——2019 年新疆维吾尔自治区政府专项债券 9 期 | 15 年 | 41.9000 | 2019-06-27 | 公开发行 | 3.85 |
| 2019 年新疆维吾尔自治区土储专项债 2 期——2019 年新疆维吾尔自治区政府专项债券 10 期 | 5 年 | 38.4000 | 2019-06-27 | 公开发行 | 3.35 |
| 2019 年深圳市（坪山区）土地储备专项债 1 期——2019 年深圳市政府专项债券 19 期 | 5 年 | 10.0000 | 2019-06-27 | 公开发行 | 3.30 |
| 2019 年深圳市（光明区）土地储备专项债 1 期——2019 年深圳市政府专项债券 20 期 | 5 年 | 6.0000 | 2019-06-27 | 公开发行 | 3.30 |
| 2019 年江苏省政府一般债券（三期） | 5 年 | 127.0000 | 2019-06-28 | 公开发行 | 3.31 |
| 2019 年江苏省土地储备专项债券（三期）——2019 年江苏省政府专项债券（八期） | 3 年 | 55.5000 | 2019-06-28 | 公开发行 | 3.18 |
| 2019 年江苏省土地储备专项债券（四期）——2019 年江苏省政府专项债券（九期） | 5 年 | 189.9000 | 2019-06-28 | 公开发行 | 3.31 |
| 2019 年江苏省棚改专项债券（二期）——2019 年江苏省政府专项债券（十期） | 5 年 | 173.6000 | 2019-06-28 | 公开发行 | 3.31 |
| 2019 年北京市政府专项债券（九期） | 5 年 | 4.0000 | 2019-06-28 | 公开发行 | 3.31 |
| 2019 年北京市政府专项债券（十期） | 10 年 | 45.0000 | 2019-06-28 | 公开发行 | 3.49 |
| 2019 年北京市土地储备专项债券（二期）——2019 年北京市政府专项债券（十一期） | 3 年 | 5.1000 | 2019-06-28 | 公开发行 | 3.18 |
| 2019 年北京市土地储备专项债券（三期）——2019 年北京市政府专项债券（十二期） | 3 年 | 4.6000 | 2019-06-28 | 公开发行 | 3.18 |
| 2019 年北京市土地储备专项债券（四期）——2019 年北京市政府专项债券（十三期） | 3 年 | 4.9000 | 2019-06-28 | 公开发行 | 3.18 |
| 2019 年北京市土地储备专项债券（五期）——2019 年北京市政府专项债券（十四期） | 3 年 | 3.0000 | 2019-06-28 | 公开发行 | 3.18 |
| 2019 年北京市土地储备专项债券（六期）——2019 年北京市政府专项债券（十五期） | 3 年 | 60.0000 | 2019-06-28 | 公开发行 | 3.18 |
| 2019 年北京市土地储备专项债券（七期）——2019 年北京市政府专项债券（十六期） | 5 年 | 79.5000 | 2019-06-28 | 公开发行 | 3.31 |
| 2019 年北京市棚改专项债券（五期）——2019 年北京市政府专项债券（十七期） | 3 年 | 12.0000 | 2019-06-28 | 公开发行 | 3.18 |
| 2019 年北京市棚改专项债券（六期）——2019 年北京市政府专项债券（十八期） | 3 年 | 32.0000 | 2019-06-28 | 公开发行 | 3.18 |
| 2019 年北京市棚改专项债券（七期）——2019 年北京市政府专项债券（十九期） | 2 年 | 5.0000 | 2019-06-28 | 公开发行 | 3.11 |

续表

| 债券名称 | 债券期限 | 发行面值（亿元） | 发行日期 | 发行方式 | 票面利率（%） |
|---|---|---|---|---|---|
| 2019 年北京市棚改专项债券（八期）——2019 年北京市政府专项债券（二十期） | 3 年 | 54.1000 | 2019－06－28 | 公开发行 | 3.18 |
| 2019 年北京市棚改专项债券（九期）——2019 年北京市政府专项债券（二十一期） | 5 年 | 262.4000 | 2019－06－28 | 公开发行 | 3.31 |
| 2019 年北京市棚改专项债券（十期）——2019 年北京市政府专项债券（二十二期） | 7 年 | 112.0000 | 2019－06－28 | 公开发行 | 3.52 |
| 2019 年北京市棚改专项债券（十一期）——2019 年北京市政府专项债券（二十三期） | 10 年 | 129.4000 | 2019－06－28 | 公开发行 | 3.49 |
| 2019 江西九江航运中心核心功能区建设专项债券 1 期——2019 年江西省政府专项债券 10 期 | 10 年 | 5.0000 | 2019－07－04 | 公开发行 | 3.46 |
| 2019 年江西省（本级）收费公路专项债券 1 期——2019 年江西省政府专项债券 11 期 | 5 年 | 76.0000 | 2019－07－04 | 公开发行 | 3.29 |
| 2019 年江西省（本级）收费公路专项债券 2 期——2019 年江西省政府专项债券 12 期 | 10 年 | 70.0000 | 2019－07－04 | 公开发行 | 3.46 |
| 2019 江西省乡村振兴（高标准农田建设）专项债 1 期——2019 年江西省政府专项债 13 期 | 5 年 | 29.4089 | 2019－07－04 | 公开发行 | 3.29 |
| 2019 年江西省赣州市稀金科创城建设专项债券 1 期——2019 年江西省政府专项债券 14 期 | 10 年 | 8.0000 | 2019－07－04 | 公开发行 | 3.46 |
| 2019 年江西省南昌市航空科创城建设专项债券 1 期——2019 年江西省政府专项债券 15 期 | 10 年 | 10.0000 | 2019－07－04 | 公开发行 | 3.46 |
| 2019 年江西省南昌市医疗专项债券（一期）——2019 年江西省政府专项债券（十六期） | 10 年 | 5.0000 | 2019－07－04 | 公开发行 | 3.46 |
| 2019 年江西省赣江新区中医药科创城建设专项债 1 期——2019 年江西省政府专项债券 17 期 | 10 年 | 4.0000 | 2019－07－04 | 公开发行 | 3.46 |
| 2019 江西景德镇国家陶瓷文化传承创新试验区建设专项 1 期——2019 江西省政府专项 18 期 | 5 年 | 5.0000 | 2019－07－04 | 公开发行 | 3.29 |
| 2019 年江西省政府土地储备专项债券（二期）——2019 年江西省政府专项债券（十九期） | 5 年 | 50.1403 | 2019－07－04 | 公开发行 | 3.29 |
| 2019 年湖北省政府一般债券（八期） | 7 年 | 150.6841 | 2019－07－08 | 公开发行 | 3.46 |
| 2019 年天津市政府生态保护专项债券（七期）——2019 年天津市政府专项债券（二十九期） | 10 年 | 4.0000 | 2019－07－09 | 公开发行 | 3.42 |
| 2019 年天津市政府轨道交通专项债券（一期）——2019 年天津市政府专项债券（三十期） | 20 年 | 8.0000 | 2019－07－09 | 公开发行 | 3.81 |
| 2019 年天津市政府棚户区改造专项债券 8 期——2019 年天津市政府专项债券（三十一期） | 5 年 | 49.0000 | 2019－07－09 | 公开发行 | 3.26 |
| 2019 年天津市政府城际铁路专项债券（一期）——2019 年天津市政府专项债券（三十二期） | 20 年 | 8.0000 | 2019－07－09 | 公开发行 | 3.81 |

续表

| 债券名称 | 债券期限 | 发行面值（亿元） | 发行日期 | 发行方式 | 票面利率（%） |
|---|---|---|---|---|---|
| 2019年天津市政府土地储备专项债券（七期）——2019年天津市政府专项债券（三十三期） | 5年 | 30.5000 | 2019-07-09 | 公开发行 | 3.26 |
| 2019天津津南国家会展中心周边配套设施建设专项2期——2019年天津市政府专项债34期 | 3年 | 5.0000 | 2019-07-09 | 公开发行 | 3.14 |
| 2019年深圳市（福田区）棚户区改造专项债券1期——2019年深圳市政府专项债券21期 | 7年 | 3.0000 | 2019-07-10 | 公开发行 | 3.44 |
| 2019年辽宁省政府一般债券（六期） | 30年 | 42.1600 | 2019-07-11 | 公开发行 | 4.05 |
| 2019年江苏省政府一般债券（四期） | 7年 | 190.2000 | 2019-07-16 | 公开发行 | 3.44 |
| 2019年江苏省政府专项债券（十一期） | 7年 | 167.5000 | 2019-07-16 | 公开发行 | 3.44 |
| 2019年厦门市土地储备专项债券（一期）——2019年厦门市政府专项债券（二期） | 5年 | 66.0000 | 2019-07-16 | 公开发行 | 3.27 |
| 2019年厦门市土地储备专项债券（二期）——2019年厦门市政府专项债券（三期） | 5年 | 5.0000 | 2019-07-16 | 公开发行 | 3.27 |
| 2019年厦门市湖里区东部旧村改造项目专项债券1期——2019年厦门市政府专项债券4期 | 5年 | 30.0000 | 2019-07-16 | 公开发行 | 3.27 |
| 2019年宁波市政府一般债券（四期） | 10年 | 4.0000 | 2019-07-17 | 公开发行 | 3.42 |
| 2019年宁波市棚改专项债券（二期）——2019年宁波市政府专项债券（七期） | 10年 | 54.0000 | 2019-07-17 | 公开发行 | 3.42 |
| 2019年宁波市政府专项债券（八期） | 5年 | 8.0000 | 2019-07-17 | 公开发行 | 3.27 |
| 2019年宁波市政府专项债券（九期） | 10年 | 2.0000 | 2019-07-17 | 公开发行 | 3.42 |
| 2019年宁夏回族自治区政府一般债券（六期） | 30年 | 28.9762 | 2019-07-17 | 公开发行 | 4.08 |
| 2019年宁夏回族自治区棚改专项债券3期——2019年宁夏回族自治区政府专项债券11期 | 5年 | 11.6400 | 2019-07-17 | 公开发行 | 3.27 |
| 2019年宁夏回族自治区棚改专项债券4期——2019年宁夏回族自治区政府专项债券12期 | 7年 | 3.7500 | 2019-07-17 | 公开发行 | 3.44 |
| 2019年宁夏回族自治区棚改专项债券5期——2019年宁夏回族自治区政府专项债券13期 | 10年 | 5.7500 | 2019-07-17 | 公开发行 | 3.43 |
| 2019年宁夏回族自治区医疗卫生专项债2期——2019年宁夏回族自治区政府专项债券14期 | 5年 | 0.9500 | 2019-07-17 | 公开发行 | 3.27 |
| 2019年宁夏回族自治区医疗卫生专项债3期——2019年宁夏回族自治区政府专项债券15期 | 10年 | 2.3800 | 2019-07-17 | 公开发行 | 3.43 |
| 2019年宁夏回族自治区生态环保专项债1期——2019年宁夏回族自治区政府专项债券16期 | 10年 | 5.6800 | 2019-07-17 | 公开发行 | 3.43 |
| 2019年宁夏回族自治区城乡发展专项债1期——2019年宁夏回族自治区政府专项债券17期 | 5年 | 5.9800 | 2019-07-17 | 公开发行 | 3.27 |
| 2019年宁夏回族自治区城乡发展专项2期——2019年宁夏回族自治区政府专项债券18期 | 7年 | 7.7700 | 2019-07-17 | 公开发行 | 3.44 |

续表

| 债券名称 | 债券期限 | 发行面值（亿元） | 发行日期 | 发行方式 | 票面利率（%） |
|---|---|---|---|---|---|
| 2019 年宁夏回族自治区城乡发展专项 3 期——2019 年宁夏回族自治区政府专项债券 19 期 | 10 年 | 9.3855 | 2019－07－17 | 公开发行 | 3.43 |
| 2019 年新疆维吾尔自治区政府一般债券（八期） | 30 年 | 25.6000 | 2019－07－18 | 公开发行 | 4.12 |
| 2019 年新疆维吾尔自治区政府一般债券（九期） | 20 年 | 13.0000 | 2019－07－18 | 公开发行 | 3.82 |
| 2019 新疆维吾尔自治区收费公路专项债 1 期——2019 年新疆维吾尔自治区政府专项债 11 期 | 20 年 | 7.0000 | 2019－07－18 | 公开发行 | 3.82 |
| 2019 年新疆维吾尔自治区政府专项债券（十二期） | 30 年 | 18.7000 | 2019－07－18 | 公开发行 | 4.12 |
| 2019 年青海省政府一般债券（五期） | 30 年 | 69.9820 | 2019－07－18 | 公开发行 | 4.12 |
| 2019 年青海省林业生态专项债券（一期）——2019 年青海省政府专项债券（四期） | 7 年 | 1.0000 | 2019－07－18 | 公开发行 | 3.44 |
| 2019 年青海省西宁市绿色交通专项债券（一期）——2019 年青海省政府专项债券（五期） | 7 年 | 6.5000 | 2019－07－18 | 公开发行 | 3.44 |
| 2019 青海柴达木循环经济试验区基础设施建设专项 1 期——2019 年青海省政府专项债 6 期 | 10 年 | 4.0000 | 2019－07－18 | 公开发行 | 3.47 |
| 2019 年青海省医疗卫生专项债券（一期）——2019 年青海省政府专项债券（七期） | 7 年 | 3.2000 | 2019－07－18 | 公开发行 | 3.44 |
| 2019 年青海省收费公路专项债券（二期）——2019 年青海省政府专项债券（八期） | 10 年 | 8.0000 | 2019－07－18 | 公开发行 | 3.47 |
| 2019 年青海省西宁市棚户区改造专项债券（一期）——2019 年青海省政府专项债券（九期） | 7 年 | 31.5000 | 2019－07－18 | 公开发行 | 3.44 |
| 2019 年青海省海东市棚户区改造专项债券（一期）——2019 年青海省政府专项债券（十期） | 7 年 | 12.0000 | 2019－07－18 | 公开发行 | 3.44 |
| 2019 年青海省海西州棚户区改造专项债券 1 期——2019 年青海省政府专项债券（十一期） | 7 年 | 8.5000 | 2019－07－18 | 公开发行 | 3.44 |
| 2019 年青海省海北州棚户区改造专项债券 1 期——2019 年青海省政府专项债券（十二期） | 7 年 | 3.5000 | 2019－07－18 | 公开发行 | 3.44 |
| 2019 年青海省海南州棚户区改造专项债券 1 期——2019 年青海省政府专项债券（十三期） | 7 年 | 2.5000 | 2019－07－18 | 公开发行 | 3.44 |
| 2019 年青海省黄南州棚户区改造专项债券 1 期——2019 年青海省政府专项债券（十四期） | 7 年 | 4.0000 | 2019－07－18 | 公开发行 | 3.44 |
| 2019 年重庆市政府一般债券（五期） | 30 年 | 70.0000 | 2019－07－19 | 公开发行 | 4.07 |
| 2019 年重庆市政府专项债券（七期） | 30 年 | 38.0000 | 2019－07－19 | 公开发行 | 4.07 |
| 2019 年重庆市本级土地储备专项债券（二期）——2019 年重庆市政府专项债券（八期） | 5 年 | 90.0000 | 2019－07－19 | 公开发行 | 3.27 |
| 2019 年重庆市区县级土地储备专项债券（三期）——2019 年重庆市政府专项债券（九期） | 5 年 | 56.7000 | 2019－07－19 | 公开发行 | 3.27 |
| 2019 年重庆市棚户区改造专项债券（一期）——2019 年重庆市政府专项债券（十期） | 5 年 | 94.0000 | 2019－07－19 | 公开发行 | 3.27 |

续表

| 债券名称 | 债券期限 | 发行面值（亿元） | 发行日期 | 发行方式 | 票面利率（%） |
|---|---|---|---|---|---|
| 2019 年山西省政府一般债券（十期） | 10 年 | 10.8991 | 2019-07-22 | 公开发行 | 3.42 |
| 2019 年山西省政府一般债券（十一期） | 20 年 | 18.0000 | 2019-07-22 | 公开发行 | 3.78 |
| 2019 年山西省政府土地储备专项债券（六期）——2019 年山西省政府专项债券（二十六期） | 5 年 | 1.5000 | 2019-07-22 | 公开发行 | 3.27 |
| 2019 年山西省政府土地储备专项债券（七期）——2019 年山西省政府专项债券（二十七期） | 10 年 | 6.2000 | 2019-07-22 | 公开发行 | 3.42 |
| 2019 年山西省政府棚户区改造专项债券 10 期——2019 年山西省政府专项债券（二十八期） | 5 年 | 1.5000 | 2019-07-22 | 公开发行 | 3.27 |
| 2019 年山西省政府棚户区改造专项债券 11 期——2019 年山西省政府专项债券（二十九期） | 7 年 | 13.1300 | 2019-07-22 | 公开发行 | 3.44 |
| 2019 年山西省政府棚户区改造专项债券 12 期——2019 年山西省政府专项债券（三十期） | 10 年 | 13.2600 | 2019-07-22 | 公开发行 | 3.42 |
| 2019 山西省政府天然气管网基础设施建设专项债 2 期——2019 年山西省政府专项债券 31 期 | 15 年 | 3.0000 | 2019-07-22 | 公开发行 | 3.75 |
| 2019 年山西省政府专项债券（三十二期） | 5 年 | 3.0000 | 2019-07-22 | 公开发行 | 3.27 |
| 2019 年山西省政府专项债券（三十三期） | 7 年 | 5.3400 | 2019-07-22 | 公开发行 | 3.44 |
| 2019 年山西省政府专项债券（三十四期） | 10 年 | 22.6900 | 2019-07-22 | 公开发行 | 3.42 |
| 2019 年山西省政府专项债券（三十五期） | 15 年 | 3.2500 | 2019-07-22 | 公开发行 | 3.75 |
| 2019 年甘肃省政府专项债券（二期） | 20 年 | 33.6600 | 2019-07-23 | 公开发行 | 3.78 |
| 2019 年甘肃省政府一般债券（七期） | 30 年 | 26.0500 | 2019-07-23 | 公开发行 | 4.09 |
| 2019 年辽宁省棚改专项债券（一期）——2019 年辽宁省政府专项债券（五期） | 5 年 | 1.0900 | 2019-07-23 | 公开发行 | 3.26 |
| 2019 年辽宁省棚改专项债券（二期）——2019 年辽宁省政府专项债券（六期） | 10 年 | 29.3800 | 2019-07-23 | 公开发行 | 3.41 |
| 2019 年辽宁省棚改专项债券（三期）——2019 年辽宁省政府专项债券（七期） | 15 年 | 43.5300 | 2019-07-23 | 公开发行 | 3.75 |
| 2019 年辽宁省乡村振兴专项债券（一期）——2019 年辽宁省政府专项债券（八期） | 10 年 | 2.7400 | 2019-07-23 | 公开发行 | 3.41 |
| 2019 年湖南省政府一般债券（五期） | 20 年 | 81.9811 | 2019-07-23 | 公开发行 | 3.78 |
| 2019 年湖南省政府一般债券（六期） | 7 年 | 40.4400 | 2019-07-23 | 公开发行 | 3.43 |
| 2019 年湖南省土地储备专项债券（三期）——2019 年湖南省政府专项债券（十期） | 5 年 | 59.9820 | 2019-07-23 | 公开发行 | 3.26 |
| 2019 年湖南省棚户区改造专项债券（七期）——2019 年湖南省政府专项债券（十　期） | 5 年 | 19.8500 | 2019-07-23 | 公开发行 | 3.26 |
| 2019 年湖南省棚户区改造专项债券（八期）——2019 年湖南省政府专项债券（十二期） | 7 年 | 32.2480 | 2019-07-23 | 公开发行 | 3.43 |
| 2019 年湖南省政府专项债券（十三期） | 10 年 | 51.1500 | 2019-07-23 | 公开发行 | 3.41 |
| 2019 年陕西省政府专项债券（十期） | 7 年 | 116.1000 | 2019-07-24 | 公开发行 | 3.43 |

续表

| 债券名称 | 债券期限 | 发行面值（亿元） | 发行日期 | 发行方式 | 票面利率（%） |
|---|---|---|---|---|---|
| 2019 年陕西省政府专项债券（十一期） | 10 年 | 116.0000 | 2019-07-24 | 公开发行 | 3.41 |
| 2019 年陕西省棚户区改造专项债券（五期）——2019 年陕西省政府专项债券（十二期） | 5 年 | 20.2400 | 2019-07-24 | 公开发行 | 3.26 |
| 2019 年陕西省棚户区改造专项债券（六期）——2019 年陕西省政府专项债券（十三期） | 7 年 | 12.5000 | 2019-07-24 | 公开发行 | 3.43 |
| 2019 年陕西省水利建设专项债券（一期）——2019 年陕西省政府专项债券（十四期） | 15 年 | 7.5000 | 2019-07-24 | 公开发行 | 3.74 |
| 2019 年陕西省"一带一路"经济带建设专项债 1 期——2019 年陕西省政府专项债券 15 期 | 15 年 | 20.0000 | 2019-07-24 | 公开发行 | 3.74 |
| 2019 年吉林省土地储备专项债券（三期）——2019 年吉林省政府专项债券（十期） | 5 年 | 14.1000 | 2019-07-24 | 公开发行 | 3.26 |
| 2019 年吉林省棚改专项债券（四期）——2019 年吉林省政府专项债券（十一期） | 5 年 | 3.6600 | 2019-07-24 | 公开发行 | 3.26 |
| 2019 年吉林省棚改专项债券（五期）——2019 年吉林省政府专项债券（十二期） | 7 年 | 23.6200 | 2019-07-24 | 公开发行 | 3.43 |
| 2019 年吉林省棚改专项债券（六期）——2019 年吉林省政府专项债券（十三期） | 10 年 | 37.6400 | 2019-07-24 | 公开发行 | 3.41 |
| 2019 年云南省政府一般债券（七期） | 3 年 | 143.7700 | 2019-07-24 | 公开发行 | 3.14 |
| 2019 年云南省政府一般债券（八期） | 5 年 | 72.7000 | 2019-07-24 | 公开发行 | 3.26 |
| 2019 年云南省政府专项债券（四期） | 3 年 | 31.2400 | 2019-07-24 | 公开发行 | 3.14 |
| 2019 年云南省土地储备专项债券（二期）——2019 年云南省政府专项债券（五期） | 5 年 | 40.0000 | 2019-07-24 | 公开发行 | 3.26 |
| 2019 年云南省政府收费公路专项债券（一期）——2019 年云南省政府专项债券（六期） | 10 年 | 52.0000 | 2019-07-24 | 公开发行 | 3.41 |
| 2019 年云南省生态环境保护与治理专项债券 1 期——2019 年云南省政府专项债券 7 期 | 10 年 | 30.0000 | 2019-07-24 | 公开发行 | 3.41 |
| 2019 年贵州省政府一般债券（六期） | 3 年 | 188.1986 | 2019-07-24 | 公开发行 | 3.14 |
| 2019 年贵州省政府一般债券（七期） | 30 年 | 65.7998 | 2019-07-24 | 公开发行 | 4.09 |
| 2019 年贵州省政府专项债券（四期） | 30 年 | 112.9661 | 2019-07-24 | 公开发行 | 4.09 |
| 2019 年青岛市（区市级）棚改专项债券（五期）——2019 年青岛市政府专项债券（十期） | 5 年 | 5.0000 | 2019-07-25 | 公开发行 | 3.25 |
| 2019 年青岛市（区市级）棚改专项债券（六期）——2019 年青岛市政府专项债券（十一期） | 7 年 | 18.6000 | 2019-07-25 | 公开发行 | 3.43 |
| 2019 年青岛市（区市级）棚改专项债券（七期）——2019 年青岛市政府专项债券（十二期） | 10 年 | 10.0000 | 2019-07-25 | 公开发行 | 3.41 |
| 2019 年青岛市（区市级）基础设施建设专项债券 1 期——2019 年青岛市政府专项债券 13 期 | 5 年 | 19.0000 | 2019-07-25 | 公开发行 | 3.25 |

续表

| 债券名称 | 债券期限 | 发行面值（亿元） | 发行日期 | 发行方式 | 票面利率（%） |
|---|---|---|---|---|---|
| 2019 年青岛市（区市级）基础设施建设专项债券 2 期——2019 年青岛市政府专项债券 14 期 | 7 年 | 23.0000 | 2019-07-25 | 公开发行 | 3.43 |
| 2019 年青岛市（区市级）基础设施建设专项债券 3 期——2019 年青岛市政府专项债券 15 期 | 10 年 | 10.0000 | 2019-07-25 | 公开发行 | 3.41 |
| 2019 年青岛市（区市级）人才综合体建设专项债券 -2019 年青岛市政府专项债券 16 期 | 7 年 | 2.0000 | 2019-07-25 | 公开发行 | 3.43 |
| 2019 年福建省福州泉州漳州宁德土储专项债券 3 期——2019 年福建省政府专项债券 11 期 | 5 年 | 109.6400 | 2019-07-25 | 公开发行 | 3.25 |
| 2019 年福建省莆田三明南平龙岩土储专项债券 4 期——2019 年福建省政府专项债券 12 期 | 5 年 | 31.2000 | 2019-07-25 | 公开发行 | 3.25 |
| 2019 福建福州莆田三明泉州南平龙岩棚改专项债 3 期——2019 年福建省政府专项债券 13 期 | 5 年 | 31.8900 | 2019-07-25 | 公开发行 | 3.25 |
| 2019 年福建省福州莆田漳州龙岩棚改专项债券 4 期——2019 年福建省政府专项债券 14 期 | 7 年 | 15.3500 | 2019-07-25 | 公开发行 | 3.43 |
| 2019 年福建省本级医疗卫生专项债券（一期）——2019 年福建省政府专项债券（十五期） | 5 年 | 0.9050 | 2019-07-25 | 公开发行 | 3.25 |
| 2019 福建福州莆田泉州南平龙岩宁德医疗卫生专项 2 期——2019 年福建省政府专项债 16 期 | 10 年 | 10.8675 | 2019-07-25 | 公开发行 | 3.41 |
| 2019 年福建省本级城乡供水一体化专项债券 1 期——2019 年福建省政府专项债券 17 期 | 20 年 | 8.0000 | 2019-07-25 | 公开发行 | 3.78 |
| 2019 福建省本级福州莆田泉州龙岩教育文化专项债 1 期——2019 年福建省政府专项债 18 期 | 10 年 | 8.1500 | 2019-07-25 | 公开发行 | 3.41 |
| 2019 福建省福州莆田泉州南平宁德乡村振兴专项债 1 期——2019 年福建省政府专项债 19 期 | 10 年 | 9.2700 | 2019-07-25 | 公开发行 | 3.41 |
| 2019 福建省泉州漳州南平生态环保专项债券 1 期——2019 年福建省政府专项债券 20 期 | 10 年 | 6.7200 | 2019-07-25 | 公开发行 | 3.41 |
| 2019 福建省福州漳州南平龙岩民生保障专项债券 2 期——2019 年福建省政府专项债券 21 期 | 10 年 | 13.1100 | 2019-07-25 | 公开发行 | 3.41 |
| 2019 福州莆田三明泉州漳州南平龙岩宁德产业集群专项 2 期——2019 福建省政府专项 22 期 | 10 年 | 28.8975 | 2019-07-25 | 公开发行 | 3.41 |
| 2019 年河北省政府一般债券（七期） | 10 年 | 94.8500 | 2019-07-25 | 公开发行 | 3.41 |
| 2019 年河北省土地储备专项债券（四期）——2019 年河北省政府专项债券（十四期） | 3 年 | 23.1800 | 2019-07-25 | 公开发行 | 3.14 |
| 2019 年河北省棚改专项债券（四期）——2019 年河北省政府专项债券（十五期） | 10 年 | 25.9800 | 2019-07-25 | 公开发行 | 3.41 |
| 2019 年河北省政府专项债券（十六期） | 10 年 | 82.8500 | 2019-07-25 | 公开发行 | 3.41 |
| 2019 年青岛市政府一般债券（四期） | 7 年 | 23.0000 | 2019-07-26 | 公开发行 | 3.42 |

续表

| 债券名称 | 债券期限 | 发行面值（亿元） | 发行日期 | 发行方式 | 票面利率（%） |
|---|---|---|---|---|---|
| 2019 年青岛市（区市级）科教新城建设专项债券——2019 年青岛市政府专项债券（十七期） | 7 年 | 3.0000 | 2019-07-26 | 公开发行 | 3.42 |
| 2019 年青岛市（区市级）产业园区建设专项债券——2019 年青岛市政府专项债券（十八期） | 7 年 | 20.5000 | 2019-07-26 | 公开发行 | 3.42 |
| 2019 年青岛市（区市级）社区改造项目专项债券——2019 年青岛市政府专项债券（十九期） | 7 年 | 2.0000 | 2019-07-26 | 公开发行 | 3.42 |
| 2019 年青岛市（区市级）停车场综合体建设专项债券——2019 年青岛市政府专项债券 20 期 | 7 年 | 1.5000 | 2019-07-26 | 公开发行 | 3.42 |
| 2019 年青岛市（区市级）供水设施专项债券 2 期——2019 年青岛市政府专项债券 21 期 | 5 年 | 0.5000 | 2019-07-26 | 公开发行 | 3.25 |
| 2019 年青岛市（区市级）土地储备专项债券——2019 年青岛市政府专项债券 22 期 | 5 年 | 1.5000 | 2019-07-26 | 公开发行 | 3.25 |
| 2019 年山东省政府棚改专项债券（六期）——2019 年山东省政府专项债券（二十五期） | 5 年 | 82.0600 | 2019-07-26 | 公开发行 | 3.25 |
| 2019 年山东省政府土储专项债券（五期）——2019 年山东省政府专项债券（二十六期） | 3 年 | 34.3100 | 2019-07-26 | 公开发行 | 3.14 |
| 2019 年山东省政府鲁南高铁建设专项债券 2 期——2019 年山东省政府专项债券（二十七期） | 20 年 | 27.0000 | 2019-07-26 | 公开发行 | 3.83 |
| 2019 年山东省政府机场与园区建设专项债券 1 期——2019 年山东省政府专项债券 28 期 | 20 年 | 7.0700 | 2019-07-26 | 公开发行 | 3.83 |
| 2019 年山东省政府生态旅游专项债券（一期）——2019 年山东省政府专项债券（二十九期） | 20 年 | 4.5000 | 2019-07-26 | 公开发行 | 3.83 |
| 2019 年山东省政府城乡发展专项债券（一期）——2019 年山东省政府专项债券（三十期） | 5 年 | 14.8400 | 2019-07-26 | 公开发行 | 3.25 |
| 2019 年山东省政府城乡发展专项债券（二期）——2019 年山东省政府专项债券（三十一期） | 10 年 | 41.8100 | 2019-07-26 | 公开发行 | 3.41 |
| 2019 年山东省政府灾后重建水利设施专项债券 1 期——2019 年山东省政府专项债券 32 期 | 5 年 | 5.3000 | 2019-07-26 | 公开发行 | 3.25 |
| 2019 年四川省政府一般债券（十一期） | 30 年 | 85.7583 | 2019-07-26 | 公开发行 | 4.09 |
| 2019 年四川省政府专项债券（八十七期） | 30 年 | 75.1115 | 2019-07-26 | 公开发行 | 4.09 |
| 2019 年四川省生态环保建设专项债券（六期）——2019 年四川省政府专项债券（八十八期） | 7 年 | 2.3900 | 2019-07-26 | 公开发行 | 3.42 |
| 2019 年四川省生态环保建设专项债券（七期）——2019 年四川省政府专项债券（八十九期） | 10 年 | 6.8600 | 2019-07-26 | 公开发行 | 3.41 |
| 2019 年四川省生态环保建设专项债券（八期）——2019 年四川省政府专项债券（九十期） | 30 年 | 7.0000 | 2019-07-26 | 公开发行 | 4.09 |
| 2019 年四川省工业园区建设专项债券（五期）——2019 年四川省政府专项债券（九十一期） | 7 年 | 11.3700 | 2019-07-26 | 公开发行 | 3.42 |

续表

| 债券名称 | 债券期限 | 发行面值（亿元） | 发行日期 | 发行方式 | 票面利率（%） |
|---|---|---|---|---|---|
| 2019年四川省工业园区建设专项债券（六期）——2019年四川省政府专项债券（九十二期） | 10年 | 6.7100 | 2019-07-26 | 公开发行 | 3.41 |
| 2019年四川省土地储备专项债券（七期）——2019年四川省政府专项债券（九十三期） | 5年 | 97.9700 | 2019-07-26 | 公开发行 | 3.25 |
| 2019年四川省棚户区改造专项债券（十一期）——2019年四川省政府专项债券（九十四期） | 5年 | 11.3400 | 2019-07-26 | 公开发行 | 3.25 |
| 2019年四川省棚户区改造专项债券（十二期）——2019年四川省政府专项债券（九十五期） | 10年 | 19.7650 | 2019-07-26 | 公开发行 | 3.41 |
| 2019年四川省城乡基础设施建设专项债券9期——2019年四川省政府专项债券（九十六期） | 5年 | 3.0000 | 2019-07-26 | 公开发行 | 3.25 |
| 2019年四川省城乡基础设施建设专项债券10期——2019年四川省政府专项债券97期 | 7年 | 6.7000 | 2019-07-26 | 公开发行 | 3.42 |
| 2019年四川省城乡基础设施建设专项债券11期——2019年四川省政府专项债券98期 | 10年 | 34.6050 | 2019-07-26 | 公开发行 | 3.41 |
| 2019年四川省文化旅游专项债券（八期）——2019年四川省政府专项债券（九十九期） | 10年 | 11.3100 | 2019-07-26 | 公开发行 | 3.41 |
| 2019年四川省水务建设专项债券（七期）——2019年四川省政府专项债券（一百期） | 7年 | 0.8200 | 2019-07-26 | 公开发行 | 3.42 |
| 2019年四川省水务建设专项债券（八期）——2019年四川省政府专项债券（一百零一期） | 10年 | 2.8300 | 2019-07-26 | 公开发行 | 3.46 |
| 2019年四川省乡村振兴专项债券（十期）——2019年四川省政府专项债券（一百零二期） | 10年 | 4.0000 | 2019-07-26 | 公开发行 | 3.41 |
| 2019年四川省医院建设专项债券（七期）——2019年四川省政府专项债券（一百零三期） | 10年 | 12.2100 | 2019-07-26 | 公开发行 | 3.41 |
| 2019年四川省土地整理专项债券（二期）——2019年四川省政府专项债券（一百零四期） | 5年 | 5.9700 | 2019-07-26 | 公开发行 | 3.25 |
| 2019年四川省学校建设专项债券（五期）——2019年四川省政府专项债券（一百零五期） | 10年 | 5.3000 | 2019-07-26 | 公开发行 | 3.41 |
| 2019四川省"8.8"九寨沟地震恢复重建专项债2期——2019年四川省政府专项债券106期 | 10年 | 3.0500 | 2019-07-26 | 公开发行 | 3.41 |
| 2019年内蒙古自治区政府一般债券（六期） | 10年 | 111.6000 | 2019-07-29 | 公开发行 | 3.41 |
| 2019年内蒙古自治区棚改专项债券（六期）——2019年内蒙古自治区政府专项债券（十期） | 5年 | 12.4000 | 2019-07-29 | 公开发行 | 3.25 |
| 2019年内蒙古自治区棚改专项债券7期　2019年内蒙古自治区政府专项债券（十一期） | 10年 | 1.1000 | 2019-07-29 | 公开发行 | 3.41 |
| 2019年内蒙古自治区土地储备专项债券3期——2019年内蒙古自治区政府专项债券12期 | 5年 | 1.8000 | 2019-07-29 | 公开发行 | 3.25 |

续表

| 债券名称 | 债券期限 | 发行面值（亿元） | 发行日期 | 发行方式 | 票面利率（%） |
|---|---|---|---|---|---|
| 2019 年内蒙古自治区收费公路专项债券 2 期——2019 年内蒙古自治区政府专项债券 13 期 | 10 年 | 107.0000 | 2019-07-29 | 公开发行 | 3.41 |
| 2019 年内蒙古自治区集大高铁专项债券 1 期——2019 年内蒙古自治区政府专项债券 14 期 | 15 年 | 11.4000 | 2019-07-29 | 公开发行 | 3.75 |
| 2019 年内蒙古自治区政府专项债券（十五期） | 7 年 | 1.0000 | 2019-07-29 | 公开发行 | 3.42 |
| 2019 年内蒙古自治区政府专项债券（十六期） | 10 年 | 13.6000 | 2019-07-29 | 公开发行 | 3.41 |
| 2019 年内蒙古自治区政府专项债券（十七期） | 15 年 | 0.6000 | 2019-07-29 | 公开发行 | 3.75 |
| 2019 年浙江省棚改专项债券（三期）——2019 年浙江省政府专项债券（十期） | 5 年 | 171.1000 | 2019-07-31 | 公开发行 | 3.26 |
| 2019 年浙江省棚改专项债券（四期）——2019 年浙江省政府专项债券（十一期） | 7 年 | 126.9000 | 2019-07-31 | 公开发行 | 3.43 |
| 2019 年浙江省政府专项债券（十二期） | 10 年 | 117.8500 | 2019-07-31 | 公开发行 | 3.42 |
| 2019 年安徽省政府一般债券（四期） | 10 年 | 62.1624 | 2019-07-31 | 公开发行 | 3.47 |
| 2019 年安徽省基础设施专项债券（一期）——2019 年安徽省政府专项债券（五期） | 5 年 | 28.4200 | 2019-07-31 | 公开发行 | 3.41 |
| 2019 年安徽省基础设施专项债券（二期）——2019 年安徽省政府专项债券（六期） | 7 年 | 25.0100 | 2019-07-31 | 公开发行 | 3.48 |
| 2019 年安徽省基础设施专项债券（三期）——2019 年安徽省政府专项债券（七期） | 10 年 | 121.5700 | 2019-07-31 | 公开发行 | 3.47 |
| 2019 年天津市政府医疗卫生专项债券（一期）——2019 年天津市政府专项债券（二十八期） | 5 年 | 1.0000 | 2019-08-02 | 发行方式 | 3.26 |
| 2019 年天津市政府土地储备专项债券（八期）——2019 年天津市政府专项债券（三十五期） | 5 年 | 22.2000 | 2019-08-02 | 发行方式 | 3.26 |
| 2019 年天津市政府棚户区改造专项债券 9 期——2019 年天津市政府专项债券 36 期 | 10 年 | 11.0000 | 2019-08-02 | 发行方式 | 3.42 |
| 2019 年天津市政府城乡发展专项债券 3 期——2019 年天津市政府专项债券 37 期 | 10 年 | 3.0000 | 2019-08-02 | 发行方式 | 3.42 |
| 2019 天津市政府北部新区配套基础设施专项债券 1 期——2019 年天津市政府专项债券 38 期 | 10 年 | 3.0000 | 2019-08-02 | 发行方式 | 3.42 |
| 2019 年天津市智慧绿色港口专项债券 1 期——2019 年天津市政府专项债券 39 期 | 20 年 | 10.0000 | 2019-08-02 | 发行方式 | 3.79 |
| 2019 年天津市政府轨道交通专项债券 2 期——2019 年天津市政府专项债券 40 期 | 15 年 | 40.0000 | 2019-08-02 | 发行方式 | 3.75 |
| 2019 年北京市政府一般债券（九期） | 3 年 | 16.0000 | 2019-08-06 | 发行方式 | 3.13 |
| 2019 年北京市政府专项债券（二十四期） | 2 年 | 77.1920 | 2019-08-06 | 发行方式 | 3.00 |
| 2019 年北京市政府专项债券（二十五期） | 5 年 | 31.5250 | 2019-08-06 | 发行方式 | 3.22 |
| 2019 年辽宁省政府一般债券（七期） | 10 年 | 49.2258 | 2019-08-08 | 发行方式 | 3.33 |
| 2019 年辽宁省政府专项债券（九期） | 20 年 | 77.4813 | 2019-08-08 | 发行方式 | 3.70 |

续表

| 债券名称 | 债券期限 | 发行面值（亿元） | 发行日期 | 发行方式 | 票面利率（%） |
|---|---|---|---|---|---|
| 2019年湖北省政府一般债券（九期） | 5年 | 28.5355 | 2019-08-09 | 发行方式 | 3.18 |
| 2019年湖北省（武汉市）棚改专项债券（六期）——2019年湖北省政府专项债券（十五期） | 5年 | 52.2200 | 2019-08-09 | 发行方式 | 3.18 |
| 2019湖北武汉黄石宜昌襄阳黄冈孝感荆州咸宁恩施潜江天门棚改专项债券（七期）——2019湖北专项16期 | 7年 | 144.0574 | 2019-08-09 | 发行方式 | 3.34 |
| 2019湖北（武黄十宜襄孝黄咸恩天随）医疗卫生2期——2019年湖北省政府专项债17期 | 10年 | 14.1918 | 2019-08-09 | 发行方式 | 3.31 |
| 2019年湖南省政府一般债券（七期） | 7年 | 50.0000 | 2019-08-09 | 发行方式 | 3.34 |
| 2019年湖南省政府一般债券（八期） | 10年 | 100.0000 | 2019-08-09 | 发行方式 | 3.31 |
| 2019年湖南省政府一般债券（九期） | 15年 | 100.0000 | 2019-08-09 | 发行方式 | 3.64 |
| 2019年湖南省政府一般债券（十期） | 30年 | 49.9980 | 2019-08-09 | 发行方式 | 3.98 |
| 2019年江西省政府一般债券（八期） | 5年 | 71.1763 | 2019-08-13 | 发行方式 | 3.17 |
| 2019年江西省政府专项债券（二十期） | 5年 | 35.5306 | 2019-08-13 | 发行方式 | 3.17 |
| 2019年内蒙古自治区政府一般债券（七期） | 30年 | 130.8742 | 2019-08-19 | 发行方式 | 3.89 |
| 2019年内蒙古自治区政府专项债券（十八期） | 30年 | 128.0200 | 2019-08-19 | 发行方式 | 3.89 |
| 2019年安徽省政府一般债券（五期） | 10年 | 48.7366 | 2019-08-20 | 发行方式 | 3.31 |
| 2019年安徽省棚改专项债券（三期）——2019年安徽省政府专项债券（八期） | 5年 | 236.7437 | 2019-08-20 | 发行方式 | 3.22 |
| 2019年安徽省棚改专项债券（四期）——2019年安徽省政府专项债券（九期） | 7年 | 119.3367 | 2019-08-20 | 发行方式 | 3.35 |
| 2019年安徽省土储专项债券（一期）——2019年安徽省政府专项债券（十期） | 3年 | 7.5543 | 2019-08-20 | 发行方式 | 3.03 |
| 2019年安徽省土储专项债券（二期）——2019年安徽省政府专项债券（十一期） | 5年 | 117.9336 | 2019-08-20 | 发行方式 | 3.22 |
| 2019年海南省棚户区改造专项债券（二期）——2019年海南省政府专项债券（十期） | 3年 | 7.0000 | 2019-08-20 | 发行方式 | 3.03 |
| 2019年海南省棚户区改造专项债券（三期）——2019年海南省政府专项债券（十一期） | 5年 | 7.0000 | 2019-08-20 | 发行方式 | 3.17 |
| 2019年海南省棚户区改造专项债券（四期）——2019年海南省政府专项债券（十二期） | 7年 | 7.0000 | 2019-08-20 | 发行方式 | 3.30 |
| 2019年海南省棚户区改造专项债券（五期）——2019年海南省政府专项债券（十三期） | 10年 | 8.0000 | 2019-08-20 | 发行方式 | 3.26 |
| 2019年海南省土地储备专项债券（三期）——2019年海南省政府专项债券（十四期） | 5年 | 29.3000 | 2019-08-20 | 发行方式 | 3.17 |
| 2019年海南省土地储备专项债券（四期）——2019年海南省政府专项债券（十五期） | 7年 | 24.2000 | 2019-08-20 | 发行方式 | 3.30 |
| 2019年海南省基础设施专项债券（三期）——2019年海南省政府专项债券（十六期） | 10年 | 6.0000 | 2019-08-20 | 发行方式 | 3.26 |

续表

| 债券名称 | 债券期限 | 发行面值（亿元） | 发行日期 | 发行方式 | 票面利率（%） |
|---|---|---|---|---|---|
| 2019 年上海市政府一般债券（三期） | 5 年 | 219.7000 | 2019－08－20 | 发行方式 | 3.17 |
| 2019 年上海市政府专项债券（八期） | 5 年 | 26.2000 | 2019－08－20 | 发行方式 | 3.17 |
| 2019 年上海市政府专项债券（九期） | 10 年 | 104.6000 | 2019－08－20 | 发行方式 | 3.26 |
| 2019 年河北省基础设施专项债券（三期）——2019 年河北省政府专项债券（十七期） | 10 年 | 9.2900 | 2019－08－21 | 发行方式 | 3.27 |
| 2019 年河北省基础设施专项债券（四期）——2019 年河北省政府专项债券（十八期） | 5 年 | 100.5200 | 2019－08－21 | 发行方式 | 3.17 |
| 2019 年河北省医疗卫生专项债券（二期）——2019 年河北省政府专项债券（十九期） | 5 年 | 8.9400 | 2019－08－21 | 发行方式 | 3.17 |
| 2019 年河北省生态环保专项债券（一期）——2019 年河北省政府专项债券（二十期） | 5 年 | 15.7500 | 2019－08－21 | 发行方式 | 3.17 |
| 2019 年河北省教育培训专项债券（一期）——2019 年河北省政府专项债券（二十一期） | 5 年 | 22.2800 | 2019－08－21 | 发行方式 | 3.17 |
| 2019 年河南省政府一般债券（六期） | 30 年 | 73.7139 | 2019－08－22 | 发行方式 | 3.87 |
| 2019 年河南省政府专项债券（十五期） | 10 年 | 13.4314 | 2019－08－22 | 发行方式 | 3.28 |
| 2019 年河南省（地级市）土地储备专项债券 4 期——2019 年河南省政府专项债券（十六期） | 3 年 | 45.6700 | 2019－08－22 | 发行方式 | 3.03 |
| 2019 年河南省（地级市）土地储备专项债券 5 期——2019 年河南省政府专项债券（十七期） | 5 年 | 99.1990 | 2019－08－22 | 发行方式 | 3.18 |
| 2019 年河南省保障性住房专项债券（一期）——2019 年河南省政府专项债券（十八期） | 5 年 | 36.6900 | 2019－08－22 | 发行方式 | 3.18 |
| 2019 年河南省保障性住房专项债券（二期）——2019 年河南省政府专项债券（十九期） | 7 年 | 7.2250 | 2019－08－22 | 发行方式 | 3.31 |
| 2019 年河南省保障性住房专项债券（三期）——2019 年河南省政府专项债券（二十期） | 10 年 | 4.9500 | 2019－08－22 | 发行方式 | 3.28 |
| 2019 年河南省生态环保专项债券（一期）——2019 年河南省政府专项债券（二十一期） | 10 年 | 11.4600 | 2019－08－22 | 发行方式 | 3.28 |
| 2019 年河南省社会事业发展专项债券（一期）——2019 年河南省政府专项债券（二十二期） | 7 年 | 13.5400 | 2019－08－22 | 发行方式 | 3.31 |
| 2019 年河南省社会事业发展专项债券（二期）——2019 年河南省政府专项债券（二十三期） | 10 年 | 33.0000 | 2019－08－22 | 发行方式 | 3.28 |
| 2019 年河南省城乡发展专项债券（一期）——2019 年河南省政府专项债券（二十四期） | 10 年 | 18.0700 | 2019－08－22 | 发行方式 | 3.28 |
| 2019 年河南省城乡发展专项债券（二期）——2019 年河南省政府专项债券（二十五期） | 15 年 | 58.0600 | 2019－08－22 | 发行方式 | 3.57 |
| 2019 年河南省乡村振兴专项债券（一期）——2019 年河南省政府专项债券（二十六期） | 5 年 | 11.0300 | 2019－08－22 | 发行方式 | 3.18 |

续表

| 债券名称 | 债券期限 | 发行面值（亿元） | 发行日期 | 发行方式 | 票面利率（%） |
|---|---|---|---|---|---|
| 2019 年河南省乡村振兴专项债券（二期）——2019 年河南省政府专项债券（二十七期） | 7 年 | 4.5200 | 2019－08－22 | 发行方式 | 3.31 |
| 2019 年宁夏回族自治区政府一般债券（七期） | 30 年 | 22.0000 | 2019－08－22 | 发行方式 | 3.90 |
| 2019 年宁夏回族自治区棚改专项债券 6 期——2019 年宁夏回族自治区政府专项债券 20 期 | 5 年 | 7.6300 | 2019－08－22 | 发行方式 | 3.18 |
| 2019 年宁夏回族自治区土储专项债券 2 期——2019 年宁夏回族自治区政府专项债券 21 期 | 5 年 | 1.5900 | 2019－08－22 | 发行方式 | 3.18 |
| 2019 年宁夏回族自治区城乡发展专项债 4 期——2019 年宁夏回族自治区政府专项债 22 期 | 5 年 | 8.1100 | 2019－08－22 | 发行方式 | 3.18 |
| 2019 年宁夏回族自治区城乡发展专项债 5 期——2019 年宁夏回族自治区政府专项债 23 期 | 10 年 | 6.0000 | 2019－08－22 | 发行方式 | 3.30 |
| 2019 年辽宁省政府一般债券（八期） | 10 年 | 73.0200 | 2019－08－22 | 发行方式 | 3.28 |
| 2019 年辽宁省政府专项债券（十期） | 20 年 | 94.3700 | 2019－08－22 | 发行方式 | 3.61 |
| 2019 年天津市政府一般债券（八期） | 5 年 | 36.8600 | 2019－08－22 | 发行方式 | 3.18 |
| 2019 年天津市政府生态保护专项债券（八期）——2019 年天津市政府专项债券（四十一期） | 5 年 | 14.0000 | 2019－08－22 | 发行方式 | 3.18 |
| 2019 年天津市政府收费公路专项债券（二期）——2019 年天津市政府专项债券（四十二期） | 15 年 | 11.0000 | 2019－08－22 | 发行方式 | 3.57 |
| 2019 年山西省政府一般债券（十二期） | 3 年 | 4.5500 | 2019－08－23 | 发行方式 | 3.03 |
| 2019 年山西省政府一般债券（十三期） | 15 年 | 7.7000 | 2019－08－23 | 发行方式 | 3.58 |
| 2019 年山西省政府棚户区改造专项债券 13 期——2019 年山西省政府专项债券（三十六期） | 7 年 | 3.1500 | 2019－08－23 | 发行方式 | 3.32 |
| 2019 年山西省政府棚户区改造专项债券 14 期——2019 年山西省政府专项债券（三十七期） | 10 年 | 6.8100 | 2019－08－23 | 发行方式 | 3.29 |
| 2019 年山西省政府专项债券（三十八期） | 7 年 | 1.4100 | 2019－08－23 | 发行方式 | 3.32 |
| 2019 年山西省政府专项债券（三十九期） | 10 年 | 15.8000 | 2019－08－23 | 发行方式 | 3.29 |
| 2019 年山西省政府专项债券（四十期） | 15 年 | 5.8700 | 2019－08－23 | 发行方式 | 3.58 |
| 2019 年云南省棚户区改造专项债券（二期）——2019 年云南省政府专项债券（八期） | 5 年 | 40.9000 | 2019－08－23 | 发行方式 | 3.19 |
| 2019 年云南省棚户区改造专项债券（三期）——2019 年云南省政府专项债券（九期） | 7 年 | 107.1000 | 2019－08－23 | 发行方式 | 3.32 |
| 2019 年云南省教育类专项债券（一期）——2019 年云南省政府专项债券（十期） | 7 年 | 3.0000 | 2019－08－23 | 发行方式 | 3.32 |
| 2019 年云南省公立医院专项债券（一期）——2019 年云南省政府专项债券（十一期） | 7 年 | 16.9000 | 2019－08－23 | 发行方式 | 3.32 |
| 2019 年云南省生态环境保护与治理专项债券 2 期——2019 年云南省政府专项债券（十二期） | 7 年 | 26.8500 | 2019－08－23 | 发行方式 | 3.32 |

续表

| 债券名称 | 债券期限 | 发行面值（亿元） | 发行日期 | 发行方式 | 票面利率（%） |
|---|---|---|---|---|---|
| 2019年云南省城乡基础设施建设专项债券1期——2019年云南省政府专项债券（十三期） | 7年 | 10.7500 | 2019-08-23 | 发行方式 | 3.32 |
| 2019年云南省供水和污水处理专项债券1期——2019年云南省政府专项债券（十四期） | 7年 | 9.5000 | 2019-08-23 | 发行方式 | 3.32 |
| 2019年云南省土地整治专项债券（一期）——2019年云南省政府专项债券（十五期） | 5年 | 11.0000 | 2019-08-23 | 发行方式 | 3.19 |
| 2019年湖南省政府一般债券（十一期） | 30年 | 61.0000 | 2019-08-23 | 发行方式 | 3.88 |
| 2019年湖南省政府一般债券（十二期） | 20年 | 60.6358 | 2019-08-23 | 发行方式 | 3.62 |
| 2019年湖南省园区建设专项债券（一期）——2019年湖南省政府专项债券（十四期） | 7年 | 10.3700 | 2019-08-23 | 发行方式 | 3.32 |
| 2019年湖南省园区建设专项债券（二期）——2019年湖南省政府专项债券（十五期） | 10年 | 58.4223 | 2019-08-23 | 发行方式 | 3.29 |
| 2019年湖南省园区建设专项债券（三期）——2019年湖南省政府专项债券（十六期） | 15年 | 12.6600 | 2019-08-23 | 发行方式 | 3.58 |
| 2019年湖南省政府专项债券（十七期） | 30年 | 97.4236 | 2019-08-23 | 发行方式 | 3.88 |
| 2019年山东省政府城乡发展专项债券（三期）——2019年山东省政府专项债券（三十三期） | 10年 | 99.1800 | 2019-08-27 | 发行方式 | 3.30 |
| 2019年山东省政府专项债券（三十四期） | 7年 | 115.8900 | 2019-08-27 | 发行方式 | 3.33 |
| 2019年山东省政府专项债券（三十五期） | 30年 | 22.7400 | 2019-08-27 | 发行方式 | 3.90 |
| 2019年山东省政府重大基础设施建设专项债券1期——2019年山东省政府专项债券36期 | 20年 | 22.5100 | 2019-08-27 | 发行方式 | 3.63 |
| 2019年山东省政府高等教育专项债券（一期）——2019年山东省政府专项债券（三十七期） | 20年 | 4.5000 | 2019-08-27 | 发行方式 | 3.63 |
| 2019年山东省政府棚改专项债券（七期）——2019年山东省政府专项债券（三十八期） | 7年 | 117.1300 | 2019-08-27 | 发行方式 | 3.33 |
| 2019年山东省政府土储专项债券（六期）——2019年山东省政府专项债券（三十九期） | 5年 | 60.0000 | 2019-08-27 | 发行方式 | 3.20 |
| 2019年山东省政府一般债券（八期） | 30年 | 77.4200 | 2019-08-27 | 发行方式 | 3.90 |
| 2019年山东省政府一般债券（九期） | 5年 | 91.6000 | 2019-08-27 | 发行方式 | 3.20 |
| 2019年陕西省土地储备专项债券（三期）——2019年陕西省政府专项债券（十六期） | 3年 | 13.3800 | 2019-08-27 | 发行方式 | 3.03 |
| 2019年陕西省土地储备专项债券（四期）——2019年陕西省政府专项债券（十七期） | 5年 | 42.4600 | 2019-08-27 | 发行方式 | 3.20 |
| 2019年陕西省收费公路专项债券（二期）——2019年陕西省政府专项债券（十八期） | 15年 | 54.5000 | 2019-08-27 | 发行方式 | 3.60 |
| 2019年陕西省（西安市）轨道交通专项债券1期——2019年陕西省政府专项债券（十九期） | 10年 | 10.0000 | 2019-08-27 | 发行方式 | 3.30 |

续表

| 债券名称 | 债券期限 | 发行面值（亿元） | 发行日期 | 发行方式 | 票面利率（%） |
|---|---|---|---|---|---|
| 2019年青岛市（本级）土地储备专项债券——2019年青岛市政府专项债券（二十三期） | 5年 | 40.0000 | 2019-08-28 | 发行方式 | 3.21 |
| 2019年甘肃省政府棚户区改造专项债券（四期）——2019年甘肃省政府专项债券（八期） | 7年 | 24.4100 | 2019-08-28 | 发行方式 | 3.33 |
| 2019年甘肃省政府绿色生态产业发展专项债券1期——2019年甘肃省政府专项债券（九期） | 20年 | 15.8000 | 2019-08-28 | 发行方式 | 3.64 |
| 2019年甘肃省政府重大水利建设专项债券（一期）——2019年甘肃省政府专项债券（十期） | 20年 | 9.4000 | 2019-08-28 | 发行方式 | 3.64 |
| 2019年甘肃省教育收费专项债券（一期）——2019年甘肃省政府专项债券（十一期） | 7年 | 3.0000 | 2019-08-28 | 发行方式 | 3.33 |
| 2019年贵州省政府一般债券（八期） | 30年 | 91.6481 | 2019-08-28 | 发行方式 | 3.91 |
| 2019年贵州省政府专项债券（五期） | 30年 | 43.5874 | 2019-08-28 | 发行方式 | 3.91 |
| 2019年西藏自治区政府一般债券（三期） | 2年 | 23.5994 | 2019-08-28 | 发行方式 | 2.95 |
| 2019年西藏自治区政府一般债券（四期） | 3年 | 33.1690 | 2019-08-28 | 发行方式 | 3.03 |
| 2019年西藏自治区政府一般债券（五期） | 5年 | 21.9992 | 2019-08-28 | 发行方式 | 3.21 |
| 2019年西藏自治区政府一般债券（六期） | 7年 | 22.2324 | 2019-08-28 | 发行方式 | 3.33 |
| 2019年西藏自治区政府一般债券（七期） | 10年 | 7.0000 | 2019-08-28 | 发行方式 | 3.31 |
| 2019年湖北省（武汉市）土地储备专项债券（3期）——2019年湖北省政府专项债券（18期） | 5年 | 50.9473 | 2019-08-29 | 发行方式 | 3.21 |
| 2019年湖北省武襄荆咸荆十恩孝宜随土储专项债4期——2019年湖北省政府专项债券19期 | 5年 | 157.8558 | 2019-08-29 | 发行方式 | 3.21 |
| 2019年吉林省政府一般债券（四期） | 102年 | 59.8283 | 2019-08-29 | 发行方式 | 3.30 |
| 2019年吉林省土地储备专项债券（四期）——2019年吉林省政府专项债券（十四期） | 5年 | 119.1100 | 2019-08-29 | 发行方式 | 3.21 |
| 2019年吉林省棚改专项债券（七期）——2019年吉林省政府专项债券（十五期） | 10年 | 7.6000 | 2019-08-29 | 发行方式 | 3.30 |
| 2019吉林棚市县级医疗机构基础设施建设项目专项1期——2019年吉林省政府专项债16期 | 10年 | 3.4000 | 2019-08-29 | 发行方式 | 3.55 |
| 2019年吉林省产业园建设项目专项债券（一期）——2019年吉林省政府专项债券（十七期） | 30年 | 2.0000 | 2019-08-29 | 发行方式 | 3.91 |
| 2019年吉林省城乡公用事业发展项目专项债券1期——2019年吉林省政府专项债券18期 | 7年 | 1.5400 | 2019-08-29 | 发行方式 | 3.43 |
| 2019年吉林省城乡公用事业发展项目专项债券2期——2019年吉林省政府专项债券19期 | 10年 | 2.1500 | 2019-08-29 | 发行方式 | 3.55 |
| 2019年吉林省城乡公用事业发展项目专项债券3期——2019年吉林省政府专项债券20期 | 20年 | 1.0000 | 2019-08-29 | 发行方式 | 4.01 |
| 2019年江苏省城乡建设专项债券（四期）——2019年江苏省政府专项债券（十二期） | 5年 | 40.7000 | 2019-08-30 | 发行方式 | 3.20 |

续表

| 债券名称 | 债券期限 | 发行面值（亿元） | 发行日期 | 发行方式 | 票面利率（%） |
|---|---|---|---|---|---|
| 2019 年江苏省城乡建设专项债券（五期）——2019 年江苏省政府专项债券（十三期） | 7 年 | 47.5000 | 2019-08-30 | 发行方式 | 3.33 |
| 2019 年江苏省城乡建设专项债券（六期）——2019 年江苏省政府专项债券（十四期） | 10 年 | 338.5000 | 2019-08-30 | 发行方式 | 3.30 |
| 2019 年江苏省收费公路专项债券（一期）——2019 年江苏省政府专项债券（十五期） | 7 年 | 14.3000 | 2019-08-30 | 发行方式 | 3.33 |
| 2019 年黑龙江省棚改专项债券（二期）——2019 年黑龙江省政府专项债券（三期） | 5 年 | 16.8910 | 2019-08-30 | 发行方式 | 3.20 |
| 2019 年黑龙江省三江平原水资源保护专项债券 1 期——2019 年黑龙江省政府专项债券 4 期 | 20 年 | 9.1051 | 2019-08-30 | 发行方式 | 3.64 |
| 2019 年黑龙江省教育专项债券（一期）——2019 年黑龙江省政府专项债券（五期） | 5 年 | 6.6892 | 2019-08-30 | 发行方式 | 3.20 |
| 2019 年黑龙江省教育专项债券（二期）——2019 年黑龙江省政府专项债券（六期） | 15 年 | 7.0200 | 2019-08-30 | 发行方式 | 3.60 |
| 2019 年黑龙江省土地储备专项债券（一期）——2019 年黑龙江省政府专项债券（七期） | 3 年 | 10.0197 | 2019-08-30 | 发行方式 | 3.02 |
| 2019 年黑龙江省土地储备专项债券（二期）——2019 年黑龙江省政府专项债券（八期） | 5 年 | 47.3283 | 2019-08-30 | 发行方式 | 3.20 |
| 2019 年黑龙江省公立医院专项债券（一期）——2019 年黑龙江省政府专项债券（九期） | 7 年 | 15.0000 | 2019-08-30 | 发行方式 | 3.33 |
| 2019 年黑龙江省（本级）收费公路专项债券 1 期——2019 年黑龙江省政府专项债券（十期） | 5 年 | 4.0000 | 2019-08-30 | 发行方式 | 3.20 |
| 2019 年黑龙江省（本级）收费公路专项债券 2 期——2019 年黑龙江省政府专项债券 11 期 | 10 年 | 0.6000 | 2019-08-30 | 发行方式 | 3.30 |
| 2019 年黑龙江省（本级）收费公路专项债券 3 期——2019 年黑龙江省政府专项债券 12 期 | 30 年 | 15.2000 | 2019-08-30 | 发行方式 | 3.91 |
| 2019 年青海省政府一般债券（六期） | 10 年 | 11.4605 | 2019/9/3 | 发行方式 | 3.30 |
| 2019 年青海省西宁市棚户区改造专项债券 2 期——2019 年青海省政府专项债券（十五期） | 3 年 | 5.0000 | 2019/9/3 | 发行方式 | 3.23 |
| 2019 年青海省果洛州棚户区改造专项债券 1 期——2019 年青海省政府专项债券（十六期） | 7 年 | 1.5000 | 2019/9/3 | 发行方式 | 3.33 |
| 2019 年青海省海北州棚户区改造专项债券 2 期——2019 年青海省政府专项债券（十七期） | 7 年 | 0.5000 | 2019/9/3 | 发行方式 | 3.33 |
| 2019 年青海省政府专项债券（十八期） | 10 年 | 11.5560 | 2019/9/3 | 发行方式 | 3.30 |
| 2019 年新疆维吾尔自治区政府一般债券（十期） | 30 年 | 5.1000 | 2019/9/5 | 发行方式 | 3.98 |
| 2019 年新疆维吾尔自治区政府专项债券（十三期） | 30 年 | 7.9000 | 2019/9/5 | 发行方式 | 3.98 |
| 2019 年新疆维吾尔自治区（新疆生产建设兵团）一般债券（三期） | 7 年 | 11.0800 | 2019-09-10 | 发行方式 | 3.32 |

续表

| 债券名称 | 债券期限 | 发行面值（亿元） | 发行日期 | 发行方式 | 票面利率（%） |
|---|---|---|---|---|---|
| 2019 年新疆维吾尔自治区（新疆生产建设兵团）专项债券（三期） | 7 年 | 0.8000 | 2019-09-10 | 发行方式 | 3.32 |
| 2019 兵团土储专项债 2 期——2019 新疆维吾尔自治区（新疆生产建设兵团）专项债 4 期 | 7 年 | 13.0000 | 2019-09-10 | 发行方式 | 3.32 |
| 2019 兵团棚改专项债 1 期——2019 新疆维吾尔自治区（新疆生产建设兵团）专项债 5 期 | 7 年 | 1.5000 | 2019-09-10 | 发行方式 | 3.32 |
| 2019 年天津市政府棚户区改造专项债券（十期）——2019 年天津市政府专项债券 43 期 | 5 年 | 3.0000 | 2019-09-12 | 发行方式 | 3.19 |
| 2019 年天津市政府棚户区改造专项债券（十一期）——2019 年天津市政府专项债券 44 期 | 10 年 | 13.0000 | 2019-09-12 | 发行方式 | 3.28 |
| 2019 年宁波市政府一般债券（五期） | 7 年 | 33.9519 | 2019-09-17 | 发行方式 | 3.34 |
| 2019 年宁波市政府专项债券（十期） | 7 年 | 8.6660 | 2019-09-17 | 发行方式 | 3.34 |
| 2019 年宁夏回族自治区政府一般债券（八期） | 30 年 | 17.6211 | 2019-09-17 | 发行方式 | 3.93 |
| 2019 年河北省土地储备专项债券（五期）——2019 年河北省政府专项债券（二十二期） | 3 年 | 21.6500 | 2019-09-18 | 发行方式 | 3.00 |
| 2019 年河北省土地储备专项债券（六期）——2019 年河北省政府专项债券（二十三期） | 5 年 | 29.6000 | 2019-09-18 | 发行方式 | 3.22 |
| 2019 年河北省棚改专项债券（五期）——2019 年河北省政府专项债券（二十四期） | 10 年 | 35.1900 | 2019-09-18 | 发行方式 | 3.33 |
| 2019 年河北省基础设施专项债券（五期）——2019 年河北省政府专项债券（二十五期） | 5 年 | 22.8000 | 2019-09-18 | 发行方式 | 3.22 |
| 2019 年河北省基础设施专项债券（六期）——2019 年河北省政府专项债券（二十六期） | 10 年 | 4.2000 | 2019-09-18 | 发行方式 | 3.33 |
| 2019 年河北省医疗卫生专项债券（三期）——2019 年河北省政府专项债券（二十七期） | 10 年 | 3.0000 | 2019-09-18 | 发行方式 | 3.33 |
| 2019 年河北省教育培训专项债券（二期）——2019 年河北省政府专项债券（二十八期） | 5 年 | 3.0000 | 2019-09-18 | 发行方式 | 3.22 |
| 2019 年河北省收费公路专项债券（二期）——2019 年河北省政府专项债券（二十九期） | 15 年 | 4.9500 | 2019-09-18 | 发行方式 | 3.61 |
| 2019 年河北省收费公路专项债券（三期）——2019 年河北省政府专项债券（三十期） | 15 年 | 33.7000 | 2019-09-18 | 发行方式 | 3.61 |
| 2019 年山西省政府一般债券（十四期） | 5 年 | 13.0029 | 2019-09-19 | 发行方式 | 3.23 |
| 2019 年山西省政府一般债券（十五期） | 15 年 | 14.0000 | 2019-09-19 | 发行方式 | 3.63 |
| 2019 年山西省政府土地储备专项债券（八期）——2019 年山西省政府专项债券（四十一期） | 5 年 | 2.0300 | 2019-09-19 | 发行方式 | 3.23 |
| 2019 年山西省政府棚户区改造专项债券 15 期——2019 年山西省政府专项债券 42 期 | 5 年 | 1.7000 | 2019-09-19 | 发行方式 | 3.23 |

续表

| 债券名称 | 债券期限 | 发行面值（亿元） | 发行日期 | 发行方式 | 票面利率（%） |
|---|---|---|---|---|---|
| 2019 年山西省政府棚户区改造专项债券 16 期——2019 年山西省政府专项债券 43 期 | 7 年 | 3.5000 | 2019-09-19 | 发行方式 | 3.37 |
| 2019 年山西省政府棚户区改造专项债券 17 期——2019 年山西省政府专项债券 44 期 | 10 年 | 3.8550 | 2019-09-19 | 发行方式 | 3.34 |
| 2019 年山西省政府专项债券（四十五期） | 5 年 | 12.6200 | 2019-09-19 | 发行方式 | 3.23 |
| 2019 年山西省政府专项债券（四十六期） | 7 年 | 13.9600 | 2019-09-19 | 发行方式 | 3.37 |
| 2019 年山西省政府专项债券（四十七期） | 10 年 | 42.3500 | 2019-09-19 | 发行方式 | 3.34 |
| 2019 年山西省政府专项债券（四十八期） | 15 年 | 24.1200 | 2019-09-19 | 发行方式 | 3.63 |
| 2019 年河北省政府一般债券（八期）——2019 年雄安新区建设一般债券（一期） | 5 年 | 50.0000 | 2019-09-20 | 发行方式 | 3.24 |
| 2019 年河北省政府一般债券（九期）——2019 年雄安新区建设一般债券（二期） | 10 年 | 100.0000 | 2019-09-20 | 发行方式 | 3.35 |
| 2019 年云南省政府一般债券（九期） | 7 年 | 98.6800 | 2019-09-23 | 发行方式 | 3.38 |
| 2019 年云南省政府专项债券（十六期） | 3 年 | 59.5200 | 2019-09-23 | 发行方式 | 3.00 |
| 2019 年云南省政府专项债券（十七期） | 7 年 | 68.0000 | 2019-09-23 | 发行方式 | 3.38 |
| 2019 年甘肃省政府棚户区改造专项债券（五期）——2019 年甘肃省政府专项债券（十二期） | 7 年 | 3.1900 | 2019-09-23 | 发行方式 | 3.38 |
| 2019 年甘肃省政府绿色生态产业发展专项债券 2 期——2019 年甘肃省政府专项债券 13 期 | 20 年 | 4.2000 | 2019-09-23 | 发行方式 | 3.68 |
| 2019 年甘肃省政府重大水利建设专项债券 2 期——2019 年甘肃省政府专项债券 14 期 | 20 年 | 2.6000 | 2019-09-23 | 发行方式 | 3.68 |
| 2019 年甘肃省政府专项债券（十五期） | 30 年 | 20.0000 | 2019-09-23 | 发行方式 | 3.94 |
| 2019 年内蒙古自治区政府一般债券（八期） | 5 年 | 40.5649 | 2019-09-24 | 发行方式 | 3.24 |
| 2019 内蒙古自治区重点铁路建设专项债券 1 期——2019 年内蒙古自治区政府专项债券 19 期 | 15 年 | 38.6000 | 2019-09-24 | 发行方式 | 3.65 |
| 2019 年内蒙古自治区政府专项债券（二十期） | 10 年 | 5.1920 | 2019-09-24 | 发行方式 | 3.36 |
| 2019 年湖南省政府一般债券（十三期） | 20 年 | 22.7141 | 2019-09-24 | 发行方式 | 3.69 |
| 2019 湖南两供两治供水供气污水生活垃圾治理专项 1 期——2019 年湖南省政府专项债 18 期 | 10 年 | 14.9621 | 2019-09-24 | 发行方式 | 3.36 |
| 2019 湖南两供两治供水供气污水生活垃圾治理专项 2 期——2019 年湖南省政府专项债 19 期 | 15 年 | 5.5856 | 2019-09-24 | 发行方式 | 3.65 |
| 2019 年湖南省棚户区改造专项债券（九期）——2019 年湖南省政府专项债券（二十期） | 10 年 | 6.7080 | 2019-09-24 | 发行方式 | 3.36 |
| 2019 年湖南省土地储备专项债券（四期）——2019 年湖南省政府专项债券（二十一期） | 5 年 | 99.2120 | 2019-09-24 | 发行方式 | 3.24 |
| 2019 年湖南省收费公路专项债券（一期）——2019 年湖南省政府专项债券（二十二期） | 20 年 | 113.0000 | 2019-09-24 | 发行方式 | 3.69 |
| 2019 年湖南省政府专项债券（二十三期） | 20 年 | 14.4869 | 2019-09-24 | 发行方式 | 3.69 |

续表

| 债券名称 | 债券期限 | 发行面值（亿元） | 发行日期 | 发行方式 | 票面利率（%） |
|---|---|---|---|---|---|
| 2019 年湖南省政府专项债券（二十四期） | 30 年 | 167.8710 | 2019-09-24 | 发行方式 | 3.95 |
| 2019 年湖北省政府一般债券（四期）【续发行】 | 10 年 | 17.5926 | 2019-09-24 | 发行方式 | 3.48 |
| 2019 年湖北省（随州咸宁黄石）土储专项债 5 期——2019 年湖北省政府专项债券 20 期 | 3 年 | 6.0317 | 2019-09-24 | 发行方式 | 3.00 |
| 2019 年湖北省武汉天门荆州黄石黄冈土储专项债 6 期——2019 年湖北省政府专项债券 21 期 | 5 年 | 35.9890 | 2019-09-24 | 发行方式 | 3.24 |
| 2019 年湖北省武汉荆州神农架林区棚改专项债 8 期——2019 年湖北省政府专项债券 22 期 | 7 年 | 7.4400 | 2019-09-24 | 发行方式 | 3.39 |
| 2019 年湖北省（武汉市）收费公路专项债券（二期）——2019 年湖北省政府专项债券 23 期 | 15 年 | 15.0000 | 2019-09-24 | 发行方式 | 3.65 |
| 2019 年湖北省（武汉市）收费公路专项债券（三期）——2019 年湖北省政府专项债券 24 期 | 7 年 | 2.3800 | 2019-09-24 | 发行方式 | 3.39 |
| 2019 年湖北省（荆门市）收费公路专项债券（四期）——2019 年湖北省政府专项债券 25 期 | 10 年 | 5.0000 | 2019-09-24 | 发行方式 | 3.36 |
| 2019 年湖北省（宜昌黄冈）医疗卫生专项债券 3 期——2019 年湖北省政府专项债券 26 期 | 10 年 | 1.3500 | 2019-09-24 | 发行方式 | 3.36 |
| 2019 湖北武黄黄荆宜十基础设施建设专项 2 期——2019 年湖北省政府专项债券 27 期 | 10 年 | 33.4615 | 2019-09-24 | 发行方式 | 3.36 |
| 2019 湖北武汉襄阳荆门天门基础设施建设专项 3 期——2019 年湖北省政府专项债券 28 期 | 15 年 | 23.3600 | 2019-09-24 | 发行方式 | 3.65 |
| 2019 年湖北黄石黄冈基础设施建设专项债券 4 期——2019 年湖北省政府专项债券 29 期 | 5 年 | 3.9535 | 2019-09-24 | 发行方式 | 3.24 |
| 2019 年湖北省（武汉市）轨道交通专项债券 2 期——2019 年湖北省政府专项债券 30 期 | 15 年 | 28.0500 | 2019-09-24 | 发行方式 | 3.65 |
| 2019 年重庆市政府一般债券（六期） | 30 年 | 28.3000 | 2019-09-25 | 发行方式 | 3.96 |
| 2019 年重庆市本级土地储备专项债券（三期）——2019 年重庆市政府专项债券（十一期） | 5 年 | 80.0000 | 2019-09-25 | 发行方式 | 3.24 |
| 2019 年重庆市区县级土地储备专项债券（四期）——2019 年重庆市政府专项债券（十二期） | 5 年 | 5.0000 | 2019-09-25 | 发行方式 | 3.24 |
| 2019 年重庆市政府专项债券（十三期） | 10 年 | 53.9000 | 2019-09-25 | 发行方式 | 3.36 |
| 2019 年重庆市政府专项债券（十四期） | 30 年 | 39.1000 | 2019-09-25 | 发行方式 | 3.96 |
| 2019 年河北省政府一般债券（十期） | 5 年 | 29.6500 | 2019-09-25 | 发行方式 | 3.24 |
| 2019 年河北省政府专项债券（三十一期）——2019 年雄安新区建设专项债券（一期） | 10 年 | 40.0000 | 2019-09-25 | 发行方式 | 3.36 |
| 2019 年河北省政府专项债券（三十二期）——2019 年雄安新区建设专项债券（二期） | 20 年 | 60.0000 | 2019-09-25 | 发行方式 | 3.69 |
| 2019 年河北省政府专项债券（三十三期）——2019 年雄安新区建设专项债券（三期） | 30 年 | 150.0000 | 2019-09-25 | 发行方式 | 3.96 |

续表

| 债券名称 | 债券期限 | 发行面值（亿元） | 发行日期 | 发行方式 | 票面利率（%） |
|---|---|---|---|---|---|
| 2019 年青海省西宁市棚户区改造专项债券三期——2019 年青海省政府专项债券（十九期） | 10 年 | 3.0000 | 2019-09-25 | 发行方式 | 3.36 |
| 2019 年青海省格尔木市棚户区改造专项债券二期——2019 年青海省政府专项债券二十期 | 10 年 | 2.3000 | 2019-09-25 | 发行方式 | 3.36 |
| 2019 年吉林省收费公路专项债券（一期） | 5 年 | 1.0200 | 2019-09-26 | 发行方式 | 3.24 |
| 2019 年吉林省收费公路专项债券（二期） | 7 年 | 10.9800 | 2019-09-26 | 发行方式 | 3.38 |
| 2019 年吉林省棚改专项债券（八期） | 7 年 | 1.6100 | 2019-09-26 | 发行方式 | 3.38 |
| 2019 年吉林省棚改专项债券（九期） | 10 年 | 1.9800 | 2019-09-26 | 发行方式 | 3.51 |
| 2019 年吉林省土地储备专项债券（五期） | 5 年 | 17.1000 | 2019-09-26 | 发行方式 | 3.24 |
| 2019 年吉林省城乡公用事业发展项目专项债券（四期） | 10 年 | 1.3000 | 2019-09-26 | 发行方式 | 3.51 |
| 2019 年吉林省城乡公用事业发展项目专项债券（五期） | 30 年 | 2.5000 | 2019-09-26 | 发行方式 | 4.00 |
| 2019 年吉林省查干湖生态保护项目专项债券（一期） | 10 年 | 4.0000 | 2019-09-26 | 发行方式 | 3.36 |
| 2019 年贵州省政府一般债券（九期） | 20 年 | 71.9635 | 2019-09-26 | 发行方式 | 3.69 |
| 2019 年贵州省政府专项债券（六期） | 30 年 | 27.5662 | 2019-09-26 | 发行方式 | 3.96 |
| 2019 年黑龙江省（本级）收费公路专项债券（四期） | 30 年 | 5.0000 | 2019-09-26 | 发行方式 | 3.96 |
| 2019 年黑龙江省城乡发展专项债券（一期） | 30 年 | 10.0000 | 2019-09-26 | 发行方式 | 3.96 |
| 2019 年内蒙古自治区政府一般债券（九期） | 10 年 | 40.2435 | 2019-10-14 | 公开发行 | 3.38 |
| 2019 年青岛市政府一般债券（五期） | 10 年 | 18.1000 | 2019-10-15 | 公开发行 | 3.40 |
| 2019 年浙江省政府一般债券（六期） | 30 年 | 144.4000 | 2019-10-21 | 公开发行 | 4.04 |
| 2019 年浙江省政府专项债券（十三期） | 10 年 | 42.8000 | 2019-10-21 | 公开发行 | 3.42 |
| 2019 年四川省政府一般债券（十二期） | 30 年 | 83.4368 | 2019-10-23 | 公开发行 | 4.07 |
| 2019 年四川省政府专项债券（一百零七期） | 30 年 | 20.1463 | 2019-10-23 | 公开发行 | 4.07 |
| 2019 年湖北省政府一般债券（五期） | 7 年 | 69.5085 | 2019-10-24 | 公开发行 | 3.59 |
| 2019 年海南省政府一般债券（六期） | 30 年 | 31.5888 | 2019-10-24 | 公开发行 | 4.08 |
| 2019 年湖南省政府一般债券（十四期） | 5 年 | 149.9976 | 2019-10-25 | 公开发行 | 3.27 |
| 2019 年湖南省政府一般债券（十五期） | 15 年 | 85.7001 | 2019-10-25 | 公开发行 | 3.77 |
| 2019 年湖南省政府专项债券（二十五期） | 30 年 | 43.0595 | 2019-10-25 | 公开发行 | 4.09 |
| 2019 年广东省政府一般债券（四期） | 10 年 | 133.7083 | 2019-10-29 | 公开发行 | 3.34 |
| 2019 年贵州省政府一般债券（十期） | 7 年 | 39.0795 | 2019-10-29 | 公开发行 | 3.48 |
| 2019 年贵州省政府专项债券（七期） | 30 年 | 62.8271 | 2019-10-29 | 公开发行 | 4.11 |
| 2019 年北京市政府一般债券（十期） | 3 年 | 9.2373 | 2019-11-04 | 公开发行 | 3.13 |
| 2019 年北京市政府一般债券（十一期） | 10 年 | 12.6640 | 2019-11-04 | 公开发行 | 3.54 |
| 2019 年北京市政府专项债券（二十六期） | 5 年 | 4.7000 | 2019-11-04 | 公开发行 | 3.33 |
| 2019 年大连市政府一般债券（四期） | 30 年 | 55.8354 | 2019-11-05 | 公开发行 | 4.15 |
| 2019 年大连市政府专项债券（四期） | 30 年 | 24.7396 | 2019-11-05 | 公开发行 | 4.15 |
| 2019 年云南省政府一般债券（十期） | 3 年 | 44.7600 | 2019-11-06 | 公开发行 | 3.15 |
| 2019 年云南省政府专项债券（十八期） | 3 年 | 43.6900 | 2019-11-06 | 公开发行 | 3.15 |
| 2019 年天津市政府一般债券（九期） | 30 年 | 54.0100 | 2019-11-07 | 公开发行 | 4.13 |

续表

| 债券名称 | 债券期限 | 发行面值（亿元） | 发行日期 | 发行方式 | 票面利率（%） |
|---|---|---|---|---|---|
| 2019 年天津市政府专项债券（四十五期） | 5 年 | 122.0300 | 2019-11-07 | 公开发行 | 3.32 |
| 2019 年宁夏回族自治区政府一般债券（九期） | 5 年 | 2.6334 | 2019-11-07 | 公开发行 | 3.32 |
| 2019 年宁夏回族自治区政府专项债券（二十四期） | 7 年 | 5.1835 | 2019-11-07 | 公开发行 | 3.51 |
| 2019 年新疆维吾尔自治区政府一般债券（十一期） | 20 年 | 11.7000 | 2019-11-14 | 公开发行 | 3.90 |
| 2019 年新疆维吾尔自治区政府专项债券（十四期） | 10 年 | 0.9000 | 2019-11-14 | 公开发行 | 3.66 |
| 2019 年广西壮族自治区政府一般债券（五期） | 30 年 | 12.8100 | 2019-11-20 | 公开发行 | 4.08 |
| 2019 年广西壮族自治区政府专项债券（十六期） | 30 年 | 26.0000 | 2019-11-20 | 公开发行 | 4.08 |
| 2019 年厦门市政府一般债券（第四期） | 30 年 | 27.0000 | 2019-11-27 | 公开发行 | 4.03 |
| 2019 年内蒙古自治区政府一般债券（十期） | 10 年 | 17.5053 | 2019-12-02 | 公开发行 | 3.42 |
| 2019 年吉林省政府一般债券（五期） | 7 年 | 5.7081 | 2019-12-05 | 公开发行 | 3.41 |
| 2019 年江苏省政府专项债券（十六期） | 10 年 | 150.0000 | 2019-12-06 | 公开发行 | 3.43 |
| 2019 年新疆维吾尔自治区（新疆生产建设兵团）一般债券（四期） | 7 年 | 16.6600 | 2019-12-19 | 公开发行 | 3.41 |
| 2019 年新疆维吾尔自治区（新疆生产建设兵团）专项债券（六期） | 7 年 | 10.6600 | 2019-12-19 | 公开发行 | 3.41 |
| 2019 年新疆维吾尔自治区（新疆生产建设兵团）专项债券（七期） | 20 年 | 19.2700 | 2019-12-19 | 公开发行 | 3.78 |
| 2019 年新疆维吾尔自治区（新疆生产建设兵团）专项债券（八期） | 30 年 | 160.0700 | 2019-12-19 | 公开发行 | 4.05 |

# 2019年财政部代办兑付的地方政府债券还本付息品种和条件

以下地方政府债券于还本付息日（节假日顺延）归还本金并支付最后一次利息。

| 地方政府债券名称 | 还本付息日 | 期限 | 年利率 |
|---|---|---|---|
| 2014年地方政府债券（二期） | 6月16日 | 5年 | 3.99% |
| 2014年地方政府债券（五期） | 6月30日 | 5年 | 4.12% |
| 2014年地方政府债券（七期） | 7月15日 | 5年 | 4.28% |
| 2014年地方政府债券（十期） | 8月18日 | 5年 | 4.16% |
| 2012年上海市政府债券（二期） | 8月24日 | 7年 | 3.39% |
| 2012年广东省政府债券（二期） | 9月7日 | 7年 | 3.40% |
| 2014年地方政府债券（十二期） | 9月16日 | 5年 | 4.15% |
| 2012年浙江省政府债券（二期） | 9月24日 | 7年 | 3.47% |
| 深圳市2012年政府债券（二期） | 10月15日 | 7年 | 3.43% |

# 第四篇

# 政府债券法规制度文件

# 一、国债管理制度文件

## 财政部关于印发《2019 年记账式国债招标发行规则》的通知

财库〔2018〕93 号　2018 年 12 月 28 日

2018—2020 年记账式国债承销团成员，中央国债登记结算有限责任公司、中国证券登记结算有限责任公司、中国外汇交易中心、上海证券交易所、深圳证券交易所：

为规范记账式国债招标发行管理，促进国债市场健康发展，财政部制定了《2019 年记账式国债招标发行规则》，现予以公布，请照此执行。

附件：2019 年记账式国债招标发行规则

附件：

### 2019 年记账式国债招标发行规则

**第一条**　为规范记账式国债招标发行管理，促进国债市场健康发展，根据《中华人民共和国预算法》等法律法规，制定本规则。

**第二条**　本规则所称记账式国债，是指财政部通过记账式国债承销团向社会各类投资者发行的以电子方式记录债权的可流通国债。本规则所称关键期限国债是指首次发行期限为 1 年、3 年、5 年、7 年、10 年期的记账式国债。

**第三条**　记账式国债发行招标通过财政部政府债券发行系统（以下简称发行系统）进行。发行系统包括中心端和客户端。2018—2020 年记账式国债承销团成员（以下简称国债承销团成员）通过客户端远程投标。

**第四条**　记账式国债通过竞争性招标确定票面利率或发行价格。

（一）竞争性招标确定的票面利率保留 2 位小数，一年以下（含一年）期限国债发行价格保留 3 位小数，一年以上（不含一年）期限国债发行价格保留 2 位小数。

（二）竞争性招标时间为招标日上午 10:35 至 11:35。

（三）竞争性招标方式包括单一价格、修正的多重价格（即混合式）招标方式，招标标的为利率或价格。

单一价格招标方式下，标的为利率时，全场最高中标利率为当期（次）国债票面利率，各中标国债承销团成员（以下简称中标机构）均按面值承销；标的为价格时，全场最低中标价格为当期（次）国债发行价格，各中标机构均按发行价格承销。

修正的多重价格招标方式下，标的为利率时，全场加权平均中标利率四舍五入后为当期（次）国债票面利率，低于或等于票面利率的中标标位，按面值承销；高于票面利率的中标标位，按各中标标位的利率与票面利率折算的价格承销。标的为价格时，全场加权平均中标价格四舍五入后为当期（次）国债发行价格，高于或等于发行价格的中标标位，按发行价格承销；低于发行价格的中标标位，按各中标标位的价格承销。

（四）投标限定。

投标标位变动幅度。利率招标时，标位变动幅度为0.01%。价格招标时，91天、182天、1年、2年、3年、5年、7年、10年、30年、50年期国债标位变动幅度分别为0.002元、0.005元、0.01元、0.02元、0.03元、0.05元、0.06元、0.08元、0.18、0.22元。

投标标位差。每一国债承销团成员最高、最低投标标位差不得大于当期（次）财政部规定的投标标位差（详见附件1）。

投标剔除。背离全场加权平均投标利率或价格一定数量的标位为无效投标，全部落标，不参与全场加权平均中标利率或价格的计算（具体标位见附1）。

中标剔除。标的为利率时，高于全场加权平均中标利率一定数量以上的标位，全部落标；标的为价格时，低于全场加权平均中标价格一定数量以上的标位，全部落标（具体标位见附件1）。

单一标位最低投标限额为0.1亿元，最高投标限额为50亿元。投标量变动幅度为0.1亿元的整数倍。

最高投标限额。国债承销团甲类成员最高投标限额为当期（次）国债竞争性招标额的35%。国债承销团乙类成员最高投标限额为当期（次）国债竞争性招标额的25%。上述比例均计算至0.1亿元，0.1亿元以下四舍五入。

（五）中标原则。

按照低利率或高价格优先的原则对有效投标逐笔募入，直到募满招标额或将全部有效标位募完为止。

最高中标利率标位或最低中标价格标位上的投标额大于剩余招标额，以国债承销团成员在该标位投标额为权重平均分配，取整至0.1亿元，尾数按投标时间优先原则分配。

**第五条** 自二季度起，竞争性招标结束后20分钟内，国债承销团甲类成员有权通过投标追加承销当期（次）国债。

（一）追加投标为数量投标，国债承销团甲类成员按照竞争性招标确定的票面利率或发行价格承销。

（二）国债承销团甲类成员追加承销额上限为该成员当期（次）国债竞争性中标额的50%，且不能超出该成员当期（次）国债最低承销额，计算至0.1亿元，0.1亿元以下四舍五入。追加承销额应为0.1亿元的整数倍。

**第六条** 国债承销团成员应承担最低投标、承销义务。以下比例均计算至0.1亿元，0.1亿元以下四舍五入。

（一）国债承销团甲类成员最低投标为当期（次）国债竞争性招标额的4%；乙类为1.5%。

（二）国债承销团甲类成员最低承销额（含追加承销部分）为当期（次）国债竞争性招标额的1%；乙类为0.2%。

**第七条** 中央国债登记结算有限责任公司（以下简称中央结算公司）为记账式国债债权总托管机构，国债承销团成员可以选择分托管机构。债权托管机构在财政部收到发行款后，为认购人办理债权登记和托管。

（一）债权托管机构选择。不可追加投标的国债在竞争性招标结束后20分钟内、可以追加投标的国债在追加投标结束后20分钟内，各中标机构应通过发行系统填制“债权托管申请书”，在中央结算公司，中国证券登记结算有限责任公司（以下简称证券登记公司）上海、深圳分公司选择托管。逾时未填制的，系统默认全部在中央结算公司托管。

（二）券种注册和承销额度注册。中央结算公司，证券登记公司上海、深圳分公司根据招标结果办理券种注册，根据各中标机构选择的债券托管数据为各中标机构办理承销额度注册。

（三）债权确立。国债承销团成员于招标日后1个工作日内缴纳发行款。财政部收到发行款后，托管机构为认购人办理债权登记、托管手续。具体按以下方式处理：

债权登记日，中央结算公司办理总债权登记、为认购人办理债权托管，证券登记公司上海、深圳分公司为认购人办理分托管部分的债权登记和托管。债权登记日为发行款缴款截止日下一个工作日。

财政部如在发行款缴款截止日期前未足额收到中标机构应缴发行款，将不迟于债权登记日下午3点通知中央结算公司。中央结算公司办理债权登记和托管时对财政部未收到发行款的相应债权暂不办理债权登记和托管；对涉及证券登记公司上海、深圳分公司分托管的部分，中央结算公司应不迟于当日下午4点书面通知证券登记公司上海、深圳分公司，后者对财政部未收到发行款的相应债权暂不办理债权登记和托管。对于未办理债权确认的部分，财政部根据发行款收到情况另行通知中央结算公司处理。中央结算公司如在债权登记日下午3点前未收到财政部关于不办理全部或部分债权登记的通知，证券登记公司上海、深圳分公司未在债权登记日下午4点前收到中央结算公司关于不办理全部或部分分托管债权的通知，应办理全部债权登记和托管手续。

**第八条** 如果发行系统客户端出现技术问题，国债承销团成员可以将内容齐全的“记账式国债发行应急投标书”（以下简称应急投标书）或“记账式国债债权托管应急申请书”（以下简称应急债权托管书）（格式见附件2、附件3）传真至中央结算公司，委托中央结算公司代为投标或债权托管。

（一）国债承销团成员如需进行应急投标或应急债权托管，应及时通过招标室电话向财政部国债招标人员报告。

（二）竞争性应急投标、追加应急投标、债权托管应急申请的截止时间分别为当期（次）国债竞争性投标、追加投标和债权托管截止时间。应急投标、应急债权托管时间分别以招标室收到应急投标书、应急债权托管书的时间为准。

（三）应急投标书或应急债权托管书录入发行系统后，申请应急的国债承销团成员将无法通过发行系统投标或债权托管。应急投标书或应急债权托管书录入发行系统前，该国债承销团成员仍可通过发行系统投标或债权托管。

（四）如国债承销团成员既通过发行系统投标（债权托管），又进行应急投标（应急债权托管），或进行多次应急投标（应急债权托管），以最后一次有效投标（债权托管申请）为准；如国债承销团成员应急投标（应急债权托管）内容与通过发行系统投标（债权托管）的内容一致，不作应急处理。

（五）中央结算公司确认竞争性招标时间内其负责维护的发行系统或通讯主干线运行出现问题时，财政部将通过中债发行业务短信平台（010－88170678），通知经报备的国债承销团成员常规联系人、投标操作人，延长竞争性招标应急投标时间至投标截止时间后半小时。通知内容为“［国债招标室通知］2019年×月×日记账式国债竞争性招标应急投标时间延长半小时”。

**第九条** 招标结束后至缴款日（含缴款当日），中标机构可以通过分销转让中标的全部或部分国债债权额度。

（一）关键期限国债分销方式为场内挂牌、场外签订分销合同、商业银行柜台销售。非关键期限国债分销方式为场内挂牌、场外签订分销合同。

（二）分销对象为在证券登记公司开立股票和基金账户，在中央结算公司、商业银行开立债券账户的各类投资者。

（三）国债承销团成员间不得分销。

（四）非国债承销团成员通过分销获得的国

债债权额度，在分销期内不得转让。

（五）国债承销团成员根据市场情况自定分销价格。

**第十条** 记账式国债可以上市交易。

（一）上市日为债权登记日下一个工作日。关键期限国债在全国银行间债券市场（含商业银行柜台）、证券交易所债券市场上市交易。非关键期限国债在全国银行间债券市场（不含商业银行柜台）、证券交易所债券市场上市交易。

（二）上市后，各期国债可在各交易场所间相互转托管。

（三）通过商业银行柜台购买的国债，可以在债权托管银行质押贷款，具体办法由各商业银行制定。

**第十一条** 财政部委托中央结算公司，证券登记公司上海、深圳分公司以及商业银行办理利息支付及到期偿还本金等事宜。

**第十二条** 本规则自印发之日起施行，有效期截至 2019 年 12 月 31 日。

附：1. 2019 年记账式国债标位限定参数表

2. 记账式国债发行应急投标书

3. 记账式国债债权托管应急申请书

附件 1：

## 2019 年记账式国债标位限定参数表

**表一** **记账式附息债**

| 国债期限 | 标位变动幅度 | 最高最低标位差（标位） | 投标剔除（标位） | 中标剔除（标位） |
|---|---|---|---|---|
| 1 年、2 年 | 0.01% | 25 | 50 | 15 |
| 3 年、5 年、7 年 | | 30 | 75 | 15 |
| 10 年 | | 35 | 100 | 20 |
| 1 年续发 | 0.01 元 | 25 | 50 | 15 |
| 2 年续发 | 0.02 元 | 25 | 50 | 15 |
| 3 年续发 | 0.03 元 | 30 | 80 | 15 |
| 5 年续发 | 0.05 元 | 30 | 65 | 15 |
| 7 年续发 | 0.06 元 | 30 | 75 | 15 |
| 10 年续发 | 0.08 元 | 35 | 105 | 20 |
| 30 年续发 | 0.18 元 | 30 | | |
| 50 年续发 | 0.22 元 | 30 | | |
| 30 年 | 0.01% | 30 | | |
| 50 年 | | 35 | | |

**表二** **记账式贴现债**

| 国债期限 | 标位变动幅度 | 最高最低标位差（标位） | 投标剔除（标位） | 中标剔除（标位） |
|---|---|---|---|---|
| 91 天 | 0.002 元 | 40 | 60 | 25 |
| 182 天 | 0.005 元 | 35 | 50 | 25 |

附件2：

# 记账式国债发行应急投标书

**业务凭单号：A01**

财政部：

由于财政部政府债券发行系统客户端出现故障，现以书面形式发送年记账式（附息/贴现）（期）国债发行（竞争性/追加）应急投标书。我单位承诺：本应急投标书由我单位授权经办人填写，内容真实、准确、完整，具有与系统投标同等效力，我单位自愿承担应急投标所产生风险。

投标方名称：

自营托管账号：□□□□□□□□□□□□□

投标日期：____年____月____日【要素1】

债券代码：____________【要素2】

| 投标标位（　%或元/百元面值） | | 投标量（亿元） | |
|---|---|---|---|
| 标位1【要素3】 | | 投标量【要素4】 | |
| 标位2 | | 投标量 | |
| 标位3 | | 投标量 | |
| 标位4 | | 投标量 | |
| 标位5 | | 投标量 | |
| 标位6 | | 投标量 | |
| 合计 | | | |

（注：标位不够可自行添加）

电子密押：______ ______ ______ ______（16位数字）

联系人：____________________

联系电话：____________________

单位印章

注意事项：

1. 应急投标书填写须清晰，不得涂改。

2. 本应急投标书进行电子密押计算时共有4项要素，其中要素1在电子密押器中已默认显示，如与应急投标书不符时，请手工修正密押器的要素1；要素2—4按应急投标书所填内容顺序输入密押器，输入内容与应急投标书填写内容必须完全一致。

3. 发行室电话：010－88170543、0544、0545、0546

发行室传真：010－88170939

附件 3：

# 记账式国债债权托管应急申请书

**业务凭单号：A02**

财政部：

由于财政部政府债券发行系统客户端出现故障，现以书面形式发送年记账式（附息/贴现）（期）国债发行债权托管应急申请书。我单位承诺：本债权托管应急申请书由我单位授权经办人填写，内容真实、准确、完整，具有与系统投标同等效力，我单位自愿承担应急债权托管所产生风险。

债权托管方名称：

自营托管账号：□□□□□□□□□□□□

申请日期：____年____月____日【要素 1】

债券代码：____________【要素 2】

| 托管机构 | 债权托管面额（亿元） |
|---|---|
| 中央结算公司【要素 3】 | |
| 证券登记公司（上海） | |
| 证券登记公司（深圳） | |
| 合计【要素 4】 | |

电子密押：______ ______ ______ ______（16 位数字）

联系人：____________________

联系电话：____________________

单位印章

注意事项：

1. 债权托管应急申请书填写须清晰，不得涂改。

2. 本债权托管应急申请书进行电子密押计算时共有 4 项要素，其中要素 1 在电子密押器中已默认显示，如与债权托管应急申请书不符时，请手工修正密押器的要素 1；要素 2—4 按债权托管应急申请书所填内容顺序输入密押器，输入内容与债权托管应急申请书填写内容必须完全一致。

3. 发行室电话：010 - 88170543、0544、0545、0546

发行室传真：010 - 88170939

## 二、地方政府债券管理制度文件

# 中共中央办公厅　国务院办公厅印发《关于做好地方政府专项债券发行及项目配套融资工作的通知》

为贯彻落实党中央、国务院决策部署，加大逆周期调节力度，更好发挥地方政府专项债券（以下简称专项债券）的重要作用，着力加大对重点领域和薄弱环节的支持力度，增加有效投资、优化经济结构、稳定总需求，保持经济持续健康发展，经中央领导同志同意，现就有关事项通知如下。

### 一、总体要求和基本原则

（一）总体要求。以习近平新时代中国特色社会主义思想为指导，全面贯彻党的十九大和十九届二中、三中全会精神，认真落实党中央、国务院决策部署，坚决打好防范化解重大风险攻坚战。坚持以供给侧结构性改革为主线不动摇，坚持结构性去杠杆的基本思路，按照坚定、可控、有序、适度要求，进一步健全地方政府举债融资机制，推进专项债券管理改革，在较大幅度增加专项债券规模基础上，加强宏观政策协调配合，保持市场流动性合理充裕，做好专项债券发行及项目配套融资工作，促进经济运行在合理区间。

（二）基本原则

——坚持疏堵结合。坚持用改革的办法解决发展中的矛盾和问题，把“开大前门”和“严堵后门”协调起来，在严控地方政府隐性债务（以下简称隐性债务）、坚决遏制隐性债务增量、坚决不走无序举债搞建设之路的同时，加大逆周期调节力度，厘清政府和市场边界，鼓励依法依规市场化融资，增加有效投资，促进宏观经济良性循环，提升经济社会发展质量和可持续性。

——坚持协同配合。科学实施政策“组合拳”，加强财政、货币、投资等政策协同配合。积极的财政政策要加力提效，充分发挥专项债券作用，支持有一定收益但难以商业化合规融资的重大公益性项目（以下简称重大项目）。稳健的货币政策要松紧适度，配合做好专项债券发行及项目配套融资，引导金融机构加强金融服务，按商业化原则依法合规保障重大项目合理融资需求。

——坚持突出重点。切实选准选好专项债券项目，集中资金支持重大在建工程建设和补短板并带动扩大消费，优先解决必要在建项目后续融资，尽快形成实物工作量，防止形成“半拉子”工程。

——坚持防控风险。始终从长期大势认识当前形势，坚持推动高质量发展，坚持举债要同偿债能力相匹配。专项债券必须用于有一定收益的重大项目，融资规模要保持与项目收益相平衡。地方政府加强专项债券风险防控和项目管理，金融机构按商业化原则独立审批、审慎决策，坚决防控风险。

——坚持稳定预期。既要强化宏观政策逆周期调节，主动预调微调，也要坚持稳中求进工作总基调，精准把握宏观调控的度，稳定和提振市场预期。必须坚持结构性去杠杆的改革方向，坚决不搞“大水漫灌”。对举借隐性债务上新项目、铺新摊子的要坚决问责、终身问责、倒查责任。

## 二、支持做好专项债券项目融资工作

（一）合理明确金融支持专项债券项目标准。发挥专项债券带动作用和金融机构市场化融资优势，依法合规推进专项债券支持的重大项目建设。对没有收益的重大项目，通过统筹财政预算资金和地方政府一般债券予以支持。对有一定收益且收益全部属于政府性基金收入的重大项目，由地方政府发行专项债券融资；收益兼有政府性基金收入和其他经营性专项收入（以下简称专项收入，包括交通票款收入等），且偿还专项债券本息后仍有剩余专项收入的重大项目，可以由有关企业法人项目单位（以下简称项目单位）根据剩余专项收入情况向金融机构市场化融资。

（二）精准聚焦重点领域和重大项目。鼓励地方政府和金融机构依法合规使用专项债券和其他市场化融资方式，重点支持京津冀协同发展、长江经济带发展、“一带一路”建设、粤港澳大湾区建设、长三角区域一体化发展、推进海南全面深化改革开放等重大战略和乡村振兴战略，以及推进棚户区改造等保障性安居工程、易地扶贫搬迁后续扶持、自然灾害防治体系建设、铁路、收费公路、机场、水利工程、生态环保、医疗健康、水电气热等公用事业、城镇基础设施、农业农村基础设施等领域以及其他纳入“十三五”规划符合条件的重大项目建设。

（三）积极鼓励金融机构提供配套融资支持。对于实行企业化经营管理的项目，鼓励和引导银行机构以项目贷款等方式支持符合标准的专项债券项目。鼓励保险机构为符合标准的中长期限专项债券项目提供融资支持。允许项目单位发行公司信用类债券，支持符合标准的专项债券项目。

（四）允许将专项债券作为符合条件的重大项目资本金。对于专项债券支持、符合中央重大决策部署、具有较大示范带动效应的重大项目，主要是国家重点支持的铁路、国家高速公路和支持推进国家重大战略的地方高速公路、供电、供气项目，在评估项目收益偿还专项债券本息后专项收入具备融资条件的，允许将部分专项债券作为一定比例的项目资本金，但不得超越项目收益实际水平过度融资。地方政府要按照一一对应原则，将专项债券严格落实到实体政府投资项目，不得将专项债券作为政府投资基金、产业投资基金等各类股权基金的资金来源，不得通过设立壳公司、多级子公司等中间环节注资，避免层层嵌套、层层放大杠杆。

（五）确保落实到期债务偿还责任。省级政府对专项债券依法承担全部偿还责任。组合使用专项债券和市场化融资的项目，项目收入实行分账管理。项目对应的政府性基金收入和用于偿还专项债券的专项收入及时足额缴入国库，纳入政府性基金预算管理，确保专项债券还本付息资金安全；项目单位依法对市场化融资承担全部偿还责任，在银行开立监管账户，将市场化融资资金以及项目对应可用于偿还市场化融资的专项收入，及时足额归集至监管账户，保障市场化融资到期偿付。市场化转型尚未完成、存量隐性债务尚未化解完毕的融资平台公司不得作为项目单位。严禁项目单位以任何方式新增隐性债务。

## 三、进一步完善专项债券管理及配套措施

（一）大力做好专项债券项目推介。地方政府通过印发项目清单、集中公告等方式，加大向金融机构推介符合标准专项债券项目力度。金融管理部门积极配合地方政府工作，组织和协调金融机构参与。金融机构按照商业化原则、自主自愿予以支持，加快专项债券推介项目落地。

（二）保障专项债券项目融资与偿债能力相匹配。地方政府、项目单位和金融机构加强对重

大项目融资论证和风险评估，充分论证项目预期收益和融资期限及还本付息的匹配度，合理编制项目预期收益与融资平衡方案，反映项目全生命周期和年度收支平衡情况，使项目预期收益覆盖专项债券及市场化融资本息。需要金融机构市场化融资支持的，地方政府指导项目单位比照开展工作，向金融机构全面真实及时披露审批融资所需信息，准确反映偿还专项债券本息后的专项收入，使项目对应可用于偿还市场化融资的专项收入与市场化融资本息相平衡。金融机构严格按商业化原则审慎做好项目合规性和融资风险审核，在偿还专项债券本息后的专项收入确保市场化融资偿债来源的前提下，对符合条件的重大项目予以支持，自主决策是否提供融资及具体融资数量并自担风险。

（三）强化信用评级和差别定价。推进全国统一的地方政府债务信息公开平台建设，由地方政府定期公开债务限额、余额、债务率、偿债率以及经济财政状况、债券发行、存续期管理等信息，形成地方政府债券统计数据库，支持市场机构独立评级，根据政府债务实际风险水平，合理形成市场化的信用利差。加快建立地方政府信用评级体系，加强地方政府债务风险评估和预警结果在金融监管等方面的应用。

（四）提升地方政府债券发行定价市场化程度。坚持地方政府债券市场化发行，进一步减少行政干预和窗口指导，不得通过财政存款和国库现金管理操作等手段变相干预债券发行定价，促进债券发行利率合理反映地区差异和项目差异。严禁地方政府及其部门通过金融机构排名、财政资金存放、设立信贷目标等方式，直接或间接向金融机构施压。

（五）丰富地方政府债券投资群体。落实完善相关政策，推动地方政府债券通过商业银行柜台在本地区范围内向个人和中小机构投资者发售，扩大对个人投资者发售量，提高商业银行柜台发售比例。鼓励和引导商业银行、保险公司、基金公司、社会保险基金等机构投资者和个人投资者参与投资地方政府债券。合理确定地方政府债券柜台发售的定价机制，增强对个人投资者的吸引力。适时研究储蓄式地方政府债券。指导金融机构积极参与地方政府债券发行认购，鼓励资管产品等非法人投资者增加地方政府债券投资。积极利用证券交易所提高非金融机构和个人投资地方政府债券的便利性。推出地方政府债券交易型开放式指数基金，通过“债券通”等机制吸引更多境外投资者投资。推动登记结算机构等债券市场基础设施互联互通。

（六）合理提高长期专项债券期限比例。专项债券期限原则上与项目期限相匹配，并统筹考虑投资者需求、到期债务分布等因素科学确定，降低期限错配风险，防止资金闲置。逐步提高长期债券发行占比，对于铁路、城际交通、收费公路、水利工程等建设和运营期限较长的重大项目，鼓励发行10年期以上的长期专项债券，更好匹配项目资金需求和期限。组合使用专项债券和市场化融资的项目，专项债券、市场化融资期限与项目期限保持一致。合理确定再融资专项债券期限，原则上与同一项目剩余期限相匹配，避免频繁发债增加成本。完善专项债券本金偿还方式，在到期一次性偿还本金方式基础上，鼓励专项债券发行时采取本金分期偿还方式，既确保分期项目收益用于偿债，又平滑债券存续期内偿债压力。

（七）加快专项债券发行使用进度。地方政府要根据提前下达的部分新增专项债务限额，结合国务院批准下达的后续专项债券额度，抓紧启动新增债券发行。金融机构按市场化原则配合地方政府做好专项债券发行工作。对预算拟安排新增专项债券的项目通过先行调度库款的办法，加快项目建设进度，债券发行后及时回补。各地要均衡专项债券发行时间安排，力争当年9月底前发行完毕，尽早发挥资金使用效益。

## 四、依法合规推进重大项目融资

（一）支持重大项目市场化融资。对于部分实行企业化经营管理且有经营性收益的基础设施项目，包括已纳入国家和省市县级政府及部门印发的“十三五”规划并按规定权限完成审批或核准程序的项目，以及发展改革部门牵头提出的其他补短板重大项目，金融机构可按照商业化原则自主决策，在不新增隐性债务前提下给予融资支持，保障项目合理资金需求。

（二）合理保障必要在建项目后续融资。在严格依法解除违法违规担保关系基础上，对存量隐性债务中的必要在建项目，允许融资平台公司在不扩大建设规模和防范风险前提下与金融机构协商继续融资。鼓励地方政府合法合规增信，通过补充有效抵质押物或由第三方担保机构（含政府出资的融资担保公司）担保等方式，保障债权人合法权益。

（三）多渠道筹集重大项目资本金。鼓励地方政府通过统筹预算收入、上级转移支付、结转结余资金，以及按规定动用预算稳定调节基金等渠道筹集重大项目资本金。允许各地使用财政建设补助资金、中央预算内投资作为重大项目资本金，鼓励将发行地方政府债券后腾出的财力用于重大项目资本金。

## 五、加强组织保障

（一）严格落实工作责任。财政部、国家发展改革委和金融管理部门等按职责分工和本通知要求，抓紧组织落实相关工作。省级政府对组合使用专项债券和市场化融资的项目建立事前评审和批准机制，对允许专项债券作为资本金的项目要重点评估论证，加强督促检查。地方各级政府负责组织制定本级专项债券项目预期收益与融资平衡方案，客观评估项目预期收益和资产价值。金融机构按照商业化原则自主决策，在不新增隐性债务前提下给予融资支持。

（二）加强部门监管合作。在地方党委和政府领导下，建立财政、金融管理、发展改革等部门协同配合机制，健全专项债券项目安排协调机制，加强地方财政、发展改革等部门与金融单位之间的沟通衔接，支持做好专项债券发行及项目配套融资工作。财政部门及时向当地发展改革、金融管理部门及金融机构提供有关专项债券项目安排信息、存量隐性债务中的必要在建项目信息等。发展改革部门按职责分工做好建设项目审批或核准工作。金融管理部门指导金融机构做好补短板重大项目和有关专项债券项目配套融资工作。

（三）推进债券项目公开。地方各级政府按照有关规定，加大地方政府债券信息公开力度，依托全国统一的集中信息公开平台，加快推进专项债券项目库公开，全面详细公开专项债券项目信息，对组合使用专项债券和市场化融资的项目以及将专项债券作为资本金的项目要单独公开，支持金融机构开展授信风险评估，让信息“多跑路”、金融机构“少跑腿”。进一步发挥主承销商作用，不断加强专项债券信息公开和持续监管工作。出现更换项目单位等重大事项的，应当第一时间告知债权人。金融机构加强专项债券项目信息应用，按照商业化原则自主决策，及时遴选符合条件的项目予以支持；需要补充信息的，地方政府及其相关部门要给予配合。

（四）建立正向激励机制。研究建立正向激励机制，将做好专项债券发行及项目配套融资工作、加快专项债券发行使用进度与全年专项债券额度分配挂钩，对专项债券发行使用进度较快的地区予以适当倾斜支持。适当提高地方政府债券作为信贷政策支持再贷款担保品的质押率，进一步提高金融机构持有地方政府债券的积极性。

（五）依法合规予以免责。既要强化责任意识，谁举债谁负责、谁融资谁负责，从严整治举债乱象，也要明确政策界限，允许合法合规融资行为，避免各方因担心被问责而不作为。对金融机构依法合规支持专项债券项目配套融资，以及依法合规支持已纳入国家和省市县级政府及部门印发的“十三五”规划并按规定权限完成审批或核准程序的项目，发展改革部门牵头提出的其他补短板重大项目，凡偿债资金来源为经营性收入、不新增隐性债务的，不认定为隐性债务问责情形。对金融机构支持存量隐性债务中的必要在建项目后续融资且不新增隐性债务的，也不认定为隐性债务问责情形。

（六）强化跟踪评估监督。地方各级政府、地方金融监管部门、金融机构动态跟踪政策执行情况，总结经验做法，梳理存在问题，及时研究提出政策建议。国务院有关部门要加强政策解读和宣传培训，按职责加大政策执行情况监督力度，尤其要对将专项债券作为资本金的项目加强跟踪评估，重大事项及时按程序请示报告。

# 信用评级业管理暂行办法

中国人民银行　国家发展和改革委员会　财政部
中国证券监督管理委员会令〔2019〕第5号　2019年11月26日

## 第一章　总　　则

**第一条**　为了规范信用评级业务，保护当事人合法权益，促进信用评级业健康发展，根据《中华人民共和国中国人民银行法》《中华人民共和国公司法》《中华人民共和国证券法》《中华人民共和国预算法》《企业债券管理条例》等法律法规，制定本办法。

**第二条**　在中华人民共和国境内从事信用评级业务，适用本办法。法律法规和有关业务管理部门制定的信用评级机构监督管理规则中另有规定的，适用其规定。本办法所称信用评级，是指信用评级机构对影响经济主体或者债务融资工具的信用风险因素进行分析，就其偿债能力和偿债意愿作出综合评价，并通过预先定义的信用等级符号进行表示。本办法所称信用评级业务，是指为开展信用评级而进行的信息收集、分析、评估、审核和结果发布等活动。本办法所称信用评级机构，是指依法设立，主要从事信用评级业务的社会中介机构。本办法所称评级对象，是指受评经济主体或者受评债务融资工具。本办法所称债务融资工具，包括：贷款，地方政府债券、金融债券、非金融企业债务融资工具、企业债券、公司债券等债券，资产支持证券等结构化融资产品，其他债务类融资产品。

**第三条**　本办法所称监管主体包括信用评级行业主管部门和业务管理部门。中国人民银行是信用评级行业主管部门，主管全国的信用评级监督管理工作。发展改革委、财政部、证监会为信用评级业务管理部门（以下统称业务管理部门），在职责范围内依法对信用评级业务实施监督管理。

**第四条**　信用评级行业主管部门履行以下职责：（一）研究起草信用评级相关法律法规草案；（二）拟定信用评级业发展战略、规划和政策；（三）制定信用评级机构的准入原则和基本规范；（四）研究制定信用评级业对外开放政策；（五）促进信用评级业健康发展。

**第五条**　业务管理部门依据相关法律法规和监管职责，对信用评级业务进行监督管理。业务管理部门可以根据需要，对信用评级机构的监督管理制定相应规则。

**第六条**　信用评级行业主管部门和业务管理部门建立部际协调机制，根据职责分工，协调配合，共同加强监管工作。

**第七条**　信用评级行业主管部门、业务管理部门在各自职责范围内分别建立信用评级机构信用档案和信用评级机构高级管理人员信用档案，并将信用评级机构及高级管理人员信用档案信息、评级业务信息、检查及行政处罚等信息纳入全国信用信息共享平台，按照有关规定，实现信息公开与共享。信用评级机构应当建立本机构从业人员信用档案，并将从业人员信用档案信息纳入全国信用信息共享平台，按照有关规定，实现信息公开与共享。

**第八条**　信用评级机构从事信用评级业务应当遵循独立、客观、公正和审慎性原则，勤勉尽责，诚信经营，不得损害国家利益、社会公共利益和市场主体合法权益。信用评级机构从事评级业务，应当遵循一致性原则，对同一类对象评级，或者对同一评级对象跟踪评级，应当采用一致的评级标准和工作程序。评级标准和工作程序及其调整，应当予以充分披露。信用评级机构依法独立开展业务，不受任何单位和个人的干涉。

## 第二章 信用评级机构管理

**第九条** 设立信用评级机构，应当符合《中华人民共和国公司法》规定的公司设立条件，自公司登记机关准予登记之日起30日内向所在地的信用评级行业主管部门省一级派出机构（以下简称备案机构）办理备案，并提交以下材料：（一）信用评级机构备案表；（二）营业执照复印件；（三）全球法人机构识别编码；（四）股权结构说明，包括注册资本、股东名单及其出资额或者所持股份，股东在本机构以外的实体持股情况，实际控制人、受益所有人情况；（五）董事、监事、高级管理人员以及信用评级分析人员的情况说明和证明文件；（六）主要股东、实际控制人、受益所有人、董事、监事、高级管理人员未因犯有贪污、贿赂、侵占财产、挪用财产罪或者破坏社会主义市场经济秩序罪，被判处刑罚，或者因犯罪被剥夺政治权利的声明，以及主要股东、实际控制人、受益所有人的信用报告；（七）营业场所、组织机构设置及公司治理情况；（八）独立性、信息披露以及业务制度说明；（九）信用评级行业主管部门基于保护投资者、维护社会公共利益考虑，合理要求的与信用评级机构及其相关自然人有关的其他材料。备案机构可以对高级管理人员和主要信用评级分析人员进行政策法规、业务技能等方面的监管谈话，以评估其专业素质的合格性。

**第十条** 信用评级机构设立分支机构的，自该分支机构成立之日起30日内，信用评级机构应当向原备案机构、信用评级机构分支机构应当向备案机构分别办理备案，并提交以下材料：（一）信用评级机构分支机构备案表；（二）信用评级机构分支机构营业执照复印件；（三）信用评级机构分支机构营业场所及组织机构设置说明；（四）信用评级机构分支机构高级管理人员和信用评级分析人员情况说明和证明文件。

**第十一条** 信用评级机构应当自下列事项变更或者发生之日起30日内，向备案机构办理变更备案：（一）机构名称、营业场所；（二）持有出资额或者股份5%以上的股东，实际控制人、受益所有人；（三）董事、监事、高级管理人员、信用评级分析人员；（四）按照法律法规、行业主管部门和业务管理部门的规定开展相关市场信用评级业务；（五）不再从事信用评级业务。信用评级机构分支机构前款第一项、第三项和第五项事项变更或者发生的，信用评级机构及其分支机构应当自相关事项变更或者发生之日起30日内向各自的备案机构办理变更备案。

**第十二条** 信用评级机构解散或者被依法宣告破产的，应当向备案机构报告，并按照以下方式处理信用评级数据库系统：（一）与其他信用评级机构约定，转让给其他信用评级机构；（二）不能依照前项规定转让的，移交给备案机构指定的信用评级机构；（三）不能依照前两项规定转让、移交的，在备案机构的监督下销毁。

**第十三条** 业务管理部门对有关信用评级业务资质另有规定的，从其规定。

## 第三章 信用评级从业人员管理

**第十四条** 信用评级机构应当将高级管理人员和信用评级分析人员的基本信息向备案机构办理备案。

**第十五条** 信用评级机构的高级管理人员和信用评级分析人员离职并受聘于其曾参与评级的受评经济主体、受评债务融资工具发行人、信用评级委托方或者主承销商的，信用评级机构应当检查其离职前两年内参与的与其受聘机构有关的信用评级工作。对评级结果确有影响的，信用评级机构应当及时披露检查结果以及对原信用评级结果的调整情况。

**第十六条** 信用评级机构应当定期对高级管理人员和信用评级分析人员进行业务培训和业务

能力测试，采取有效措施提高从业人员的职业道德和业务水平，并做好培训和测试记录。

## 第四章 信用评级程序及业务规则

**第十七条** 信用评级机构应当对内部管理制度的有效性进行年度检查和评估，就存在的问题提出处理措施，并于每个财务年度结束之日起四个月内将检查和评估报告向信用评级行业主管部门和业务管理部门报备。

**第十八条** 信用评级机构应当建立完善的信用评级制度，对信用等级的划分与定义、评级方法与程序、评级质量控制、尽职调查、信用评级评审委员会、评级结果公布、跟踪评级等进行明确规定。

**第十九条** 信用评级机构在开展委托评级项目前，应当与委托人签订评级协议，明确评级双方的权利和义务。

**第二十条** 信用评级机构在开展信用评级业务时，应当组建评级项目组。信用评级机构应当对每一评级项目投入充分的富有经验的分析资源。评级项目组成员应当具备从事相关项目的工作经历或者与评级项目相适应的知识结构，评级项目组长应当有充分的经验且至少从事信用评级业务三年以上。

**第二十一条** 信用评级机构应当对评级对象开展尽职调查，进行必要的评估以确信评级所需信息来源可靠且充分满足使用需求，并在调查前制定详细的调查提纲。调查过程中，信用评级机构应当制作尽职调查工作底稿，作为评级资料一并存档保管。

**第二十二条** 评级项目组应当依法收集评级对象的相关资料，并对所依据的文件资料内容进行核查验证和客观分析，在此基础上得出初评结果。

**第二十三条** 信用评级初评结果应当经过三级审核程序，包括评级小组初审、部门再审和公司三审。各审核阶段应当相互独立，三级审核文件资料应当按相关要求存档保管。

**第二十四条** 信用评级机构应当成立内部信用评审委员会。信用评级结果由内部信用评审委员会召开评审会议，以投票表决方式最终确定。信用评级机构应当根据每一评级项目的具体情况，安排充足且具有相关经验的人员参加评审会议。

**第二十五条** 信用评级机构应当将信用评级结果反馈至评级委托方，评级委托方应当在规定期限内反馈意见。如评级委托方、受评经济主体、受评债务融资工具发行人不是同一主体的，信用评级机构还应当将信用评级结果反馈至受评经济主体和受评债务融资工具发行人。评级委托方、受评经济主体或者受评债务融资工具发行人对信用评级结果有异议且向信用评级机构提供充分、有效的补充材料的，可以在约定时间内申请复评一次。

**第二十六条** 信用评级机构公布受评债务融资工具及受评经济主体信用评级结果，应当符合下列要求：（一）评级结果应当包括评级等级和评级报告，评级报告应当采用简洁、明了的语言，对评级对象的信用等级和有效期等内容作出明确解释；（二）按照本办法第三十八条的规定公布评级结果；（三）存在多个评级结果的，多个评级结果均应当予以公布。业务管理部门另有规定的，从其规定。

**第二十七条** 在信用评级结果有效期内，信用评级机构应当对评级对象进行跟踪评级，并在签订评级协议时明确跟踪评级安排。其中，评级结果有效期为一年以上的，信用评级机构应当每年跟踪评级一次，并及时公布跟踪评级结果。业务管理部门另有规定的，从其规定。

**第二十八条** 在评级结果有效期内发生可能影响评级对象偿债能力和偿债意愿的重大事项的，信用评级机构应当及时进行不定期跟踪评级，并公布跟踪评级结果。

**第二十九条** 信用评级机构应当建立评级业务档案管理制度。业务档案应当包括受托开展评级业务的委托书、出具评级报告所依据的原始资料、工作底稿、初评报告、评级报告、内部信用评审委员会表决意见及会议记录、跟踪评级资料、跟踪评级报告等。业务档案应当保存至评级合同期满后五年、评级对象存续期满后五年或者评级对象违约后五年，且不得少于十年。

**第三十条**　信用评级机构应当建立信用评级业务信息保密制度。对于在开展信用评级业务、处理信用评级数据库系统过程中知悉的国家秘密、商业秘密和个人隐私，信用评级机构及其从业人员应当依法履行保密义务。信用评级机构在中国境内采集的信息的整理、保存和加工，应当在中国境内进行。信用评级机构向境外组织或者个人提供信息，应当遵守法律法规以及信用评级行业主管部门和业务管理部门的有关规定。

**第三十一条**　发生下列情形之一的，信用评级机构可以终止或者撤销评级：（一）受评经济主体及债务融资工具发行人拒不提供评级所需关键材料或者提供的材料存在虚假记载、误导性陈述或者重大遗漏的；（二）受评经济主体解散或者被依法宣告破产的；（三）受评债务融资工具不再存续的；（四）评级工作不能正常开展的其他情形。因上述原因终止或者撤销评级的，信用评级机构应当及时公告并说明原因。

**第三十二条**　信用评级机构不得有下列行为：（一）篡改相关资料或者歪曲评级结果；（二）以承诺分享投资收益或者分担投资损失、承诺高等级、承诺低收费、诋毁同行等手段招揽业务；（三）以挂靠、外包等形式允许其他机构使用其名义开展信用评级业务；（四）与受评经济主体、受评债务融资工具发行人或者相关第三方存在不正当交易或者商业贿赂；（五）向受评经济主体、受评债务融资工具发行人或者相关第三方提供顾问或者咨询服务；（六）对受评经济主体、受评债务融资工具发行人或者相关第三方进行敲诈勒索；（七）违反信用评级业务规则，损害投资人、评级对象合法权益，损害信用评级业声誉的其他行为。

## 第五章　独立性要求

**第三十三条**　信用评级机构、信用评级从业人员应当在对经济主体、债务融资工具本身风险进行充分分析的基础之上独立得出信用评级结果，防止评级结果受到其他商业行为的不当影响。

**第三十四条**　信用评级机构与受评经济主体或者受评债务融资工具发行人存在下列情形之一的，不得开展信用评级业务：（一）信用评级机构与受评经济主体或者受评债务融资工具发行人为同一实际控制人所控制，或者由同一股东持股均达到5%以上；（二）受评经济主体、受评债务融资工具发行人或者其实际控制人直接或者间接持有信用评级机构出资额或者股份达到5%以上；（三）信用评级机构或者其实际控制人直接或者间接持有受评经济主体、受评债务融资工具发行人出资额或者股份达到5%以上；（四）信用评级机构或者其实际控制人在开展评级业务之前六个月内及开展评级业务期间买卖受评经济主体或者受评债务融资工具发行人发行的证券等产品；（五）影响信用评级机构独立性的其他情形。

**第三十五条**　信用评级机构应当建立回避制度。信用评级从业人员在开展信用评级业务期间有下列情形之一的，应当回避：（一）本人、直系亲属持有受评经济主体或者受评债务融资工具发行人的出资额或者股份达到5%以上，或者是受评经济主体、受评债务融资工具发行人的实际控制人；（二）本人、直系亲属担任受评经济主体或者受评债务融资工具发行人的董事、监事或者高级管理人员；（三）本人、直系亲属担任受评经济主体或者受评债务融资工具发行人聘任的会计师事务所、律师事务所、财务顾问等服务机构的负责人或者项目签字人；（四）本人、直系亲属持有债务融资工具或者受评经济主体发行的证券金额超过50万元，或者与受评经济主体、受评债务融资工具发行人发生累计超过50万元的交易；（五）信用评级行业主管部门和业务管理部门认定的足以影响独立、客观、公正原则的其他情形。

**第三十六条**　信用评级机构应建立完善的公司治理机制，确保其主要股东及实际控制人在出资比例、股权比例或投票权等方面不存在足以影响评级独立性的情形。信用评级机构应当建立清晰合理的内部组织结构，建立健全防火墙，确保信用评级业务部门独立于营销等其他部门。信用评级机构应当建立独立的合规部门，负责监督并报告评级机构及其员工的合规状况。

**第三十七条** 信用评级从业人员的薪酬不得与评级对象的信用级别、债务融资工具发行状况等因素相关联。

## 第六章 信息披露要求

**第三十八条** 信用评级机构应当通过信用评级行业主管部门和业务管理部门指定的网站和其公司网站进行信息披露。

**第三十九条** 信用评级机构应当披露下列基本信息：（一）机构基本情况、经营范围；（二）股东及其出资额或者所持股份、出资方式、出资比例、股东之间是否存在关联关系的说明，股权变更信息；（三）保证评级质量的内部控制制度；（四）评级报告采用的评级符号、评级方法、评级模型和关键假设，披露程度以反映评级可靠性为限，不得涉及商业秘密或妨碍创新。以上内容发生变更的，应当披露变更原因和对已评级项目的影响。

**第四十条** 信用评级机构应当在每个财务年度结束之日起四个月内披露下列独立性相关信息：（一）每年对其独立性的内部审核结果；（二）信用评级分析人员轮换政策；（三）财务年度评级收入前 20 名或者占比 5% 以上的客户名单；（四）信用评级机构的关联公司为受评经济主体、受评债务融资工具发行人或者相关第三方提供顾问、咨询服务的情况；（五）信用评级机构为受评经济主体、受评债务融资工具发行人或者相关第三方提供其他附加服务的情况。信用评级机构在前款规定时间内将前款第三项信息向行业主管部门以及业务管理部门备案的，可以不披露该信息。

**第四十一条** 信用评级机构应当披露下列评级质量相关信息：（一）一年、三年、五年期的信用评级违约率和信用等级迁移情况；（二）任何终止或撤销信用评级的决定及原因；（三）其他依法应当披露的信息。

**第四十二条** 信用评级机构应当披露开展信用评级项目依据的主要信息来源。

**第四十三条** 信用评级机构应当披露聘用第三方进行尽职调查的情况。

**第四十四条** 信用评级机构开展结构化融资产品信用评级的，应当持续更新，并按照第三十九条第一款第四项的要求，及时披露结构化融资产品评级方法、评级模型和关键假设。

## 第七章 监督管理

**第四十五条** 信用评级行业主管部门、业务管理部门及其派出机构依照法律法规和本办法相关规定，履行对信用评级机构的监督管理职责，可以采取下列监督检查措施：（一）进入信用评级机构进行现场检查；（二）询问相关的单位和个人，要求其对有关事项作出说明；（三）查询、复制相关文件、资料，封存可能被转移、销毁、隐匿或者篡改的文件、资料；（四）检查信用评级数据库系统；（五）其他现场检查措施。

**第四十六条** 现场检查内容包括下列事项：（一）备案信息与实际情况的一致性；（二）信用评级业务与评级模型、程序、方法的一致性；（三）内部管理情况；（四）独立性管理情况；（五）信息披露情况；（六）执行信用评级行业主管部门、业务管理部门信用评级管理规定情况；（七）信用评级行业主管部门、业务管理部门认为有必要检查的其他内容。

**第四十七条** 现场检查程序按照信用评级行业主管部门、业务管理部门的规定执行。相关信用评级机构和从业人员应当配合，如实提供有关文件、资料，不得隐瞒、拒绝和阻碍。

**第四十八条** 信用评级机构按照相关规定向信用评级行业主管部门、业务管理部门及其派出机构报送信用评级结果、信用评级报告、统计报表、违约率数据、经审计的财务报表、财务年度信用评级工作报告等资料，并对报表和资料的真实性、准确性、完整性负责。

**第四十九条** 信用评级行业主管部门、业务管理部门及其派出机构对信用评级机构报送内容进行监测、分析和统计。对发现的问题依据本办法相关规定及时处理。

**第五十条**　信用评级行业主管部门组织建立违约率检验系统对信用评级结果进行事后检验，并建立违约率检验和通报机制。

**第五十一条**　信用评级行业主管部门可以将现场与非现场检查情况形成行业监管报告并适时公布。

**第五十二条**　信用评级行业主管部门、业务管理部门及其派出机构根据监管需要，可以约谈信用评级机构董事、监事和高级管理人员，要求其就相关重大事项作出说明。

## 第八章　法律责任

**第五十三条**　信用评级行业主管部门、业务管理部门及其派出机构的工作人员泄露知悉的国家秘密或者商业秘密，或者徇私舞弊、滥用职权、玩忽职守的，依法给予行政处分；涉嫌构成犯罪的，移送司法机关依法追究刑事责任。

**第五十四条**　信用评级机构及其从业人员违反本办法的，依照本章的有关规定给予处罚。法律法规和业务管理部门另有规定的，从其规定。

**第五十五条**　信用评级机构开展业务，未按本办法规定办理备案的，由信用评级行业主管部门或者其省一级派出机构责令限期改正，并处未备案期间评级业务收入50%的罚款，没有评级业务收入或者评级业务收入无法计算的，处50万元以上200万元以下的罚款；逾期不改正的，处未备案期间评级业务收入1倍以上3倍以下的罚款，没有评级业务收入或者评级业务收入无法计算的，处200万元以上500万元以下的罚款。

**第五十六条**　信用评级机构未按本办法规定办理信用评级从业人员备案的，由信用评级行业主管部门或者其省一级派出机构责令限期改正，对信用评级机构处该评级从业人员未备案期间参与的评级业务收入50%的罚款，没有评级业务收入或者评级业务收入无法计算的，处20万元以上50万元以下的罚款；逾期不改正的，对信用评级机构处该评级从业人员未备案期间参与的评级业务收入1倍以上3倍以下的罚款，没有评级业务收入或者评级业务收入无法计算的，处50万元以上200万元以下的罚款。

**第五十七条**　信用评级机构隐瞒相关情况或者提交虚假备案材料的，信用评级行业主管部门省一级派出机构不予办理备案或者注销备案；已经开展信用评级业务的，处虚假备案期间评级业务收入50%的罚款，没有评级业务收入或者评级业务收入无法计算的，处50万元以上200万元以下的罚款；情节严重的，处虚假备案期间评级业务收入1倍以上3倍以下的罚款，没有评级业务收入或者评级业务收入无法计算的，处200万元以上500万元以下的罚款。

**第五十八条**　信用评级机构违反本办法规定，有下列行为之一的，由信用评级行业主管部门、业务管理部门或者其派出机构给予警告，并处相关评级业务收入50%的罚款，没有评级业务收入或者评级业务收入无法计算的，处50万元以上200万元以下的罚款；情节严重或者拒不改正的，并处相关评级业务收入1倍以上3倍以下的罚款，没有评级业务收入或者评级业务收入无法计算的，处200万元以上500万元以下的罚款；对直接责任人员给予警告，并处3万元以上10万元以下的罚款：（一）未按照法定评级程序及业务规则开展信用评级业务的；（二）违反独立性要求的；（三）未按照规定披露信息或者披露虚假信息的。

**第五十九条**　信用评级机构违反本办法规定，有下列行为之一的，由信用评级行业主管部门、业务管理部门或者其派出机构给予警告，并处3万元罚款；拒不改正的，自违规行为发生之日起每日处1万元的罚款：（一）拒绝、阻碍信用评级行业主管部门、业务管理部门或者其派出机构检查、监管，或者不如实提供文件、资料的；（二）未按规定向信用评级行业主管部门、业务管理部门或者其派出机构报送报告、资料的；（三）违反本办法其他规定的。

**第六十条**　信用评级从业人员违反本办法规定，有下列行为之一的，由信用评级行业主管部门、业务管理部门或者其派出机构给予警告，并处违规收入 50% 的罚款，没有违规收入或者违规收入无法计算的，处 50 万元以上 200 万元以下的罚款；情节严重的，并处违规收入 1 倍以上 3 倍以下的罚款，没有违规收入或者违规收入无法计算的，处 200 万元以上 500 万元以下的罚款；涉嫌犯罪的，移送司法机关依法追究刑事责任：（一）从事与信用评级业务有利益冲突的兼职行为的；（二）以礼金、回扣等方式输送或者接受不正当利益的；（三）接受受评经济主体、受评债务融资工具发行人等相关主体的礼物或者现金馈赠，参与受评经济主体、受评债务融资工具发行人等相关主体组织的可能影响评级结果独立、客观、公正的活动的；（四）违反本办法第三十五条相关规定的；（五）离职并受聘于曾参与评级的受评经济主体、受评债务融资工具发行人、信用评级委托方或者主承销商，未通知信用评级机构的。

**第六十一条**　信用评级机构由于故意或者重大过失，对投资人、评级委托人或者评级对象利益造成严重损害的，由信用评级行业主管部门、业务管理部门或者其派出机构给予警告，并处相关评级业务收入 1 倍以上 3 倍以下的罚款，没有评级业务收入或者评级业务收入无法计算的，处 200 万元以上 500 万元以下的罚款；对直接责任人员给予警告，并处 3 万元以上 10 万元以下的罚款。

**第六十二条**　信用评级行业主管部门、业务管理部门依据本办法相关规定，建立信用评价机制，定期对信用评级机构及信用评级从业人员的违法失信行为等开展信用评价，并将信用评价结果纳入信用评级机构信用档案。对信用评价较低的信用评级机构，可以采取向市场公开通报等惩戒措施。信用评级行业主管部门会同业务管理部门健全守信联合激励和失信联合惩戒机制。建立信用评级机构及信用评级从业人员“失信联合惩戒对象名单”管理制度，根据失信严重程度采取不同惩戒措施；对失信较严重的信用评级机构及信用评级从业人员，纳入“失信联合惩戒对象名单”管理范畴，列为市场不信任信用评级机构及失信信用评级从业人员，发起多部门联合惩戒与约束，情节严重的依法依规实施暂停业务或市场禁入措施。

**第六十三条**　信用评级机构违反本办法有关规定，受到行政处罚的，信用评级行业主管部门、业务管理部门依法通过“信用中国”网站等渠道向社会公布。

## 第九章　附　则

**第六十四条**　信用评级机构自律组织依法开展行业自律管理，接受信用评级行业主管部门和业务管理部门的监督指导。

**第六十五条**　本办法实施前已经开展信用评级业务的机构，应当自本办法实施之日起六个月内，依照本办法规定向备案机构办理备案。

**第六十六条**　非信用评级机构为了自身业务开展的内部信用评级结果不得对外提供。

**第六十七条**　主动评级是指信用评级机构未经委托，主要通过公开渠道收集评级对象相关资料，并以此为依据对相关经济主体或者债务融资工具开展的信用评级。信用评级机构开展主动评级的，不适用本办法第十九条、第二十五条、第二十六条、第二十七条、第二十八条的规定。

**第六十八条**　依照评级协议，评级结果不公开的，信用评级机构在开展相关业务时，不适用本办法第二十六条、第二十七条、第二十八条的规定。

**第六十九条**　境外信用评级机构申请中华人民共和国境内有关信用评级业务资质的，依照信用评级行业主管部门和业务管理部门的相关规定执行。

**第七十条**　本办法所称受益所有人，是指最终拥有或控制信用评级机构的自然人，包括直接或间接拥有超过 25% 公司股权或者表决权，或者以其他形式可以对公司的决策、经营、管理形成有效控制或者实际影响的自然人。

**第七十一条**　本办法由信用评级行业主管部门会同业务管理部门解释。

**第七十二条**　本办法自 2019 年 12 月 26 日起施行。

# 财政部关于开展通过商业银行柜台市场发行地方政府债券工作的通知

财库〔2019〕11号　2019年2月27日

各省、自治区、直辖市、计划单列市财政厅（局），新疆生产建设兵团财政局，中央国债登记结算有限责任公司、中国证券登记结算有限责任公司，全国银行间同业拆借中心，上海证券交易所、深圳证券交易所，柜台业务开办机构：

为拓宽地方政府债券（以下简称地方债券）发行渠道，满足个人和中小机构投资者需求，丰富全国银行间债券市场柜台（以下简称商业银行柜台市场）业务品种，根据地方债券管理和商业银行柜台市场管理有关规定，现就开展通过商业银行柜台市场发行地方债券工作有关事宜通知如下：

一、地方政府公开发行的一般债券和专项债券，可通过商业银行柜台市场在本地区范围内（计划单列市政府债券在本省范围内）发行，并在发行通知中明确柜台最大发行额度、发行方式和分销期安排等。

地方政府应当通过商业银行柜台市场重点发行专项债券，更好发挥专项债券对稳投资、扩内需、补短板的作用，增强投资者对本地经济社会发展的参与度和获得感。

二、按照积极稳妥、分步推进的原则，由省级财政部门分批实施地方债券商业银行柜台市场发行业务。财政部综合考虑市场需求、债券期限、债券品种、项目收益、发行节奏等情况加强政策指导。

三、通过商业银行柜台市场发行的地方债券，发行利率（或价格）按照首场公开发行利率（或价格）确定，发行额度面向柜台业务开办机构通过数量招标方式确定。

四、通过商业银行柜台市场发行的地方债券，分销期一般为招标日次日起3个工作日。分销结束后，未售出的发行额由柜台开办机构包销。

五、通过商业银行柜台市场发行的地方债券，缴款日和起息日为招标日（T日）后第四个工作日（即T+4日）（续发行地方债券的起息日与之前发行的同期地方债券相同），债权登记日为招标日后第五个工作日（即T+5日），上市日为招标日后第六个工作日（即T+6日）。

六、地方财政部门应当与柜台业务开办机构签订分销协议，明确双方权利和义务。

七、地方财政部门原则上按照柜台业务开办机构柜台中标额度的千分之四向其支付分销费用。

八、柜台业务开办机构开展地方债券商业银行柜台市场发行业务前，应当告知中央国债登记结算有限责任公司、全国银行间同业拆借中心等配合开办业务。

九、中央国债登记结算有限责任公司、全国银行间同业拆借中心应当定期向财政部门提交地方债券柜台业务统计分析报告。

十、地方财政部门、柜台业务开办机构、中央国债登记结算有限责任公司、全国银行间同业拆借中心等应当加大宣传力度，增强社会认知，促进地方债券柜台业务平稳有序开展。

十一、本通知自印发之日起施行。

# 财政部关于做好地方政府债券发行工作的意见

财库〔2019〕23 号 2019 年 4 月 25 日

各省、自治区、直辖市、计划单列市财政厅（局），新疆生产建设兵团财政局，中央国债登记结算有限责任公司、中国证券登记结算有限责任公司，上海证券交易所、深圳证券交易所，相关金融机构和信用评级机构：

根据《中华人民共和国预算法》《国务院关于加强地方政府性债务管理的意见》（国发〔2014〕43 号）和地方政府债券（以下称地方债券）发行管理有关规定，现就做好地方债券发行工作提出如下意见：

## 一、合理把握地方债券发行节奏，加快发行进度

地方财政部门应当根据资金需求、地方债券到期情况、债券市场状况等因素，统筹资金需求与库款充裕程度，科学设计债券发行计划。各地应当合理把握发行节奏，切实加快债券发行进度，2019 年 6 月底前完成提前下达新增债券额度的发行，争取在 9 月底前完成全年新增债券发行。

## 二、进一步提升地方债券发行定价市场化水平

（一）地方财政部门、地方债券承销团成员、信用评级机构及其他相关主体应当进一步强化市场化意识，严格按照市场化、规范化原则做好地方债券发行相关工作。

（二）地方财政部门应当将地方国库现金管理与地方债券发行脱钩，不得在地方国库现金管理招标评分体系中，将 2019 年及以后年度发行地方债券的认购情况作为评价因素。

（三）地方财政部门应当在加强与承销团成员沟通的基础上，在招标发行规则中合理设定承销团成员最低投标比例、最低承销比例、最高投标比例、债券投标利率区间上下限、单一标位投标量等技术参数要求，其中，单一标位最高投标量不得高于当期债券计划发行量的 35%。在承销团中设有主承销商的地区，应当对不同类型承销团成员分别设定投标技术参数要求，合理匹配不同类型承销团成员的权利与义务。

## 三、科学确定地方债券期限结构

财政部不再限制地方债券期限比例结构，地方财政部门自主确定期限。对于一般债券，地方财政部门应当合理均衡各期限发行规模，满足更多类型投资者的期限偏好。对于专项债券，地方财政部门应当根据项目实际情况，综合考虑项目期限、投资者需求、债务年度分布等因素，科学确定发行期限，逐步提高长期债券发行占比，更好匹配项目资金需求和期限。

## 四、完善地方债券信息披露

地方财政部门应当严格执行财政部关于地方政府债务信息公开有关规定。地方财政部门应当在每月 20 日前披露本地区下一月度新增地方政府债券和再融资债券发行安排；在每季度最后一

个月20日前披露本地区下季度地方债券发行计划，应包括发行时间（披露到旬）、债券品种（一般债券或专项债券）、用途（新增债券或再融资债券）、期限等。如每季度最后一个月20日前10个工作日各省发行额度尚未下达，地方财政部门应当在额度下达后10个工作日内披露季度计划。地方财政部门应当进一步做好专项债券信息披露工作，重点披露本地区及使用债券资金相关地区的政府性基金预算收入、专项债券项目风险等财政经济信息，以及债券规模、利率、期限、具体使用项目、偿债计划等债券信息，并充分披露对应项目详细情况、项目融资来源、项目预期收益情况、收益和融资平衡方案，以及由第三方专业机构出具的评估意见等。地方财政部门要加大债券发行兑付信息披露力度。鼓励地方财政部门结合项目实际情况，不断丰富专项债券信息披露内容。

## 五、推出地方债券柜台发行

按照积极稳妥、分步推进的原则，由省级财政部门分批实施地方债券商业银行柜台市场发行业务。综合考虑市场需求、债券期限、债券品种、项目收益、发行节奏等因素，重点支持专项债券在本地区范围内面向个人和中小机构投资者发售。

## 六、加强地方债券资金拨付管理

（一）地方财政部门应当加快地方债券资金拨付，防范资金长期滞留国库，尽早发挥债券资金使用效益。有条件的地方在地方债券发行前，可对预算已安排的债券资金项目通过调度库款支付，加快项目建设进度，待债券发行后及时回补库款。

（二）对于再融资债券，如债券到期时库款比较充裕，在不突破再融资债券发行规模上限且严格保障财政支付需要的前提下，地方财政部门可使用库款支付还本资金，待债券发行后及时回补库款。

## 七、规范地方债券发行现场管理

地方财政部门以及中央国债登记结算有限责任公司、上海证券交易所、深圳证券交易所等财政部政府债券发行系统业务技术支持部门应当严格按照《地方债券发行现场管理工作规范》有关规定，切实加强地方债券发行现场管理，规范做好发行现场人员出入登记、通信设备存放、无线电屏蔽、电话录音等工作，保障地方债券发行工作有序开展。发行现场应当邀请非财政部门派出监督员，对发行现场人员、通信、应急操作等情况进行监督。如遇特殊情况，应当及时向财政部（国库司）报告。

## 八、及时报送发行情况

（一）地方财政部门应当在各省全年发行额度下达10个工作日内，向财政部上报全年债券发行总体安排，2019年全年债券发行总体安排于5月5日前上报。每季度最后一个月15日前，向财政部上报下季度地方债券发行初步安排，如在上报时点各省发行额度尚未下达，应当在额度下达后10个工作日内上报季度发行安排。

（二）地方财政部门应当在全年地方债券发行工作完成后20个工作日内，向财政部及当地监管局报告年度发行情况。地方财政部门、支持部门、登记结算机构等如遇涉及地方债券发行的重大或异常情况，应当及时向财政部报告。

# 财政部　自然资源部关于印发《土地储备项目预算管理办法（试行）》的通知

财预〔2019〕89 号　2019 年 5 月 20 日

各省、自治区、直辖市、计划单列市财政厅（局）、自然资源主管部门，新疆生产建设兵团财政局、自然资源局：

为规范土地储备项目预算管理，健全土地储备专项债券项目控制机制，有效防控专项债务风险，促进地方经济持续健康发展，根据《中华人民共和国预算法》和《国务院关于加强地方政府性债务管理的意见》（国发〔2014〕43 号）、《国务院办公厅关于规范国有土地使用权出让收支管理的通知》（国办发〔2006〕100 号）等法律和制度规定，我们研究制定了《土地储备项目预算管理办法（试行）》，试点在土地储备领域按项目实行全生命周期预算管理。现就有关事项通知如下：

一、财政部首批试点地区包括北京、天津、河北、河南、山东（含青岛）、浙江（含宁波）、厦门等 7 省（市），以后年度视情况逐步扩大试点范围。试点地区可以自行选择市县（区）开展试点。鼓励符合条件的其他地区自行选择市县（区）开展试点。

二、各省分配专项债务限额时可以对开展试点的市县（区）予以适当倾斜。

三、开展试点的市县（区）应当充实人员力量，统筹安排开展试点所需经费，确保试点工作顺利实施。

四、试点地区应当定期评估试点情况。重大事项及时向财政部、自然资源部报告。

特此通知。

附件：土地储备项目预算管理办法（试行）

附件：

## 土地储备项目预算管理办法（试行）

### 第一章　总　　则

**第一条**　为规范土地储备项目预算管理，根据《中华人民共和国预算法》《中华人民共和国土地管理法》和《国务院关于加强地方政府性债务管理的意见》（国发〔2014〕43 号）、《国务院办公厅关于规范国有土地使用权出让收支管理的通知》（国办发〔2006〕100 号）等法律和制度规定，制定本办法。

**第二条**　本办法所称土地储备是指县级（含）以上自然资源主管部门为调控土地市场、促进土地资源合理利用，依法取得土地，组织前期开发、储存以备供应的行为。

所称土地储备项目是指有关主管部门根据国民经济与社会发展规划、国土空间规划等，将拟收储或入库土地按照宗地、区域、工作时序、资金平衡等条件适当划分并纳入土地储备三年滚动计划和年度土地储备计划后形成的管理基本单元。土地储备项目可以包含一宗地或多宗地；包含多宗地的，应当符合地域相近、整体推进的要求。

**第三条**　本办法适用于地方各级财政部门、自然资源主管部门、土地储备机构开展土地储备项目预算管理。

棚户区改造项目可以根据主管部门有关规定，参照本办法执行。

**第四条**　土地储备项目从拟收储到供应涉及的收入、支出必须全部纳入财政预算。

土地储备项目预算按规定纳入地方政府性基金预算管理，年度预算执行中遵循以收定支、先收后支的原则。

**第五条**　土地储备项目应当实现总体收支平衡和年度收支平衡。

（一）总体收支平衡，是指项目全生命周期内，项目预期土地出让收入能够覆盖债务本息等成本。

（二）年度收支平衡，是指项目年度资金来源覆盖年度支出。

**第六条**　土地储备机构是土地储备项目预算的编制主体，通过土地储备机构专用报表编制土地储备项目预算。

土地储备机构专用报表是指由土地储备机构编制，专门反映土地储备资产评估价值、政府为其举借的债务、财政预算拨款、土地储备成本支出等信息的辅助报表。

**第七条**　财政部门会同自然资源主管部门组织和监督土地储备项目收支平衡、风险管控和资产评估。

财政部门负责将土地储备项目收支纳入政府性基金预算管理，组织做好相关预算编制、调整、执行、决算以及政府债务举借和还本付息等工作；负责管理已纳入预算和拟纳入预算的土地储备项目库，并按要求向自然资源部门提供相关信息。

自然资源主管部门负责审核和汇总土地储备机构上报的项目收支平衡方案和年度收支预决算草案，编制本地区土地储备项目收支平衡方案和年度收支预决算草案；组织和监督土地储备项目设立、实施，负责管理土地储备项目库；按要求向财政部门反馈预算执行情况。

土地储备机构负责提出项目设立建议，具体实施项目并落实项目全生命周期预算管理，按项目编制土地储备项目收支平衡方案和年度收支预决算草案。

## 第二章　项目库管理

**第八条**　土地储备项目实行项目库管理，反映项目名称、地块区位、储备期限等基本信息，以及预期土地出让收入、项目成本、收益和融资平衡方案、政府净收益等信息，按项目统一配号、统一监管。

土地储备项目库应当与土地储备三年滚动计划、年度计划同步编制或更新，与土地储备信息系统、地方政府债务管理信息系统互联互通。

**第九条**　土地储备项目设立前，市、县自然资源主管部门应当组织土地储备机构开展前期研究，合理评估项目预期土地出让收入、土地储备成本，作为编制项目收支平衡方案的依据。

（一）预期土地出让收入。土地储备机构应当会同同级财政部门委托第三方评估机构根据土地区位、用途等规划条件以及基准地价，评估土地资产价值，合理测算预期土地出让收入。

（二）土地储备成本。土地储备机构应当根据当地征地和拆迁补偿标准、土地前期开发涉及的工程建设标准等合理测算土地储备成本。

**第十条**　土地储备机构应当根据项目收支评估结果，编制总体收支平衡方案和分年度收支平衡方案，反映项目全生命周期预期土地出让收入、土地储备成本、土地储备资金来源等平衡及各年度情况，相应填制总体收支平衡表（见附1）和分年度收支平衡表（见附2），确保项目全生命周期收支平衡。

**第十一条**　土地储备机构根据土地储备项目收支平衡情况，分类提出资金安排建议。其中，专项债券发行规模不得超过项目预期土地出让收入的70%。

（一）对预期土地出让收入大于或等于土地储备成本，能够“收大于支”或“盈亏平衡”的项目，可按规定发行专项债券融资，债券发行规模不得超过土地储备成本；

（二）对预期土地出让收入小于土地储备成本、“收不抵支”项目，应当统筹安排财政资金、专项债券予以保障。其中，债券发行规模不得超过预期土地出让收入；

（三）对没有预期土地出让收入的项目，确需实施的，应当安排财政资金保障。

**第十二条** 市、县自然资源主管部门会同财政部门组织审核论证土地储备机构提出的项目收支平衡方案以及资金安排建议，通过审核论证的土地储备项目纳入项目库管理。

项目库区分自然资源主管部门负责管理的项目库、财政部门负责管理的项目库。自然资源主管部门负责管理的项目库包括全部土地储备项目，财政部门负责管理的项目库包括已纳入预算项目和拟纳入预算的备选项目。未纳入项目库的项目不得安排预算资金。

## 第三章 预算编制和批复

**第十三条** 土地储备项目按照全生命周期管理的要求，分别编入地方政府中期财政规划和年度收支预算。

**第十四条** 财政部门根据负责管理的土地储备项目库中已纳入预算项目和拟纳入预算项目情况，结合项目收支平衡方案，将分年度收支编入地方政府中期财政规划，全面反映规划期内土地储备项目收支安排。中期财政规划约束和指引地方政府年度预算，并根据上一年度预算执行情况滚动调整。

**第十五条** 土地储备机构应当根据市、县政府及自然资源主管部门有关安排，综合考虑当期国民经济和社会发展规划、国土空间规划、重大项目资金需求等因素，重点评估成本收入分析后项目效益情况，每年第四季度从自然资源主管部门管理的土地储备项目库中选择年度拟申请安排预算的项目。土地储备机构应当将拟申请安排预算的项目纳入年度土地储备计划，根据项目分年度收支平衡方案编制土地储备项目年度收支预算草案，反映年度收储成本、前期开发成本等支出，提出财政预算安排、专项债券等需求，报自然资源主管部门审核。

自然资源主管部门审核汇总本地区所有土地储备项目年度收支预算草案，形成本地区年度土地储备收支预算草案，随本部门预算草案一并报同级财政部门。

财政部门应当依据有关法律法规审核土地储备年度收支预算草案，将年度预算安排用于还本付息的资金编入地方政府预算草案，将举借土地储备专项债券收入以及对应安排的土地储备支出编入预算或预算调整方案。

**第十六条** 财政预算经法定程序批准后，财政部门应当在法定时限内批复自然资源主管部门的部门预算，一并批复土地储备项目年度收支预算。

批复土地储备项目预算时，财政部门和自然资源主管部门应当明确区分专项债券资金和其他预算资金。

## 第四章 预算执行与调整

**第十七条** 财政部门应当根据土地储备项目年度收支预算，以及项目实施进度和相关部门用款申请，及时拨付财政预算资金或发行专项债券，有效保障土地储备项目的资金需求。

自然资源主管部门和土地储备机构应当按照预算和规定用途使用财政资金，不得挪用或擅自改变用途。依法供应土地后，自然资源主管部门和财政部门应当督促土地使用者将应缴的土地出让收入及时足额缴入国库。

允许有条件的地方在土地储备专项债券发行完成前，对预算已安排专项债券资金的土地储备项目通过先行调度库款的做法，加快项目建设进度，债券发行后及时归垫。

**第十八条** 土地储备机构应当依据当地征地补偿标准、工程建设等标准，合理控制土地储备项目收储成本和前期开发成本。

因市场波动导致项目预期成本支出超出年度收支预算保障能力的，土地储备机构应当报经同级自然资源主管部门同意后，按程序向同级财政部门申请调剂预算；成本变动导致项目收支难以平衡的，应当相应调整项目收支平衡方案。

**第十九条**　土地储备项目实施和预算执行过程中，确实无法执行需要调整地块的，由土地储备机构提出申请并重新提出项目收支平衡方案后，按照经国务院同意印发的《财政部关于支持做好地方政府专项债券发行使用管理工作的通知》（财预〔2018〕161号）规定实施。

**第二十条**　土地储备项目实施后，土地储备机构应当每年对土地储备项目资产开展自评估。对资产价值重大变化导致项目总体收支预算不平衡的，应当按程序调整该项目收支平衡方案，重新报同级自然资源主管部门和财政部门审核。

财政部门应当委托第三方评估机构对土地储备机构年度自评估结果进行再评估，再评估结果作为调整相应中期财政规划和核定专项债务限额、土地储备专项债券额度的依据。

## 第五章　决算和审计

**第二十一条**　土地储备机构应当按照预算管理制度规定对每个土地储备项目编制年度收支决算草案，并按程序报批。

本办法第六条所述土地储备机构专用报表（见附3、附4），应当作为附表纳入本条第一款所述决算草案。

**第二十二条**　项目实施过程中，土地储备机构可根据项目管理需要，委托有资质的中介机构对项目实施进行跟踪审计；项目实施有关单位应配合做好项目决算有关工作。项目实施完毕后，财政部门应当委托有资质的中介机构，对土地储备项目总体收支情况等进行审计。

## 第六章　其他事项

**第二十三条**　土地储备项目实施应当设定绩效目标，作为实施绩效运行监控、开展绩效评价的基础。项目实施完毕、预算执行结束后，财政部门和自然资源主管部门应当对土地储备项目开展绩效评价，评价结果作为以后年度预算安排的重要参考依据。

**第二十四条**　市、县自然资源主管部门和土地储备机构应当建立对土地储备项目风险的动态监测机制，配合做好绩效评价，对发现的问题及时进行整改。财政部门依据国家法律法规和管理制度，对土地储备项目预算管理实施监督，及时发现和纠正预算执行中出现的问题。

**第二十五条**　自然资源主管部门受市、县人民政府委托代持土地储备资产，并交由土地储备机构具体管理。土地储备机构应当于每年四季度对所有土地储备项目对应的土地资产（包括正在实施的土地和已入库储备的土地）、负债进行统计，编制年末土地储备项目专用资产负债平衡表（见附5）。

**第二十六条**　建立土地储备机构专用报表制度。财政部门应当指导土地储备机构做好专用报表填列工作：

（一）在土地储备机构专用报表的“资产”方填列土地储备资产评估价值；

（二）在土地储备机构专用报表的“负债”方填列同级财政部门拨付的土地储备专项债券资金。

**第二十七条**　财政部门应当通过“21215 土地储备专项债券收入安排的支出”科目，将土地储备专项债券资金拨付土地储备机构，并在拨款凭证上列示科目名称。

**第二十八条**　土地储备机构所需的日常经费，应当与土地储备项目预算及资金实行分账核算，不得相互混用。

土地储备资金财务管理和会计核算，按《土地储备资金财务管理办法》《土地储备资金会计核算办法（试行）》执行。

## 第七章　附　　则

**第二十九条**　省、自治区、直辖市可以根据本办法制定实施细则。

**第三十条**　开展土地储备项目预算管理试点地区的政府债务风险评估和预警办法另行研究确定。

**第三十一条**　本办法由财政部、自然资源部负责解释。

**第三十二条**　本办法自印发之日起施行。

# 三、国债发行、交易文件

## 财政部办公厅关于公布2019年记账式附息国债、储蓄国债、第一季度国债发行计划的通知

财办库〔2018〕307号 2018年12月25日

储蓄国债承销团成员、记账式国债承销团成员，中国外汇交易中心、上海证券交易所、深圳证券交易所，中央国债登记结算有限责任公司、中国证券登记结算有限责任公司：

现公布2019年记账式附息国债、储蓄国债、第一季度国债发行计划（见附件）。执行中如有变动，以届时国债发行文件为准。

附件：1. 2019年记账式附息国债发行计划表
2. 2019年储蓄国债发行计划表
3. 2019年第一季度国债发行计划表

附件1：

### 2019年记账式附息国债发行计划表

表1 关键期限国债发行计划

| 期限（年） | 招标日期 | 新发/续发 | 付息方式 |
| --- | --- | --- | --- |
| 1 | 1月16日 | 新发 | 按年付息 |
| | 2月27日 | 续发 | |
| | 3月20日 | 续发 | |
| | 4月17日 | 续发 | |
| | 5月22日 | 新发 | |
| | 6月19日 | 续发 | |
| | 7月17日 | 续发 | |
| | 8月21日 | 续发 | |
| | 9月18日 | 新发 | |
| | 10月23日 | 续发 | |
| | 11月20日 | 续发 | |
| | 12月18日 | 续发 | |

续表

| 期限（年） | 招标日期 | 新发/续发 | 付息方式 |
|---|---|---|---|
| 3 | 1月2日 | 续发 | 按年付息 |
| | 2月13日 | 续发 | |
| | 3月6日 | 新发 | |
| | 4月3日 | 续发 | |
| | 5月8日 | 续发 | |
| | 6月5日 | 续发 | |
| | 7月3日 | 续发 | |
| | 8月7日 | 新发 | |
| | 9月4日 | 续发 | |
| | 10月9日 | 续发 | |
| | 11月6日 | 续发 | |
| | 12月4日 | 续发 | |
| 5 | 1月9日 | 续发 | 按年付息 |
| | 2月20日 | 续发 | |
| | 3月13日 | 续发 | |
| | 4月10日 | 新发 | |
| | 5月15日 | 续发 | |
| | 6月12日 | 续发 | |
| | 7月10日 | 续发 | |
| | 8月14日 | 续发 | |
| | 9月11日 | 续发 | |
| | 10月16日 | 新发 | |
| | 11月13日 | 续发 | |
| | 12月11日 | 续发 | |
| 7 | 1月2日 | 续发 | 按年付息 |
| | 2月13日 | 续发 | |
| | 3月6日 | 续发 | |
| | 4月3日 | 续发 | |
| | 5月8日 | 续发 | |
| | 6月5日 | 新发 | |
| | 7月3日 | 续发 | |
| | 8月7日 | 续发 | |
| | 9月4日 | 续发 | |
| | 10月9日 | 续发 | |
| | 11月6日 | 续发 | |
| | 12月4日 | 新发 | |

续表

| 期限（年） | 招标日期 | 新发/续发 | 付息方式 |
|---|---|---|---|
| 10 | 1 月 16 日 | 续发 | 按半年付息 |
| | 2 月 27 日 | 续发 | |
| | 3 月 20 日 | 续发 | |
| | 4 月 17 日 | 续发 | |
| | 5 月 22 日 | 新发 | |
| | 6 月 19 日 | 续发 | |
| | 7 月 17 日 | 续发 | |
| | 8 月 21 日 | 续发 | |
| | 9 月 18 日 | 续发 | |
| | 10 月 23 日 | 续发 | |
| | 11 月 20 日 | 新发 | |
| | 12 月 18 日 | 续发 | |

**表 2　　非关键期限国债发行计划**

| 期限（年） | 招标日期 | 新发/续发 | 付息方式 |
|---|---|---|---|
| 2 | 1 月 9 日 | 续发 | 按年付息 |
| | 2 月 20 日 | 新发 | |
| | 4 月 10 日 | 续发 | |
| | 5 月 15 日 | 续发 | |
| | 6 月 12 日 | 续发 | |
| | 7 月 10 日 | 新发 | |
| | 8 月 14 日 | 续发 | |
| | 9 月 11 日 | 续发 | |
| | 10 月 16 日 | 续发 | |
| | 11 月 13 日 | 新发 | |
| | 12 月 11 日 | 续发 | |
| 30 | 2 月 22 日 | 续发 | 按半年付息 |
| | 4 月 19 日 | 续发 | |
| | 5 月 17 日 | 续发 | |
| | 5 月 31 日 | 续发 | |
| | 7 月 19 日 | 新发 | |
| | 8 月 16 日 | 续发 | |
| | 8 月 30 日 | 续发 | |
| | 10 月 18 日 | 续发 | |
| | 11 月 15 日 | 续发 | |
| | 11 月 29 日 | 续发 | |
| 50 | 6 月 21 日 | 新发 | 按半年付息 |
| | 9 月 20 日 | 续发 | |
| | 12 月 20 日 | 续发 | |

附件 2：

# 2019 年储蓄国债发行计划表

| 品种 | 期限（年） | 发行起始日 | 付息方式 |
| --- | --- | --- | --- |
| 凭证式 | 3 | 3 月 10 日 | 到期一次还本付息 |
| | 5 | | |
| 电子式 | 3 | 4 月 10 日 | 每年付息一次 |
| | 5 | | |
| 凭证式 | 3 | 5 月 10 日 | 到期一次还本付息 |
| | 5 | | |
| 电子式 | 3 | 6 月 10 日 | 每年付息一次 |
| | 5 | | |
| 电子式 | 3 | 7 月 10 日 | 每年付息一次 |
| | 5 | | |
| 电子式 | 3 | 8 月 10 日 | 每年付息一次 |
| | 5 | | |
| 凭证式 | 3 | 9 月 10 日 | 到期一次还本付息 |
| | 5 | | |
| 电子式 | 3 | 10 月 10 日 | 每年付息一次 |
| | 5 | | |
| 凭证式 | 3 | 11 月 10 日 | 到期一次还本付息 |
| | 5 | | |

附件 3：

# 2019 年第一季度国债发行计划表

| 品种 | 月份 | 招标日/发行起始日 | 期限（年） | 新发/续发 | 付息方式 |
|---|---|---|---|---|---|
| 记账式附息国债 | 1 月 | 1 月 2 日 | 3 | 续发 | 按年付息 |
| | | | 7 | 续发 | 按年付息 |
| | | 1 月 9 日 | 2 | 续发 | 按年付息 |
| | | | 5 | 续发 | 按年付息 |
| | | 1 月 16 日 | 1 | 新发 | 按年付息 |
| | | | 10 | 续发 | 按半年付息 |
| | 2 月 | 2 月 13 日 | 3 | 续发 | 按年付息 |
| | | | 7 | 续发 | 按年付息 |
| | | 2 月 20 日 | 2 | 新发 | 按年付息 |
| | | | 5 | 续发 | 按年付息 |
| | | 2 月 22 日 | 30 | 续发 | 按半年付息 |
| | | 2 月 27 日 | 1 | 续发 | 按年付息 |
| | | | 10 | 续发 | 按半年付息 |
| | 3 月 | 3 月 6 日 | 3 | 新发 | 按年付息 |
| | | | 7 | 续发 | 按年付息 |
| | | 3 月 13 日 | 5 | 续发 | 按年付息 |
| | | 3 月 20 日 | 1 | 续发 | 按年付息 |
| | | | 10 | 续发 | 按半年付息 |
| 记账式贴现国债 | 1 月 | 1 月 4 日 | 0.25 | 新发 | 到期一次还本付息 |
| | | | 0.5 | 新发 | 到期一次还本付息 |
| | | 1 月 11 日 | 0.25 | 新发 | 到期一次还本付息 |
| | | 1 月 18 日 | 0.25 | 新发 | 到期一次还本付息 |
| | | 1 月 25 日 | 0.25 | 新发 | 到期一次还本付息 |
| | 2 月 | 2 月 15 日 | 0.25 | 新发 | 到期一次还本付息 |
| | | 2 月 22 日 | 0.25 | 新发 | 到期一次还本付息 |
| | 3 月 | 3 月 1 日 | 0.25 | 新发 | 到期一次还本付息 |
| | | 3 月 8 日 | 0.25 | 新发 | 到期一次还本付息 |
| | | | 0.5 | 新发 | 到期一次还本付息 |
| | | 3 月 15 日 | 0.25 | 新发 | 到期一次还本付息 |
| | | 3 月 22 日 | 0.25 | 新发 | 到期一次还本付息 |
| | | 3 月 29 日 | 0.25 | 新发 | 到期一次还本付息 |
| 储蓄国债（凭证式） | 3 月 | 3 月 10 日 | 3 | / | 到期一次还本付息 |
| | | | 5 | | 到期一次还本付息 |

# 财政部办公厅关于公布2019年二季度国债发行计划的通知

财办库〔2019〕70号　2019年3月27日

储蓄国债承销团成员、记账式国债承销团成员，中国外汇交易中心、上海证券交易所、深圳证券交易所，中央国债登记结算有限责任公司、中国证券登记结算有限责任公司：

现公布2019年二季度国债发行计划（见附件）。执行中如有变动，以届时国债发行文件为准。

附件：2019年二季度国债发行计划表

附件

## 2019年二季度国债发行计划表

表1　2019年二季度记账式附息国债发行计划

| 月份 | 期限（年） | 招标日期 | 新发/续发 | 付息方式 |
|---|---|---|---|---|
| 4月 | 3 | 4月3日 | 续发 | 按年付息 |
| | 7 | | 续发 | 按年付息 |
| | 2 | 4月10日 | 续发 | 按年付息 |
| | 5 | | 新发 | 按年付息 |
| | 1 | 4月17日 | 续发 | 按年付息 |
| | 10 | | 续发 | 按半年付息 |
| | 30 | 4月19日 | 续发 | 按半年付息 |
| 5月 | 3 | 5月8日 | 续发 | 按年付息 |
| | 7 | | 续发 | 按年付息 |
| | 2 | 5月15日 | 续发 | 按年付息 |
| | 5 | | 续发 | 按年付息 |
| | 30 | 5月17日 | 续发 | 按半年付息 |
| | 1 | 5月22日 | 新发 | 按年付息 |
| | 10 | | 新发 | 按半年付息 |
| | 30 | 5月31日 | 续发 | 按半年付息 |
| 6月 | 3 | 6月5日 | 续发 | 按年付息 |
| | 7 | | 新发 | 按年付息 |
| | 2 | 6月12日 | 续发 | 按年付息 |
| | 5 | | 续发 | 按年付息 |
| | 1 | 6月19日 | 续发 | 按年付息 |
| | 10 | | 续发 | 按半年付息 |
| | 50 | 6月21日 | 新发 | 按半年付息 |

表 2 **2019 年二季度记账式贴现国债发行计划**

| 月份 | 期限（天） | 招标日期 | 付息方式 |
|---|---|---|---|
| 4 月 | 91 | 4 月 12 日 | 到期一次还本付息 |
| | 182 | | 到期一次还本付息 |
| | 91 | 4 月 19 日 | 到期一次还本付息 |
| | 91 | 4 月 26 日 | 到期一次还本付息 |
| 5 月 | 91 | 5 月 10 日 | 到期一次还本付息 |
| | 182 | | 到期一次还本付息 |
| | 91 | 5 月 17 日 | 到期一次还本付息 |
| | 91 | 5 月 24 日 | 到期一次还本付息 |
| | 91 | 5 月 31 日 | 到期一次还本付息 |
| 6 月 | 91 | 6 月 14 日 | 到期一次还本付息 |
| | 182 | | 到期一次还本付息 |
| | 91 | 6 月 21 日 | 到期一次还本付息 |
| | 91 | 6 月 28 日 | 到期一次还本付息 |

表 3 **2019 年二季度储蓄国债发行计划**

| 月份 | 品种 | 期限（年） | 付息方式 |
|---|---|---|---|
| 4 月 | 电子式 | 3 | 按年付息 |
| | | 5 | |
| 5 月 | 凭证式 | 3 | 到期一次还本付息 |
| | | 5 | |
| 6 月 | 电子式 | 3 | 按年付息 |
| | | 5 | |

# 财政部办公厅关于公布2019年三季度国债发行计划的通知

财办库〔2019〕180号　2019年6月27日

储蓄国债承销团成员、记账式国债承销团成员，中国外汇交易中心、上海证券交易所、深圳证券交易所，中央国债登记结算有限责任公司、中国证券登记结算有限责任公司：

现公布2019年三季度国债发行计划（见附件）。执行中如有变动，以届时国债发行文件为准。

附件：2019年三季度国债发行计划表

附件

## 2019年三季度国债发行计划表

表1　2019年三季度记账式附息国债发行计划

| 月份 | 期限（年） | 招标日期 | 新发/续发 | 付息方式 |
|---|---|---|---|---|
| 7月 | 3 | 7月3日 | 续发 | 按年付息 |
| | 7 | | 续发 | 按年付息 |
| | 2 | 7月10日 | 新发 | 按年付息 |
| | 5 | | 续发 | 按年付息 |
| | 1 | 7月17日 | 续发 | 按年付息 |
| | 10 | | 续发 | 按半年付息 |
| | 30 | 7月19日 | 新发 | 按半年付息 |
| 8月 | 3 | 8月7日 | 新发 | 按年付息 |
| | 7 | | 续发 | 按年付息 |
| | 2 | 8月14日 | 续发 | 按年付息 |
| | 5 | | 续发 | 按年付息 |
| | 30 | 8月16日 | 续发 | 按半年付息 |
| | 1 | 8月21日 | 续发 | 按年付息 |
| | 10 | | 续发 | 按半年付息 |
| | 30 | 8月30日 | 续发 | 按半年付息 |
| 9月 | 3 | 9月4日 | 续发 | 按年付息 |
| | 7 | | 续发 | 按年付息 |
| | 2 | 9月11日 | 续发 | 按年付息 |
| | 5 | | 续发 | 按年付息 |
| | 1 | 9月18日 | 新发 | 按年付息 |
| | 10 | | 续发 | 按半年付息 |
| | 50 | 9月20日 | 续发 | 按半年付息 |

表 2　　**2019 年三季度记账式贴现国债发行计划**

| 月份 | 期限（天） | 招标日期 | 付息方式 |
|---|---|---|---|
| 7 月 | 91 | 7 月 5 日 | 到期一次还本付息 |
| | 91 | 7 月 12 日 | 到期一次还本付息 |
| | 182 | | 到期一次还本付息 |
| | 91 | 7 月 19 日 | 到期一次还本付息 |
| | 91 | 7 月 26 日 | 到期一次还本付息 |
| 8 月 | 91 | 8 月 2 日 | 到期一次还本付息 |
| | 91 | 8 月 9 日 | 到期一次还本付息 |
| | 182 | | 到期一次还本付息 |
| | 91 | 8 月 16 日 | 到期一次还本付息 |
| | 91 | 8 月 23 日 | 到期一次还本付息 |
| | 91 | 8 月 30 日 | 到期一次还本付息 |
| 9 月 | 91 | 9 月 6 日 | 到期一次还本付息 |
| | 182 | | 到期一次还本付息 |
| | 91 | 9 月 20 日 | 到期一次还本付息 |
| | 91 | 9 月 27 日 | 到期一次还本付息 |

表 3　　**2019 年三季度储蓄国债发行计划**

| 月份 | 品种 | 期限（年） | 发行起始日 | 付息方式 |
|---|---|---|---|---|
| 7 月 | 电子式 | 3 | 7 月 10 日 | 按年付息 |
| | | 5 | | |
| 8 月 | 电子式 | 3 | 8 月 10 日 | 按年付息 |
| | | 5 | | |
| 9 月 | 凭证式 | 3 | 9 月 10 日 | 到期一次还本付息 |
| | | 5 | | |

# 财政部办公厅关于公布2019年四季度国债发行计划的通知

财办库〔2019〕287号　2019年9月29日

储蓄国债承销团成员、记账式国债承销团成员，中国外汇交易中心、上海证券交易所、深圳证券交易所，中央国债登记结算有限责任公司、中国证券登记结算有限责任公司：

现公布2019年四季度国债发行计划（见附件）。执行中如有变动，以届时国债发行文件为准。

附件：2019年四季度国债发行计划表

附件

## 2019年四季度国债发行计划表

表1　2019年四季度记账式附息国债发行计划

| 月份 | 期限（年） | 招标日期 | 新发/续发 | 付息方式 |
|---|---|---|---|---|
| 10月 | 3 | 10月9日 | 续发 | 按年付息 |
| | 7 | | 续发 | 按年付息 |
| | 2 | 10月16日 | 续发 | 按年付息 |
| | 5 | | 新发 | 按年付息 |
| | 30 | 10月18日 | 续发 | 按半年付息 |
| | 1 | 10月23日 | 续发 | 按年付息 |
| | 10 | | 续发 | 按半年付息 |
| 11月 | 3 | 11月6日 | 续发 | 按年付息 |
| | 7 | | 续发 | 按年付息 |
| | 2 | 11月13日 | 新发 | 按年付息 |
| | 5 | | 续发 | 按年付息 |
| | 30 | 11月15日 | 续发 | 按半年付息 |
| | 1 | 11月20日 | 续发 | 按年付息 |
| | 10 | | 新发 | 按半年付息 |
| | 30 | 11月29日 | 续发 | 按半年付息 |
| 12月 | 3 | 12月4日 | 续发 | 按年付息 |
| | 7 | | 新发 | 按年付息 |
| | 2 | 12月11日 | 续发 | 按年付息 |
| | 5 | | 续发 | 按年付息 |
| | 1 | 12月18日 | 续发 | 按年付息 |
| | 10 | | 续发 | 按半年付息 |
| | 50 | 12月20日 | 续发 | 按半年付息 |

表 2 **2019 年四季度记账式贴现国债发行计划**

| 月份 | 期限（天） | 招标日期 | 付息方式 |
|---|---|---|---|
| 10 月 | 91 | 10 月 11 日 | 到期一次还本付息 |
| | 182 | | 到期一次还本付息 |
| | 91 | 10 月 18 日 | 到期一次还本付息 |
| | 91 | 10 月 25 日 | 到期一次还本付息 |
| 11 月 | 91 | 11 月 1 日 | 到期一次还本付息 |
| | 91 | 11 月 8 日 | 到期一次还本付息 |
| | 182 | | 到期一次还本付息 |
| | 91 | 11 月 15 日 | 到期一次还本付息 |
| | 91 | 11 月 22 日 | 到期一次还本付息 |
| | 91 | 11 月 29 日 | 到期一次还本付息 |
| 12 月 | 91 | 12 月 6 日 | 到期一次还本付息 |
| | 91 | 12 月 13 日 | 到期一次还本付息 |
| | 182 | | 到期一次还本付息 |
| | 91 | 12 月 20 日 | 到期一次还本付息 |
| | 91 | 12 月 27 日 | 到期一次还本付息 |

表 3 **2019 年四季度储蓄国债发行计划**

| 月份 | 品种 | 期限（年） | 发行起始日 | 付息方式 |
|---|---|---|---|---|
| 10 月 | 电子式 | 3 | 10 月 10 日 | 按年付息 |
| | | 5 | | |
| 11 月 | 凭证式 | 3 | 11 月 10 日 | 到期一次还本付息 |
| | | 5 | | |

# 关于公布2019年记账式国债现货交易量排名的通知

财库便函〔2020〕63号 2020年1月19日

2018—2020年记账式国债承销团成员：

根据2019年记账式国债现货交易统计情况，现公布2019年记账式国债承销团成员国债现货交易量排名、银行类成员国债现货交易量排名、非银行类成员国债现货交易量排名和柜台国债交易量排名（见附件）。

附件：

表1 2019年记账式国债承销团成员国债现货交易量排名

| 名次 | 机构名称 | 名次 | 机构名称 |
|---|---|---|---|
| 1 | 浙商银行股份有限公司 | 28 | 汇丰银行（中国）有限公司 |
| 2 | 招商银行股份有限公司 | 29 | 中国银行股份有限公司 |
| 3 | 江苏银行股份有限公司 | 30 | 平安证券股份有限公司 |
| 4 | 上海浦东发展银行股份有限公司 | 31 | 宁波银行股份有限公司 |
| 5 | 天津银行股份有限公司 | 32 | 招商证券股份有限公司 |
| 6 | 中国工商银行股份有限公司 | 33 | 中国邮政储蓄银行股份有限公司 |
| 7 | 北京银行股份有限公司 | 34 | 上海农村商业银行股份有限公司 |
| 8 | 长沙银行股份有限公司 | 35 | 广发证券股份有限公司 |
| 9 | 华泰证券股份有限公司 | 36 | 中国农业银行股份有限公司 |
| 10 | 郑州银行股份有限公司 | 37 | 贵阳银行股份有限公司 |
| 11 | 徽商银行股份有限公司 | 38 | 中国光大银行股份有限公司 |
| 12 | 恒丰银行股份有限公司 | 39 | 国泰君安证券股份有限公司 |
| 13 | 上海银行股份有限公司 | 40 | 洛阳银行股份有限公司 |
| 14 | 兴业银行股份有限公司 | 41 | 南京银行股份有限公司 |
| 15 | 中信银行股份有限公司 | 42 | 渣打银行（中国）有限公司 |
| 16 | 交通银行股份有限公司 | 43 | 东莞农村商业银行股份有限公司 |
| 17 | 中信证券股份有限公司 | 44 | 江苏江南农村商业银行股份有限公司 |
| 18 | 中原银行股份有限公司 | 45 | 中国建设银行股份有限公司 |
| 19 | 广州农村商业银行股份有限公司 | 46 | 花旗银行（中国）有限公司 |
| 20 | 河北银行股份有限公司 | 47 | 第一创业证券股份有限公司 |
| 21 | 杭州银行股份有限公司 | 48 | 摩根大通银行（中国）有限公司 |
| 22 | 中国民生银行股份有限公司 | 49 | 中国国际金融股份有限公司 |
| 23 | 广发银行股份有限公司 | 50 | 华夏银行股份有限公司 |
| 24 | 中信建投证券股份有限公司 | 51 | 厦门国际银行股份有限公司 |
| 25 | 平安银行股份有限公司 | 52 | 北京农村商业银行股份有限公司 |
| 26 | 渤海银行股份有限公司 | 53 | 光大证券股份有限公司 |
| 27 | 东方证券股份有限公司 | | |

**表 2　　2019 年记账式国债承销团银行类成员国债现货交易量排名**

| 名次 | 机构名称 | 名次 | 机构名称 |
|---|---|---|---|
| 1 | 浙商银行股份有限公司 | 22 | 平安银行股份有限公司 |
| 2 | 招商银行股份有限公司 | 23 | 渤海银行股份有限公司 |
| 3 | 江苏银行股份有限公司 | 24 | 汇丰银行（中国）有限公司 |
| 4 | 上海浦东发展银行股份有限公司 | 25 | 中国银行股份有限公司 |
| 5 | 天津银行股份有限公司 | 26 | 宁波银行股份有限公司 |
| 6 | 中国工商银行股份有限公司 | 27 | 中国邮政储蓄银行股份有限公司 |
| 7 | 北京银行股份有限公司 | 28 | 上海农村商业银行股份有限公司 |
| 8 | 长沙银行股份有限公司 | 29 | 中国农业银行股份有限公司 |
| 9 | 郑州银行股份有限公司 | 30 | 贵阳银行股份有限公司 |
| 10 | 徽商银行股份有限公司 | 31 | 中国光大银行股份有限公司 |
| 11 | 恒丰银行股份有限公司 | 32 | 洛阳银行股份有限公司 |
| 12 | 上海银行股份有限公司 | 33 | 南京银行股份有限公司 |
| 13 | 兴业银行股份有限公司 | 34 | 渣打银行（中国）有限公司 |
| 14 | 中信银行股份有限公司 | 35 | 东莞农村商业银行股份有限公司 |
| 15 | 交通银行股份有限公司 | 36 | 江苏江南农村商业银行股份有限公司 |
| 16 | 中原银行股份有限公司 | 37 | 中国建设银行股份有限公司 |
| 17 | 广州农村商业银行股份有限公司 | 38 | 花旗银行（中国）有限公司 |
| 18 | 河北银行股份有限公司 | 39 | 摩根大通银行（中国）有限公司 |
| 19 | 杭州银行股份有限公司 | 40 | 华夏银行股份有限公司 |
| 20 | 中国民生银行股份有限公司 | 41 | 厦门国际银行股份有限公司 |
| 21 | 广发银行股份有限公司 | 42 | 北京农村商业银行股份有限公司 |

**表 3　2019 年记账式国债承销团非银行类成员国债现货交易量排名**

| 名次 | 机构名称 |
|---|---|
| 1 | 华泰证券股份有限公司 |
| 2 | 中信证券股份有限公司 |
| 3 | 中信建投证券股份有限公司 |
| 4 | 东方证券股份有限公司 |
| 5 | 平安证券股份有限公司 |
| 6 | 招商证券股份有限公司 |
| 7 | 广发证券股份有限公司 |
| 8 | 国泰君安证券股份有限公司 |
| 9 | 第一创业证券股份有限公司 |
| 10 | 中国国际金融股份有限公司 |
| 11 | 光大证券股份有限公司 |

**表 4　　2019 年记账式国债银行柜台交易量排名**

| 名次 | 机构名称 |
|---|---|
| 1 | 中国银行股份有限公司 |
| 2 | 中国工商银行股份有限公司 |
| 3 | 中国农业银行股份有限公司 |
| 4 | 招商银行股份有限公司 |
| 5 | 中国建设银行股份有限公司 |
| 6 | 江苏银行股份有限公司 |
| 7 | 上海农村商业银行股份有限公司 |
| 8 | 洛阳银行股份有限公司 |
| 9 | 杭州银行股份有限公司 |
| 10 | 南京银行股份有限公司 |
| 11 | 北京农村商业银行股份有限公司 |
| 12 | 平安银行股份有限公司 |
| 13 | 北京银行股份有限公司 |
| 14 | 兴业银行股份有限公司 |
| 15 | 宁波银行股份有限公司 |
| 16 | 中国民生银行股份有限公司 |

# 第五篇

# 附　录

# 2019 年国家开发银行金融债券（人民币）发行情况表

| 序号 | 证券简称 | 债券代码 | 实际发行量（亿元） | 发行人简称 | 发行日期 | 付息方式 | 票面利率（%） | 债券期限（年） | 起息日 | 到期日 |
|---|---|---|---|---|---|---|---|---|---|---|
| 1 | 19 国开 01 | 190201 | 103.50 | 国开行 | 2019-01-03 | 附息式固定利率 | 2.54 | 1 | 2019-01-08 | 2020-01-08 |
| 2 | 19 国开 02 | 190202 | 129.10 | 国开行 | 2019-01-15 | 附息式固定利率 | 3.03 | 3 | 2019-01-18 | 2022-01-18 |
| 3 | 19 国开 03 | 190203 | 135.00 | 国开行 | 2019-01-29 | 附息式固定利率 | 3.30 | 5 | 2019-02-01 | 2024-02-01 |
| 4 | 19 国开 04 | 190204 | 76.00 | 国开行 | 2019-02-21 | 附息式固定利率 | 3.68 | 7 | 2019-02-26 | 2026-02-26 |
| 5 | 19 国开 05 | 190205 | 141.50 | 国开行 | 2019-01-03 | 附息式固定利率 | 3.48 | 10 | 2019-01-08 | 2029-01-08 |
| 6 | 19 国开 06 | 190206 | 96.6 | 国开行 | 2019-04-18 | 附息式固定利率 | 2.65 | 1 | 2019-04-23 | 2020-04-23 |
| 7 | 19 国开 07 | 190207 | 86.9 | 国开行 | 2019-05-14 | 附息式固定利率 | 3.18 | 3 | 2019-05-17 | 2022-05-17 |
| 8 | 19 国开 08 | 190208 | 88.2 | 国开行 | 2019-06-27 | 附息式固定利率 | 3.42 | 5 | 2019-07-02 | 2024-07-02 |
| 9 | 19 国开 09 | 190209 | 51.2 | 国开行 | 2019-08-08 | 附息式固定利率 | 3.5 | 7 | 2019-08-13 | 2026-08-13 |
| 10 | 19 国开 10 | 190210 | 153.30 | 国开行 | 2019-05-16 | 附息式固定利率 | 3.65 | 10 | 2019-05-21 | 2029-05-21 |
| 11 | 19 国开 11 | 190211 | 50.00 | 国开行 | 2019-09-24 | 附息式固定利率 | 2.59 | 1 | 2019-09-25 | 2020-09-25 |
| 12 | 19 国开 12 | 190212 | 60.60 | 国开行 | 2019-08-08 | 附息式固定利率 | 2.85 | 2 | 2019-08-13 | 2021-08-13 |
| 13 | 19 国开 14 | 190214 | 30.00 | 国开行 | 2019-10-24 | 附息式固定利率 | 2.97 | 3 | 2019-10-25 | 2022-10-25 |
| 14 | 19 国开 15 | 190215 | 130.00 | 国开行 | 2019-09-17 | 附息式固定利率 | 3.45 | 10 | 2019-09-20 | 2029-09-20 |
| 15 | 19 国开 16 | 190216 | 30.00 | 国开行 | 2019-11-28 | 附息式固定利率 | 2.80 | 2 | 2019-12-02 | 2021-12-02 |
| 16 | 19 国开绿债 01 | 1902001 | 100.00 | 国开行 | 2019-11-12 | 附息式固定利率 | 3.10 | 3 | 2019-11-21 | 2022-11-21 |

数据来源：Wind。

## 2019 年中国进出口银行金融债券发行情况表

| 序号 | 证券简称 | 债券代码 | 实际发行量（亿元） | 发行人简称 | 发行日期 | 付息方式 | 票面利率（%） | 债券期限（年） | 起息日 | 到期日 |
|---|---|---|---|---|---|---|---|---|---|---|
| 1 | 19 进出 01 | 190301 | 30.00 | 进出口银行 | 2019-01-10 | 附息式固定利率 | 2.40 | 1 | 2019-01-14 | 2020-01-14 |
| 2 | 19 进出 02 | 190302 | 50.00 | 进出口银行 | 2019-03-14 | 附息式固定利率 | 2.58 | 1 | 2019-03-18 | 2020-03-18 |
| 3 | 19 进出 03 | 190303 | 40.00 | 进出口银行 | 2019-01-31 | 附息式固定利率 | 2.96 | 3 | 2019-02-11 | 2022-02-11 |
| 4 | 19 进出 04 | 190304 | 40.00 | 进出口银行 | 2019-05-09 | 附息式固定利率 | 2.70 | 1 | 2019-05-13 | 2020-05-13 |
| 5 | 19 进出 05 | 190305 | 46.80 | 进出口银行 | 2019-01-31 | 附息式固定利率 | 3.28 | 5 | 2019-02-11 | 2024-02-11 |
| 6 | 19 进出 06 | 190306 | 58.50 | 进出口银行 | 2019-05-30 | 附息式固定利率 | 3.37 | 3 | 2019-06-03 | 2022-06-03 |
| 7 | 19 进出 07 | 190307 | 40.00 | 进出口银行 | 2019-10-24 | 附息式固定利率 | 2.56 | 1 | 2019-10-28 | 2020-10-28 |
| 8 | 19 进出 08 | 190308 | 40.00 | 进出口银行 | 2019-10-31 | 附息式固定利率 | 3.23 | 3 | 2019-11-04 | 2022-11-04 |
| 9 | 19 进出 09 | 190309 | 40.00 | 进出口银行 | 2019-12-18 | 附息式固定利率 | 2.90 | 2 | 2019-12-23 | 2021-12-23 |
| 10 | 19 进出 10 | 190310 | 30.00 | 进出口银行 | 2019-05-16 | 附息式固定利率 | 3.86 | 10 | 2019-05-20 | 2029-05-20 |
| 11 | 19 进出 11 | 190311 | 300.00 | 进出口银行 | 2019-12-12 | 附息式固定利率 | 3.87 | 10 | 2019-12-19 | 2029-12-19 |

数据来源：Wind。

## 2019 年中国农业发展银行金融债券发行情况表

| 序号 | 证券简称 | 债券代码 | 实际发行量（亿元） | 发行人简称 | 发行日期 | 付息方式 | 票面利率（%） | 债券期限（年） | 起息日 | 到期日 |
|---|---|---|---|---|---|---|---|---|---|---|
| 1 | 19 农发 01 | 190401 | 70 | 农发行 | 2019-01-23 | 附息式固定利率 | 3.75 | 10 | 2019-01-25 | 2029-01-25 |
| 2 | 19 农发 02 | 190402 | 60 | 农发行 | 2019-03-13 | 附息式固定利率 | 2.43 | 1 | 2019-03-18 | 2020-03-18 |
| 3 | 19 农发 03 | 190403 | 70 | 农发行 | 2019-04-01 | 附息式固定利率 | 3.2 | 3 | 2019-04-03 | 2022-04-03 |
| 4 | 19 农发 04 | 190404 | 70 | 农发行 | 2019-04-01 | 附息式固定利率 | 3.51 | 5 | 2019-04-03 | 2024-04-03 |
| 5 | 19 农发 05 | 190405 | 20 | 农发行 | 2019-06-19 | 附息式固定利率 | 2.51 | 1 | 2019-06-24 | 2020-06-24 |
| 6 | 19 农发 06 | 190406 | 60 | 农发行 | 2019-07-10 | 附息式固定利率 | 3.74 | 10 | 2019-07-12 | 2029-07-12 |
| 7 | 19 农发 07 | 190407 | 30 | 农发行 | 2019-07-15 | 附息式固定利率 | 3.12 | 3 | 2019-07-17 | 2022-07-17 |
| 8 | 19 农发 08 | 190408 | 30 | 农发行 | 2019-07-17 | 附息式固定利率 | 3.63 | 7 | 2019-07-19 | 2026-07-19 |
| 9 | 19 农发 09 | 190409 | 30 | 农发行 | 2019-08-12 | 附息式固定利率 | 3.24 | 5 | 2019-08-14 | 2024-08-14 |
| 10 | 19 农发清发 01 | 91918001 | 20 | 农发行 | 2019-06-11 | 附息式固定利率 | 3.11 | 2 | 2019-06-13 | 2021-06-13 |
| 11 | 19 农发清发 02 | 91918002 | 50 | 农发行 | 2019-09-03 | 附息式固定利率 | 3.02 | 3 | 2019-09-05 | 2022-09-05 |

数据来源：Wind。

# 2019 年商业银行金融债券发行情况表

| 序号 | 证券简称 | 债券代码 | 实际发行量（亿元） | 发行人简称 | 发行日期 | 付息方式 | 票面利率（%） | 债券期限（年） | 起息日 | 到期日 |
|---|---|---|---|---|---|---|---|---|---|---|
| 1 | 19 宁波银行 01 | 1920001 | 60.00 | 宁波银行 | 2019-01-14 | 附息 | 3.50 | 3 | 2019-01-16 | 2022-01-16 |
| 2 | 19 东莞农商绿色金融 01 | 1921001 | 20.00 | 东莞农商行 | 2019-01-21 | 附息 | 3.50 | 3 | 2019-01-23 | 2022-01-23 |
| 3 | 19 杭州银行双创金融债 | 1920002 | 50.00 | 杭州银行 | 2019-01-22 | 附息 | 3.45 | 3 | 2019-01-24 | 2022-01-24 |
| 4 | 19 上饶银行绿色金融 01 | 1920003 | 15.00 | 上饶银行 | 2019-01-23 | 附息 | 3.70 | 3 | 2019-01-25 | 2022-01-25 |
| 5 | 19 德清农商绿色金融 01 | 1921002 | 2.00 | 浙江德清农商行 | 2019-01-29 | 附息 | 3.90 | 3 | 2019-01-30 | 2022-01-30 |
| 6 | 19 阜新银行 | 1920005 | 15.00 | 阜新银行 | 2019-01-30 | 附息 | 4.00 | 3 | 2019-01-31 | 2022-01-31 |
| 7 | 19 南京银行 01 | 1920006 | 70.00 | 南京银行 | 2019-02-20 | 附息 | 3.42 | 3 | 2019-02-22 | 2022-02-22 |
| 8 | 19 南京银行 02 | 1920007 | 30.00 | 南京银行 | 2019-02-20 | 附息 | 3.75 | 5 | 2019-02-22 | 2024-02-22 |
| 9 | 19 海峡银行 01 | 1920008 | 15.00 | 福建海峡银行 | 2019-02-21 | 附息 | 3.54 | 3 | 2019-02-25 | 2022-02-25 |
| 10 | 19 日照银行绿色金融 01 | 1920009 | 30.00 | 日照银行 | 2019-02-26 | 附息 | 3.70 | 3 | 2019-02-28 | 2022-02-28 |
| 11 | 19 天台农商三农债 01 | 1921003 | 1.00 | 浙江天台农商行 | 2019-02-27 | 附息 | 5.00 | 3 | 2019-03-01 | 2022-03-01 |
| 12 | 19 民泰商行小微债 01 | 1920016 | 15.00 | 浙江民泰商业银行 | 2019-03-01 | 附息 | 3.80 | 3 | 2019-03-05 | 2022-03-05 |
| 13 | 19 柳州银行绿色金融 01 | 1920010 | 10.00 | 柳州银行 | 2019-03-04 | 附息 | 3.75 | 3 | 2019-03-06 | 2022-03-06 |
| 14 | 19 华融湘江银行 01 | 1920011 | 35.00 | 华融湘江银行 | 2019-03-05 | 附息 | 3.60 | 3 | 2019-03-07 | 2022-03-07 |
| 15 | 19 上饶银行绿色金融 02 | 1920012 | 15.00 | 上饶银行 | 2019-03-05 | 附息 | 3.70 | 3 | 2019-03-07 | 2022-03-07 |
| 16 | 19 徽商银行 01 | 1920013 | 90.00 | 徽商银行 | 2019-03-06 | 附息 | 3.52 | 3 | 2019-03-08 | 2022-03-08 |
| 17 | 19 徽商银行 02 | 1920014 | 10.00 | 徽商银行 | 2019-03-06 | 附息 | 3.80 | 5 | 2019-03-08 | 2024-03-08 |
| 18 | 19 东亚银行 01 | 1926001 | 25.00 | 东亚银行（中国） | 2019-03-07 | 附息 | 3.65 | 3 | 2019-03-11 | 2022-03-11 |
| 19 | 19 青岛农商金融债 | 1921005 | 5.00 | 青农商行 | 2019-03-11 | 附息 | 3.64 | 3 | 2019-03-13 | 2022-03-13 |
| 20 | 19 南海农商绿色金融 01 | 1921008 | 6.00 | 南海农商银行 | 2019-03-19 | 附息 | 3.62 | 3 | 2019-03-21 | 2022-03-21 |
| 21 | 19 东阳农商三农债 01 | 1921010 | 1.00 | 浙江东阳农商行 | 2019-03-20 | 附息 | 3.85 | 3 | 2019-03-22 | 2022-03-22 |
| 22 | 19 鄞州农商双创债 | 1921007 | 5.00 | 宁波鄞州农商行 | 2019-03-21 | 附息 | 3.67 | 3 | 2019-03-25 | 2022-03-25 |
| 23 | 19 湖州银行绿色金融 01 | 1920018 | 5.00 | 湖州银行 | 2019-03-22 | 附息 | 3.75 | 3 | 2019-03-26 | 2022-03-26 |
| 24 | 19 浦发银行小微债 01 | 1928005 | 500.00 | 浦发银行 | 2019-03-25 | 附息 | 3.50 | 3 | 2019-03-27 | 2022-03-27 |

续表

| 序号 | 证券简称 | 债券代码 | 实际发行量（亿元） | 发行人简称 | 发行日期 | 付息方式 | 票面利率（%） | 债券期限（年） | 起息日 | 到期日 |
|---|---|---|---|---|---|---|---|---|---|---|
| 25 | 19 杭州联合农商小微 01 | 1921012 | 15.00 | 杭州联合农商行 | 2019-03-26 | 附息 | 3.62 | 3 | 2019-03-28 | 2022-03-28 |
| 26 | 19 四会农商绿色金融 01 | 1921014 | 2.00 | 广东四会农商行 | 2019-03-28 | 附息 | 4.30 | 3 | 2019-03-29 | 2022-03-29 |
| 27 | 19 兰州银行绿色金融 01 | 1920021 | 20.00 | 兰州银行 | 2019-04-02 | 附息 | 3.58 | 3 | 2019-04-04 | 2022-04-04 |
| 28 | 19 吉林银行小微债 01 | 1920022 | 20.00 | 吉林银行 | 2019-04-02 | 附息 | 3.70 | 3 | 2019-04-04 | 2022-04-04 |
| 29 | 19 柳州银行绿色金融 02 | 1920023 | 10.00 | 柳州银行 | 2019-04-10 | 附息 | 3.99 | 3 | 2019-04-12 | 2022-04-12 |
| 30 | 19 青海银行绿色金融 01 | 1920026 | 15.00 | 青海银行 | 2019-04-10 | 附息 | 3.77 | 3 | 2019-04-12 | 2022-04-12 |
| 31 | 19 广州银行绿色金融债 | 1920025 | 50.00 | 广州银行 | 2019-04-12 | 附息 | 3.65 | 3 | 2019-04-16 | 2022-04-16 |
| 32 | 19 江苏银行绿色金融 01 | 1920029 | 100.00 | 江苏银行 | 2019-04-18 | 附息 | 3.60 | 3 | 2019-04-22 | 2022-04-22 |
| 33 | 19 乐山银行小微债 01 | 1920028 | 25.00 | 乐山市商业银行 | 2019-04-19 | 附息 | 4.15 | 3 | 2019-04-23 | 2022-04-23 |
| 34 | 19 西安银行小微债 01 | 1920031 | 20.00 | 西安银行 | 2019-04-22 | 附息 | 3.85 | 3 | 2019-04-24 | 2022-04-24 |
| 35 | 19 华融湘江小微债 02 | 1920030 | 30.00 | 华融湘江银行 | 2019-04-23 | 附息 | 3.70 | 3 | 2019-04-25 | 2022-04-25 |
| 36 | 19 义乌农商三农债 01 | 1921020 | 8.00 | 浙江义乌农商行 | 2019-04-24 | 附息 | 3.85 | 3 | 2019-04-26 | 2022-04-26 |
| 37 | 19 泰隆银行 01 | 1920033 | 30.00 | 浙江泰隆商业银行 | 2019-04-25 | 附息 | 3.88 | 3 | 2019-04-29 | 2022-04-29 |
| 38 | 19 杭州联合农商小微 02 | 1921018 | 7.00 | 杭州联合农商行 | 2019-04-25 | 附息 | 3.78 | 3 | 2019-04-29 | 2022-04-29 |
| 39 | 19 杭州联合农商小微 03 | 1921019 | 8.00 | 杭州联合农商行 | 2019-04-25 | 附息 | 4.19 | 5 | 2019-04-29 | 2024-04-29 |
| 40 | 19 厦门银行 01 | 1920035 | 30.00 | 厦门银行 | 2019-05-16 | 附息 | 3.69 | 3 | 2019-05-20 | 2022-05-20 |
| 41 | 19 青岛银行债 01 | 1920036 | 30.00 | 青岛银行 | 2019-05-20 | 附息 | 3.65 | 3 | 2019-05-22 | 2022-05-22 |
| 42 | 19 青岛银行债 02 | 1920037 | 10.00 | 青岛银行 | 2019-05-20 | 附息 | 3.98 | 5 | 2019-05-22 | 2024-05-22 |
| 43 | 19 泰隆银行 02 | 1920038 | 20.00 | 浙江泰隆商业银行 | 2019-05-22 | 附息 | 3.70 | 3 | 2019-05-24 | 2022-05-24 |
| 44 | 19 青岛银行债 03 | 1920041 | 30.00 | 青岛银行 | 2019-05-29 | 附息 | 3.70 | 3 | 2019-05-31 | 2022-05-31 |
| 45 | 19 青岛银行债 04 | 1920042 | 10.00 | 青岛银行 | 2019-05-29 | 附息 | 3.98 | 5 | 2019-05-31 | 2024-05-31 |
| 46 | 19 郑州银行绿色金融 01 | 1920043 | 20.00 | 郑州银行 | 2019-06-03 | 附息 | 3.70 | 3 | 2019-06-05 | 2022-06-05 |
| 47 | 19 嘉兴银行 01 | 1920044 | 10.00 | 嘉兴银行 | 2019-06-12 | 附息 | 4.23 | 3 | 2019-06-17 | 2022-06-17 |
| 48 | 19 汇丰银行 01 | 1926004 | 40.00 | 汇丰银行（中国） | 2019-06-14 | 附息 | 3.74 | 3 | 2019-06-18 | 2022-06-18 |
| 49 | 19 杭州银行债 | 1920045 | 100.00 | 杭州银行 | 2019-07-03 | 附息 | 3.60 | 3 | 2019-07-05 | 2022-07-05 |
| 50 | 19 招商银行小微债 01 | 1928015 | 300.00 | 招商银行 | 2019-07-05 | 附息 | 3.45 | 3 | 2019-07-09 | 2022-07-09 |

续表

| 序号 | 证券简称 | 债券代码 | 实际发行量（亿元） | 发行人简称 | 发行日期 | 付息方式 | 票面利率（%） | 债券期限（年） | 起息日 | 到期日 |
|---|---|---|---|---|---|---|---|---|---|---|
| 51 | 19苍南农商三农债01 | 1921023 | 7.00 | 浙江苍南农商行 | 2019-07-10 | 附息 | 3.89 | 3 | 2019-07-12 | 2022-07-12 |
| 52 | 19兴业绿色金融01 | 1928017 | 200.00 | 兴业银行 | 2019-07-16 | 附息 | 3.55 | 3 | 2019-07-18 | 2022-07-18 |
| 53 | 19宁波银行小微债01 | 1920047 | 60.00 | 宁波银行 | 2019-08-08 | 附息 | 3.46 | 3 | 2019-08-12 | 2022-08-12 |
| 54 | 19杭州联合农商绿色01 | 1921026 | 3.00 | 杭州联合农商行 | 2019-08-14 | 附息 | 3.59 | 3 | 2019-08-16 | 2022-08-16 |
| 55 | 19华润银行小微债01 | 1920050 | 30.00 | 珠海华润银行 | 2019-08-26 | 附息 | 3.66 | 3 | 2019-08-28 | 2022-08-28 |
| 56 | 19民泰商行小微债02 | 1920052 | 8.00 | 浙江民泰商业银行 | 2019-08-27 | 附息 | 4.30 | 3 | 2019-08-29 | 2022-08-29 |
| 57 | 19常熟农商小微债01 | 1921029 | 10.00 | 常熟银行 | 2019-08-27 | 附息 | 3.55 | 3 | 2019-08-29 | 2022-08-29 |
| 58 | 19厦门银行02 | 1920053 | 15.00 | 厦门银行 | 2019-09-05 | 附息 | 3.69 | 3 | 2019-09-09 | 2022-09-09 |
| 59 | 19贵阳银行绿色金融01 | 1920054 | 30.00 | 贵阳银行 | 2019-09-10 | 附息 | 3.55 | 3 | 2019-09-12 | 2022-09-12 |
| 60 | 19汇丰银行02 | 1926005 | 40.00 | 汇丰银行（中国） | 2019-09-10 | 附息 | 3.52 | 3 | 2019-09-12 | 2022-09-12 |
| 61 | 19浙商银行绿色金融 | 1928027 | 50.00 | 浙商银行 | 2019-09-16 | 附息 | 3.42 | 3 | 2019-09-18 | 2022-09-18 |
| 62 | 19华润银行双创债01 | 1920056 | 5.00 | 珠海华润银行 | 2019-09-18 | 附息 | 3.55 | 3 | 2019-09-20 | 2022-09-20 |
| 63 | 19齐鲁银行绿色金融债 | 1920057 | 30.00 | 齐鲁银行 | 2019-09-18 | 附息 | 3.59 | 3 | 2019-09-20 | 2022-09-20 |
| 64 | 19招商银行小微债02 | 1928030 | 200.00 | 招商银行 | 2019-09-24 | 附息 | 3.33 | 3 | 2019-09-26 | 2022-09-26 |
| 65 | 19顺德农商双创债01 | 1921034 | 10.00 | 顺德农商行 | 2019-09-27 | 附息 | 3.45 | 3 | 2019-10-08 | 2022-10-08 |
| 66 | 19北湾银行绿色金融01 | 1920060 | 20.00 | 广西北部湾银行 | 2019-10-11 | 附息 | 4.00 | 3 | 2019-10-15 | 2022-10-15 |
| 67 | 19宁波银行小微债02 | 1920061 | 60.00 | 宁波银行 | 2019-10-14 | 附息 | 3.46 | 3 | 2019-10-16 | 2022-10-16 |
| 68 | 19宁波银行小微债03 | 1920062 | 10.00 | 宁波银行 | 2019-10-14 | 附息 | 3.80 | 5 | 2019-10-16 | 2024-10-16 |
| 69 | 19通商银行债01 | 1920063 | 15.00 | 宁波通商银行 | 2019-10-18 | 附息 | 3.70 | 3 | 2019-10-22 | 2022-10-22 |
| 70 | 19苍南农商三农债02 | 1921035 | 8.00 | 浙江苍南农商行 | 2019-10-22 | 附息 | 3.79 | 3 | 2019-10-24 | 2022-10-24 |
| 71 | 19乐山银行小微债02 | 1920064 | 10.00 | 乐山市商业银行 | 2019-10-23 | 附息 | 4.30 | 3 | 2019-10-25 | 2022-10-25 |
| 72 | 19厦门银行03 | 1920067 | 15.00 | 厦门银行 | 2019-11-07 | 附息 | 3.80 | 3 | 2019-11-11 | 2022-11-11 |
| 73 | 19长沙银行小微债01 | 1920068 | 35.00 | 长沙银行 | 2019-11-07 | 附息 | 3.64 | 3 | 2019-11-11 | 2022-11-11 |
| 74 | 19华商银行01 | 1920069 | 40.00 | 华商银行 | 2019-11-11 | 附息 | 3.85 | 3 | 2019-11-13 | 2022-11-13 |
| 75 | 19靖江农商双创债 | 1921039 | 3.00 | 江苏靖江农商行 | 2019-11-18 | 附息 | 4.20 | 3 | 2019-11-19 | 2022-11-19 |
| 76 | 19通商银行债02 | 1920072 | 10.00 | 宁波通商银行 | 2019-11-22 | 附息 | 3.80 | 3 | 2019-11-26 | 2022-11-26 |

续表

| 序号 | 证券简称 | 债券代码 | 实际发行量（亿元） | 发行人简称 | 发行日期 | 付息方式 | 票面利率（%） | 债券期限（年） | 起息日 | 到期日 |
|---|---|---|---|---|---|---|---|---|---|---|
| 77 | 19 交通银行 01 | 1928034 | 500.00 | 交通银行 | 2019 - 11 - 25 | 附息 | 3.35 | 3 | 2019 - 11 - 27 | 2022 - 11 - 27 |
| 78 | 19 西安银行小微债 02 | 1920077 | 20.00 | 西安银行 | 2019 - 11 - 26 | 附息 | 3.56 | 3 | 2019 - 11 - 28 | 2022 - 11 - 28 |
| 79 | 19 北湾银行绿色金融 02 | 1920075 | 10.00 | 广西北部湾银行 | 2019 - 11 - 27 | 附息 | 4.00 | 3 | 2019 - 11 - 29 | 2022 - 11 - 29 |
| 80 | 19 青岛银行小微债 01 | 1920080 | 30.00 | 青岛银行 | 2019 - 12 - 03 | 附息 | 3.45 | 3 | 2019 - 12 - 05 | 2022 - 12 - 05 |
| 81 | 19 青岛银行小微债 02 | 1920081 | 10.00 | 青岛银行 | 2019 - 12 - 03 | 附息 | 3.84 | 5 | 2019 - 12 - 05 | 2024 - 12 - 05 |
| 82 | 19 邢台农商绿色金融 01 | 1921044 | 2.50 | 邢农银行 | 2019 - 12 - 03 | 附息 | 4.60 | 5 | 2019 - 12 - 05 | 2024 - 12 - 05 |
| 83 | 19 中国银行小微债 01 | 1928035 | 200.00 | 中国银行 | 2019 - 12 - 03 | 附息 | 3.25 | 2 | 2019 - 12 - 05 | 2021 - 12 - 05 |
| 84 | 19 杭州联合农商绿色 02 | 1921042 | 3.00 | 杭州联合农商行 | 2019 - 12 - 06 | 附息 | 3.59 | 3 | 2019 - 12 - 09 | 2022 - 12 - 09 |
| 85 | 19 颍泉农商绿色金融债 | 1921045 | 2.00 | 阜阳颍泉农商行 | 2019 - 12 - 09 | 附息 | 4.60 | 3 | 2019 - 12 - 10 | 2022 - 12 - 10 |
| 86 | 19 华商银行 02 | 1920084 | 30.00 | 华商银行 | 2019 - 12 - 10 | 附息 | 3.80 | 3 | 2019 - 12 - 12 | 2022 - 12 - 12 |
| 87 | 19 长沙农商小微债 01 | 1921046 | 35.00 | 长沙农商行 | 2019 - 12 - 10 | 附息 | 3.70 | 3 | 2019 - 12 - 12 | 2022 - 12 - 12 |
| 88 | 19 交通银行 02 | 1928037 | 400.00 | 交通银行 | 2019 - 12 - 11 | 附息 | 3.35 | 3 | 2019 - 12 - 13 | 2022 - 12 - 13 |
| 89 | 19 成都银行双创债 | 1920083 | 5.00 | 成都银行 | 2019 - 12 - 12 | 附息 | 3.45 | 3 | 2019 - 12 - 16 | 2022 - 12 - 16 |
| 90 | 19 青岛银行小微债 03 | 1920086 | 30.00 | 青岛银行 | 2019 - 12 - 12 | 附息 | 3.42 | 3 | 2019 - 12 - 16 | 2022 - 12 - 16 |
| 91 | 19 青岛银行小微债 04 | 1920087 | 10.00 | 青岛银行 | 2019 - 12 - 12 | 附息 | 3.80 | 5 | 2019 - 12 - 16 | 2024 - 12 - 16 |
| 92 | 19 青岛农商小微债 01 | 1921047 | 30.00 | 青农商行 | 2019 - 12 - 17 | 附息 | 3.50 | 3 | 2019 - 12 - 19 | 2022 - 12 - 19 |
| 93 | 19 海峡银行 02 | 1920089 | 20.00 | 福建海峡银行 | 2019 - 12 - 18 | 附息 | 3.90 | 3 | 2019 - 12 - 20 | 2022 - 12 - 20 |
| 94 | 19 鄞州农商小微债 | 1921050 | 25.00 | 宁波鄞州农商行 | 2019 - 12 - 23 | 附息 | 3.62 | 3 | 2019 - 12 - 24 | 2022 - 12 - 24 |
| 95 | 19 天津银行债 | 1920090 | 50.00 | 天津银行 | 2019 - 12 - 25 | 附息 | 3.88 | 3 | 2019 - 12 - 27 | 2022 - 12 - 27 |
| 96 | 19 长兴农商绿色金融债 | 1921051 | 3.00 | 浙江长兴农商行 | 2019 - 12 - 25 | 附息 | 3.69 | 3 | 2019 - 12 - 27 | 2022 - 12 - 27 |

数据来源：Wind。